AMERICA:

If You Can Keep It

ISBN: 979-8-9870614-7-3 (Paperback)
ISBN: 979-8-9870614-8-0 (Ebook)

FMS Books

Cover Art, Editing, Layout and Design by Josh C. Jones.
Cover created using Adobe Photoshop and Coverjig.com
Cover image credit: michael schaffler

AMERICA:
If You Can Keep It

God grants us our rights,
but we are expected to defend them.

Josh C. Jones

FMS Books

سەرەتایەکی نوێ

سەرەتایەکی نوێ

بنەما و بنچینەی باوەڕی مەسیحی

بە مەبەستی بە کار هێنانی تاک یان بە کۆمەڵ

ئایەتی پەرتووکی پیرۆز لە خۆی دەگرێت

نووسەر : شاروون دوترا

وەرگیر : حمید حکیمی

ناسنامه

ناوی پەرتووک : سەرەتایەکی نوێ

نووسەر : شاروون دوترا

وەرگێڕ : حمید حکیمی

پێداچونەووە : هاژە جەمال

ڕێکەوەتی چاپ: ٢٠٢٥

ژمارەی ستانداردی نێودەوڵەتی : 979-8-9871838-3-0

پێزانین

ئەم بەرهەمە دیاریە بۆ تەواوی ئەو ژن و پیاوانەی کە لە ماوەی ئەو ساڵانەدا شەرەفی ئەوەم هەبوە فێریان بکەم. کاتێک کە سەرقاڵی ئەوە بوم کە چۆن ببمە فێرکار و مامۆستا، ئەوە ئێوە بون کە منتان هان دا، تەنانەت لەو کاتانەدا کە هەڵس و کەوتم ڕەق بو لە گەڵتان، ئێوە بە سەبر بوون و بەردەوام بوون لە فێرکاریەکانی پەرتووکی پیرۆز و لە گەڵ من بەردەوام بوون.

هەموو کات سەرچاوەیەکی وزە بوون بۆ گەیشتنم بەو پەڕی تواناکانم تا ئەو ڕادەیەی کەبە بەخشینی خوداوەند لەوانەیە باشترین مامۆستا و نوسەر بم.

بێ پاڵپشتی ئێوە گەیشتن بەو پێگەیە ئاستەم بوو، من لە ناخی دڵمەوە سوپاستان دەکەم.

سوپاسێکی تایبەتی ئەو کەسانەش دەکەم کە کاتیان داناوە بۆ خوێندنەوە و ڕێک خستنەوەی کارەکانم.

ئەو پەرتووکە پێشکەش دەکەم بە هاوسەرەکەم «مایکل» کە باشترین دیاری خوداوەندە بۆ من.

سەرەڕای ئەوانە، ژیانی من بێ کارەکان و ڕزگاری و سۆزی مەسیحی خوداوەند، بێ سود و شێواو دەبوو. گەورەترین هیوای من ئەوەیە کە بەو پەری تواناوە تۆم خۆش بوێت و لە تەواوی ژیانمدا تێبکۆشم لە پێناو خزمەت کردنی تۆدا ئەی عیسای من.

پێشەکییەک

لەم قۆناغەی کڵێسای کوردیدا یەکێک لەهەرە پێداویستیە بنەڕەتیەکان بریتییە لە نوسین و وەرگێڕان، چونکە کتێب کەرەستەیەکی زۆر گرنگە نەک تەنها بۆ ئەم نەوەیە بەڵکو بۆ نەوەکانی داهاتووش، من بیرمە لە سەرەتای باوەڕهێنانم بەمەسیح کەمترین سەرچاوەی نوسراو هەبوون بەزمانی کوردی، بۆیە ناچار بووم تەنانەت ئینجیلی پیرۆزیش بەعەرەبی بخوێنمەوە، بەڵام لەسۆنگەی هەستکردن بە بەرپرسیارییەتی و درک کردن بە پێویستی قۆناغەکە کەسانێکی دڵسۆزی وەک برای خۆشەویستم حەمید حەکیمی، بڕیارێکی ئازایانەیان داوە بۆ خزمەتکردن بە کۆمەڵگای کوردی لەپڕکردنەوەی ئەو کەلێنەی کە لە کتێبخانەی کوردیدا هەیە لەئاست نەبوونی سەرچاوەی کوردی مەسیحی پێویست، بۆیە وەرگێڕانی ئەم کتێبە گەواهی ئەوڕاستیەیە، کە خەمخۆری کوردانی مەسیحە بۆ پڕکردنەوەی ئەو کەلێنە و لەو ڕێگەیەشەوە خزمەتکردن بەتاکی کورد.

ئینجیلی پیرۆز لە ڕۆما١٠: ١٧ دەفەرمووێت (کەواتە باوەڕ بە بیستنە، بیستنیش بە وشەی مەسیحە)، کتێب و نوسینەکان جۆرێکن لە ڕاگەیاندنی پەیامەکە و لەڕێگەیەوە خەڵک ووشەی مەسیح دەبیستن، ئەمەش ئامادەکاریە بۆ هاتنەوەی مەسیح چونکە مەسیح فەرمووی کۆتایی زەمان و گەڕانەوەی مەسیح نایەت تا ئەم مزگێنیە نەگات بەهەموو نەتەوەکان، ڕاگەیاندنی مزگێنیش بە نەتەوەکان ئەرکی کۆمەڵەی باوەڕدارانی مەسیحە لەجیهان.

بۆیە ئەم وەرگێڕانی کتێبە گرنگیەکی زۆری هەیە بۆ خزمەتکردن بە ڕەوتی باوەڕداری و مزگێنیدان لە کوردستان و خزمەتکردن بە کۆمەڵگای کوردی.

ئەڵوەند شێخانی ٢١/ ٧ / ٢٠٢٥

شێوازی بەکارهێنانی ئەم پەرتووکە

سەردەمێک کەسێکی ئالوودە بە مادده هۆشبەرەکان بوو و لە ژیانی خۆی بێزار، چەند جارێک هەوڵی خۆکوشتنی دا. کاتێک کە لە بەندیخانە بوو، مەسیحی هێنایە ناو دڵی، ژیانی دەستی کرد بە گۆرانکاری. خوداوەند دیاریی ئەوەی پێ بەخشیوە کە مامۆستا بێت و بتوانێت فێرکارێکی سەرکەوتوو بێت و مزگێنی بدات، پەرتووکەکانی بەرهەمی ئەو بەخشینەی خوداوەندە.

گەورەترین هیوای شاروون ئەوەیە کە بتوانێت مزگێنی بداتە خەڵک و ڕایانکێشێتە ناو باوەڕ و ئامادەیان بکات کە ببنە قوتابی ڕاستەقینەی مەسیح. ئەم پەرتووکە بەو پەڕی سادەییەوە یارمەتی باوەڕداران دەدات کە فێری بنەماکانی باوەڕداری مەسیح بن لە ڕێگای پەرتووکی پیرۆزەوە.

ڕوبەڕو بوونەوە لە گەڵ ناخۆشیەکانی ژیان قورسە. بەڵام شارۆن دواتر ئەوە دەکات. ئەو نەتەنها ڕوبەڕویان دەبێتەوە بەڵکو قەڵغانی خوداوەند لە بەر دەکات و لەگەڵتان لە پێناوی باوەڕتان دەچێتە ڕوبەڕوبونەوەوە. شارۆن ئەو ئامراز و پێداویستیانەتان دەداتێ کە بە درێژایی ئەو ڕێگایە پێویستان پێی دەبێت. من بە یارمەتی فێر کاریەکانی شارۆن لە ژیانی ڕۆژانەمدا بومەتە باوەڕدارێکی سەرکەوتوو. ئەو نووسەرێکی بەتوانایە کە لە لایەن ڕۆحی پیرۆزەوە ڕێنمایی دەکرێت بەو هیوایەی کە ئارامی و پێکەوە ژیان بە ژیانی کەسانی کە ببەخشێت. ئەو یارمەتیتان دەدات کە ڕوبەڕوی هەندێک لە ئاستەنگەکانی ژیانتان ببنەوە. دانپێدانانی ئەو هیواتان پێ دەبەخشێت. مزگێنی و نوسراوەکانی گۆڕانکاری دروست دەکات. خۆشەویستی تایبەت و بێ گەردی ئەو بەرامبەر بە خودا هاندەرە بۆ ئەو کەسانەی کە بڕیار دەدەن خۆیان ڕادەستی مەسیح بکەن و بێنە ناو باوەڕەوە. شارۆن ناخ و ڕۆحی خۆی و تێگەیشتنی لە نوسراوەکاندا دەکاتە دەست مایە. پەرتووکەکانی بە شێوازێکی سادە دەنوسێت کە دەبنە

هۆکاری ئەوەی کە گونجاو بن بۆ فێرکاری و بە کردار هۆکاری گۆڕانی ژیان بن.کۆتا ئامانجی ئەوەیە کە یارمەتی کەسانی دیکە بدات و لە ناخی دڵیەوە دەیەوێت لە ڕێگای ژیانیان لەگەڵ مەسیح بگەنە گۆڕانکاری. ئێمە یەک ساڵ و نیو سەرقاڵی فێربوون بوین لەلایەن شارۆنەوە و ئێستا دان بەوەدادەنێین کە ژیانمان لە زۆر ڕووەوە گۆڕاوە. دەمانەویت سوپاسی تۆ بکەین بۆ ئەوەی کە دیاریی گۆڕینی ژیانی خۆتت لە گەڵ ئێمە هاوبەش کرد. نوێژ دەکەین لە پێناو ئەوەدا کە ڕوناکی مەسیح لە ڕێگای خزمەتی تۆ لە نوسراوەکانت لە داهاتوودا بەردەوام بگاتە خەڵک. بە هیوای پیرۆزیت لەو ڕێگایەدا کە هەموو کات خۆت بەروەو پێش ببەیت.

هەموو کات بەرەو پێش بڕۆ ئەی سەربازی مەسیح!

بە سوپاسەوە لە ناخی دڵەوەو بە ڕۆحێکی ئارام،
مایکل و سوزان گین، سان لویس ئۆبیسپۆ، کالیفورنیا

کاتێک کە خزمەتی ئەو لە سەر زەوی کۆتایی پێ هات، پێش ئەو کاتەی کە بەرز بێتەوە بۆ ئاسمان، عیسا بە قوتابیەکانی فەرموو : « هەموو نەتەوەکان بکەنە قوتابی و فێریان بکەن کە گوێڕایەڵی تەواوی فەرمانەکانم بن «

بەلەبەر چاو گرتنی ئەو بابەتە، شارۆن دواتر، پەرتووکی نوسیوە لەسەر بنەما سەرەکیەکانی باوەڕی مەسیحی، بۆ ئەوەی کە قوتابیە نوێیەکان یان پاشگەزکاران یارمەتی بدات لە ژیانی مەسیحی و گەورەبونیان لە باوەڕدا. ئەوە بۆ ئێمە ئامرازێکە کە باوەڕدارانی نۆی بەهێز دەبن لە باوەڕدا و دەبنە قوتابیەکی بەتواناى مەسیح.

قەشە ران دی
کڵێسای هاڕویست
ئارویو گرانده، کالیفورنیا

زانیاری لە سەر نووسەر

ئەم پەرتووکە بۆ خوێندنەوە بە شێوازی تاک یان کۆمەڵ نایابە. شێوازێک کە ئێمە بە کۆمەڵ بە کارمان هێناوە ئەوەیە کە هەر جارێ و کەسێک چەند ڕستەیەک دەخوێنێتەوە و دواتر ئەو ئایەتانەی دەخوێندرێتەوە کە پەیوەندیان هەیە بە بابەتەکەوە لە پەرتووکی پیرۆزدا.

دەکرا لەو پەرتووکەدا هەندێک وانەی زیاتر هەبێت، بەڵام من بەشەکانم وا دەست نیشان کرد بۆ ئەوەی خوێندنەوەیەکی پەرتووکی پیرۆز لە خۆی بگرێت کە ماوەی ١٢ هەفتە درێژەی هەبێت. بە شێوازێکی گشتی بۆهەر وانەیەک، یەک کاتژمێروچارەک کات دەبەخشین. وانەکان هەندێک دورو درێژن و بەشێکی گەورەی پەرتووکی پیرۆز لە خۆیان دەگرن بۆیە لەوانەیە کاتێکی زۆر نەبێت بۆ ئەوەی بە شێوازی گرووپ گفتوگۆی لەسەر بکەن. لەبەر ئەو هۆکارە لەوانەیە وا باشتر بێت کاتێکی زیاتر دابنێن و فێربوونی ئەو ١٢ هەفتەیە دوبارە بکەنەوە.

لە پەرتووکی سەرەتایەکی نوێ ، لە وەرگێرانی پەرتووکی پیرۆزی (کوردی سۆرانی ستاندەر) کەڵک وەرگیراوە. بە شێوازێکی گشتی لای من وا باشە کە فێرخوازان خۆیان بە دوای ئایەتەکانی پەرتووکی پیرۆزدا بگەڕێن بۆ ئەوەی لەگەڵ شوێن ئایەتەکان و پەرتووکەکە زیاتر ئاشنا بن. سەرەڕای ئەوە ئەم پەرتووکە راستییە سەرەکیەکان لە خۆی دەگرێت و لە بەر ئەوەی کە لەوانەیە هەندێک کەس سەرەتایان بێت لە باوەڕ دا و یەکەم جاریان بێت پەرتووکی پیرۆز بخوێنێتەوە بۆیە گەڕان بە دوای ئایەتەکاندا کاتێکی زۆری پێویستە.

هەر بەو مەبەستە تەواوی ئایەتەکان لەکۆتایی هەربەشێکدا گونجێندراون.بۆ نموونە، بێیت و ڕۆیت بۆکۆتایی بەشی یەکەم، ئەوە تەواوی ئەو ئایەتانە کەلەو بەشەدا باس کراون نوسراونەتەوە. ژمارەیەکی بچووک لە لای ڕاستەوە نوسراوە، ئەو ژمارە بچووکە لە کۆتایی ئایەتەکاندا

یەکسانە لەگەڵ هەمان ژمارە کە لەکۆتایی بەشەکەدا هاتووە. بۆ نموونە ڕۆما: ١٢ : ١٢، ژمارەی یەک لە کۆتایی بەشدا هەمان ئایەتە کە بە ژمارە یەک دیاری کراوە.

تکایە تەواوی پەرتووکی پیرۆز بخوێنەوە ! هێزی پاڵپشتی لەو پەرتووکە، پەرتووکی پیرۆزە. لە کاتێکدا کە کاتێکی تەواو تەرخان بکەن بۆ خوێندنەوەی پەرتووکی پیرۆز، زانیاری زۆرتان دەست دەکەوێت لەسەر خوداوەند و ڕێگای ئەو. ئەگەر بێت و چاوپۆشی لەخوێندنەوەی پەرتووکی پیرۆز بکرێت ئەوە باشترین بەشی ئەم پەرتووکەتان لەدەست داوە !

هیوام ئەوەیە کەپەرتووکی پیرۆز بەتەواوی بخوێننەوە و بەجوانی فێری بن. لە بەشێکدا بەناوی پەرتووکی پیرۆز چیە؟ فێر دەبن بە ڕاهاتنێکی ڕۆژانە لەسەر خوێندنەوەی ووشەی خوداوەند کە یەکێک لە گرنگترین لایەنەکانی ژیانە لەناو مەسیح دا.

لە کاتی فێربوون بە کۆمەڵ دەگەنە شێوازێکی فێربوونی تایبەت بە خۆتان کە دەتوانێت پێشتان بخات، بەڵام بێت و بەو شێوازە کە پێشنیار کرا دەست پی بکەن، ئەوە بەرەو پێش چوونتان زۆر باشتر دەبێت بۆ ئەوەی باشترین شێوازی فێربوونی خۆتان ئەزموون بکەن.

پێڕست

پێشەکییەک.. vi
شێوازی بەکارهێنانی ئەم پەرتووکە.....................vii
زانیاری لە سەر نووسەر ix
بەشی یەکەم : گوناه ١
بەشی دووەم : تۆبە..................................١٥
بەشی سێ یەم : باوەڕ................................٢٧
بەشی چوارەم : ڕزگاربوون............................٣٩
بەشی پینجەم : پەرتووکی پیرۆز چیە..................٥١
بەشی شەش : خودا کێیە ٦٥
بەشی حەوتەم : عیسا کێیە............................٨٣
بەشی هەشتەم : ڕۆحی پیرۆز کێیە ؟ ١٠١
بەشی نۆیەم : شەیتان کێیە؟ ١١٧
بەشی دەهەم : لەئاو هەڵکیشان ١٤١
بەشی یازدەهەم : دەیەک...............................١٥٥
بەشی دوازدە : نان لەت کردن یا ئێوارە خوانی خوداوەند..........١٦٩
بەشی سێزدە : نوێژکردن ١٧٩

بەشی یەکەم
گوناه

کاتێک گوێ بیستی وشەی "گوناه» دەبیت، بیر لە چی دەکەیتەوە؟ ئایا باوەڕت وایەکە سەرچاوەی هەڵەکانی مرۆڤ دەگەڕێتەوە بۆ ئەوەی کەمرۆڤ خۆی خراپە؟ لەوانەیە پێت وایێت کە زۆربەی مرۆڤەکان باشن، بەڵام خۆیان لە بارودۆخێکی نالەباردا دەبیننەوە کە "وایان لی دەکات " کاری خراپ بکە ن. یا خود ئەگەری ئەوە هەیە لەگەڵ گوناهدا لەدایک بووین و هیچ ڕێگایەکی ترمان جگەلە خراپەکاری نیە؟(هیچ بژاردەیەکمان نییە جگە لە گوناهە کردن؟)

گوناه چیە؟

دەتوانین بڵێین مانای سەرەکی گوناه "نەپێکانی ئامانجە". بە واتای هەمان ووشە کەلە یاری تیروکەواندا بەکاردێت. هەمووومان دەزانین کاتێک خاڵی تەواو بەدەست دێنی کە ئامانجەکە بپێکیت.

ئەو نموونەیە کە باسمان کرد پەیوەندی بە دروستکردنی گەردوون هەیە کە خودا ئادەم و حەوای دروستکرد.

ئامانجی خودا ئەوە بوو کە بەیەکگرتووییەکی تەواو لەگەڵیدا بژین و خواستی تەواوەتی ئەو بەجێ بێنن و پەیوەندییەکی نزیک و تەواویان لەگەڵیدا هەبێت و هیچ بەربەستێک وەک تاوانباری، شەرم، خراپە، لووتبەرزی، تەماح، خۆپەرستی و تەنانەت هیچ سزایەکیش بوونی نەبوو. هەمووومان چیرۆکەکە دەزانین کە چۆن حەوا سێوەکەی خواردو ئادەمی هاوسەریشی هێنا کە بەشداری بکات لەو نافەرمانییەدا.

پەیدابوون٣ :١-١٩" ١ مار لە هەموو ئاژەڵی کێوی سەر زەوی، ئەوانەی یەزدانی پەروەردگار دروستی کردبوون زۆرزانتر و تەڵەکەبازتر بوو. بە

ئافرەتەکەی گوت: ئایا ڕاستە خودا فەرموویەتی: "بۆتان نییە لە هیچ
درەختێکی باخچەکە بخۆن؟٢ئافرەتەکەش بە مارەکەی گوت: بۆمان هەیە
لە بەری درەختەکانی باخچەکە بخۆین، 3 بەڵام خودا فەرمووی: "بۆتان
نییە لە بەری ئەو درەختە بخۆن، کە لەناوەڕاستی باخچەکەیە، هەروەها
بۆتان نییە دەستی لێ بدەن، ئەگینا دەمرن. 4مارەکە بە ئافرەتەکەی
گوت: نا بەڕاستی نامرن، 5چونکە خودا دەزانێت ئەو ڕۆژەی کە دەیخۆن
چاوتان دەکرێتەوە و ئیتر وەک خوداتان لێدێت و چاکە و خراپە دەزانن.
6کاتێک ئافرەتەکە بینی بەری درەختەکە بۆ خواردن باشە، چاو ئارەزووی
دەکات و وای لێ دەکات دانا بێت، لە بەرەکەی کردەوە و خواردی، دایە
مێردەکەشی کە لەگەڵی بوو، ئەویش خواردی 7پاشان هەردووکیان
چاویان کرایەوە و زانییان کە ڕووتن، ئیتر گەڵای هەنجیریان لێک دوورى
و پۆشاکیان بۆ خۆیان دروستکرد. 8ئینجا پیاوەکە و ژنەکەی گوێیان لە
دەنگی یەزدانی پەروەردگار بوو کە لەکاتی هەڵکردنی شنەبای ڕۆژدا
لە باخچەکەدا هاتوچۆی دەکرد، ئەوانیش لەنێو درەختەکانی باخچەکە
خۆیان لە یەزدانی پەروەردگاریان شاردەوە 9بەڵام یەزدانی پەروەردگاریش
پیاوەکەی بانگ کرد و فەرمووی: لەکوێیت؟10ئەویش وەڵامی دایەوە:
لە باخچەکە گوێم لە دەنگت بوو، بەڵام لەبەر ئەوەی کە ڕووت بووم،
ترسام؛ ئیتر خۆمم شاردەوە.11ئەویش فەرمووی: کێ بە تۆی گوت
کە ڕووتیت؟ لەو درەختەت نەخواردیێت کە فەرمانم پێ کردبوویت لێی
نەخۆیت؟12پیاوەکەش گوتی: ئەو ئافرەتەی پێت دام لەگەڵم بێت، ئەو لە
بەری ئەو درەختەی پێدام، منیش خواردم. 13ئینجا یەزدانی پەروەردگار
بە ئافرەتەکەی فەرموو: ئەمە چییە تۆ کردووتە؟ئافرەتەکەش گوتی:
مارەکە فریوی دام و منیش خواردم 14یەزدانی پەروەردگار بە مارەکەی
فەرموو: لەبەر ئەوەی ئەمەت کرد،تۆ لە هەموو ئاژەڵێکیماڵی و کێوی
نەفرەتلێکراوتر دەبیت. هەموو تەمەنیشت لەسەر سکت دەخشێیت و
خۆڵ دەخۆیت. 15دوژمنایەتیش دەخەمە نێوان تۆ و ئافرەتەکە، نێوان نەوەی
تۆ و نەوەی ئەوەوە.نەوەی ئەو سەرت پان دەکاتەوە و تۆش پاژنەی پێی
دەکوتیت.16بە ئافرەتەکەشی فەرموو: ئازاری سکپڕیت زۆر زیاتر دەکەم،
بە ژانەوە منداڵت دەبێت. ئارەزووت بۆ پیاوەکەت دەبێت و ئەویش بەسەرتدا
زاڵ دەبێت.17ئینجا بە پیاوەکەشی فەرموو: لەبەر ئەوەی تۆش گوێت لە
ژنەکەت گرت و لەو درەختەت خوارد کە فەرمانم پێ کردبوویت، "نابێت

لێی بخۆیت،”ئەوا زەویش بەهۆی تۆوە نەفرەت لێکراوە. بە ڕەنجکێشانیش هەموو ڕۆژانی ژیانت لێی دەخۆیت. 18دڕکوداڵت بۆ بەرهەم دێنێت و ڕووەکی کێڵگە دەخۆیت. 19بە ئارەقەی ناوچەوانت نان دەخۆیت، هەتا دەگەڕێیتەوە بۆ زەوی، کە لێیەوە وەرگیراویت، لەبەر ئەوەی تۆ خۆڵیت و بۆ خۆڵیش دەگەڕێیتەوە.»

تاوانی گوناهە کردن دوور کەوتنەوەیە لە خودا. لەوانەیە تا ئێستا دوور لە خودا ژیایێتی بۆیە ئەو دورییە بە لاتەوە زۆر گرنگ نەبێت. هەندێ کات هەست بە تەنیایی و بی کەسی و بۆشایی دەکەین و هیچ ئامانجێکمان نیە، بۆیە باشە کەبزانین سەرچاوەی بەختەوەری، خودایە نەبونی خودا نەبونی خوشەویستی، ئارامی و هیوایە لە ژیاندا.کە گوناە لە ڕێگەی ئادەم و حەواوە هاتە ناو ژیانی مرۆڤەوە، مرۆڤایەتی لەو کاتەی لەدایکبووە لە خودا دوورە. ئەم دوورییە لە ژیانماندا بەردەوام دەبیت تا ئەو کاتەی بە هۆشیارییەوە بڕیار دەدەین کە خۆمان بدەینە دەست خودا. ئێمە خۆمان ناتوانین لەو دۆخە دەرباز بین، چونکە سروشتی ئێمە ئەوەیە بەدوای خۆماندا بگەڕێین و خزمەتی خۆمان بکەین. بڕوامان وایە کە خۆمان دەتوانین پێداویستیەکانی خۆمان دابین بکەیان، بەڵام دەبینین "خۆمان" سەرچاوەی تەواوی کێشەکانین. یەرمیا ٩:١٧ "دڵ لە هەموو شتێک فریودەرترە و دەرمانی نییە، کێ دەیناسێت؟ " لە ڕاستیدا پەرتووکی پیرۆز باس لە وە دەکات، تا ئەو کاتەی عیسا بانگ هێشت دەکەین بو ناو دڵمان ڕۆحمان مردووە. ئەفەسۆس ٢:١-3" ئێوەش بەهۆی خراپە و گوناهەکانتانەوە مردبوون کە پێشتر تێیدا دەژیان کاتێک پەیڕەوی ڕێبازی ئەم جیهانە و سەرۆکی دەسەڵاتی هەواتان دەکرد، ئەو ڕۆحەی ئێستا لە یاخیبوواندا کار دەکات. ئێمەش هەموو لەوان بووین، لە هەوەسەکانی سروشتی دنیاییماندا دەژیاین، بە خواستەکانی ئەم سروشتە و بیرەکانیمان دەکرد، وەکو خەڵکی دیکە بە سروشت شایانی توورەیی خودا بووین. "

شێۆازی ژیانمان ئاوێنەی سروشتی تێکەڵ بە گوناە بوو . گیرۆدەی حەزو بیرۆکە پیسەکانی خۆمان بووین و دەستمان بۆ هەموو کردەوەیەکی ناشیرین دەبرد.ئێمە بەو سروشتەوە لە دایک بووین وەک هەموو مرۆڤێک لە ژێر تورەیی خودادا بووین. کۆلۆسی 2:13" ئێوەش کە بەهۆی گوناە و خەتەنە نەکردنی جەستەتان مردبوون، خودا لەگەڵ مەسیحدا زیندووی کردنەوە. لە هەموو گوناهەکانمان خۆشبوو. "

'کەسانێک هەن کە بە ڕواڵەت لە نەبوونی خودا لە ژیانیاندا دڵخۆشن، بۆیە پڕوا کردن ئاستەمە. تەنانەت لە وانەیە ئەو کەسانە خۆیان بە کەسانی ڕۆحی دابنێن.بەڵام لە لای خودا کاتێک ڕۆح زیندووە کە عیسا لە ڕێگای ڕۆحی پیرۆزەوە لە ئیمەدا نیشتەجی بێت.'

هۆکارێک کە ئێمە لە خودا دوور دەخاتەوە، سروشتی تیکەڵ بە گوناهی ئێمەیە کە لە هاتنە دنیاوە لە گەڵمانە و گوناهبار لە لای خودا جێی نابێتەوە و لە هەمووی قورستر ئەوەیە کە ئێمە هەرگیز ناتوانین باجی گوناهەکانمان بدەین، تەنانەت توانای ئەوەشمان نیە کە بەو ڕادەیە باش بین کە بێ یارمەتی ئەو بتوانین پەیوەندیمان لە گەڵی هەبێت، ئەو پیرۆزە و ئێمەش هەر چەند هەوڵ بدەین ناتوانین بەو شێوازە هەڵسوکەوت بکەین کە لای ئەو بەباش هەژمار دەکرێت).

لە پەرتووکی پیرۆزدا ڕۆما ٣:١٠ "لە سەر ئەو بابەتە نوسراوە "کەس بی گوناه نییە، تەنانەت یەک کەسیش " هەر وەها لە یەکەم پەترۆس ١:١٥ "بەڵکو هەروەک ئەوەی بانگی کردوون پیرۆزە، ئێوەش لە هەموو هەڵسوکەوتێک پیرۆز بن"

لە ڕاستیدا ئێمە هیچ کات ناتوانین بە سەر گوناهەکانماندا زاڵ بین.

ڕۆما ٥:١-٢١ "١ کەواتە،لەبەر ئەوەی بە باوەڕ بێتاوان کراوین،لە ڕێگەی عیسای مەسیحی خاوەن شکۆمانەوە لەگەڵ خودا ئاشتیمان هەیە، ٢ لە ڕێگەی ئەویشەوە ڕێپێدراوبێتیمان* وەرگرت بەهۆی باوەڕ بێینە ناو ئەم نیعمەتەی کە ئێستا تێیدا نیشتەجێین شانازیش بە هیوای شکۆی خودا دەکەین. ٣ تەنها ئەمە نا،بەڵکو لە تەنگانەشدا شانازی دەکەین،دەزانین تەنگانە دانبەخۆداگرتن دروستدەکات، ٤ دانبەخۆداگرتنیش ئەزموون،ئەزموونیش هیوا، ٥ هیواش نابێتە هۆی شەرمەزاری،چونکە خۆشەویستی خودا* ڕژاوەتە ناو دڵمان،بە ڕۆحی پیرۆز کە پێمان دراوە.٦ کاتێک هێشتا لاواز بووین، مەسیح لە کاتی دیاریکراودا لە پێناو گوناهباران مرد. ٧ لەبەر ئەوەی بە دەگمەن کەسێک لە پێناوی مرۆڤێکی ڕاستودروست دەمرێت، لەوانەیە لە پێناوی مرۆڤێکی باش کەسێک بوێرێت بمرێت. ٨ بەڵام خودا خۆشەویستی خۆی بۆ دەرخستین، بەوەی مەسیح لە پێناوی ئێمەدا مرد، کاتێک هێشتا گوناهبار بووین.٩ ئێستاش کە بە خوێنی ئەو بێتاوان کراوین،لە ڕێگەی ئەوەوە چەندە زیاتر لە توورەیی خودا

ڕزگار دەبین!* ١٠ لەبەر ئەوەی ئەگەر کاتێک دوژمن بووین لەگەڵ خودا، بە مردنی کوڕەکەی ئاشت بووینەوە، ئەی دوای ئەوەی کە ئاشت بووینەوە چەند زیاتر بە ژیانی ئەو ڕزگار دەبین! ١١ نەک تەنها ئەمە، بەڵکو بەهۆی عیسای مەسیحی خاوەن شکۆمانەوە شانازی بە خودا دەکەین، ئەوەی ئێستا بەهۆیەوە ئاشتبوونەوەمان وەرگرتووە.

١٢ لەبەر ئەمە، چۆن لە ڕێگەی مرۆڤێکەوە گوناە هاتە جیهان، لە ڕێگەی گوناهیشەوە مردن، بەم شێوەیە مردن هەموو خەڵکی گرتەوە، لەبەر ئەوەی هەموو گوناهیان کرد. ١٣ بێگومان، پێش هاتنی تەورات گوناە لە جیهاندا بوو، بەڵام کە شەریعەتی تەورات نەبێت گوناە ناژمێردرێت. ١٤ کەچی مردن لە ئادەمەوە هەتا موسا حوکمڕانی دەکرد، تەنانەت بەسەر ئەوانەشەوە کە لە شێوەی یاخیبوونەکەی ئادەم گوناهیان نەکردبوو، کە نموونەی ئەو کەسەیە کە دێت*. ١٥ بەڵام دیاری وەکو گوناە نییە.

ئەگەر زۆر کەس بە گوناهی کەسێک مردن، جا چەند زیاتر نیعمەتی خودا و دیاریەکە بەهۆی نیعمەتی مرۆڤێکەوە کە عیسای مەسیحە، بەسەر زۆر کەس ڕژا. ١٦ هەروەها ئەو دیارییە وەک ئەنجامی گوناهی مرۆڤێک نییە: چونکە حوکمدان لە یەک گوناهەوە تاوانبارکردنی هێنایە کایەوە، بەڵام دیاری لە گوناهی زۆرەوە بێتاوانیی هێنایە کایەوە. ١٧ ئەگەر بە گوناهی کەسێک، مردن لە ڕێگەی ئەو کەسەوە حوکمڕانی کرد، ئیتر چەند زیاتر ئەوانەی پڕیی نیعمەت و دیاری ڕاستودروستی* وەردەگرن، لە ژیاندا حوکمڕانی دەکەن بە کەسێک کە عیسای مەسیحە. ١٨ کەواتە وەک چۆن بە یەک گوناە تاوانبارکردن بۆ هەموو مرۆڤ هاتە کایەوە، بە هەمان شێوە بە کارێکی ڕاستودروست بێتاوانکردن هاتە کایەوە کە ژیان بۆ هەموو مرۆڤ دەهێنێت. ١٩ لەبەر ئەوەی وەک چۆن بە یاخیبوونی کەسێک زۆر کەس گوناهبار کران، بە هەمان شێوە بە گوێڕایەڵی کەسێک زۆر کەس بێتاوان دەکرێن. ٢٠ تەورات هات تاکو گوناە زۆر بێت. بەڵام لەکوێ گوناە زۆر بوو، نیعمەت زۆر زیاتر بوو، ٢١ تاکو چۆن گوناە بە مردن حوکمڕانی کرد، ئاواش بە ڕاستودروستی نیعمەت حوکمڕانی دەکات بۆ ژیانی هەتاهەتایی بە عیسای مەسیحی خاوەن شکۆمان.»

ڕۆما ١٤:٧ - ٢٥ «١٤ ئێمە دەزانین تەورات ڕۆحییە، بەڵام من دنیاییم و وەک کۆیلە فرۆشراوم بە گوناە. ١٥ ئیتر نازانم چی دەکەم، چونکە ئەوەی دەمەوێت نایکەم، بەڵکو ئەوە دەکەم کە ڕقم لێیەتی. ١٦ ئەگەر ئەوە بکەم

کە نامەوێت، ئەوسا تەورات پەسەند دەکەم کە باشە. ١٧ ئیتر من نیم کە وا دەکەم، بەڵکو ئەو گوناهەی لە مندا نیشتەجێیە، ١٨ چونکە دەزانم هیچ چاکەیەک لە مندا نیشتەجێ نییە،واتا لە سروشتی دنیاییمدا. خواست لەلام ئامادەیە، بەڵام توانای چاکەکردنم نییە، ١٩ چونکە ئەو چاکەیەی دەمەوێت نایکەم، بەڵکو ئەو خراپەی کە نامەوێت ئەوە دەکەم. ٢٠ ئەگەر ئەوەم کرد کە نامەوێت، ئیتر ئەوە من نیم کە دەیکەم، بەڵکو ئەو گوناهەی لە مندا نیشتەجێیە.٢١ کەواتە ئەم یاسایە دەبینم:کاتێک دەمەوێت چاکە بکەم، خراپە لەلام ئامادەیە، ٢٢ چونکە لە ناخمدا بە شەریعەتی خودا دڵشادم، ٢٣ بەڵام یاسایەکی دیکە لە ئەندامانی جەستەمدا دەبینم،کە بەربەرەکانێی یاسای هزرم دەکات و دەمکاتە دیلی یاسای گوناه کە لە ئەندامەکانی جەستەمدایە. ٢٤ ئای لە منی مرۆڤی بەدبەخت! کێ فریام دەکەوێت لەدەست ئەم جەستەیەم کە بۆ مردنە؟ ٢٥ سوپاسی خودا دەکەم کە لە ڕێگەی عیسای مەسیحی خاوەن شکۆمانەوە دەربازم دەکات!کەواتە بە بیری خۆم خزمەتی شەریعەتی خودا دەکەم، بەڵام بە سروشتی دنیاییم خزمەتی یاسای گوناه دەکەم.

ڕۆما ٨: ١ – ٨ «١ کەواتە ئێستا تاوانبارکردن بۆ ئەوانە نییە کە لەگەڵ عیسای مەسیحدا یەکن*، ٢ چونکە لە ڕێگەی عیسای مەسیحەوە یاسای ڕۆحی ژیان لە یاسای گوناه و مردن ئازادی کردیت. ٣ خودا ئەوەی کرد کە شەریعەت بەهۆی لاوازی سروشتی دنیایی نەیتوانی بیکات: کوڕەکەی خۆی لە شێوەی جەستەی مرۆڤی گوناهبار* نارد بۆ ئەوەی ببێتە قوربانی گوناه. لە جەستەی مرۆڤانەدا گوناهی تاوانبار کرد، ٤ تاکو داواکارییە دروستەکانی شەریعەتی تەورات لە ئێمەدا بێتە دی،کە بەگوێرەی سروشتی دنیایی ناژین،بەڵکو بەگوێرەی ڕۆحی پیرۆز.٥ ئەوانەی بەگوێرەی سروشتی دنیایی دەژین،بایەخ بە کاروباری سروشتی دنیایی دەدەن، بەڵام ئەوانەی بەگوێرەی ڕۆحی پیرۆز دەژین، بایەخ بە کاروباری ڕۆحی پیرۆز دەدەن. ٦ بایەخدان بە سروشتی دنیایی مردنە، بەڵام بایەخدان بە ڕۆحەکە ژیان و ئاشتییە. ٧ بایەخدان بە سروشتی دنیایی دوژمنایەتییە لەگەڵ خودا،چونکە ملکەچی شەریعەتی خودا نابێت،لەبەر ئەوەی ناتوانێت. ٨ جا ئەوانەی لەژێر کاریگەری سروشتی دنیایین ناتوانن خودا ڕازی بکەن. «

یەکەم یۆحەنا٣ : ٤ – ١٠ «٤ هەرکەسێک گوناه بکات سەرپێچی دەکات، چونکە گوناه سەرپێچییە. ٥ دەزانن ئەو دەرکەوت تاکو گوناهەکان لاببات. ئەو خۆی بێ گوناهە. ٦ هەرکەسێک بە یەکبوون لەگەڵ مەسیح بژیێت، لە گوناهکردن بەردەوام نابێت.هەرکەسێک بە بەردەوامی گوناه بکات، نە ئەوی بینیوە و نە ئەویشی ناسیوە.٧ ڕۆڵە خۆشەویستەکان، با کەس چەواشەتان نەکات. ئەوەی؟ڕاستودروستی پەیڕەو بکات ڕاستودروستە، وەک چۆن ئەویش ڕاستودروستە. ٨ ئەوەی گوناه بکات لە ئیبلیسە، چونکە ئیبلیس هەر لە سەرەتاوە گوناهی کردووە. کوڕی خودا بۆ ئەمە دەرکەوت، تاکو کارەکانی ئیبلیس تێکبدات. ٩ هەرکەسێک لە خوداوە لەدایک بوویێت بەردەوام نابێت لە گوناهکردن، چونکە تۆوی خودای تێدا دەچەسپێت. ناتوانێت بەردەوام بێت لە گوناه کردن، لەبەر ئەوەی لە خوداوە لەدایک بووە. ١٠ ڕۆڵەی خودا و ڕۆڵەی ئیبلیس بەمە دەردەکەون: هەرکەسێک ڕاستودروستی پەیڕەو نەکات لە خوداوە نییە، هەروەک ئەوەی خوشکی یان برای خۆی خۆشنەوێت. «

کە پرسیار بە وە نیە پێویستە سەرنج بدەیت کە لە جیهاندا چی ڕوودەدات. ئالودە بوون بە مادەی هۆشبەر، چاوچنۆکی، ڕق و کوشتن، درۆ و ترس و تورەیی تەواوی جیهانی داگیر کردووە یا خود بیر لە منداڵێکی دوساڵان بکەوە کە فێری خۆپەرستی و شەڕ نەکراوە بەڵام بە سروشت وا هەڵسوکەوت دەکات. زۆرکات بە خۆتان دەڵێن کە ئەو جۆرە ڕەفتارە ناکەم بەڵام دوبارە دەچیتەوە سەر هەمان ئاکار و کردەوە. ئەوانە هەر هەموویان نموونەیەکی تەواوی سروشتی مرۆڤە، سروشتێک کە ناوەڕۆکەکەی گوناهە.

تەنانەت ئەو کەسانەی کە پێمان وایە باشن لە گوناه دوور نین. لە یوحەنا ١٦: ٩ نوسراوە کە گەورەترین گوناه ئەوەیە کە باوەڕ بە عیسا نەهێنێت کە خودی خودایە. ئەوە هوکارەکەی ئەوەیە کە عیسا «ڕێگاو، ڕاستی ژیانە» و هیچ کەسێک بێ ئەو ناگاتە لای خودا.

یوحەنا ١٤ : ٦ « ٦ عیساش پێی فەرموو: منم ڕێگا و ڕاستی و ژیان. کەس نایەتە لای باوک لە ڕێگەی منەوە نەبێت.»

گوناه، دوژمنێکی بە هێزە کە ئەگەر بەرەنگاری نەبینەوە بە سەرماندا زاڵ دەبێت.

پەیدابوون ٤ : ٧ « ٧ ئایا ئەگەر ئەوەی چاکە ئەنجامی بدەیت، قبوڵ ناکرێیت؟ خۆ ئەگەر ئەوەی چاکە ئەنجامی نەدەیت ئەوا گوناە لە بەردەرگا خۆی مات کردووە و ئارەزووت دەکات، بەڵام تۆ دەبێت بەسەریدا زاڵ ببیت. « لە دووەم پەترۆس ٢ : ١٩ نوسراوە : «ئەوان (پیغەمبەرە دروزنەکان) دەڵین کەسێک کە ڕزگار بووە هەرچی ئارەزووی بکات ئەوە دەتوانێت بیکا و هیچ کردەوەیەکی بە گوناە هەژمار ناکرێت، لە کاتێکدا تەنانەت خۆشیان ئازاد نین و گیرۆدەی ئارەزووی خراپن. چونکە ئەوکەسانەی حەز و ئاروزووی خراپیان هەیە کۆیلە و ژێر دەستەی هەمان ئارەزوون. لە بەر ئەوەی کە تەواوی هێزی خۆمان بەکار دەهێنین بو گەیشتن بە حەزو و ئاروزوە نەشیاوەکانمان کە ڕاماندەکێشێت بەرەو پارە و پێگەی دونیا و ئارەزوی جنسی و هێز و هتد، بۆیە هیچ کات ئارامی و ڕەزامەندی ڕاستیمان دەست ناکەوێت. خۆهیلاک کردن بۆ دەستەبەرکردنی ئەوەی خۆمان حەزی پێ دەکەین، جۆرێک بۆشایی لە ڕۆحماندا دروست دەکات چونکە ئێمە دروست بوین کە دڵخۆشی و هێمنی ڕاستی ژیانمان لە پەیوەندی نزیک لە گەڵ خودا و خوشەویستی و خزمەت بەودا ببینینەوە.

بەداخەوە زۆربەی خەڵک هیچ کات باوەڕ بە مەسیح ناهێنن. لە پێناو باوەڕ هێنان پێویستە بەهایەکی گران بدەین و خودا باوڕ و باوەڕی تەواو و بی کەم و کوڕی ئێمەی دەوێت. ژیان لە عیسا دا هەموو لایەنەکانی ژیانمان دەگرێتەوە کە بریتین لە ئارەزووەکانمان، بیرکردنەوە و ویست و هەست و هەڵبژاردن، باری دارایی و داهاتومان.

من ئەو ەم نەکردووە!

یەکێک لە گەورەترین ئاستەنگەکان کە ڕێگری دەکات لە عیسا دا بژین ئەوەیە کە بەرپرسیارێتی گوناهەکانمان لەئەستۆ ناگرین. زۆربەی ئێمە بە ئاستەم دان بە هەڵەکانماندا دەنێن و قورستر ئەوکاتەیە کە پێویستە ڕەفتارمان بگۆڕین و تێبگەین کە کاتیک ئێمە دورین لە گوناهی گەورە وەک درۆکردن، کوشتن، بێ شەرمی لە پەیوەندی جنسی یا دزی، مانای ئەوە نیە کە لە بەندەی گوناە ئازادین. چونکە جۆرەها گوناە وەک قسەی پاشە ملە، ترس، ڕق و هەڵسوکەوتی ناشیرین، لە خۆبایی بوون و لوت بەرزی و هتد هەن کە دێنە ناو دڵمانەوە.

لەوەش زیاتر ئەوەیە کە پەڕتووکی پیرۆز پێمان دەڵێت گوناه جۆرەها شێوەی هەیە. وەک ئەوە کە « باش دەزانین کام کردەوە باشە و لە هەمان کاتیشدا نەیکەین» و «بزانین کام کردەوە هەڵەیە و لە هەمان کاتدا بیکەین»

یەعقوب ٤ : ١٧ «بۆیە ئەوەی بزانێت چاکە بکات و نەیکات،گوناه دەکات.»

کە وایە لە بیرمان نەچێت کە بێت و بزانین کام ڕەفتار باشە و خۆمانی لێ بەدووربگرین، گوناهمان کردووە. ڕۆما ١٤ : ٢٣ « ٢٣ بەڵام ئەوەی گومان بکات، ئەگەر بخوات تاوانبار دەکرێت، چونکە لە باوەڕەوە نییە.هەر شتێک لە باوەڕەوە نەبێت گوناهە.»

کە وایە کاتێک بە نیازی کارێکن و دەزانن گوناهە، ئەوە مەیکەن، چونکە ئەنجامی هەر کارێک بە ویژدانێکی نا ئارامەوە گوناهە. بارودۆخی تێکەڵ بە گوناهمان لە یەکەم یۆحەنا ٢ : ١٥ - ١٧ باس کراوە. « ١٥ نە جیهانتان خۆشبوێت، نە ئەو شتانەی لە جیهاندایە. ئەگەر یەکێک جیهانی خۆشبوێ، ئەوا خۆشەویستی باوکی تێدا نییە. ١٦ لەبەر ئەوەی هەموو ئەو شتانەی لە جیهاندایە، ئارەزووی جەستە و ئارەزووی چاو و سەڵتەنەتی ژیانە، ئەمانەش لە باوکەوە نین، بەڵکو لە جیهانەوەن. ١٧ جیهان و ئارەزووەکانی بەسەردەچن، بەڵام ئەوەی خواستی خودا جێبەجێ دەکات بۆ هەتاهەتایە دەژیێت.»

پێمان خۆش بێت یان نا، پێویستمان بە لێخۆش بوون هەیە هەم لە لایەن خودا و هەروەها لە لایەن کەسانی کەوە، ئەوە بەشێکی گەورەیە لە ژیانێکی تەندروستدا. لە سەر بنەمای سروشتمان دەزانین باشە و خراپە هەردووکیان بونیان هەیە و پێوستیمان بە وەیە کە لەبەرامبەر کردەوە خراپەکانمان لێمان خۆش بن. چونکە لێخۆش بوون هەستی ئارامیمان پێ دەبەخشێت و ئەو بەربەستانە هەڵدەگرێت کە لەنێوان ئێمە و کەسانی کە و خودادا هەیە، وەک تاوانباری و شەرم. لە بەشی دواتردا لە سەر تۆبە قسە دەکەین کە باسی بڕیارێک دەکات کە بە هۆشیارییەوە ژیانمان دەخەینە دەستی خودا و لە گەڕان بە دوای خۆویستی خۆمان پاشگەز دەبینەوە.

هەلبژاردنمان ئەوە دیاری دەکات کە هەتا هەتایە زیندوو بین

هەندێ کەس لایان وایە کە خودا توڕەیە و چاوەڕێی ئەوەیە توشی گوناه کردن بین تا ئێمە لە ناو بەرێت. بەڵام ئەوە راست نیە. خودا ئێمەی خۆش دەوێت و دەیەوێت لە پەیوەندیەکی نزیک بێت لە گەڵماندا. زۆربەی خەڵک نازانن کە خودا نایەوێت «خەلک بنێرێتە دۆزەخ». ئەوان بەو هۆکارە دەچنە دۆزەخەوە کە نایانەوێت ژیانی خۆیان ڕادەستی خودا بکەن. ڕۆما ١ : ١٨ - ٢٥ « ١٨ لە ئاسمانەوە تووڕەیی خودا لە دژی هەموو خوانەناسی و خراپەکارییەکی خەڵک دەردەکەوێت، ئەوانەی بە خراپەکانیان ڕاستی دادەپۆشن، ١٩ چونکە ئەوەی کە دەبێت لەبارەی خوداوە بزانرێت، لەلای ئەوان ئاشکرایە، لەبەر ئەوەی خودا بۆی دەرخستوون. ٢٠ لەبەر ئەوەی سیفەتە نەبینراوەکانی خودا، توانا هەتاهەتایی و خودایەتییەکەی، لە بەدیهێنانی جیهانەوە بەهۆی دروستکراوان درکیان پێ کراوە و بە ڕوونی بینراون، بۆیە بێ بیانوون.٢١ لەگەڵ ئەوەی کە خودایان ناسی، بەڵام وەک خودا ستایشیان نەکرد و سوپاسیان نەکرد، بەڵکو لە بیرکردنەوەیان پووچەڵ بوون و دڵە گێلەکانیان تاریک بوو. ٢٢ هەرچەندە خۆیان بە دانا دەزانی، بەڵام بوونە گێل، ٢٣ شکۆی خودای نەمریان گۆڕییەوە بە شێوەی پەیکەری مرۆڤی لەناوچوو و باڵندە و چوارپێ و خشۆک.٢٤ هەر لەبەر ئەوە خودا بە هەوەسی دڵیان ئەوانی دایە دەست گڵاوی، تاکو لەناو خۆیاندا سووکایەتی بە لەشی خۆیانەوە بکەن. ٢٥ ئەوان ڕاستی خودایان بە درۆ گۆڕییەوە و بەدیهێنراویان پەرست و لە جیاتی بەدیهێنەر خزمەتیان کرد، ئەوەی هەتاهەتایە ستایش بۆ ئەوە.»

راستی ئەوەیە کە باوەشی خودا کراوەیە بو ئەوانەی کە پەشیمانن لە گوناهەکانیان و هەڵی دەبژێرن کە خودایان خۆش بوێت.

ئیشایا ٦٥ : ١ - ٢ « ١ من دەرکەوتم بۆ ئەوانەی کە داوای منیان نەکرد، دۆزرامەوە لەلایەن ئەوانەی بەدوامدا نەگەڕان. بە نەتەوەیەک کە بە ناوی منەوە نزا ناکەن، فەرمووم: "ئەوەتام! ئەوەتام!"٢ بە درێژایی ڕۆژ دەستم بۆ گەلێکی کەلەڕەق ڕاگرت،بە ڕێگایەکدا دەڕۆن باش نییە،بەدوای بیرکردنەوەی خۆیان دەکەون.»

بو ئێمە زۆر گرنگە بزانین کە ژیانی هەتایمان لەچی شوێنێک بە سەر دەبەین. گوناهێک کە لە ئێمەدا هەیە، هەموو کات لەگەڵ ڕێگای خودا

لە دژایەتی دایە. بەڵام ئێمە ڕزگارکارێکمان هەیە کە بۆ ئازاد کردنی ئێمە لە بەندەیی گوناە هات. عیسا کە خۆی گوناهی نەکرد، گوناە و تاوان و شەرمی ئێمەی هەڵگرت و لە سەر خاچ مرد. سەرەڕای ئەوەی کە پڕاوپڕە لە خۆشەویستی، لە هەمان کات دا بە تەواوی دادپەروەرە. ئێمەی خۆش دەوێت، بەڵام بێت و ئەو هەڵنەبژێرین ئەوە چاوپۆشی لە گوناهەکانمان ناکات و چارەنووسمان لە ناوچونی هەتاییە. دوبارەی دەکەمەوەکە ئەوە پەیوەندی لەگەڵ هەڵبژاردنی ئێمە هەیە کە دەمانەوێت ژیانی هەتا هەتایمان لە کوێ بین. ڕۆژێک دێت کە هەمووومان لە دادگای خودا دا بەرەوڕوی دادوەری ئەو بەرامبەر بە خۆمان دەبینینەوە. ڕۆما ١٤ : ١١ – ١٢ « ١١ چونکە نووسراوە: (یەزدان دەفەرموێ: بە گیانی خۆم، هەموو ئەژنۆیەک بۆ من چۆک دادەدات، هەموو زمانێک دان بە خودا دەنێت.)*١٢ کەواتە، هەریەک لە ئێمە دەبێت حیسابی خۆی بداتە خودا.»

تا جەستەت زیندووە ئەو هەڵبژێرە

ئەگەر تا ئێستا مەسیحت بانگهێشت نەکردووە بۆ دڵ و ژیانی خۆت، یان پێشتر ناسیوتە و تا ئێستا دور لەو ژیاوی، دەتوانیت بۆ بەرچاوڕونی ئەو نوێژە بەکار بێنیت و داوا لە عیسا بکەیت ببێتە گەورە ژیانت. (گەورە یا خودا) یەک لەو ناوانەیە کە بۆ عیسا بە کار دێت وەک هاوڕییەکی خۆشەویست و گەورەیەکی بەرێز لە پەیوەندیتان لە گەڵیدا گرنگە وەک هاوڕێیەکی خۆشەویست و گەورەیەکی بەرێز ڕێگەی خۆی هەبێت.

مەسیحی خۆشەویست، باش دەزانم کە خۆم هەڵمبژارد بەشێوازی خۆم بژیم و تۆم رەتکردەوە، ئەوە لەگەڵ ڕێگای تۆبە بەتەواوی جیاوازە و دەزانم بەوە تووشی گوناە بووم. دەزانم ئەو ڕێگایەی هەڵم بژارد منی گەیاندۆتە تەنیایی و تورەیی و بەتاڵ بونی ناخم و ناڕەزایی. ئێستا داوای لێخۆش بونت لێدەکەم و دەمەوێت پڕم کەیت لە دڵخۆشی و ئومێد. بڕوام وایە کە تۆ تەنیا کەسێکی کە دەتوانیت ژیانی ڕاستیم پێ ببەخشیت. داوات لێدەکەم بێیتە ناو دڵم و پڕم کەیت لە ڕۆحی خۆت. یارمەتیم بدە ئەو ژیانە کۆنەی ڕابردووم تێپەڕێنم و ئەو ژیانە تازەیەی کە تۆ بۆ منت دەست نیشان کردووە لە باوەشی بگرم. من بە تەواوی ڕێگای تۆهەڵدەبژێرم تەنانەت ئەو کاتەش کە تێناگەم لە وەی کە تۆ دەیکەیت و دەیهێنیتە سەر ڕێگام. بەڵێن دەدەم بە تەواوی توانامەوەکە لە پەرتووکی پیرۆز و لە کڵێسادا لە دوای تۆ بگەڕێم و کڵێسایەک ببینمەوە کە بناغەی لەسەر پەرتووکی پیرۆز دانرابێت بۆ ئەوەی بتوانم باوەڕمی تێدا بەهێز بکەم. بە ناوی پیرۆزی عیسا ئامین.

ئەمڕۆ لە گوناهە تۆبە بکەن
تا هێز و توانای خوداتان پێ
ببەخشرێت بۆ دەسپێکردنی
ژیانێکی تازە.

بەشی دووەم

تۆبە

کەسانێکی زۆر هەن کە لە پەیوەندی گرتن لە گەڵ خودا ، خۆیان بەدوور دەگرن. بەتەواوی ژیانیان تێ دەکۆشن کە جۆرەها ڕێگا لە پێناو «دڵخۆشی و کامەرانی « تاقی کەنەوە، بەڵام بە نەزانی و بە مەبەست دەرگا بەسەر ئەو کەسەدا کە تەنها ئەو توانای ئەوەی هەیە دڵخۆشی و کامەرانی ڕاستیان پێ ببەخشێت، دا دەخەن.

زۆربەی کات لە تێگەیشتن لە مانای تۆبە، هەڵە دەکرێت. هەندێ کەس وا بیر دەکەنەوە کە بەو ڕادەیە باشن کە پێویست ناکات لە ئاست هیچ کەسێک دا بکەونە سەر ئەژنۆ. هەندێ کەسیش لەوەی کە پێویست بکات ژیانیان بگۆڕن بێزار دەبن، چونکە لایان وایە کە ئەو گورانکاریە تەواوی دڵخۆشی و چێژی ژیانیان لە ناو دەبات. بەڵام ڕاستی ئەوەیە کە لە ڕێگای تۆبەوە دەتوانین بگەینە ئازادی و بەو جۆرەیە کە ئارامی و خۆشی دێیە ژیانمانەوە.

تەنیا لەو ڕێگایەوەیە (تۆبە کردن) کە ئێمە بڕیار دەدەین کرداری ڕابردومان بگۆڕین و ئەو ژیانە تازەیە کە خودا پێمان دەبەخشێت لە باوەشی بگرین. ئەو کردەوەیە (تۆبە کردن) پشت کردنە گوناه و گەیشتنە بە عیسا.

بۆ ئەوەی کە بە ڕاستی ئەزموونی تۆبە بکەین و لە ڕزگارکارمان نزیک بینەوە پێویستیمان بە سێ قۆناغی بنچینەییە کە بریتین لە باوەڕ، بێ فیزی، تەسلیم بوون. لەو پەڕتووکەدا بەشێکی گشتگیرتر هەیە لە سەر باوەڕ، بەڵام لە ئێستادا باسی دەکەم کە گرنگی باوەڕ لە تۆبەدا شی کەمەوە.

باوەڕ

باوەڕ کە بریتیە لە تێگەیشتنی ئێمە لە خودا، هۆکاری دەسپێکردنی پەیوەندییەکی جوانە لە گەڵ بەدیهێنەرمان. لە سەرەتاوە دەبێت پروامان بە هەبوونی ئەو هەبێت چونکە تەواوی ئەوەی کە بەدوایدا دێت پەیوەندی ڕاستەوخۆی بەو باوەڕەوە هەیە. بەڵام ئەوە تەنها بە تێگەیشتنی عەقڵ ناوەستێت و پێویستە هەنگاوی دواتر بنێین و بە ویستێکی تەواو داوای لێبکەین دەسەلاتی خۆی بخاتە سەر ژیانمان.

ئەفەسۆس٠ ٤ : ٢٠ – ٢٤ «٢٠ بەڵام ئێوە بەم شێوەیە فێری مەسیح نەبوون ، ٢١ کاتێک لەبارەی مەسیحەوە بیستتان و بەگوێرەی ئەو ڕاستییەی کە لە عیسادایە فێرکراون. ٢٢ سەبارەت بە شێوازی ژیانی پێشووتان فێرکراون کە مرۆڤە کۆنەکە دابکەنن، چونکە بە ئارەزووە هەڵخەڵەتێنەرەکانی گەندەڵ بووە، ٢٣ هەروەها شێوازی بیرکردنەوەتان نوێ بکەنەوە و ٢٤ مرۆڤی نوێ لەبەر بکەن، ئەوەی خودا وەکو خۆی بەدیهێناوە لە ڕاستودروستی و پیرۆزیی ڕاستەقینە.»

باوەڕی ڕاستەقینە هەر ئەوە نیە کە پروات هەبێت خودا لە ئاسمان لە شوێنێکە و هەیە. پەرتووکی پیرۆز لەو بارەیەوە دەڵێت : تەنانەت ڕۆحەشەڕانگێزەکان پروایان وایە کە خودا هەیە و لە ترسانی دەلەرزن.

یاقوب ٢ : ١٩ « ١٩ تۆ باوەڕت هەیە کە یەک خودا هەیە، چاک دەکەیت. تەنانەت ڕۆحە پیسەکانیش باوەڕ دەکەن و دەلەرزن. باوەڕی ڕاستی دەسکەوتێکی مەزنە کە خودا پێمان دەبەخشێت بو ئەوەی پریارێکی چالاک بدەین بەرەو گەیشتن بۆ پەیوەندیەکی نزیک لە گەڵ خودا. «

باوەڕی ڕاستەقینە وەک ئەندامێکی زیندووی جەستە وایە کە گەشە دەکات بۆ ئەوەی خۆی بگونجێنێت لەو ڕێگایە لەگەڵ هەموو جۆرە بارودۆخەکان ڕێک بێتەوە. گرنگ نیە ڕێگای ئەو سەفەرە چەند سەخت و ترسناک بێت. باوەڕی ڕاست هانمان دەدا هەموو ژیانمان لە ڕێگای عیسای مەسیحەوە، بە دوای قووڵ بونەوە و نزیک بونەوەی زیاتر بین لە گەڵ خودادا.

بێ فیزی

تۆبە کردن پێویستی بە بێ فیزی هەیە. لە ڕاستیدا بێ فیزی بە مانای ئەوەیە کە بە باشی بزانین و دانی پێدا بنێین کە زاتی تەواو و بێ کەموکوڕی لە جیهاندا تەنها خودایە و ئێمە دەسەڵاتی ئەوەمان نیە ئەو جۆرە بژین کە خودا بۆ ئێمەی داناوە و لەو کارە گرنگەدا سەر کەوتو بین. باش دەزانین دژی بێ فیزی دەبیتە یاخی. تا ئەوکاتەی ژیانمان تێکەڵە لەگەڵ گوناە ناتوانین بێ فیز بین. لە ڕاستی دا ئەو کات دەڵێن «من بە دڵی خۆم و بەو جۆرەی پێم باشە دەژیم »

کاتێک کەلە ئاست خودا یاخیبوون هەڵدەبژێرین، ئەو کاتە پڕاوپڕ دەبین لەخۆ بایبوون و کە لەخۆباییبوون دەسەڵاتی بەسەر ژیانماندا گرت بەرەو یاخیبوونمان دەبا لە ئاستی خودا و ئامۆژگاری لەکەس وەرناگرین و پێداگیر دەبین لەسەر ویستی خۆمان.

دووەم کۆرنسۆس ٧ : ١٠ « ١٠ چونکە ئەو خەمبارییەی لە خوداوەیە، دەبێتە هۆی تۆبەکردن، ئەمەش ئەنجامەکەی ڕزگارییە و کەس لێی پەشیمان نابێتەوە، بەڵام ئەو خەمبارییەی لە جیهانەوەیە دەبێتە هۆی مردن. «

ویستی خۆمان لە پێناو کەس ناگۆڕین، تەنانەت لە پێناو خوداشدا. بەڵام بە فیزەوە ناتوانین لە گەڵ مەسیح دا بژین چونکە بەو شێوەیە هەمووکات لە گەڵ خودا لە سەر دەسەڵاتی ژیانمان لە شەڕداین و خۆشەویستی و گەورە بوون لە ناو دەبەین.

ڕادەست کردن

هەندێ کەس لەوەی کە خۆیان ڕادەستی خودا بکەن دەترسن، چونکە نایانەوێت لە کردەوە ناشیرنەکانیان دەست هەڵبگرن. بە پێی سروشت دەزانن کەلە ئاست خودادا بەرپرسیارن لە کارەکانیان و لەبەر ئەوە دەبێت گۆڕانکاری دروست بکەن لە ژیانیاندا. بەڵام بۆ ئەوەی نزیک لە خودا بین دەبێت ژیانمان ڕادەستی خودا بکەین و ئەوە بۆ ئەوان ترسناکە دەسەڵاتی ژیانی خۆیان بدەنە دەست کەسی دیکە.

زۆر سەیرە کە سەرەڕای ناشیرینی لە ڕادەبەدەری ئەو جۆرە ژیانە کە بەرگەگرتنی قورسە، ئێستاش زۆربەیان لەو بارودۆخەدا دەمێننەوە.

هەندێ جار وادەردەکەوێت کە مانەوە لەو بارودوخەدا ئاسانترە لەوەی کە تێی پەرینین و ژیانی تازە دەست پێبکەین کە مەسیح پێمانی دەبەخشێت، بنەمای ئەوجۆرە بیرکردنەوەیە تەنیا هۆکارەکەی ترسێکە کە لەپەیوەندیە توندوتیژەکان و بارودۆخە ژەهراویەکان دا هەمانەو وادەکات نەتوانین خۆمان ڕزگار کەین لەو بارودۆخە.

کەسانێک کە لە نزیکبونەوە لە خودا، خۆیان دووردەگرن لەبەر ئەوەی پێیان وایە کەبوون بەمەسیحی دەبێتە هۆکار بۆ بێزار بوون و هیلاکی لە ژیاندا و لەوانەشە لەلایەن کەسانێکەوە بە نامۆ یان بیێ هێز دابنرێن یا کەسانێک دەبینن کە خۆیان بە مەسیحی دەناسێنن بەڵام بە کردەوە ناشیرنەکانیان کەسانێک کە باوەڕیان نیە بەهەڵەدا دەبەن و لایان وایەکە مەسیحیەت باش نیە. بەداخەوە ئەو جۆرە کەسە دووروانە هۆکارن بۆ ئەوەی کە بێ باوەڕان بۆچونی باشیان نەبێت لەسەر عیسا. یەک لە هۆکارە باوەکان کە خەڵک خۆیان دوور دەگرن لە خودا ئەوەیە کە لەلایەن کەسانی مەسیحییەوە ئازار دراون یان لەوانەیە کڵێسایان بێ سوود هاتبێتە بەرچاو.

من پێم وایە بەهێز ترین هۆکاری ڕەتکردنەوەی عیسا لەلایان خەڵکەوە ئەوەیە کە عیسا ڕاستیەو تالێی نزیکتربنەوە ڕاستی زیاتریان بۆ دەردەکەوێت و ئەو ڕاستیانە دەتوانن سامناک بن چونکە نایانەوێت ناخی ڕاستەقینەی خۆیان ببینن. لەوە دەترسن بە وردی ناخی خۆیان ببینن و بێزار بن لەوڕاستییە، کە وایە لەوانەیە گرنگترین هۆکاری خودا ڕەتکردنەوە ترس بیت.

گەلاتیا ٥ : ١٦ - ١٧ « ١٦ پێتان دەڵێم:بە ڕۆحی پیرۆز بژین،ئینجا ئارەزووی سروشتی دنیایی تێر ناکەن،١٧ چونکە ئارەزووی سروشتی دنیایی لە دژی ڕۆحەکەیە،ڕۆحەکەش لە دژی سروشتی دنیاییە. هەریەکەیان بەربەرەکانێی ئەوی دیکە دەکات، تاکو ئەوە نەکەن کە دەتانەوێت. «

با ئەو کێشەیە چارەسەر کەین، هەموومان لەو ڕێگایە و ئەو پریارەی کەلای خۆمان باش و پەسەند بووە ئەنجامی خراپمان دیوە و ئازارمان بینیوە لە ژیانماندا، بە پێچەوانەوە هەر کاتێک بمانەوێت گوێڕایەڵی فەرمانەکانی خودا بین ویستی ئەو بەجێ بێنین، ئارەزووە سروشتیەکانمان دژایەتی

دەکەن. ئەو دوو هێزە بەردەوام لە کێشەدان و هەوڵ دەدەن بەسەر ویستی ئیمەدا زاڵبن. کەوایە هەرچی بوێ بچین یان بیکەین لە ژێر کاریگەری ئەو دوو هێزە دایە.

گەلاتیا ٥ : ١٩ – ٢١ «١٩ ئێستا کردەوەکانی سروشتی دنیایی مرۆڤ ڕوونن، ئەوانیش: داوێنپیسی،گڵاوی، بەڕەڵایی،٢٠ بتپەرستی،جادووگەری، دوژمنایەتی ،یاخیبوون ، دڵپیسی، توورەبوون، خۆپەرستی،دووبەرەکی،ناکۆکی،٢١چاوپیسی،سەرخۆشی،ڕابواردن ، شتی دیکەی وەک ئەمانە، ئاگادارتان دەکەمەوە، وەک پێشتر ئاگادارم کردوونەتەوە: ئەوانەی ئەو کارانە دەکەن نابنە میراتگری شانشینی خودا. »

هەواڵە خۆشەکە ئەوەیە کە زۆربەی کات گەڕان بە دوای خودادا کاتێک دەست پێ دەکات کە هەستی ناڕازیبوون، بەتاڵ بوون، تاوانباری و خەفەت یان بێ دەسەڵاتی بەسەرماندا زاڵ دەبێت، لە ناخمانەوە دەنگێک دەبیستین کە ژیان ڕوی دیکەی هەیە و باش دەزانین کە تەواوی ئەوەی کە هەبوو لە دەستمان داوە، کە بە ڕاستی خۆمان ڕادەستی خودا کرد شێوازی ژیانمان دەگورێت و بیرو هۆشمان گۆڕانکاری بە سەردا دێت بە شێوازێک کەکەسایەتی عیسا لە ئێمەدا بەدی دێت هەربەو جۆرە کە لە یەکەم کۆرنسۆس باس کراوە.

یەکەم کۆرنسۆس ١٣ : ٤ -٧ « ٤ خۆشەویستی پشوودرێژییە، خۆشەویستی نیانییە. خۆشەویستی ئیرەیی نییە، شانازی نییە، لووتبەرزی نییە. ٥ بەدڕەوشتی نییە، بۆ خۆی داوا ناکات، زوو توورە نابێت و خراپەکان تۆمار ناکات. ٦ بە خراپە دڵخۆش نابێت، بەڵکو بە ڕاستی دڵشاد دەبێت. ٧ خۆشەویستی بەرگەی هەموو شتێک دەگرێت، باوەڕ بە هەموو شتێک دەکات، هیوا بە هەموو شتێک دەخوازێت، بۆ هەموو شتێک ئارام دەگرێت.»

و هەروەها لە گەلاتیا ٥ : ٢٢ – ٢٤ « ٢٢ بەڵام بەروبوومی ڕۆحی پیرۆز ئەمەیە خۆشەویستی، خۆشی، ئاشتی، ئارامگرتن، نیانی، چاکە، دڵسۆزی، ٢٣ دڵنەرمی و بەسەرخۆدا زاڵبوون. شەریعەت نییە لە دژی ئەمانە بێت. ٢٤ بەڵام ئەوانەی هی عیسای مەسیحن سروشتی دنیاییان لەگەڵ حەز و ئارەزووەکانیان لە خاچ داوە»

لە پەرتووکی پیرۆز نوسراوە بێت و لە قوڵایی دڵەوە داوای خودا بکەین و بە دوایدا بگەڕێین، دەیبینینەوە. دواوتار ٤ : ٢٩ « ٢٩ بەڵام ئەگەر لەوێوە ڕووتان لە یەزدان کرد، خودای خۆتان، ئەوا بۆتان دەردەکەوێت، ئەگەر بە هەموو دڵ و لە ناخەوە بەدوایدا گەڕان.» پەیوەندی لەگەڵ خودا ژیانێکی بە پیت و پڕ خۆشی و شادی و ئارامی دەبەخشێت کە هەموو کات خۆزگەم بۆ خواستووە. ئێمە لە ژیانماندا کۆتایی هەڵبژاردنی خۆپەرستانەی خۆمان بینیوە و بێت و ڕاستگۆ بین لە گەڵ خۆمان، پێویستە دان بەوەدا بنێین کە بڕیارەکانمان هەموو کات لە دژی ویستی خودا بووە. ئەوکاتەی دوور لەو دەژین، خەفەت و ناڕازی بوون دەبێتە دەسکەوتمان و ئەوە کۆتایی ئەو ژیانەیە کە بۆخۆمان هەڵمانبژاردوە. کە وایە با پرسیارێک بکەین لە خۆمان : « دەبێت چەند جار خۆم شەرمەزار، تەنیا و داماو بە ئازارەوە ببینم بۆ ئەوەی خۆم ڕادەستی خودا بکەم کە منی خوش دەوێت؟»

بگەڕێینەوە بۆ تۆبەکردن

تۆبە کردن گۆڕانە بەمانای ١٨٠ پلە. تۆبە لە بەشی سەربازیدا بە کاردەهات کە بە مانای سووڕانەوە بووە. سەربازەکان بە یەک ئاراستە دەڕۆیشتن و دواتر دەگەڕانەوە بە ئاراستەی پێچەوانەوە. مانای ڕۆحی تۆبە گۆڕانە لەئاکارو هەروەها ناخمان لە خۆدەگرێت. ئێمە لە گوناهە دەگەڕێینەوە و ڕوو دەکەینە خودا. بە ئەوەی عیسا بانگهێشت بکەینە ناو دڵمانەوە و داوای لێ بکەین ژیانمان بگۆڕێت، پێویستە ئەو ڕاستیە قبوڵ بکەین کە گوناه بارین و لەو ژیانە کە تێکەڵ بووە بە گوناهەو، شەرمەزارین.

سەرنج بدەنە ئەو ئایەتانە :

ئیشایا ٥٧ : ١٥ « ١٥ خودای بەرز و بڵند کە بە نەمری نیشتەجێیە،ناوی پیرۆزە، ئەمە دەفەرموێت: لە جێی بەرز و پیرۆز نیشتەجێم،هەروەها لەگەڵ ئەوانەدام کە دڵشکێنراون و بێفیزن،بۆ ئەوەی بێفیز و دڵشکێنراوەکان بژێنمەوە. «

هەروەها لە مەتا ٤ : ١٧ « ١٧ لەو کاتەوە عیسا دەستی کرد بە جاڕدان و دەیفەرموو: تۆبە بکەن، چونکە پاشایەتی ئاسمان نزیک بووەتەوە. «

و هەروەها لە کردار ٢ : ٣٨ « ٣٨ پەترۆس وەڵامی دانەوە: تۆبە بکەن،با هەریەکەتان بە ناوی عیسای مەسیحەوە لە ئاو هەڵبکێشرێت بۆ

لێخۆشبوونی گوناهەکانتان و ڕۆحی پیرۆز بە دیاری وەردەگرن. «

کردار ٢٠: ٢١ « ٢١ شایەتی ئەوەم داوە لای جولەکە و یۆنانییەکان کە دەبێت تۆبە بکەن و بۆ لای خودا بگەڕێنەوە و باوەڕ بە عیسای خاوەن شکۆمان بهێنن. ”

ئەوە دڵ و ناوەرۆکی تۆبەیە. دەبێت باش بزانین تا ئەو کاتەی ژیانمان بە بێ مەسیح بەردەوام بێت، بەرەو لەناوچونی هەتا هەتایی هەنگاو دەنێین.

قۆناغی زۆر گرنگ کە ئێمە دەگەیەنێت بە ناسینی خودا، تۆبەیە، لە هەمان کاتدا پێویستە بکرێتە کردارێکی هەمیشەیی لە ژیانی مەسیحیمان دا. پێویستە بەو پەڕی خەفەت باری و پەشیمانییەوە دوای گوناهەکانمان، دانیان پێدا بنێین و تۆبە بکەین. دان پێدانان بە گوناه و خۆدورگرتن لەگوناه، ناوی تۆبەیە. تۆبە دەتوانێت ڕۆحمان پاک کاتەوە و پەیوەندیمان لە گەڵ خودا و چوار دەوریشمان سەر لەنوێ بنیات دەنێتەوە، بۆیە تۆبە کردن زۆر جوانە.

یەک لە ڕاستیە سەرسوڕ هێنەرەکانی تۆبە ئەوەیە کە کاتێک لە قوڵایی دڵمانەوە باوەڕ بەوە بهێنین کە عیسا باجی تاوانی تەواوی گوناهەکانمانی داوە، زۆر بە خێرایی لێمان خۆش دەبێت. بەشێکی زۆری خەڵک پێیان وایە کە پێویستە باجی گوناهەکانی خۆیان بدەنەوە. بەڵام ئەوە مانای ئەوەیە کە عیسا بەو ڕادەیە کە پێویستە باجی گوناهەی ئێمەی نەداوە و پێویستی بە یارمەتی ئێمە هەیە ! بە پێی سروشت پێویستە باجی گوناهەکانی خۆمان بدەین و دواتر دوور بین لە گوناه و دوبارەی نەکەینەوە، بەڵام کاتێک لە بەرامبەر خودا و لە ناخی دڵەوە دان بنێین بە گوناهەکانمان و تۆبە بکەین، بە تەواوی لێمان خۆش دەبێت.

لە بەر ئەوەی کە کەس بێ کەموکوری نیە بۆیە گومانی تێدا نیە کە توشی هەڵە دەبین، کە وایە گرنگ ئەوەیە هەوڵ بدەین خۆمان دوور بگرین لە گوناه تا نەیێتە خوو. کە فێر بین بە دروستی تۆبە بکەین، ئەو کات دڵمان نەرم و خۆڕاگر دەکات. بۆیە هەرکات هەڵەش بکەین ڕۆحمان بە لێخۆشبونی خودا ئارام دەگرێت.

یەکەم یوحەننا ١ : ٩ – ١٠ ” ٩ ئەگەر دانمان بە گوناهەکانماندا نا، ئەوا خودا دڵسۆز و دادپەروەرە،تەنانەت لە گوناهەکانمان خۆشدەبێت و لە

هەموو ناڕەواییەک پاکمان دەکاتەوە. ١٠ ئەگەر بڵێین گوناهمان نەکردووە، ئەوا بە درۆزنی دادەنێین و پەیامەکەی لە ئێمەدا نییە. «

لە دقی ١٠ باس لە دڵ ڕەقی دەکات کە چەند جارێک تۆبەمان کرد و تۆبەکەمان شکاند، ڕومان لە خودا وەر گێڕاوە کە وایە توشی دڵ ڕەقی بوین. لێخۆش بوون و میهرەبانی خودا نایێت بێتە هۆکاری ئەوەی کە هەر چیمان ویست بیکەین، و لێخوش بوون و میهرەبانی خودا لامان بی بایەخ بێت.

کارێک بکە

ئەو کاتە کە مەسیح وەک پاشا و گەورەی خۆمان هەڵدەبژێرین، ژیانمان لە سەر ڕێچکە کۆنەکە دەگۆڕین بەرەو ئاراستەی خودا. ئەو جۆرە ڕەفتار دەکەین کە لای خودا پەسەندە نەک ئەوەی کە لوتبەرزانە دوای ویستی خۆمان کەوین. ئەوە ئەو کاتەیە کە ژیانێکی پڕاوپڕ لە باشی کە عیسا پی بەخشیوین تاقی دەکەینەوە. بەڵام ئێمە بۆ گەیشتن بەو ژیانە پێویستمان بە هێزی ڕۆحی پیرۆزە کە ئەوەش هەمان خودایە. ژیانێک کە ڕۆحی پیرۆزی تیدا نیە بەرەو دروست بونی ئایین مان دەبات کە لە ڕاستیدا جۆرێک کۆیلایەتی و بی مانابوونە.لە سەر ڕۆحی پیرۆز لە وانەکانی داهاتودا زیاتر فێر دەبین. لە پەیوەندی دا پێویستە کە هەر دوو لایەن هەوڵ بدەن بۆ پتەو کردنی و گرنگی بە پەیوەندیەکە بدەن. خودا خۆشەویستی خۆی بۆ ئێمە سەلماندووە کە ئەوەش مردنی عیسا بوو لە سەر خاچ. کە وایە ئێستا کاتی ئەوەیە تا دەتوانین هەوڵ بدەین لە خودا نزیکتر ببینەوە و گرنگترین شت بێت لە ژیانماندا.

متا ٦ : ٣٣ «بەڵکو یەکەم جار داوای پاشایەتییەکەی خودا و ڕاستودروستییەکەی بکەن، هەموو ئەمانەتان بۆ دابین دەکرێت. «

کاتێک بەو پەڕی توانا گوێڕایەڵی مەسیح بین، لێمان نزیکە و لەگەڵ هەموو هەنگاوەکانماندایە و هێزمان پێ دەبەخشێت و ڕێنمایمان دەکات کە بەویستی ئەو بژین و خۆشحاڵە بەوەی کە دەیکات بۆمان.

دووەم ساموئێل ٢٢ : ٢٠ « منی هێنایە دەرەوە بۆ جێگایەکی پان و بەرین،ڕزگاری کردم، چونکە دڵخۆشە پێم. «

زەبوورەکان ١٨ : ١٩ « ١٩ منی هێنایە دەرەوە بۆ جێگایەکی پان و بەرین،ڕزگاری کردم، چونکە دڵخۆشە پێم. «

زەبوورەکان ٣٧ : ٢٣ « ٢٣ یەزدان هەنگاوەکانی مرۆڤ دەچەسپێنێ،بە ڕێگاکەی دڵخۆش دەبێ.»

لە ئیشایا دا وێنەیەکی یەکجار جوان هەیە لە بارەی ژیانی پێش باوەڕ و دوای باوەڕ.

ئیشایا ٦٢ : ٤ « ٤ چیتر ناوت نانرێت بەجێماو وچیتر بە خاکەکەت ناگوترێت «وێرانە»،بەڵکو پێت دەگوترێت «حەفچیڤا»(بە واتای شادیم لەو دایە) خاکەکەشت، «بەعولە»(بە واتای مێرد) چونکە یەزدان بە تۆ دڵخۆش دەبێت، خاکەکەشت مێردی دەبێت.»

هەر ئەوجۆرەی دیارە لەمەودوا دوورخراوە و تەنیا و بێ ئومێد و بەتاڵ نین و گەنجینەی گەورە و بە نرخی خوداوەندین.

دواوتار ١٤ : ٢ «٢ چونکە ئێوە گەلێکی پیرۆزن بۆ یەزدانی پەروەردگارتان و یەزدانیش ئێوەی هەڵبژارد بۆ ئەوەی ببنە گەنجینەیەکی تایبەت بۆ ئەو لە سەرووی هەموو ئەو گەلانەی لەسەر ڕووی زەویدان.»

دواوتار ٢٦ : ١٨ « ١٨ یەزدانیش ئەمڕۆ ڕایگەیاند، کە ئێوە گەلی ئەون، گەنجینەیەکی تایبەتی ئەو، وەک بەڵێنی پێدان و هەموو فەرمانەکانی بپارێزن.»

تا زیاتر خۆمان بدەینە دەست ڕزگارکەرەکەمان، لە شێوەی ئەو نزیکتر دەبینەوە و بەشێکی گرنگی گەورە بوون و ژیانی پڕ خۆشی لەگەڵ مەسیح ئەوەیە کە لە بەرامبەر خوداوەند دان بە گوناهەکانمان و شکستەکانمان دا بنێین. مەسیحی پیروز باسی ئەوەی نەکردوە کە ڕێگای باوەڕ ئاسان بێت، تەنانەت لەوانەیە گورانکاریش نەکات لە بارودۆخی ئیستاماندا، بەڵام هەواڵە خۆشەکە ئەوەیە کە دڵنیامان دەکاتەوە کە لە بارودۆخە قورسەکان لە گەڵمان دەبێت. هەبوونی مەسیح لە ژیاندا و خزمەت کردنی ئەو، بێ گومان خۆشترین و گەورەترین چێژی هەیە و دڵخۆشی و شادیە لە ژیانماندا کە بە هیچ خۆشیەکی دیکە بەراورد ناکرێت. کاتێک تۆبە دەکەین لە خودا نزیکتر دەبینەوە و لە ڕێگای کڵێسا و خویندنەوەی

پەرتووکی پیرۆز، نویژ و هەروەها هەڵسوکەوت کردن لەگەڵ کەسانێک کە مەسیحی بوون لەلایان بە نرخە و ڕێزی لێ دەگرن، هۆکارە بۆ ئەوەی بیرکردنەوە و کردەوەکانمان نزیکتر بێتەوە لە ویستی خوداوەند.

ئەو جۆرە ژیانە بێ هۆکار دروست نابێت و تەنانەت گۆڕانکاریەکان بە خێرایش ڕوو نادات. گۆڕانی ڕەفتار و کردەوە لە ژیاندا پێوستی بە کات وهەوڵدان هەیە کە بگاتە ئەو ڕادەیە کە وێنایەکی باش و شایستە لە خۆی نیشان بدات. خودا بە بەخشەندەیی ژیانی تازەی بە ئێمە بەخشیوە و ئێمە پێشوازی لەو دەکەین و ڕابردو تێدەپەڕێنین وا باشە کەلەبیرمان نەچێت مەسیح پەیمانی داوەکە تەواوی پێداویستیەکانمان لەڕێگای ڕۆحی پیرۆز پێدەبەخشێت.

عیسای پیرۆز لە ژێمەی
دەوێت کە ژیانمان لە پێناو
چاکەی خۆمان و شکودار
کردنی ئەو بگۆڕین

بەشی سێ یەم
باوەڕ

وشەی باوەڕ بە مانای پشت بەستن، دڵسوز بوون و متمانەیە. باوەڕ دەتوانێت بە زۆر شێوە بە کاربێت. یەک نموونەی سادە : باوەڕت بەوە هەیە کە ئوتۆبێلەکەت دەتوانێت تۆبگەینێتە شوێنی مەبەست، یا نموونەیەکی قورس ئەوەیە کە باوەڕی تەواوت بە خودایەک هەیە کە ناتوانیت بە چاو بیبینیت؟

باشترین وێناکردن لە پەرتووکی پیرۆز لە عیبرانیەکان دا دەبینین کە نوسراوە : «باوەڕ واتە گەیشتن بە هیواکانمان، دڵنیابین، باوەڕ واتە دڵنیابوون لە ڕاست بوونی تەواوی ئەو بیرو باوەڕانەمان تەنانەت ئەوانەی کە نابینرێن»

عیبرانیەکان ١ : ١١ « ١١ ئەوان لەناودەچن، بەڵام تۆ دەمێنیت، هەموو وەک کراس کۆن دەبن. «

کاتێک باوەڕ بەمەسیح دێنین و گوێڕایەڵی دەبین، بەرامبەر بە داهاتوو دڵخۆش و گەشبین دەبین، هۆکارەکەی ئەوەیە تێ دەگەن بۆچەند مەبەستێک هاتوینەتە جیهان و دوای مردن بۆ کوێ دەڕۆین.

ووشەی خودا لە پەرتووکی پیرۆزدا نوسراوە. خودا وشەی خۆی بەئێمە بەخشیوە تا لەو رێگایەوە بیناسین. لە ئێمەی دەوێت کە فێربین چۆن بەپێی ویست و خواستی ئەو بژین.هەرئەوجۆرەی نوسراوە، باوەڕی ئێمە لەمتمانە بەخۆشەویستی خودا دەر دەکەوێت کە ڕێنمایمان دەکات و دەمانپارێزێت و لە هەموو بارودۆخێکدا هێزمان پی دەبەخشێت. ژیانی بەو جۆرە ئەوەیە کە خودا دەیەوێت هەموو باوەڕدارێک تێیدا بژیت.

عیبرانیەکان ١١ : ٦ « ٦ بەبێ باوەڕ مەحاڵە ڕەزامەندی خودا بەدەست بهێنرێت، چونکە ئەوەی لەو نزیک بێتەوە، دەبێ باوەڕی بە بوونی ئەو

هەبێت و پاداشتی ئەوانەش دەداتەوە کە بە پەرۆشەوە ڕوویان لەو دەکەن. «

باوەڕی ئێمەیە کە دیاری دەکات پەیوەندیمان لەگەڵ خودا چۆن دەبێت. زۆربەمان کاتێک بە خودا دەگەین بۆمان دەردەکەوێت کەچاوی ڕۆحمان تا ئیستا نابینا بووە.

یەکەم کۆرنسوس ٢ : ١٦ - ١٣ «١٣ ئەوەی باسی دەکەین لە دانایی مرۆڤەوە نەهاتووە، بەڵکو لە فێرکردنی ڕۆحەوە هاتووە، بەم شێوەیە فێرکردنی ڕۆحی بۆ کەسانی ڕۆحانی لێکدەدرێتەوە. ١٤ بەڵام کەسی سروشتی ئەوەی هی ڕۆحی خودایە وەریناگرێت،چونکە لەلای ئەو گێلایەتییە و نایانزانێت، چونکە بەڕۆح جیادەکرێنەوە. ١٥ کەسی ڕۆحانی هەموو شتێک هەڵدەسەنگێنێت، کەچی کەس ناتوانێت ئەو هەڵبسەنگێنێت.١٦ (کێ بیری یەزدانی زانی،کێ فێری دەکات؟) «

تێگەیشتن لەو بنەمایانە کە مەسیح قسەی لە سەر دەکرد بو ئێمە ئەستەم بوو. هۆکارەکەشی دەگەڕایەوە بۆ ئەوەی کە لە گەڵ بنەما سروشتیەکانی ئێمە و تێگەیشتنمان کە مروڤانەیە ڕێک ناکەوێت.

باوەڕ هۆکارە بۆ ئەوەی کە ئێمە لامان وایە کە مەسیح زیندووە و لە ژیانی ئێمەدا دەوری هەیە. ڕۆحی پیرۆز لەو کەسانەدا کە باوەڕیان بە مەسیح نیە، نیشتەجی نابێت، بۆیە ئەوانە تێناگەن کە ئێمە بۆ ژیانی خۆمان خستۆتە ژێر دەسەڵاتی خودا ولەبەر چی بەپێی ویست و خواستی خودا دەژین.

ناتوانین بڵێین باوەڕ هێنان بریارێکی کوتوپڕە. ڕاستە کە بەهاتنی مەسیح بۆ ناخمان باوەڕ هێنان دەست پێ دەکات، بەڵام گەشە کردن لە باوەڕدا قۆناغ بە قۆناغە. کە ویست و ڕێگای خودا زاڵ دەکەین بەسەر ویست ورێگای خۆماندا، ئەوکاتەیە کە وردە وردە پەیمانەکانی خودا بۆ پیرۆز کردنی ژیان وەدی دێت و هەستی پی دەکەین. ئەو پیرۆزییە لە ژیانماندا دەبێتە خۆشی و ئارامی، ئومێد و گەیشتن بە ئامانجەکانمان لە ژیاندا. کاتێک دڵسوزی خودا لە ڕۆژە سەختەکان دەردەکەوێت کە ئێمە بەردەوام بین لەو پەیوندییە نزیکەی کە هەمانە لە گەڵیدا.

لە کۆتایی دا تێدەگەین کەسەرەڕای ئەوەی کە لە ژیانیماندا تێدەپەڕێت، ئەو لە سەر بەڵێن و ووشەکانی خۆی دەمێنێتەوە و ئەوە پی دەڵێن باوەڕی چالاک.

سەرچاوەی باوەڕی من کوێیە؟

با بزانین باوەڕی ئێمە لە کوێدا دێت. لە ڕۆما ١٢ : ٣ « ٣ بەو نیعمەتەی پێم دراوە بە هەر یەکێک دەڵێم کە لەنێوتاندایە: با لە نرخ بۆ خۆ دانان زێدەڕۆیی نەکات، بەڵکو لە نرخاندن هۆشیار بێت، بەو پێرە باوەڕەی خودا بە هەر یەکێکی بەخشیوە.» ڕاستی ئەوەیە کە سەرچاوەی باوەڕی ئێمە خودایە. کە وایە ئێمە توانای ئەوەمان نیە بگەینە باوەڕ و لە ناو خۆماندا دروستی کەین. ئەرکی ئێمە وەرگرتنی باوەڕە. لە پەرتووکی پیرۆزدا نوسراوە کە باوەڕ لە لایەن عیساوە دێت کە خۆی هەمان خودایە. دووەم نامەی پەترۆس ١ : ١ « ١ لە شیمۆن پەترۆسی بەندە و نێردراوی عیسای مەسیحەوە، بۆ ئەوانەی لە ڕێگەی ڕاستودروستی خودا و عیسای مەسیحی ڕزگارکەرمانەوە باوەڕێکی بەهاداری وەک باوەڕی ئێمەیان دەستکەوتووە. « هەندی کات وایە کە خودا باوەڕێکی زیاتر بە هەندێ کەس دەبەخشێت. ئەو جۆرە باوەڕە دیاری تایبەتی خودایە کە لەلایەن ڕۆحی پیرۆزەوە دێت و پێی دەوترێت دیاری ڕۆحی.

یەکەم کورنسۆس ١٢ : ٩ « ٩ بۆ یەکێکی دیکەش باوەڕ بە هەمان ڕۆح، بۆ یەکێکی دیکە بەهرەی چاککردنەوە بە هەمان ڕۆح.»

لە ڕۆما ١٠ : ١٧ « ١٧ کەواتە باوەڕ بە بیستنە، بیستنیش بە وشەی مەسیحە. « لیرەدا باس دەکات کە هەروەها هاتنی باوەڕ بە بیستنی ووشەی پیرۆز. کە وایە ئێمە بە خوێندنەوەی پەرتووکی پیرۆز و گوێڕایەڵی بوون بە فێرکاریەکانی، باوەڕێکی پاک و بە هێزمان دەبێت. پێویستە تەواوی فێرکاریەکان کە لە ووشەی خودا وەدێت وەربگرین و بەباشی جێبەجێیان بکەین تا باوەڕمان بەهێزتر کەین. هاتنی باوەڕلەلایەن خودا، مەسیح، ڕۆحی پیرۆز و پەڕتووکی پیرۆزەوەیە و ئەوە سەرسورهێنەرە.

کردار بە باوەڕەوە

پرسیاری زۆر هەیە کە: بە چی شێوەیەک دەتوانین ڕەنگ دانەوەی باوەڕمان لە ژیانماندا ببینین؟ بە سەربردنی ژیان وەک باوەڕدارێک مانای چیە؟گرنگی باوەڕ چیە جگە لە گەیشتن بە پاشایەتی ئاسمان؟ یاقوب ٢ : ١٤ – ٢٦ « ١٤ خوشکان و برایانم، چ سوودێکی هەیە ئەگەر یەکێک بڵێت باوەڕم هەیە، بەڵام کرداری نەبێت؟ ئایا ئەم جۆرە باوەڕە دەتوانێت

ڕزگاری بکات؟ ١٥ ئەگەر خوشک یان برایەک پێویستی بە جلوبەرگ و خواردنی ڕۆژانە هەبوو، ١٦ یەکێکتان پێتان گوتن: بەخێر بچن، جلی گەرم لەبەر بکەن، تێر بخۆن، و پێداویستییەکانی ژیانیان نەدەنێ، چ سوودێکی هەیە؟ ١٧ بەم شێوەیەش،باوەڕ ئەگەر کرداری نەبێت، لە خۆیدا مردووە.١٨ لەوانەیە کەسێک بڵێ: تۆ باوەڕت هەیە و من کردار. نیشانم بدە باوەڕت چۆن بێ کردار دەبێت، ئەوسا منیش بە کردارەکانم نیشانت دەدەم باوەڕم چۆنە. ١٩ تۆ باوەڕت هەیە کە یەک خودا هەیە، چاک دەکەیت. تەنانەت ڕۆحە پیسەکانیش باوەڕ دەکەن و دەلەرزن.٢٠ ئەی مرۆڤی گێل، دەتەوێت بزانیت کە باوەڕ بێ کردار نەزۆکە؟ ٢١ ئایا ئیبراهیمی باوکمان بە کردار بێتاوان نەکرا، کاتێک لەسەر قوربانگا ئیسحاقی کوڕی پێشکەش کرد؟٢٢دەبینیت باوەڕ بە کردارەکەی لە کاردا بوو، باوەڕەکەش بە کردار تەواو بوو.٢٣ نووسراوە پیرۆزەکەش هاتە دی کە دەفەرموێ: (ئیبراهیم باوەڕی بە خودا هێنا و ئەمەشی بە ڕاستودروستی بۆ دانرا،) ٢٣:٢ پەیدابوون ٦:١٥ هەروەها ناوی لێنرا دۆستی خودا. ٢٤ دەبینن کە مرۆڤ بە کردار بێتاوان دەبێت نەک تەنها بە باوەڕ.٢٥ بەم شێوەیە ڕاحابی لەشفرۆش، ئایا بە کردار بێتاوان نەبوو، کە پێشوازی لە سیخورەکان ٢٥:٢ یۆنانی: نێردراوەکان کرد و بە ڕێگایەکی دیکەدا بەڕێی کردن؟ ٢٥:٢ پروانە یەشوع ٢:٤-١٥ ٢٦ هەروەک چۆن جەستە بێ ڕۆح مردووە، باوەڕیش بێ کردار مردووە.»

باس لەوە دەکات کە ئەوانەی کە باوەڕێکی ڕاست و بەهێزیان هەیە دەچنەوە سەر شیوەی مەسیح و کردەوەی جوان و باشیان هەیە و بەروبومی ئەویان پێ دراوە کە دەسکەوتی پەیوەندی لە گەل خودایە. یاقوب ٣ : ١٣ « ١٣ کێ لەنێوتاندا دانا و تێگەیشتووە؟ با بە ڕەوشتی باشی نیشانی بدات، هەروەها بەو کارانەی کە بە بێفیزییەوە ئەنجامی دەدات و لە داناییەوە سەرچاوە دەگرێت. «

یەک لە پرسیارەکان ئەوەیە نوێژ و نزاکانیان سودی دەبێت؟ وا بیر دەکەینەوە کە خودا نزاکانمان دەبیستێت؟ کاتێک وەڵامی نوێژ و نزاکانمان نابینین توشی دڵەڕاوکێ دەبین و خەفەت بار دەبین و گومان لە باوەڕی خۆمان دەکەین.

وەڵامی ئەو پرسیارە پەیوەندی بە خودی خوداوە هەیە. تەنیا ئەو دەتوانێت داهاتوو ببینێت و باشەی ئێمە لەبەر چاو بگرێت.

ئێمە پێمان وایە کە باشترین ڕێگای چارەسەر دەزانین بۆ کێشەکانمان و بەپێی زانینی خۆمان نوێژی بۆ دەکەین. ئەوە لە کاتێک دایە کە لەوانەیە ڕای ئێمە لە گەڵ ئەوەی کە خودا لەو بارودۆخەدا خودا پێی باشە بۆ ئێمە جیاواز بێت و بەرنامەکانی ئێمە بۆ خۆشمان و بۆکەسانی کە گونجاو نەبێت. زۆر کات دڵخۆش بووم بەوەی کە خودا، نزاکانمی وەک ئەوەی خۆم دەم ویست بەجێ نەهێنا. پێویستە بۆ هەموو شتێک لە هەموو کات دا نزا و نوێژ بکەین، بەڵام کۆتایەکەی دابنێین بۆ خودا.

باوەڕی تۆ تەواو نیە

لەوانەیە کەسێک مەسیحی بێت کە پێیان وتویت : باوەڕێک کە هەتە تەواو نیە و لاوازە بۆیە نوێژ و نزاکانت بی وەڵام ماونەتەوە. ئەو بۆچوونە دژی ووشەی پیرۆزە. ئەو هۆکارانە زۆرن کە دەبنە هۆی ئەوەی کە نوێژ و نزاکانمان بەو شێوەیە کە خۆمان دەمانەوێت بەدی نایەن. باوەڕی ئێمە لە لایەن خوداوە دێت کە وایە ئەو کەسانەی متمانەی تەواویان پێ هەیە، باوەڕیان بە هێزە.

یەک لەو هۆکارانەی کە نزاو نوێژە کانمان بێ وەڵام دەمێنێتەوە ئەوەیە کە ئەوەی نوێژی بۆ دەکەین لە بەرژەوەندی ئێمەدا نیە.

یاقوب ٤ : ٣ -١ : « ١ هۆکاری سەرهەڵدانی ئەم شەڕ و ناکۆکییەی نێوانتان چییە؟ ئایا بەهۆی ئارەزووە خراپەکانتانەوە نییە کە لە ئەندامەکانی لەشتاندا دەجەنگن. ٢ ئارەزوو دەکەن و نیتانە، هەر بۆیە دەکوژن. ئیرەیی دەبەن و ناتوانن دەستتان بکەوێت، هەر بۆیە ناکۆکی دەکەن و شەڕ دەکەن. نیتانە، چونکە لە خودا داوا ناکەن. ٣ کاتێک داوا دەکەن وەریناگرن، چونکە بە پاڵنەری خراپ داوا دەکەن، تاکو ئارەزووەکانتانی پێ تێر بکەن"

لەوانەشە لە ژیانماندا گوناهەی شاراوەمان هەیە کە پیش نزا و نوێژ پێویستە تۆبە بکەین و پەشیمانی دەرببرین بۆ ئەوەی گوێ بیستی نوێژ و نزاکانمان بێت.

یاقوب ٥ : ١٦ – ١٧ : " ١٦ بۆیە بۆ یەکتری دان بە گوناهەکانتاندا بنێن، نوێژ بۆ یەکتری بکەن تاکو چاکببنەوە. نوێژی کەسی ڕاستودروست زۆر بەهێز و کاریگەرە.١٧ ئەلیاس مرۆڤێک بوو وەک ئێمە لە هەمان سروشت، بە گەرمی نوێژی کرد تاکو باران نەبارێت، ئیتر سێ ساڵ و نیو لەسەر خاکەکەیان باران نەباری. «

لەوانەیە نوێژ بۆ کەسێکی نەخۆش بکەین. ئەوەی کە ئەو کەسە ڕزگاری بێت لە سەداسەد پەیوەندی بە ویستی خوداوە هەیە. لە هەموو کاتدا ئەو کەسانەی کە نایانەوێت مەسیح بێتە ژیانیانەوە ئەوەی کە هەندێ کەس نایانەوێت مەسیح لە ژیانیاندا بێت پەیوەندی بە نوێژ و نزای ئێمەوە نیە، بە پێچەوانەوە زیاتر پەیوەندی بە پێداگری و خراپەی خۆیانەوە هەیە. وخوداوەند ئێمە ناچار ناکات کە گوێڕایەڵی بین و لە ژیانماندا قبوڵی کەین. عیبرانییە کان ١٠ : ٣٩ « ٣٩ جا ئێمە سەر بەوانە نین کە هەڵدەگەڕێنەوە و لەناودەچن، بەڵکو سەر بە ئەوانەین کە باوەڕیان هەیە و ڕزگار دەکرێن. «

گرنگە لە پەیوەندیەکی نزیکدا بین لە گەڵ خوداوەند بۆ ئەوەی لە هەست و بیرکردنەوەی ئەو ئاگادار بین. لەو پەیوەندیە نزیکەوە زیاتر بەروە شێوەی ئەو دەچین و نوێژ و نزاکانمان دەگۆڕدرێن. بە نزیک بونەوەمان لە خوداوەند و بە هێز بوونمان لە باوەڕدا، وامان لی دێت کە ناخ و بیر و ڕەفتارمان لە شێوەیەک کە دەیناسین بە شێوەی مەسیح نزیک دەبێتەوە. هەر لە بەر ئەوەیە کە نزاو نوێژەکانمان دەگۆڕدرێن و فێر دەبین کە ئەرکی ئێمە نوێژ کردنە و جێبەجێ بوون یان نەبوونیان بە ویستی خودایە و تەنها ئەو دەزانێت بەرژەوەندی لە چی دایە.

بەو جۆرەیە کە زیاتر دەچینە سەر ڕێگای ئەو. کاتێک کە ویست و ئارەزوی ئێمە لە دڵەوە دەگۆڕدرێت، پێویستمان بە ئۆتۆمبێلی گرانبەهاتر و ماڵ و ڤێلای زۆر گەورە و هەژماری بانکی گەورەتر نیە و بیری لێ ناکەینەوە و گرنگی زیاتر دەدەین بەو کەسانە کە کێشەکانیان لە پێویستیەکانی ئێمە زۆر زیاترە. لەو کاتەدا نوێژ کردن دەست پێ دەکەین بۆئەوەی خوداوەند هێزمان بداتێ کە یارمەتی کەسانی داماو بدەین و کێشەکانیان بۆ چارەسەر بکەین و یارمەتی ئەو کەسانە بدەین کە لە خۆیاندا بزربوون بۆ ئەوەی خۆیان بدۆزنەوە. خوداوەند یارمەتیمان دەدات کە لەگەڵ کەسانی کە باسی باوەڕی خۆمان بکەین تا ئەوانیش خوداوەند بناسن. تەنیا لەو کاتەدایە کە خودا نوێژەکەنمان پیرۆز دەکات، چونکە ئێمە بەپێی ویستی ئەو داوا دەکەین و نوێژ دەکەین.

باوەڕ، نەک جێبەجێ کردن

ئایینی چوار جۆر زۆرن کە پێویستە خەڵکانێک کە پەیڕەوی ئەو ئایینانەن لە کاتی دیاریکراو خزمەتێکی تایبەت یان مەراسیمێکی دیاری کراو بە جێ بێنن کە خودای پێی خۆشحاڵ بکەن. هەندێ جار بۆ ئەوەی بتوانن پرۆنە بەهەشت پێویستە منداڵێکی زۆریان هەبێت یان پێویستە لە چەند دەرگایەکی تایبەت بدەن. یان ئەوەی کە چەند کەسێکی دیاری کراو بهێنە سەر ئایینی خۆیان کە بە کردەوە جوانەکانیان خودا ڕازی بکەن تا خودا گرنگیان پێ بدات. بەداخەوە دەبینین کە خەڵک نازانن کردەوەکانیان بەو ڕادەیە باشە کە خودای پێ ڕازی بێت یا خود نا؟ هەر ئەو نەزانینەیە کە دەبێتە دڵەڕاوکێ و ترس کە لە وانەیە ڕزگاریان نەبێت.

خودایەک کە ووشەکانی لە پەرتووکی پیرۆزدا نوسراوە، ئەوکەسانە ڕزگار دەکات و خۆشی دەوێن کە باوەڕیان بەوەیە عیسا بەهای گوناهەکانی ئەوانی داوە. بەهای گوناهەکانی ئێمە بە تەواوی لەلایەن مەسیحی پیرۆزەوە دراوە. عیسای پیرۆز دەیزانی کە هیچ کات بۆخۆمان ناتوانین بە تەواوی نرخی گوناهەکانمان بدەین. بۆیە لە بەر خۆشەویستی ئێمە ئەو کارەی بۆ کردین و باجی گوناهەکانمانی بە تەواوی دا.

لە ڕاستیدا لە پەڕتووکی پیرۆز نوسراوە ڕۆما ٤ : ٥ « ٥ بەڵام ئەوەی کار ناکات، بەڵکو باوەڕی بەوە هەیە کە خودا گوناهبار بێتاوان دەکات، ئەوا باوەڕەکەی بە ڕاستودروستی بۆ دادەنرێت. « کەوایە کرداری باشی ئیبراهیم کاریگەری هەبوولە ڕزگاربونیدا؟ نا ! هۆکارەکەی ئەوەیە کە ڕگاربوون دیاری خودایە. کەسێک تواناى ئەوەی هەبایە کە بە کردەوەی باش لێخۆش بوون بە دەست بینیت ئەو کات دیاری بونی ڕزگاری ماناى نەدەبوو.

بێ گومان ڕزگاری دیاری خودایە و بە کەسانێک دەبەخشرێت کە تەنها بە کردەوە باشە کانی خۆیان پشت نابەستن. ئەوە ڕاستیەکە خودا تەنها لە کاتێکدا لێمان خۆش دەبێت کە باوەڕمان بە مەسیح هێنابێت. هۆکاری کردەوە باشەکانمان ئەو پەیوەندییە نزیکەیە کە لەگەڵ مەسیح هەمانە. ئەو کردەوانە لە خوشەویستی مەسیحەوە سەرچاوە دەگرێت نەک لە ترسی ئەوەی کە دڵنیا نین کە کردەوەی باشمان چەندەیە و بە ڕادەی پێویستە یا خود نا.

کردەوەی باش لە هەموو کاتێکدا باشە و بێ گومان شایەنی ڕێزە و کەسێک کەکردەوەی باشی هەیە لە لایەن کۆمەڵگەوە خۆشەویستە. بەڵام ئەوە بە تەنیا سودی نیە کە بێت و تێکەڵ بە باوەڕمان بە مەسیحی پیرۆز نەبێت و زۆر هۆکار هەن وەک خۆنیشان دان و بەرژەوەندی و یا خود قازانجێکی تاکە کەسی یان دەیان هۆکاری کە. ئەوە لە کاتێک دایە کە باوەڕی ڕاستی بە مەسیحی پیرۆز ئەو سەرچاوە سەرەکی و پاکەیە کە تەواوی باشیەکان لەوەوە دێت.

بەروبومی باوەڕ

باش دەزانین کە باوەڕی ڕاستی ئەو باوەڕەیە کە بەروبومی هەبێت. مەتا ٧ : ١٧ " ١٧ بەم شێوەیە هەموو دارێکی باش بەری باش دەدات، داری خراپیش بەری خراپ. "

پەڕتووکی پیرۆز ووشەی بەر بە کاردێنیت کە وێنای ئەنجامی کردەوەکانی ئێمە دەکات لە لایەن خودا، هەر ئەو جۆرەی کە داری میوە بەر دێنێت و ئێمەش دەیبینین. بەشێک لەو بەرو بومە بەپێی ڕێنمایەکانی ڕۆحی پیرۆز ئەوەیە کە بەردەوام بین لە قسە کردن لە گەڵ کەسانی کە دەربارەی مەسیح. ئەوە مانای ئەوەیە کە لە هەموو کارێک دا پێویستە بو شکۆدار کردنی خودا تێ بکۆشین. یەکەم کۆرنسۆس ١٠: ٣١ " ٣١ بۆیە ئەگەر خواردتان یان خواردتانەوە یان هەر شتێکتان کرد،هەموو شتێک بۆ شکۆی خودا بکەن.»

لوقا ٦ : ٤٥ « ٤٥ مرۆڤی چاک لە گەنجینە چاکەکەی دڵ، چاکە دەردەهێنێت، مرۆڤی خراپیش لە خراپەوە خراپە دەردەهێنێت، چونکە ئەوەی لە دڵ هەڵدەقوڵێت دەم پێی دەدوێت. "

هەروەها خزمەت کردن بە جەستەی عیسا لە خۆ دەگرێت کە دەبێتە کڵێسا. ئەو جۆرە بەروبومە هەتاییە.

ئەوانەی کە بە مێوەکە (عیسا) لکینراون بەروبومێکی زۆریان دەبێت کە خودا شکۆدار دەکات. یۆحەنا ١٥ : ٥ -٨ " ٥منم مێوەکە و ئێوەش لقەکانن. ئەوەی بە منەوە پەیوەست بێت و منیش بەوەوە،ئەوا بەرهەمی زۆر دەگرێت، چونکە بەبێ من ناتوانن هیچ شتێک بکەن. ٦ ئەوەی بە منەوە پەیوەست نەبێت وەک لق فڕێدەدرێتە دەرەوە، وشک دەبێت و

کۆدەکرێتەوە، فڕێدەدرێتە ناو ئاگر و دەسووتێت. ٧ ئەگەر بە منەوە پەیوەست بن و وتەکانم لە ناختان بچەسپێت، هەرچییەکتان دەوێ داوای بکەن بۆتان دەبێت. ٨ باوکم شکۆدار دەبێت ئەگەر ئێوە بەرهەمی زۆر بگرن؛ بەوە دەردەکەوێ کە ئێوە قوتابی منن.»

مەسیحی پیروز دەڵیت : دارێک کە بەروبومی باشی نەبێت، دەپردرێتەوە و دەخرێتە ئاگرەوە.

مەتا ٣ : ١٠»١٠ئەوەتا تەور خڕاوەتە سەر ڕەگی دار، هەر دارێک بەرهەمی باش نەدات، دەپردرێتەوە و فڕێدەدرێتە ناو ئاگرەوە. «

خودا ئەو میوانەی دەوێت کە لە ژیانماندا دەبێتە هۆی ستایشی خوداوەند و لە ئێمەی دەوێ کە ونبووەکان بۆ پەیوەندیەکی نزیک بگەیننە لای ئەو.

مەتا ٢٥ : ٢٩ – ٤٥ « ٢٠ ئەوەی پێنج کیسە زێڕەکەی وەرگرتبوو، هات و پێنج کیسەی دیکەشی هێنا و پێی گوت: گەورەم تۆ پێنج کیسە زێڕت دامێ، ئەوەتا پێنج کیسە زێڕی دیکەم قازانج کردووە٢١ گەورەکەی پێی گوت: ئافەرین، ئەی کۆیلەی چاک و دەستپاک! لە کەم دەستپاک بوویت، زۆرت پێ دەسپێرم. وەرە ژوورەوە بۆ خۆشی گەورەکەت.٢٢ هەروەها ئەوەی دوو کیسە زێڕەکەی وەرگرتبوو، هات و گوتی: گەورەم تۆ دوو کیسە زێڕت دامێ، ئەوەتا دوو کیسە زێڕی دیکەم قازانج کردووە. ٢٣ گەورەکەی پێی گوت: ئافەرین، ئەی کۆیلەی چاک و دەستپاک! لە کەم دەستپاک بوویت، زۆرت پێ دەسپێرم. وەرە ژوورەوە بۆ خۆشی گەورەکەت.٢٤ ئینجا ئەوەی یەک کیسە زێڕەکەی وەرگرتبوو، هات و گوتی: گەورەم، زانیم تۆ پیاوێکی دڵڕەقیت، لە شوێنێک کۆدەکەیتەوە کە نەتچاندووە و لە شوێنێکیش دروێنە دەکەیت کە تۆوت نەکردووە. ٢٥ جا ترسام و چووم کیسە زێڕەکەتم لەناو زەویدا شاردەوە. ها ئەوە ماڵەکەتە. ٢٦ گەورەکەی وەڵامی دایەوە: ئەی کۆیلەی بەدکار و تەوەزەل! کە زانیت من دروێنە لەو شوێنە دەکەم کە نەمچاندووە، لەوە کۆدەکەمەوە کە تۆوم نەکردووە، ٢٧ دەبووایە زێڕەکەمت لە بانک دابنابووایە، لە گەڕانەوەمدا ئەوەی هی منە لەگەڵ سوودەکەی وەرمدەگرتەوە.٢٨ لەبەر ئەوە ئەو کیسە زێڕەی لێ بسەننەوە و بیدەنە ئەوەی دە کیسە زێڕەکەی پێیە، ٢٩ چونکە ئەوەی هەیەتی، پێی دەدرێت و لێی دەڕژێ، بەڵام ئەوەی

نییەتی تەنانەت ئەوەی هەشیەتی لێی دەسەنرێتەوە. ۳۰ کۆیلە بێ سوودەکەش فڕێبدەنە تاریکی دەرەوە، جا گریان و جیرەی دان لەوێ دەبێت. عیسا حوکم بەسەر جیهاندا دەدات۳۱ کاتێک کوڕی مرۆڤ بە شکۆمەندی خۆیەوە دێتەوە و هەموو فریشتەکانیش لەگەڵیدان، لەسەر تەختی شکۆمەندیی خۆی دادەنیشێت. ۳۲ هەموو نەتەوەکان لەبەردەمی کۆدەبنەوە و ئەویش لە یەکتریان جیا دەکاتەوە، وەک چۆن شوان مەڕ لە بزن جیا دەکاتەوە. ۳۳ جا مەڕەکان لەلای ڕاستی خۆی ڕادەگرێت، بەڵام بزنەکان لەلای چەپ.۳٤ ئینجا پاشا بەوانەی لای ڕاستیەوەن دەفەرموێ: وەرن ئەی ئەوانەی باوکم بەرەکەتی پێدان،ببنە میراتگری ئەو شانشینە کە لە دامەزراندنی جیهانەوە بۆتان ئامادە کراوە، ۳۵ چونکە برسی بووم نانتان دامێ، تینوو بووم ئاوتان دامێ، نامۆ بووم شوێنتان کردمەوە. ۳٦ ڕووت بووم جلتان لەبەرکردم، نەخۆش بووم سەرتان لێدام، زیندانی بووم هاتنە لام. ۳۷ ئەوسا ڕاستودروستان وەڵام دەدەنەوە: گەورەم، کەی تۆمان بە برسیێتی بینیوە و نانمان داویتێ، یان تینوو و ئاومان داویتێ؟ ۳۸ کەی تۆمان بە نامۆیی بینیوە و شوێنمان کردوویتەوە، یان بە ڕووتی و جلمان لەبەرکردوویت؟ ۳۹ کەی تۆمان بە نەخۆشی یان زیندانی بینیوە و هاتووین بۆ لات؟٤۰ ئینجا پاشا وەڵامیان دەداتەوە: ڕاستیتان پێ دەڵێم، هەرچییەکتان بۆ یەکێک لەم برا بچووکانەم کردووە، بۆ منتان کردووە. « ئێمە ڕزگار دەبین بۆ ئەوەی بتوانین لە خودا نزیکتر بینەوە و بۆ هەتا هەتایە بڕۆینە پاشایەتی ئاسمان، بەڵام پێویست دەکات بەهرە و پارەیەک کە پێمان دەگات بە کاری بێنین بۆ گەورە بونەوەی مەودای شانشینی خوداوەند. ئامانجی یەکەمی خودا خەڵکە و ئەوانەیە کە لە قوڵایی دڵەوە باوەڕیان پێی هەیە و دڵسۆزانە خۆشیان دەوێت، ئەوانە دەست نیشان کراون بۆ ئەوەی لە لایەن ئەوەوە بڕۆن و ئەوانەی ڕێگایان وون کردوە بیان بینەوە و خزمەتیان بکەن.

باوەڕ بە عیسا بێنن و
متمانەی پێ بکەن

بەشی چوارەم
ڕزگاربوون

کاتێک گوێت لە ڕستەی (پێویستە ڕزگارت بێ) دەبێت، بیرت بۆ چی دەچیت؟ لەوانەیە بیر لەو مەسیحیانە بکەنەوە کە تازە باوەڕیان هێناوە. وەک «منداڵی خۆشەویستی « کەلە ساڵەکانی ١٩٦٠ باو بوو، بیر لەو کەسانە بکەنەوە کە بە شێوازێکی نامۆ دڵخوشن و نیگەرانی هیچ نین. بە ڵام لە ڕاستیدا ئەوانە لە دنیایەکی ڕاستیدا ناژین. {لە ساڵەکانی ١٩٦٠ دا منداڵی خۆشەویستی بەو منداڵانە دەوترا کەلە دەرەوەی چوارچێوەی یاسای ژن و مێرد لەدایک دەبوون. }

ڕزگار بوون خۆشەویستیەکی پشتڕاستکراوەیە

لە بەشی یەکەم دا لە باسی گوناهدا، فێربوین کە ئێمە ڕێگامان وون کردوە و ناتوانین خۆمان ڕزگار بکەین. سەرەڕای ئەوەی کە بمانەوێت یان نا ئەوە ڕاستیەکە هەمووومان پێویستمانە کەلە گوناهەکانمان ڕزگارمان بێت. بەشێکی کێشەکە ئەوەیە کە گوناهمان خۆش دەوێت و کاتێک پێ مان دەوترێت کەژیان بە جۆرە هەڵەیە و دورە لە ڕێگا و ویستی خودا، پێ مان ناخوشە و دڵگران دەبین.

پێمان خۆشە کە وا بیرکەینەوە کە ئازادین و سەربەستین لە وەی کە بە ویستی خۆمان بژین، بەڵام ئازادی بێ ڕێکخستنی ڕۆحی، دەبێتە کۆیلایەتی (دیلی ئارەزوو).

یەکەم پەترۆس ٢ : ١٦ : « ١٦ وەک مرۆڤی ئازاد بژین، بەڵام نەک ئازادی پەردەی بەدکاری بێت، بەڵکو وەک بەندەی خودا بژین.»

دووەم پەتروس ٢ : ١٩ « ١٩ بەڵێنی ئازادییان پێدەدەن، کەچی خۆیان کۆیلەی گەندەڵین، چونکە مرۆڤ کۆیلەی هەر شتێکە بەسەریدا زاڵ بێت. «

زۆرجار دەستتان گەیشت بە ئەوەی کە ئارەزووتان دەکرد، بەڵام دوای ئەوەی دەستتان پێ گەیشت زانیتان تا چی رادەیەک بێ مانا و بێ بایەخە. زۆرجار کە بە دوای ئارەزوو و ویستی خۆمانەوەین هەست بە هەبوونی بۆشاییەک دەکەین لە ناخماندا. ڕاستی ئەوەیە کە کاتێک مانای ڕاستی ئازادی دەزانین کە ژیانمان بدەینە دەست عیسای خوداوەند. گەلاتیا ٣ : ٢٢ « ٢٢ بەڵام نووسراوە پیرۆزەکە هەمووی کردووەتە بەندی گوناە، ٢٢:٣ بۆ نموونە زەبوورەکان ٣:١٤ تاکو ئەو بەڵێنەی لە ڕێگەی عیسای مەسیحەوە و بەهۆی باوەڕەوە دراوە، بۆ ئەوانە بێتە دی کە باوەڕ دەهێنن. »

بەڵام ناتوانین خۆمان ببینە ڕزگارکار و پێویستمان بەوەیە کە ڕزگار کرێن. ووشەی ڕزگاری بە مانای دەرباز بوون دێت. خوداوەند پاک و پیرۆز و بێ کەم و کورییە، لە بەرئەوەیە کە سزای گوناهە دەدات. باش دەزانین کە بەبۆنەی گوناهەکانمانەوە لە خودا دوور کەوتینەوە و پێویستە نرخێکی زۆر بۆ ئەو گەناهە بدەین، بۆیە ڕزگار کەرێک بۆ ئێمە پێویستە. کەسێک بێت کە قەرزی گوناهەکانمان بداتەوە و بمان گەرێنێتەوە بو لای خودا. مەتا ٩ : ١٢ – ١٣ « ١٢ جا کاتێک عیسا گوێی لێبوو،فەرمووی: لەشساغ پێویستی بە پزیشک نییە، بەڵکو نەخۆش. ١٣ بڕۆن و واتای ئەمە فێربن: (من میهرەبانیم دەوێ نەک قوربانی.) ١٣:٩ هۆشەع ٦:٦ چونکە نەهاتووم ڕاستودروستان بانگهێشت بکەم،بەڵکو گوناهباران. «

یوحەنا ٣ : ١٦ – ١٧» ١٦ لەبەرئەوەی خودا ئەوەندە جیهانی خۆشویست، تەنانەت کورە تاقانەکەی بەختکرد، تاکو هەرکەسێک باوەڕی پێ بهێنێت لەناو نەچێت، بەڵکو ژیانی هەتاهەتایی هەبێت، ١٧ چونکە خودا کورەکەی نەنارده جیهان تاکو جیهان حوکم بدات، بەڵکو تاکو جیهان بەوەوە ڕزگاری ببێت. «

لەبەرئەو هۆکارەیە کەخودا لەسەر شێوەی مروف هاتەسەر زەوی بۆیە بەناوی عیسا ناو دەبردرێت کەمانای ڕزگارکەرە.

مەتا ١ : ٢١ « ٢١ کورێکی دەبێت ناوی دەنێیت عیسا، چونکە گەلەکەی لە گوناهەکانیان ڕزگار دەکات. «

خوداوەند لە خۆشەویستی ئێمەوە باری گوناهەکانی هەڵگرتین کە پێویست بوو خۆمان باجی بۆ بدەین.

ئەفەسوس ١ : ٣-٨ « ٣ ستایش بۆ خودا، باوکی عیسای مەسیحی خاوەن شکۆمان، کە ئێمەی بە یەکبوون لەگەڵ مەسیحدا ٣:١ بە یەکبوون لەگەڵ مەسیحدا لە زمانی یۆنانیدا (لە مەسیحدا) بەکارهاتووە. هەروەها بڕوانە ئایەتی ٤، ٦، ٧، ٩، ١١، ١٣ بە هەموو بەرەکەتێکی ڕۆحی لە شوێنەکانی ئاسماندا ٣:١ شوێنەکانی ئاسمان: مەبەست لەو شوێنەیە کە خودا سەبارەت بە ژیانی ڕۆحیمان بڕیار دەدات. بڕوانە ١:٢٠، ٦:٢، ٣:١٠، ١٢:٦. بەرەکەتدار کردووە، ٤ وەک پێش دامەزراندنی جیهان بە یەکبوونمان لەگەڵ مەسیحدا هەڵیبژاردین، تاکو لەبەردەمی پیرۆز و بێ کەموکوڕی بین. ٥ پێشتر بە خۆشەویستی ئێمەی دیاری کرد، تاکو لە ڕێگەی عیسای مەسیحەوە بەگوێرەی خواستی خۆشحاڵانەی، وەکو منداڵی خۆی لە خۆیمان بگرێتەوە ٥:١ لێرەدا زاراوەیەکی یاسایی لە دەقی یۆنانی هاتووە کە لەو سەردەمدا بەپێی دابونەریتی ڕۆمانییەکان مەبەست لە بەخشینی تەواوی مافی میراتگری نێرینە بووە، ٦ ئەمەش دەبێتە مایەی ستایشکردنی نیعمەتە شکۆدارەکەی کە بە یەکبوون لەگەڵ مەسیحی خۆشەویستیەوە بەخۆڕایی پێیداوین. ٧ ئێمە بە یەکبوون لەگەڵ مەسیحدا و بەهۆی خوێنی ئەوەوە کڕدراینەوە،واتا لێخۆشبوونی گوناهمان وەرگرت، بەگوێرەی دەوڵەمەندی نیعمەتەکەی، ٨ ئەوەی بەوپەڕی دانایی و تێگەیشتنەوە بەسەرمانی داباراند. «

بەڕاستی دانایی ئەو یەکجار گەورەیە و زانینی ئەوەی کە ئێمە پێویستمان بە چیە زۆر بێ وێنەیە. گەلاتیا ٣: ١٣ « ١٣ مەسیح ئێمەی لە نەفرەتی شەریعەت کڕییەوە، بەوەی لە پێناوماندا بووە نەفرەت، چونکە نووسراوە: هەرکەسێک لەسەر دار هەڵبواسرێت نەفرەت لێکراوە."

یەکەم یوحەنا ٢ : ٢ " ٢ ئەو کەفارەتی گوناهەکانمانە، نەک تەنها هی ئێمە،بەڵکو گوناهەکانی هەموو جیهان.»

ئەو کاری عیسای مەسیح بوو بەهۆکاری پەیوەندیەکی نزیک لە نێوان ئێمە و خودا ، ئەو نەتەنها بۆ گوناهەکانی ئێمە بەڵکو بۆگوناهەکانی هەموو مرۆڤایەتی قوربانیە. عیسای پیروز سزای گوناهەکانی ئێمە کە مردنە بە ئەستوی خۆی گرت تا پەیوەندی ئێمە لە گەڵ خودا دروست بکاتەوە.

دووەم کۆرنسۆس ٥ : ١٧ - ٢١ « ١٧ کەواتە ئەگەر هەرکەسێک لەگەڵ مەسیحدا ببێتە یەک، دەبێت بە بەدیهێنراوێکی نوێ، شتە کۆنەکان

بەسەرچوون و شتی نوێ هاتووە! ١٨ ئەمەش هەمووی لە خوداوەیە، کە لەگەڵ خۆی لە ڕێگەی مەسیحەوە ئاشتی کردینەوە و خزمەتی ئەم ئاشتبوونەوەی پێداین، ١٩ واتا خودا بە یەکبوون لەگەڵ مەسیح* جیهانی لەگەڵ خۆی ئاشت کردەوە، گوناهەکانیانی لەسەر نەنووسین و پەیامی ئاشتبوونەوەی بە ئێمە سپاردووە. ٢٠ کەواتە ئێمە باڵوێزی مەسیحین، خوداش لە ڕێگەی ئێمەوە جیهان بانگهێشت دەکات، لەبری مەسیح لێتان دەپاڕێینەوە: لەگەڵ خودا ئاشت بینەوە. ٢١ ئەوەی گوناهی نەدەناسی خودا لە پێناوی ئێمە کردییە گوناه، تاکو بە یەکبوون لەگەڵ مەسیحدا ببین بە ڕاستودروستی خودا.»

یەکەم پەترۆس ٢ : ٢٤ « ٢٤ ئەوەی خودی خۆی لە لەشیدا لەسەر دار گوناهەکانمانی هەڵگرت، تاکو سەبارەت بە گوناه بمرین و بۆ ڕاستودروستی بژین. بە برینەکانی ئەو چاکبوونەوە.»

ئەوە پیێ دەوترێت ئاشت کردنەوە. کاتێک کەتێدەگەین کە پێویستمان بە خودایە بۆ تۆبەکردن ڕووی تێدەکەین، ژیانێکی تازە و هەتا هەتاییمان پێ دەبەخشێت و لە ناو بنەماڵەی خودا لە دایک دەبینەوە. ئەوە پێی دەوترێت سزادانەوە و ئێمە دەکڕدرێینەوە.

بۆچی خودا سزای ئێمە لە ئەستۆ دەگرێت؟

خودا ئێمەی بۆ ئەوەندە خۆش دەوێت کە لە پێناومان بمرێت؟ تێ گەیشتن لەو بابەتە زۆر قورسە

بە تایبەت لە کاتێکدا کە شایەنی ئەوە نەبین. بەڵام ئەوە سۆزێکە بۆ ئەوەی کە ئێمە ڕزگار بین. یەکەم تیمۆساوس ٢ : ٣ -٤ « ٣ئەمەش چاک و پەسەندکراوە لەلای خودای ڕزگارکارمان ٤ئەوەی دەیەوێت هەموو خەڵکی ڕزگاریان بێت و بەرەو ناسینی ڕاستی بێن. «

خۆشەویستی خودا بۆ مرۆڤ ئەوەندە زۆر و فراوان و قووڵە کە ناتوانین بە جوانی لێی تێ بگەین بەڵام ئەو ڕێگایەکە بۆ ئێمەی دروست کردووە کە دڵنیا دەبینەوە لە وەی کە سزای گوناهەکانمان دراوە. بۆیە بێ شەرم و بێ ئەوەی هەست بە تاوان بکەین دەتوانین بچینە خزمەتی. کاریگەری ڕۆحی پیرۆز لە ئێمەدا بەردەوامە بۆ ئەوەی دادپەروەر بین. بە خوداپەرستیەوە، ڕووراستیەوە و ڕیزەوە لە پیرۆزیدا لە گەڵ خودا بدوێین.

عیسا بۆخۆی پەیمان دەڵێت من هاتووم ئەوانەی وون بوون بیان بینمەوە و ڕزگاریان بکەم.

لۆقا ١٩ : ٩ –١٠ « ٨ بەڵام زەکا ڕاوەستا و بە مەسیحی خاوەن شکۆی گوت: گەورەم، ئەوەتا نیوەی سامانەکەم دەدەمە هەژاران و ئەگەر بە هەر شێوەیەک فێڵم لە کەسێک کردبێت، چوارقاتی دەدەمەوە ٩عیساش پێی فەرموو: ئەمڕۆ ڕزگاری بۆ ئەم ماڵە هات، لەبەر ئەوەی ئەویش کوڕی ئیبراهیمە «

وونبوەوکان ئەو کەسانەن کە دوورن لە پەیوەندی لەگەڵ خودای ڕاستی و زیندوو. ئەو هەنگاوەی یەکەمی هەڵگرت بۆ ئەوەی لە گوناەکانتان دوور بکەونەوە. ئەو دەیەوێت پەڵەی گوناهەکانتان پاک کاتەوە بۆ ئەوەی پەیوەندیەکی نزیکی هەبێت لە گەڵتاندا.

زەبوورەکان ٥١ : ٢ – ١ «١ ئەی خودایە، بەگوێرەی خۆشەویستییە نەگۆڕەکەت لەگەڵم میهرەبان بە، بەگوێرەی زۆری بەزەیی خۆت یاخیبوونم بسڕەوە.٢ بە تەواوی لە تاوانم بمشۆرەوە ولە گوناهم پاکم بکەرەوە. « گرنگە گوناهە و هەڵە لە ناو ببردرێت. چونکە تەنیا بەربەستە بۆ گەڕان بە دوای خودا و دواتر چێژ بردن لە ژیانی تازەدا.

بۆچی عیسا ناچار بوو لە پێناو مندا بمرێت؟

هەر ئەو جۆرەی باسمان کرد خودا بەرامبەر بە گوناهە یەکجار توورەیە. لە پەیمانی کۆن دا و لە سەر توورەیی خودا نموونەی زۆر باس کراوە. چیرۆکی لافاو لە سەردەمی نوح، ئەوەی لە سەدۆم و عەمورە ڕووی دا، دوو نموونە لە توورەیی خودایە بەرامبەر بە گوناهە. بە پێی پەڕتووکی پیرۆز و هەروەها گێرانەوەی مێژوو، زۆر لەناوچە و کلتوور بە هۆی بەدڕەوشتییەوە بە تەواوی لە ناوچوون. تەنانەت لە وڵاتی خۆشمان لە ناوچوون و داڕمانمان بینیوە، چونکە گوناهە وەک دیاردەی لێ هاتووە و لە ناو خەڵکانی ئاسایی بۆتەوە.لە ئێستادا باشە و چاکە بە خراپی دەبینرێن و خراپە و بەدڕەوشتی بە باش بوون هەژمار دەکردرێین. ئیشایا ٥ : ٢٠ « ٢٠ قوربەسەر ئەوانەی بە خراپ دەڵێن چاک وبە چاکیش دەڵێن خراپ،ئەوانەی تاریکی دەکەن بە ڕووناکی و ڕووناکیش دەکەن بە تاریکی،ئەوانەی تاڵ دەکەن بە شیرین و شیرین دەکەن بە تاڵ.»

عیسا دەست نیشان کرا بۆ ئەوەی تاوانی گوناهەکانمان بدات، چونکە تەنیا خودا بۆخۆی دەیتوانی باری توورەیی خۆی هەڵبگرێت. ئەو دەیزانی کە مروڤ ناتوانێت لە بەر دادگای خودا بوەستێت، نەمان دەتوانی لە بەرامبەر ئەو دادگایە تێپەر بین و لەناو دەچوین. لەبەر ئەو هۆکارەشە کە عیسا تاوانی گوناهەی ئێمەی بە ئەستۆ گرت. لە ڕێگەی خودا دا، عیسا تەنیا کەسێکە کە دەیتوانیی توورەیی خودا ئە وبارە قورسەی گوناهەکانمان هەڵبگرێت.

پەرتووکی پیرۆز لەو بارەیەوە دەدوێت، پەڕتووکی پیرۆز ئەو هەواڵە خۆشەیە کە بە مردنی عیسا لە پێناو گوناهەکانماندا، ئێمە دەتوانین لە پەیوەندیەکی نزیک دا بژین لە گەڵ خودا. لە کۆتایی دا ئەو خراپەکانی ئێمەی وەرگرت و دادپەروەری خۆی بە ئێمە بەخشی.

تیتۆس ٣ : ٤ -٧ « ٤ بەڵام، کاتێک میهرەبانی خودای ڕزگارکەرمان و خۆشەویستییەکەی دەرکەوت، ٥ نەک بەهۆی کاری ڕاستودروست کە ئێمە کردوومانە، بەڵکو بە بەزەیی خۆی ڕزگاری کردین، ئەویش لە ڕێگەی ئەو شوشتنەوەیە بوو، کە بەهۆیەوە ڕۆحی پیرۆز لەدایکبوونەوەیەکی نوێ و ژیانێکی نوێیی پێ بەخشین، ٦ ئەوەی لە ڕێگەی عیسای مەسیحی ڕزگارکەرمانەوە بەدڵفراوانییەوە ڕشتی بەسەرماندا، ٧ تاکو، پاش ئەوەی بە نیعمەتی ئەو بێتاوان کراین،بەگوێرەی هیوای ژیانی هەتاهەتایی ببینە میراتگر. »

کەسێک نیە کە بەوڕادەیە باش بێت تا بتوانێت پەیوەندی لە گەڵ خودا هەبێت. ڕۆما ٣: ٢١ – ٢٦ « ٢١ بەڵام ئێستا بەبێ شەریعەت بێتاوانکردن لەلایەن خوداوە ئاشکرا کرا، تەورات و پەیامی پێغەمبەرانیش شایەتی بۆ دەدەن. ٢٢ ئەم بێتاوانکردنە لە خوداوەیە لە ڕێگەی باوەڕ بە عیسای مەسیح، بۆ هەموو ئەوانەیە کە باوەڕ دەهێنن، بەبێ جیاوازی، ٢٣ لەبەر ئەوەی هەمووان گوناهیان کرد و لە شکۆی خودا دوورکەوتنەوە و ٢٤ بەخۆڕایی بە نیعمەتی ئەو بێتاوان کران، بەو کڕینەوەیەی کە لە ڕێگەی عیسای مەسیحەوە هەیە. ٢٥ خودا مەسیحی وەک کەفارەت ٢٥:٣ ئەو قوربانییەی کە توورەیی خودا لادەدات پێشکەش کرد، ئەگەر باوەڕ بە خوێنی ئەو بهێنین. ئەمەی بۆ دەرخستنی دادپەروەرییەکەی خۆی کرد، بۆ چاوپۆشیکردن لە گوناهەکانی ڕابردوو، بە پشوودرێژیی خودا،

٢٦ هەروەها بۆ دەرخستنی دادپەروەرییەکەی لە کاتی ئێستادا، تاکو دادپەروەر بێت و ئەوانە بێتاوان بکات کە باوەڕیان بە عیسایە.»

بەڵام پرسیار ئەوەیە کە نادادپەروەرانە نیە کە گوناهبار بە بێ گوناه هەژمار بکرێت؟

وەڵام ئەوەیە : نەخێر. چونکە خودا بە پێی باوەڕیان بە عیسا ئەوە دەکات. یانی باوەڕ بە کەسێک کە بە خوێنی خۆی گوناهەکانی ئێمەی پاک کردۆتەوە. سەرەڕای تەواوی کردەوەکانمان، خودا ئێمەی خۆش دەوێت. ڕاستە کەپێویستە لە پەیوەندی لە گەڵ خودا دا بمێنینەوە و بە ڕێگای ئەودا بڕۆین، بەڵام ئەو کارێکی بۆ ئێمە کرد کە خۆمان هیچ کات نەماندەتوانی ئەوە بکەین. و لە ئێستادا وەک مەسیحیەکی ڕاست و دروست لە پێگەیەکی باش داین لە پەیوەندی لەگەڵ خودا.

کۆلۆسی ١ : ٢١ – ٢٢ « ٢١ ئێوە پێشتر لە خودا داپڕابوون و دوژمن بوون لە بیرکردنەوە بە خراپەکاری، ٢٢ بەڵام ئێستا بە مردنی جەستەی مرۆڤانەی مەسیح ئاشتی کردنەوە، تاکو لەبەردەمی بە پیرۆزی و بێ لەکە و بێ کەموکوری پێشکەشتان بکات. « بە بۆنەی ئەوقوربانی کردنەیە کە مەسیح ئێوەی هێناوەتە لای خودا و بە بێ هیچ گوناه و تاوانێک لە بەرامبەر خودا ئامادەبوون، و ئەو لە ئیوەدا خراپە نابینێت تا لۆمەتان بکات.

تەواوی ڕێگاکان بەرەو خودا ناڕوات !

لە جیهاندا ئایین زۆرە و ئەو قسەیەی پێشینیانیشتان بیستووە کە « هەمو ڕێگاکان دەگاتە لای خودا ! «. بەڵام عیسای پیرۆز فەرموویەتی کە تەنیا ڕێگای گەیشتن بە خودا خویەتی.

یۆحەنا ١٤ : ٦ « ٦ عیساش پێی فەرموو: منم ڕێگا و ڕاستی و ژیان. کەس نایەتە لای باوک لە ڕێگەی منەوە نەبێت. « یۆحەنا ١٧ : ٣ « ٣ ژیانی هەتاهەتاییش ئەوەیە کە تۆ بناسن، تەنها خودای ڕاستەقینە و عیسای مەسیح، ئەوەی کە ناردووتە.» کردار ٤ : ١١ – ١٢ « ١١ ئەمە ئەو بەردەیە کە ئێوەی وەستا ڕەتتان کردەوە،ئەوەی بوو بە گرنگترین بەردی بناغە ١٢ بێجگە لە عیسا ڕزگاربوون بە کەسی دیکە نییە، چونکە لەژێر ئاسماندا ناوێکی دیکە بە مرۆڤەکان نەدراوە کە بە هۆیەوە بتوانین ڕزگار بین. « ئەوانەی مەسیحیان بانگهیشت نەکردبێتە دڵیانەوە ناتوانن لەو

ڕاستیە تێبگەن ، زۆر کەس هەن کە بانگەوازی ئەوە دەکەن کە کەسانێکی ڕۆحین، بەڵام ڕزگاربونیان لە عیساوە وەرنەگرتوە و ئەو کەسانەی کە لە ژێر کاریگەری ڕۆحێکی ناڕاست دان و کەسێک کە بێبەش بێت لە ڕۆحی خودا، لایان وایە کە بانگەشەی عیسا سەرچاوەی کورت بینانەیە و تێکەڵە بە ڕق و کینەیە و گەمژانەیە.

یەکەم کۆرۆنسوس ٢ : ١٤ « ١٤بەڵام کەسی سروشتی ئەوەی هی ڕۆحی خودایە وەریناگرێت، چونکە لەلای ئەو گێلایەتییە و نایانزانێت، چونکە بە ڕۆح جیا دەکرێنەوە. «

سەرەڕای ئەوانە با بیر لەوە بکەینەوە کە تەواوی ئایینەکان جگە لە مەسیحیەت لەو جوانیە بێبەشن کە خودا دەستی یارمەتی دان درێژدەکات بۆ لای مرۆڤەکان. هەندێک لە ئایینەکان بنەماکەیان لە سەر تواناى تاکە کەسیە بۆ گەیشتن بەو چارەنووسەی کە بۆیان دیاری کراوەو لەوانەیە ڕێگا بۆ›ڕازی کردنی› خوداوەند زۆر بن و ئەوە پێویستی بە هەوڵدانێکی یەکجار گەورە هەبێت و تا ڕادەیەک قورس بێت و هەندێکی کە لە ئایینەکان ئەو بیرکردنەوەیە بڵاو دەکەنەوە کە خۆمان بەڕێوەبردنی ژیانمان بگرینە دەست و ببین بە پاشای ژیان تا بوانین تەواوی پڕیارەکان لە لای خۆمانەوە بدەین. بەڵام ئەوانە دەمانبات بەرەو کێشەیەکی زۆر گەورە، چونکە سروشتی گوناهە کردن تا ئێستاش لە ئێمەدا ماوەو کاریگەری هەیە.تەنیا خودایە کە دەتوانێت بە ڕاستی دڵ و ناخمان بگۆڕێت.

عیسا پێمان دەڵێت کە پێویستە دوبارە لە دایک بینەوە تا بتوانین شانشینی خودا ببینین کە لەسەرو سروشتەوەیە. یۆحەنا ٣ : ١ – ٨ « ١ پیاوێک لە فەریسییەکان هەبوو بە ناوی نیقۆدیمۆس، یەکێک بوو لە ڕابەرانی جولەکە. ٢ بە شەو هاتە لای عیسا و پێی گوت: ڕابی، دەزانین تۆ مامۆستایەکی لەلای خوداوە هاتوویت، چونکە کەس ناتوانێت ئەو پەرجووانە بکات کە تۆ دەیکەیت، ئەگەر خودای لەگەڵ نەبێت. ٣ عیساش وەڵامی دایەوە: ڕاستی ڕاستیت پێ دەڵێم، ئەگەر یەکێک لەدایک نەبێتەوە، ناتوانێت شانشینی خودا ببینێت.٤ نیقۆدیمۆس پێی گوت: مرۆڤ کە پیر بێت چۆن دەتوانێت لەدایک بێت؟ خۆ دیسان ناتوانێت بچێتەوە سکی دایکی و لەدایک بێتەوە!٥ عیسا وەڵامی دایەوە: ڕاستی ڕاستیت پێ دەڵێم، ئەگەر یەکێک لە ئاو و لە ڕۆحی پیرۆز لەدایک نەبێت، ناتوانێت بچێتە ناو شانشینی خودا. ٦ ئەوەی لە جەستە لەدایک بووە

جەستەیە، ئەوەش لە ڕۆحی خودا لەدایک بووە ڕۆحە. ٧ سەرسام مەبە کە پێم گوتی: "دەبێ لەدایک ببنەوە." ٨ با بۆ کوێ بیەوێت هەڵدەکات و گوێت لە دەنگەکەی دەبێت، بەڵام نازانیت لەکوێوە دێت و بۆ کوێ دەچێت. هەرکەسێکیش لە ڕۆحی پیرۆز لەدایک بووە ئاوایە. «

کاتێک باوەڕ دێنین بە مەسیح، ڕۆحی پیرۆز تێگەیشتنێکی تازەمان لە سەر ڕۆح پێ دەبەخشێت. بۆنموونە کاتێک کە دەست دەکەین بە خوێندنەوەی پەرتووکی پیرۆز، ئاستی تێگەیشتنمان زیاد دەکات، چونکە ڕۆحی پیرۆز تەنیا کەسێکە کە دەتوانێت نیشانەکانمان بۆ ئاشکرا بکات.

وردە وردە هەستی نوێمان بۆ دروست دەبێت و ژیانمان دەچێتە قۆناغێکی جیاوازەوە. کاتێک ڕزگار دەبین، بە هۆکارێکی سەرو سروشتەوە ڕۆحمان زیندو دەبێتەوە و زانیاری تازەمان لە لایەن خوداوە پێ دەگات. لەوکاتەدا کە لە باوەڕدا بەرەو پێش دەچین، لەگەڵ ڕزگارکارمان پەیوەندییەکی خۆشەویستی قوڵترمان بۆ دروست دەبێت و لەژیانماندا زیاتر هەوڵ دەدەین بۆ رازی بوونی خودا.

عیسا ژیانی خۆی بۆ ئێمە کردە قوربانی تا بتوانین لە ئازادی و خۆشەویستیدا گوێڕایەڵی ئەو بین. هەمووکات دەسەڵاتی ئەوەمان هەبووە کە گوناه بکەین بەڵام لە ئێستادا بەهێزی ڕۆحی پیرۆزڕەنگدانەوەی کەسایەتی مەسیح لە ژیانماندا ئاشکرا دەبێت.

کۆلۆسی ٣ : ١٢ – ١٥» ١٢بۆیە، ئێوە کە گەلی پیرۆز و خۆشەویست و هەڵبژێردراوی خودان، میهرەبانی و نیانی و بێفیزی و دڵنەرمی و ئارامگرتن لەبەر بکەن. ١٣ بەرگەی یەکتری بگرن، ئەگەر یەکێک سکاڵای لەسەر یەکێک هەبوو، گەردنی یەکتری ئازاد بکەن. وەک مەسیحی باڵادەست لێتان خۆشبوو، ئێوەش لێیان خۆشبن. ١٤ لە سەرووی هەموو ئەمانەشەوە خۆشەویستی لەبەر بکەن، کە لە یەکێتییەکی تەواودا هەموویان دەبەستێتەوە. ١٥ با ئاشتی مەسیح حوکمی دڵتان بکات، چونکە وەکو ئەندامانی جەستەیەک بۆ ئاشتی بانگ کران، هەروەها سوپاسگوزار بن. « رەنگ دانەوەی کەسایەتی مەسیح مانای ئەوەیە کە پێش خۆمان گرنگی بدەین بە کەسانی کە و ئەو کەسایەتی تایبەتەی ئەو کە خۆشەویستیە، ئارامی و سەبر گرتنە، کرداری باشە و نەرمو نیانی و دڵسۆزی و خۆراگرییە، ڕەنگ دانەوەی هەبێت لە ژیانماندا. پەرتووکی پیرۆز

دەڵێت ئێمە ڕزگاربووین بۆ بەئەنجام گەیاندنی ئەوکارە کە لەلایان خوداوە بۆمان دیاری کراوە.

ئەفەسۆس ٢ : ٨ – ١٠ « ٨ لەبەر ئەوەی بە نیعمەت ڕزگارتان بوو لە ڕێگەی باوەڕەوە، ئەمەش لە خۆتانەوە نییە، بەڵکو دیاری خودایە، ٩ بە کردار نییە، تاکو کەس شانازی نەکات. ١٠ ئێمە دروستکراوی دەستی خوداین و بە یەکبوونمان لەگەڵ عیسای مەسیح دەبینە بەدیهێنراوێک بۆ کاری چاکە، کە خودا پێشتر ئامادەی کردووە تاکو بە ئەنجامی بگەیەنین.»

ئەو ژیانە تازەیە کە پێمان بەخشراوە نیعمەتی هەبوونی عیسای مەسیحە. لە سەردەمێکی زۆر کۆنەوە ویستی خودا وابوە کە ئەو ژیانە تازەیە بە کاربێنین بۆ خزمەتی کەسانی کە.

خۆشەویستی و گوێڕایەڵی
بۆ عیسا دەبێتە هۆکاری
گۆڕانی تەواوی ژیانمان.

بەشی پینجەم

پەرتووکی پیرۆز چیە

پەرتووکی پیرۆز تەنیا پەرتوکێکە کەلە تەواوی جیهاندا بەکردار و بەتەواوی لەلایان خوداوە ئیلهام کراوە. لە ڕاستی دا مانای ئیلهام کراو لەزمانی یۆنانی دا واتە هەناسەی خودا و بەو هۆکارەشە کە بە پەرتووکی پیرۆز دەڵێن وشەی خودا. ئەوە یەکێک لەو شێوازە سەرەتاییانەیە کەخودا خۆی تێدا بەرجەستە دەکات.

پەرتووکی پیرۆز ٦٦ نامیلکە لە خۆی دەگرێت کە ٣٣ دانەیان نووسەریان هەیە و لە ماوەی ١٥٠٠ ساڵ دا نوسراوە. هەندێک لە خەڵک پێیان وایەکە پەرتووکی پیرۆز لەلایەن مرۆڤەوە نوسراوە و هیچ بەهایەکی نیە. بەڵام لە ئایەتەکانی دابەڕوونی دیارە کە لە ڕێگای ئەو کەسانەوە، ڕۆحی پیرۆز ئەوەی کە خودا ویستویەتی کردویەتی بە نوسراو.

یەکەم سالۆنیکی ٢ : ١٣ « ١٣ لەبەر ئەمەبێ پڕانەوە سوپاسی خودا دەکەین، چونکە پەیامی خوداتان وەک پەیامی مرۆڤ لە ئێمە وەرنەگرت، بەڵکو وەک بەڕاستی وشەی خودا بێت، لە ڕاستیشدا هەر بەو جۆرەیە، ئەوەی لەناو ئێوەی باوەڕداریشدا کار دەکات. «

دووەم پەترۆس ١ : ٢٠ – ٢١ «٢٠ لە سەرووی هەموو شتێکەوە ئەمە بزانن، کە هیچ پێشبینییەک لە نووسراوە پیرۆزەکاندا بە لێکدانەوەی خودی پێغەمبەرەکە نەنووسراوە، ٢١ چونکە هەرگیز پێشبینی بەخواستی مرۆڤ نەهاتووە، بەڵکو ڕۆحی پیرۆز ڕابەرایەتی مرۆڤەکانی کردووە، بۆ ئەوەی پەیامی خودا ڕابگەیەنن. «

خودا هەڵە ناکات، بێ عەیب و پیرۆز و ڕاستیە. بۆیە ئەو وشەیە کە بە ئێمەی داوە ڕاستیەکی بێ گەردە. ئەگەر پەرتووکی پیرۆز وەک چیرۆکێک سەیر بکەین و ئەوەی ویستمان بڕوای پێ بکەین و ئەوەی

نەمانویست پڕوای پێ نەکەین ئەوە دەچینە بوارێکی مەترسی دارەوە. تەنیا بەوهۆکارە کەکاسانێک قبوڵی ناکەن نایێتە هۆکاری ئەوەی کەبونی خودا بکەوێتە گومانەوە.

خودا پەرتووکی پیرۆزی بۆ پێناسەکردنی خۆی بە کارهێناوە، بۆیە پێویستە بە پەڕتووکێکی بێ گەردو بەهێز کەخودا تێدا ئاشکرا دەبێت وەریبگرین و باوەڕمان پێ هەبێت. تەنانەت ئەگەر حەزمان بە هەندێ بابەت وەک دۆزەخ و حوکم دان و بەرپرسیارێتی نەبێت، قبووڵکردن و بەکردارکردنی تەواوی ئەوەی کە خودا ویستویەتی بابەتیکی زۆر گرنگ و هەستیارە.

تەواوی پەرتووکی پیرۆز باسی عیسا دەکات

ئەوە زۆر سەر سوڕهێنەرە کەبزانین بنچینەی سەرەکی لەتەواوی پەرتووکی پیرۆزدا لە دەسپێکەوە تاکۆتایی لەسەر عیسایە. ئەوە تەنیا یەک لەو بابەتانەیە کە سروشتە ئاسمانیەکەی پەرتووکی پیرۆز پشت ڕاست دەکاتەوە، چونکە جێ سەرنجەکە تەواوی نووسەرەکان لەو بابەتە لایان نەداوە، بە تایبەت ئەوە لە کاتیکدایە کە ئاشنایەتی و پەیوەندی لە نێوانیان دا نەبوە و سەیرتر ئەوەیە کە زۆربەیان چەند سەدە پێش ئەوە نوسراون کە عیسا بێتە سەر زەوی.

بەشی یەکەمی پەڕتووکی پیرۆز، پەیمانی کۆنە کە دوو لەسەر سێ وشەی خودا لە خۆی دەگرێت. دوای ئەوەی خودا مرۆڤی درووست کرد، گەلی ئیسرائیلی هەڵبژارد کە ناوی ئیسرائیل یا یەهودی لە سەر دانان بۆ ئەوەی خۆشەویستی و شکۆی خۆی بە دنیا رابگەیەنێت.

دواوتار ٧ : ٦ « ٦ چونکە ئێوە گەلێکی پیرۆزن بۆ یەزدانی پەروەردگارتان. لەنێو هەموو گەلانی سەر ڕووی زەوی یەزدانی پەروەردگارتان ئێوەی هەڵبژارد تاکو بۆی ببن بە گەلی ئەو، ببنە گەنجینەیەکی تایبەت. «

ئەو پەیمانێکی نەمری لە گەڵ ئەوان بەست. پەیمان بە ڕێکەوتنێکی دوو لایەنە دەڵین کە خودا پێی وتن کە بێت و ژیانیان بە ڕاستی بخەنە ژێر دەسەلاتی خوداوەندەوە ئەوە دەیانکاتە نەتەوە خۆشەویستەکەی خۆی.

لێڤییەکان ٢٦ : ١٢ «١٢ لەنێوتان هاتوچۆ دەکەم و دەبم بە خودای ئێوە و ئێوەش دەبن بە گەلی من. «

دواوتار ٦ : ٤ – ٩ « ٤ ئەی ئیسرائیل گوێ بگرن، یەزدانی پەروەردگارمان یەک یەزدانە، ٥ جا بە هەموو دڵ و بە هەموو گیان و بە هەموو تواناتانەوە یەزدانی پەروەردگارتان خۆشبوێ. ٦ با ئەم ڕاسپاردانەی من ئەمڕۆ فەرمانتان پێ دەکەم لەسەر دڵتان بێت و ٧ بۆ منداڵەکانتانی بگێڕنەوە و باسی بکەن کاتێک لە ماڵ دادەنیشن و کاتێک بە ڕێگادا دەڕۆن و کاتێک دەخەون و کاتێک هەڵدەستن، ٨ وەک نیشانەیەکیش لەسەر دەستتان بیبەستن و با گوڵنگ بێت بە ناوچەوانتانەوە و ٩ لەسەر چوارچێوەی دەرگای ماڵ و حەوشەکانتان بینووسن. «

تەواوی پەیمانی کۆن لە سەر بنەمای ئەو پەیوەندییە دانراوە. بە دریژایی سەدان ساڵ پەیوەندی گەلی ئیسرائیل لە گەڵ خودا باش نەبوو بە داخەوە بە جۆرێک کە لە نێوان خۆشەویستی خودا و خزمەت کردنی لەگەڵ بتپەرەستی کردن و ڕوو وەرگێیران لە خودا سەر لێشێواو بون. گێڕانەوەی زۆر دەخوێنینەوە کە خودا چۆن بە توڕەییەوە ئاگاداری کردنەوە، بەڵام ئەو ئاگادار کردنەوە توندو ڕەقە مانای ئەوەی نەبوو کە ڕقی لێیان بووە، بە پێچەوانەوە هۆکارەکەی خۆشەویستی بووە بۆ ئەوەی تێبگەن کە ڕوو وەرگێران لە خودا دەبێتە هۆکاری ناڕەحەتی و تێکچوونی ژیان و لە ناوچوونی ئارامیان. ئەو کێشەیە لە ئیستاشدا لە نێوان شوێنکەوتووان دا هەیە، بۆیە پابەندبوون بە خودا و وشەی خودا گرنگیەکی تایبەتی هەیە. ئەو داوامان لێ دەکات کە بە تەواوی ژیانی خۆمان بۆ ئەو تەرخان بکەین.

لە جیهاندا شەیتان لە قەومی یەهود بێزارەوەو ڕقی لێیانە،بە دوای ئەوەدا زۆربەی خەڵکان کەلەسەر ڕێگای خودا نین، دوژمنایەتیان دەکەن، هۆکاری ئەوەیە کە ئەوان گەلی بەناوبانگی خودان و تاڕادەیەکی زۆریش چونکە مەسیح لە گەلی ئیسرائیلەوە هەستا. ئەوە پەرجویەکە وڵاتێک کەیەک لەسەر سێ پارێزگای فلوریدایە، بەڵام لە تەواوی شەڕەکاندا سەرکەوتوو بوە و وڵاتە بچوکەکەی خۆی پاراستووە. لە ڕاستیدا خودا ئەوانی پاراستووە.

پەیمانی نۆێ

کۆتا بەشی پەرتووکی پیرۆز، پەیمانی نوێیە. ئەوە پەیمانێکی تازەیە لە نێوان خودا و ئەوکەسانەی کە باوەڕیان پێی هەیە، خۆشیان دەوێت و خزمەتی عیسا دەکەن.

دووەم کۆرنسۆس ٣ : ٦ « ٦ ئەو لێهاتووی کردین تاکو ببینە خزمەتکاری پەیمانی نوێ، پەیمانی ڕۆح نەک پەیمانی نووسراو بە پیت، چونکە ئەو پیتە نووسراوە دەکوژێتەوە، بەڵام ڕۆحەکە ژیان دەدات.»

پەیام و ناوەڕوکی ئەو پەیمانە تازەیە ئەوە نی یە کە ئەگەر تەواوی یاساکانی خودا پەیڕەو نەکەین ئەوە دەمرین. بەڵکو پەیامەکەی ئەوەیە کە ڕۆحی خودا، ژیان دەبەخشێت بە مرۆڤەکان، بە پێی پەیمانی کۆن پێویستە تەواوی یاساکانی موسا پەیڕەو بکرێت تا ڕزگار بێت، بەڵام کەس ناتوانێت تەواوی یاساکان پەیڕەو بکات، کە وایە حوکمی هەموو تاکێک مردن بوو. بەڵام بە پێی پەیمانی نوێ، ڕۆحی خودا ژیانی ڕاستی بە مرۆڤەکان دەبەخشێت.

عیبرانییەکان ١٠ : ١٦ « ١٦ یەزدان دەفەرموێ، ئەمە ئەو پەیمانەیە کە لەدوای ئەو ڕۆژانە لەگەڵیان دەیبەستم،فێرکردنەکانم دەخەمە ناو دڵیان و لەناو مێشکیان دەینووسم.»

ئەو کۆمەڵەیە ناویان مەسیحییە و کڵێسا پێکدێنن کە هێمایە بۆ ئەو پەیمانە تازەیە. لە ئێستادا لە هەر ڕەگەزێک بن، بە هەر رەنگێکی پێست، هەژار بن یان دەوڵەمەند، یەهودی بن یا خود نا، بە بەشێک لەگەڵی دەست نیشانکراوی خودا هەژمار دەکرێن بە مەرجێک کە باوەڕێکی ڕاستان هەبێت و ژیانتان بە پێی ویستی ئەو بێت. کاتێک دێنە ناو ئەو پەیوەندییەوە، گرنگە کە جۆرێک ترسی تایبەت لە خودا لە ناخماندا دروست بکەین. ئەو ترسە بە مانای تۆقین لە خودا نیە. بەڵکو مانای ڕێز و شکۆیە تا بەوە لە ناخمانەوە خودا بپەرەستین و گوێڕایەڵ بین. خودا، بەدی هێنەرێکە پڕ لە گەورەیی و شایەنی شکۆدار کردن و ڕێز و پیاهەڵدان. لە ڕاستیدا مرۆڤ ناتوانێت هەتا هەتا خودای زیندوو ڕەتبکاتەوە و چاوی دابخات لە سەر ڕاستی ئەو.

هێزی و توانای پەرتووکی پیرۆز

دەخوێنینەوە کە پەرتووکی پیرۆز، زیندووە. عیبرانییەکان ٤ : ١٢ « ١٢ چونکە پەیامی خودا زیندووە، کاریگەرە، لە هەموو شمشێرێکی دوودەم تیژترە، نێوانی دەروون و ڕۆح و جومگە و مۆخی ئێسک دەپڕێت، نیاز و بیری دڵ جیا دەکاتەوە. ١٣ بەدیهێنراو نییە لەبەرچاوی خودا شاردراوە بێت،

بەڵکو هەموو شتێک ڕووت و ئاشکرایە لەبەرچاوی خودا کە هەریەکێک لە ئێمە دەبێت حیسابی خۆی بخاتە بەردەستی. «

پەرتووکێکە لە سەرو سروشتەوە کە توانای ئەوەی هەیەکە سەرچاوەی گوناه لە دڵی مرۆڤ دا ئاشکرا بکات و بەرەنگاری بیتەوە. چونکە خودا ڕاستیە و ناتوانێت ناڕاست بڵێت. وشەی ئەو تەنیا سەرچاوەی ڕاستیە لە گەردوندا. سەر سورهێنەرە کە پەرتووکی پیرۆز هەر وەک باوک، کوڕ و ڕۆحی پیرۆز، سروشتێکی ئەبەدی هەیە.

مەرقۆس ١٣ : ٣١ « ٣١ ئاسمان و زەوی بەسەردەچن، بەڵام وشەکانم هەرگیز بەسەرناچن. «

یەکەم پەترۆس ١ : ٢٥ « ٢٥ بەڵام فەرمایشتی یەزدان هەتاهەتایە چەسپاو دەبێت.ئەمەش ئەو فەرمایشتەیە کە مزگێنیتان پێدرا.»

بۆئەوەی لە ئایەتی وشەی پیرۆز تێ بگەین، پێویستە ڕۆحی پیرۆز ماناکانیمان بۆ ئاشکرا بکات. ئەوانەی کە ڕۆحی پیرۆزیان وەرنەگرتوە، ناتوانن لە ماناکانی تێ بگەن.

یەکەم کۆرنسۆس ٢ :١٠- ١٦ « ١٠ بەڵام خودا بەهۆی ڕۆحی خۆی بۆی ئاشکرا کردین.ڕۆحی پیرۆز لە هەموو شتێک دەکۆڵێتەوە، تەنانەت لە قووڵایی ناخی خوداش دەکۆڵێتەوە. ١١ چ مرۆڤێک دەزانێت ناخی مرۆڤ چی تێدایە، جگە لە ڕۆحی مرۆڤ کە لەناویدایە؟ بەم شێوەیە کەس نازانێت ناخی خودا چی تێدایە ڕۆحی خودا نەبێت. ١٢ ئێمەش ڕۆحی جیهانمان وەرنەگرتووە، بەڵکو ئەو ڕۆحەی لە خوداوەیە، تاکو لەو شتانە تێبگەین کە خودا بەخۆڕایی پێی بەخشیوین. ١٣ ئەوەی باسی دەکەین لە دانایی مرۆڤەوە نەهاتووە، بەڵکو لە فێرکردنی ڕۆحەوە هاتووە، بەم شێوەیە فێرکردنی ڕۆحی بۆ کەسانی ڕۆحانی لێکدەدرێتەوە. ١٤ بەڵام کەسی سروشتی ئەوەی هی ڕۆحی خودایە وەریناگرێت، چونکە لەلای ئەو گێلایەتییە و نایانزانێت، چونکە بە ڕۆح جیا دەکرێنەوە. ١٥ کەسی ڕۆحانی هەموو شتێک هەڵدەسەنگێنێت، کەچی کەس ناتوانێت ئەو هەڵبسەنگێنێت.١٦ کێ بیری یەزدانی زانی،کێ فێری دەکات؟بەڵام ئێمە بیری مەسیحمان هەیە.» هەر بەو هۆکارەیە کە ئەوانەی باوەڕیان بە عیسا نیە ناتوانن لە وشەی خودا تێ بگەن و لایان خۆ هیلاک کردنە

و گرنگی نیە. ڕۆحی پیرۆز تەنیا کەسێکە کە وشە زیندوو دەکاتەوەو بیرکردنەوەو ناخمان دەگۆڕێت و فێرمان دەکات.

زەبوورەکان ١٩ : ٧ - ٩ « ٧ فێرکردنی یەزدان تەواوە،دەروون دەبووژێنێتەوە. شەریعەتی یەزدان جێی متمانەیە،ساویلکە دەکەنە دانا.٨ ڕێنمایی یەزدان دروستە،دڵ خۆش دەکات. ڕاسپاردەی یەزدان پاکە،چاو ڕۆشن دەکات.٩ لەخواترسی بێگەردە،هەتاهەتایە سەقامگیرە.حوکمی یەزدان ڕاستە، بە تەواوی ڕاستودروستە. «

پێویستمان بە ڕاستیەکی ئەبەدییە بۆ ئەوەی بنچینەی ژیانمانی لە سەر دابمەزرێنین. چونکە ئەو جیهانەی تێدا دەژین، پڕە لە درۆ، گۆڕانکاری و دووڕویی، ڕق لێبوونەوە و چاوچنۆکی. ئەوە ڕاست نیە کە دەسەڵات هەمووومانی نائومێد کردووە؟ زۆر جار بێزار دەبین بە دەست هاوڕێ و خزمان یا خود دەرمان و پێشکەوتنەکانی زانست. ئەوە هۆکارەکەی ئەوەیە کە جیهان لە سەر دانایی مرۆڤ دامەزراوە و سروشتی مرۆڤیش شەرەنگێز و خیانەتکارە.

یەرمیا ١٧ : ٩ « ٩ دڵ لە هەموو شتێک فریودەرترە ودەرمانی نییە،کێ دەیناسێت؟»

لە راستیدا تەنانەت ئەو کاتانەش کە بە دوای ویستی خودا دەگەڕێن، تووشی هەندێ هەڵە دەبین کە لە دانایی مرۆڤانەوە سەرچاوە دەگرێت.

چۆن دەتوانین بە پێی ئەو بنەمایانە بژین کە خودا دیاری کردووە؟

وەڵامی ئەو پرسیارە لە وشەی خودا دەبیندرێتەوە کەلە توانای دا هەیە کە مێشک و ویژدانمان پاک کاتەوە.

یەرمیا ٢٣ :٢٩ « ٢٩ ئایا فەرموودەکانم وەک ئاگر نین؟ وەک چەکوش بەرد وردوخاش ناکەن؟ ئەوە فەرمایشتی یەزدانە. «

ئەفەسۆس ٥ : ٢٦ - ٢٥ « ٢٥ ئەی مێردەکان، ژنەکانتان خۆشبوێ، هەروەک مەسیحیش کڵێسای خۆشویست و لە پێناوی خۆی بەختکرد، ٢٦ تاکو پیرۆزی بکات و بە شوشتنی بە ئاو لە ڕێگەی وشەوە پاکی بکاتەوە.»

یەکەم تیمۆساس ١ : ٥ « ٥ ئامانجی ئەم ڕاسپاردەیە* بریتییە لە خۆشەویستی لە دڵێکی پاک و ویژدانێکی چاک و باوەڕێکی بێ دووڕوویی. «

ئەگەر ڕۆژانە وشەی خودا بخوێنینەوە و بە دڵ گوێڕایەڵی بین، پاک و پیرۆزمان دەکات.

یۆحەنا ١٧ : ١٧ « ١٧ بە ڕاستیی خۆت پیرۆزیان بکە، وشەی تۆ ڕاستییە. «

پەرتووکی پیرۆز و ڕۆحی پیرۆز هێزی ئەوەیان هەیە کە بمانگەیەنێتە ژیانی ڕاستی.

یۆحەنا ٦ :٦٣ « ٦٣ ڕۆحی پیرۆز ژیان دەدات، بەڵام جەستە بە کەڵک نایەت. ئەو قسانەی پێم گوتن ڕۆح و ژیانن. «

یەکەم پەترۆس ١ : ٢١ « ٢٣ ئێوەش لەدایک بوونەوە، نەک بە تۆوێکی فەوتاو بەڵکو نەفەوتاو، بە وشەی زیندووی خودا کە دەمێنێتەوە. «

وشەی خودا فێرمان دەکات ڕاستی لە ناڕاستی بناسینەوە و بیری ناڕاستیمان بۆ ڕێک بکاتەوە. دووەم تیمۆساس ٣ : ١٦ – ١٧» ١٦ هەموو نووسراوە پیرۆزەکان لە سروشی خودان،سوودبەخشن بۆ فێرکردن و سەرزەنشت و ڕاستەڕێکردن و لێراهێنان لە ڕاستودروستی، ١٧ تاکو پیاوی خودا تەواو ئامادە بێت بۆ هەموو کارێکی باش. «

بیر کردنەوەمان دەگۆڕێت تا تێبگەین ویستی خودا چیە بۆ ژیانمان و ڕێگای ئەو بگرینە بەر.

ڕۆما ١٢ : ٢ « ٢ شێوەی ئەم دنیایە وەرمەگرن، بەڵکو بە نوێکردنەوەی بیرتان بگۆڕێن، تاکو بە لێکدانەوە بتوانن دەریبخەن خواستی خودا چییە کە باش و پەسەندکراو و تەواوە.»

پەرتووکی پیرۆز بە شمشێری ڕۆح ناو زەند دەکرێت. هۆکاری ئەو ناوە ئەوەیە کە دەتوانێت ڕاست و درۆ لە یەک دابڕێت و بیری کۆن بگۆڕێت .

ئەفەسۆس ٦ : ١٧ « ١٧ هەروەها کڵاوی ئاسنینی ڕزگاری لەسەر بکەن و شمشێری ڕۆحی پیرۆز هەڵبگرن کە پەیامی خودایە. «

یۆحەنا ۱ : ۱ « ۱ لە سەرەتادا، وشەکە هەبوو، وشەکە لەلای خودا بوو، وشەکە خۆی خودا بوو.» ئاشکراکردن ۱۹ : ۱۳ « ۱۳ کەوایەکی لە خوێن هەڵکێشراوی لەبەربوو، ئەو ناوەی پێی بانگ دەکرێ وشەی خودایە.»

یەکەم یۆحەنا ۱ : ۱ « ۱ ئێمە ئەمە ڕادەگەیەنین سەبارەت بە وشەی ژیان، ئەوەی لە سەرەتاوە بوو، ئەوەی گوێمان لێی بوو، ئەوەی بە چاوی خۆمان بینیمان، ئەوەی تەماشامان کرد و دەستمان لێیدا. «

به عنوان خدا، کلمات او کتاب مقدس هستند! او کلام زنده است و کتاب مقدس کلام مکتوب است. کتاب مقدس چراغی برای پاهای ما و نوری برای مسیر ما در زندگی است.

پەرتووکی پیرۆز وشەی خودایە، وشەی ئەو زیندووە و پەرتووکی پیرۆز وشە نوسراوەکەی ئەوە. ئایەتەکانی پەرتووکی پیرۆز چران بۆ هەنگاوەکانمان و ڕوناکیە بۆ ڕێگا و ژیانمان.

زەبوورەکان ۱۱۹ :۱۰۵ « ۱۰۵ وشەکانی تۆ چرایە بۆ پێیەکانم، ڕووناکییە بۆ ڕێگام. «

پەرتووکی پیرۆز چرایەکە بو بینینی مەترسیەکانی ژیان و ئاشکرا بونیان و ئەگەر گوێرایەڵی بین ئەوە دەمانپاریزیت لە خۆ هەڵخەڵەتاندن دوورمان دەکاتەوە لە مەترسیەکان.

زەبوورەکان ۱۱۹ : ۲۹ « ۲۹ ڕێگای درۆم لێ دووربخەوە،لەگەڵم میهرەبان بە و فێری تەوراتی خۆتم بکە. «

توانای ئەوەی هەیە کە بە خوێندنەوەیان و جێ بەجێ کردنی ڕاسپاردەکانی، ڕۆحمان لە مەترسیەکان بپارێزێت.

یاقوب ۱ :۲۱ « ۲۱ کەواتە هەموو گڵاوی و گەشەکردنێکی بەدکاری دابکەنن، ئەو وشەیەی کە لە ئێوەدا چانراوە بە دڵنەرمییەوە وەریبگرن، ئەوەی دەتوانێت گیانتان ڕزگار بکات. «(لە گوناهە دوورمان دەکاتەوە)

زوبوورەکان ۱۱۹ : ۱۱ « ۱۱ وشەکانی تۆم لەناو دڵم پاراستووە،تاکو لە دژی تۆ گوناە نەکەم. « (دڵ بە پاکی ڕادەگرێت)

زەبوورەکان ۱۱۹ : ۹ « ۹ گەنج بە چی هەڵسوکەوتی خۆی بێگەرد دەکات؟بە پاراستنی وشەکانت.» کەواتە بێت و ڕازی بین کە وشەی

خودا لەدڵماندا جێگر بێت، هێزی ئەوەی هەیە کەلە ئاست دڕندەیی، بمانپارێزێت.

یەکەم یۆحەنا ٢ : ١٤ « ١٤ ئەی ڕۆڵە خۆشەویستەکان، بۆ ئێوەم نووسی،چونکە خودای باوک دەناسن.ئەی باوکان، بۆ ئێوەم نووسی،چونکە ئەوە دەناسن کە لە سەرەتاوەیە.ئەی لاوان، بۆ ئێوەم نووسی،چونکە بەهێزن،پەیامی خوداتان تێدا چەسپاوە و بەسەر شەیتاندا زاڵ بوون.»

هەمو کات بیرتان بێت کە ڕزگاریمان لە لایەن مەسیحەوە پێ بەخشراوە، بەڵام بۆ بەردەوام بوون لە عیسادا ، گرنگە هەمووکات خۆمان دوور لە گوناهە بگرین و پاک بین و بۆ ئەو مەبەستە وشەی خودا یارمەتیمان دەدات. وشەی خودا بیرمان دێنێتەوە کە پیویستە گوێڕایەڵی بین و هەر شتێک جگەلەوە هەڵخەڵەتاندنی خۆمانە.

یاقوب ١ : ٢٢ – ٢٥ « ٢٢ تەنها گوێگری وشەی خودا مەبن، بەڵکو کاری پێ بکەن، ئەگینا خۆتان هەڵدەخەڵەتێنن، ٢٣ چونکە ئەگەر یەکێک گوێگری وشەی خودا بێت و کاری پێ نەکات، وەک یەکێک وایە لە ئاوێنەدا سەیری ڕوخساری خۆی بکات، ٢٤ ئینجا دوای ئەوەی سەیری خۆی دەکات و دەڕوات، یەکسەر لەبیری دەچێت چۆن بووە. ٢٥ بەڵام هەرکەسێک بە وردی سەرنجی ئەو شەریعەتە تەواوە بدات کە ئازادی دەبەخشێت، هەروەها بەردەوام کاری پێ بکات و ئەوەی دەبیستێت لەیادی نەکات بەڵکو کاری پێ بکات، ئەوا ئەمە لە کرداریدا بەرەکەتدارە. «

یەکەم پەترۆس ٢ : ٨ « ٨ هەروەها:دەبێتە بەردێک بۆ کۆسپ،تاشەبەردێکیش کە لێی بکەونە خوارەوە. «

ڕاستیەکە ئەوەیە کە خوشەویستیمان بۆ مەسیح، لە گوێڕایەڵی بە وشەکەی دا خۆی دەردەخات. یۆحەنا ١٤ : ١٥ « ١٥ ئەگەر منتان خۆشبوێ کار بە ڕاسپاردەکانم دەکەن. «

یۆحەنا ١٤ : ٢١ « ٢١ ئەوەی ڕاسپاردەکانی منی لەلایە و کاریان پێ دەکات، ئەوا منی خۆشدەوێت. ئەوەی منی خۆشبوێ، باوکیشمی خۆشدەوێت، منیش خۆشمدەوێت و خۆمی بۆ دەردەخەم.» یەکەم یۆحەنا ٢ : ٥ « ٥ بەڵام ئەوەی گوێڕایەڵی پەیامی خودا بێت، ئەوا بە ڕاستی خۆشەویستی خودا لەو کەسەدا تەواوە. بەمەدا دەزانین کە ئێمە بە یەکبوون لەگەڵ مەسیح دەژین.»

پیرۆزی زۆرمان دەس دەکەوێت کاتێک گوێڕایەڵی بین. ئاشکرا کردن ١ : ٣ « ٣ خۆزگە دەخوازرێت بەوەی وتەکانی ئەم پێشبینییە دەخوێنێتەوە، هەروەها خۆزگە بەو کەسانەش دەخوازرێت کە دەیبیستن و ئەوەی تێیدا نووسراوە پەیڕەوی دەکەن، چونکە کاتەکە نزیکە. « ئاشکراکردن ٢٢ : ٧ « ٧ ئەوەتا بە پەلە دێم! خۆزگە دەخوازرێت بەوەی پێشبینییەکانی ئەم پەڕتووکە وشە بە وشە پەیڕەو دەکات. «

بە دڵنیاییەوە خودا ئێمە دەپارێزێت. کەواتە پێویست بە ترس لە کەوتن ناکات. بەڵام کە هەوڵ نەدەین بۆ نزیک بوون و نزیک مانەوە لە عیسا، ئەوە بێ دوودڵی پەیوەندیەکەمان لەگەڵ خودا بەرەو لە ناوچون و ڕوخان دەچێت.

ئەو باشیانە کە باسمان کردوە، تەواوی چاکە و هێزەکانی پەرتووکی پیرۆز نیە، بەڵام گرنگی و پێویستی ئەوەمان بۆ ڕوون دەکاتەوە کە خوێندنەوەی وشەی پیرۆز تا چ ڕادەیەک گرنگە. بەڵام جەخت لە سەر ئەو بابەتە دەکەمەوە کە سەرنجی تەواوی بدەنێ و بە ئاسانی بە سەری دا تێ مەپەرن . بەڵکو بە دروستی و تەواو فێری بن و لە کاتی خوێندنەوەدا نوێژ بکەن و پرسیار بکەن. بۆ نموونە : پەیوەندی ئەو بەشە چیە بە ژیانی منەوە؟ یا خوداوەندا، پەیامی تۆ بۆمن چیە؟ سەیری نەخشە بکەن بزانن ئەو بەشەی کە دەیخوێنەوە لە کام شوێن ڕووی داوە، دەتوانن لەگەڵ بەشەکانی کەدا لە پەڕتووکی پیرۆز لێک دانەوە بکەن و بەراوردیان بکەن. بیرکردنەوە و نوێژەکانتان بنوسنەوە و ئاگاتان لەوە بێت بەیانیان زووتر هەستن لە خەو، ئەوە ئەزموونیکی گەورەیە کە لەو ڕێگایەوە خودا باشتر و زیاتر بناسن.

دەسپێکی ڕۆژەکەتان بە پەرتووکی ژیان دەست پێ بکەن و ئەگەر کەسێکی کە شەوان درەنگ دەخەوێت، پەرتووکی پیرۆز لە شەو دا بخوێنەوە. ڕاستی ئەوەیە کە ئەگەر بەردەوام و ڕۆژانە وشەی خودا نەخوێنیەوە، هیچ کات ئەو ژیانە باشە کە ئارەزوی دەکەن لەگەڵ خودا هەتان بێت، دەستەبەر نایێت.

ئەگەر تازە باوەرتان هێناوە ئەوە لە پەرتووکی یۆحەنا وە دەست پی بکەن. چونکە زیاتر کەسایەتی مەسیح دەناسێنێت و ئاشکرای دەکات. فێربوونی پەرتووکی پیرۆز چێژ بەخشە و ژیانتان لە مەسیح دا قوڵ دەکاتەوەو

ژیانێکی ئەبەدیتان پێ دەدات.ئەوە هێڵی پەیوەندی راستەوخۆیە لەگەڵ خودا و بەردێکی گەورەیە کەلە دونیادا کە هەموو کات لە گۆڕانکاریدایە، بە هێز و چەسپاو ڕادەگرێت.

ئیشایا ٢٦ : ٣ – ٤ « ٣ تۆ کەسی بیرورا چەسپاوبە ئاشتی تەواو دەپارێزیت،چونکە پشتی بە تۆ بەستووە. ٤ هەتاهەتایە پشت بە یەزدان ببەستن، چونکە یەزدان، هەر یەزدان، تاشەبەردەکەی هەتاهەتاییە. »

وشەی خودا، ڕوحی خودا دەگوازێتەوە بۆ ئێمە، ئەو مەبەستەی کە بۆ ژیانمانی هەیە، ئاشکرای دەکات، داواکاری تیکەڵ بە خۆشەویستیەکیمان نیشان دەدات. هیچ کات لەو کاتەی کە بۆ تێگەیشتن و خوێندنەوەی پەرتووکی پیرۆز و ناسینی زیاتری خودا تەرخانی دەکەن، پەشیمان نابنەوە. ئەو شایستەی ئەو کات و هەوڵ دانەیە کەبۆ ناسینی ئەو بە کاری دێنین.

به خوێندنەوە و فێر بوونی
وشەی خودا، ژیانتان بە
کردەوە دەگۆڕێت.

بەشی شەش

خودا کێیە

فێرکاری ئەوە زۆرە لەسەر خودای باوک کە یەکەم کەسە لە سیانەی پیرۆزدا. یەک بوونی سێ کەسایەتی خودایی، پێی دەوترێت سیانەی پیرۆز. عیسا دووەم کەسە و ڕۆحی پیرۆز سێیەم کەسە لەو یەک بوونە پڕ شکۆیەدا. هەر سێ کەسەکە دیاری کراو و جێیان کە لە هێز و گەورەیەتیدا لە یەک ئاست دان. هەر سێ کەسەکە لە دروست کردنی دونیادا ئامادە بوون و بە یەکەوە سەیری جیهانیان کرد. ئێمە ئەو جەوهەرە خوداوەندییە بە سیانە ناو دەبەین. تێگەیشتن لەوە وەک تێگەیشتن لە هێزی کارەبا، قورسە.

خودای باوک لە کەسایەتی خۆیدا، ڕەهەندی زۆری هەیە. بە نموونە پیاوێک دەتوانێت مێرد بێت، باوک بێت، فەرمانبەر یان کوڕێک بێت. ناوەکانی خودا، نوێنەرایەتی دەورە جیاوازەکانی ئەوە. ئەو ناوی لۆردە کە مانای گەورە یان خاوەندارێتیە. لە زمانی عیبریدا، ‹یهوە یایرا› بە مانای ‹خودا دابین دەکات› ناو دەبردرێت. ئێل شادای ناوێکی دیکەی ئەوە، کە ‹ خودای هەرە بە توانا ‹ مانا دەکرێتەوە. ناوێکی کە ‹ئادۆنایە› کە بە ‹گەورەی گەورەکان› ناو دەبردرێت.

لەسەرەتا

لە سەرەتای پەرتووکی پیرۆز نوسراوە کە خودا بەدیهێنەری جیهانە. پەیدابوون ١ : ١ ” ١ لە سەرەتادا خودا ئاسمان و زەویی بەدیهێنا. « زەبوورەکان ٢٤ : ١ - ٢ « ١ زەوی و هەرچی تێدایە هی یەزدانە،جیهان و ئەوانەی تێیدا دەژین،٢ چونکە لەسەر دەریاکان بناغەی داناوە ولەسەر ڕووبارەکان دایمەزراندووە.»

پەیدابوون ٢ : ٤ – ٧ « ٤ ئەمانەش ڕێکخستنەکانی ئاسمان و زەوین کاتێک بەدی هێنران، لەو ڕۆژەی یەزدانی پەروەردگار زەوی و ئاسمانی دروستکرد. ٥ هیچ دەوەنێکی کێڵگە لەسەر زەوی نەبوو، هەروەها هیچ ڕووەکێکی کێڵگەش سەری دەرنەکردبوو، چونکە هێشتا یەزدانی پەروەردگار بارانی بەسەر زەویدا نەباراندبوو. هیچ مرۆڤێکیش نەبوو ئیشی جوتیاری بکات. ٦ بەڵام تەم لە زەوییەوە سەردەکەوت و هەموو ڕووی زەوی ئاو دەدا. ٧ جا یەزدانی پەروەردگار پیاوی لە خۆڵی زەوی ٧:٢ لە زمانی عیبری بە پیاو دەگوترێت ئادام، کە نزیکە لە وشەی ئەداما کە بە واتای زەوی دێت. دروستکرد و هەناسەی ژیانی فووکردە کونە لووتی. بەمەش پیاوەکە بووە گیانێکی زیندوو. «

زەبوورەکان ١٣٩ : ١٣ – ١٦ « ١٣ تۆ ناخی منت دروستکردووە،لەناو سکی دایکم منت چنیوە.١٤ ستایشت دەکەم، چونکە بە سامناکی و سەرسوڕهێنەری دروستکراوم،کارەکانت سەرسوڕهێنەرن،لە ناخمەوە باش ئەمە دەزانم.١٥ ئێسقانم لە تۆ شاراوە نەبوو،کاتێک لە پەنهانی دروستکرام،لەناو سکی زەوی نەخشێنرام.١٦ هێشتا لە سکی دایکم بووم، ئەندامەکانی لەشمت بینی.هەموو ئەو ڕۆژانە کە بۆ من شێوەیان کێشرا،لە پەڕتووکەکەتدا نووسراون،پێش ئەوەی هیچ کامێکیان هەبن. «

لەوانەیە لامان وا بێت (کە بە دڵنیاییەوە خوداوەند بەدیهێنەری هەموو جیهانە)، بەڵام چونکە لە قوتابخانەکان وایان فێر کردوین کە هۆکاری دروستبوونمان تەقینەوە گەورەکەی جیهان ‹بیگبەنگ › بووە یا لە نەوەی مەیموون دروست بوین و تەنیا ڕەگەزی بەهێز توانیویانە زیندوو بمێننەوە بە ناچاری بیروڕای ئاڵۆز و دژ بەیەکمان هەیە کە بە درێژایی کات لەسەر دروست بوونە خوداییەکەمان بیستومانە و فێر کراوین. بەڵام هەر جۆرە بیرکردنەوەیەک جگەلەوەی کە خوداوەند بە هێزو توانای خۆی بە شێوازێکی بێ هاوتا و تایبەت دروستی کردوین، دەبێتە هۆکارێک بۆ ئەوەی کە بەرەو بۆچونی جۆراوجۆرمان ببات و تووشی بارودۆخی نائاسایی دەرونیمان ببات.جوانی کارەکەی خودا کە لە کاتی دیاری کراو و ڕاستەوخۆ لەلایان خۆیەوە مرۆڤایەتی دروست کردوە، هەموو بیرکردنەوەیەک ڕەتدەکاتەوە جگە لەسەر بەدیهاتنە خودایەکە.

ئەیوب ١٠ : ٨ « ٨ دەستەکانی تۆ منیان پێکهێنا و دروستیان کردم،ئایا دەستت دەگێڕیتەوە سەرم و لەناوم دەبەیت؟»

ئەیوب ٣٣ : ٤ « ٤ ڕۆحی خودا دروستی کردم،هەناسەی تواناداره‌کە ژیانی پێ بەخشیم.»

مرۆڤ لە ئاستی خودادا

لە بەشی یەکەمی ئەم پەرتووکەدا فێر بووین کە دڵی مرۆڤ، فێڵباز و خراپەکارە. پێویستمان بە کەسێکە لە سەرەوەی خۆمان کە هێزو توانای هەیە و لە ڕووی ڕەوشتەوە لە بەرزترین ئاست دا بێت تا بتوانێت گۆرانکاری بکات بە سەر بارودۆخی تێکەڵ بە گوناهی ئێمەدا. سەرەڕای ئەوەی کە وادیارە کە کەسێکی دوور لە خودا دەتوانێت ژیانێکی تا ڕادەیەک باشی هەبێت، بەڵام ڕاستیەکە ئەوەیە بێ نزیک بوون لە خودا لە ژیانماندا ناتوانین دڵ و ناخێکی پاکمان هەبێت و هاندەرێک بوو گەیشتن بە دەرەنجامێکی باشمان نابێت و لە هەموو گرنگتر ئەوەیە کە تەنیا لە رێگای باوەڕ و پەیوەندی بە مەسەیحەوەیە کە دەتوانین بڕۆینە پاشایەتی ئاسمان بۆ لای خودا.

یۆحەنا ١٤ : ٦ « ٦ عیساش پێی فەرموو: منم ڕێگا و ڕاستی و ژیان. کەس نایەتە لای باوک لە ڕێگەی منەوە نەبێت. «

خودا لە هەموو ڕویەکەوە لەگەڵ ئێمە جیاوازی هەیە. هەرچەند ئێمەی لە سەر وێنەی خۆی دروست کردووە، گوناهەکانی ئێمە رێگرە کە بتوانین شکۆمەندی خودا لە جیهاندا نیشان بدەین، بۆ نموونە ئەو لە کارە ناشیرنەکانمان بێزارە.

پەندەکانی سلێمان ٦ : ٦ – ٩ « ٦ ئەی تەمبەڵ، بڕۆ لای مێرووله،بڕوانە ڕێگاکانی و ببە بە دانا.٧ بێ ئەوەی پێشەوا وکوێخا و فەرمانڕەوای هەبێت،٨ بەڵام لە هاویندا نانی خۆی ئەمبار دەکات و لە کاتی دروێنەدا خۆراکی خۆی کۆدەکاتەو ٩ ئەی تەمبەڵ، هەتا کەی پاڵدەدەیتەوە؟کەی لە خەوەکەت هەڵدەستی؟»

ئێمە گوناهەکانمان، بتەکانمان و ڕێگای دەست نیشان کراو لە لایان خۆمانەوە، خۆش دەوێت. خوداوەند خۆشی دەوێین بەڵام گوناهەمان لێ قبوڵ ناکات. هۆکارێکی گەورە بوو ئەوەی کە بێزارە لە گوناە ئەوەیە کە بەرامبەر بە ئێمە خۆشەویستی هەیە. چونکە ئەو دەزانێت کە گوناهە ئێمە دوور دەخاتەوە لە ئەو.

خوداوەند، دادپەروەری خۆش دەوێت و بۆخۆی هەموو کات دادپەروەرە. مرۆڤەکان هەندێ جار بۆ کێشەکانی ژیانیان و ڕوداوە ناخۆشەکان، لۆمەی خودا دەکەن، بەڵام بەشێکی گەورەی پشێوی کە لە جیهاندا ڕوو دەدات ڕاستەوخۆ پەیوەندی بە چاوچنۆکی مرۆڤ و ڕق و ئارەزوی خراپە و گوێڕایەڵ نەبوون بە فەرمانەکانی خوداوە هەیە.کاتێک خودا مرۆڤایەتی دروست کرد، بەرنامە و ویستی خودا ئەوە بوو ئێمەکە ژیانمان لە جیهانێکی تەواو و بێ کەموکوڕی دا بەسەر بەرین، ئەو جیهانەی کە لە ئێستادا خۆزگەی بۆ دەخوازین. لە کاتێکدا کە گوناهە، مردن و لە ناوچوون و کاولکاری هێنایە ناو ژیانمان و هەروەها لەبیرمان نەچێت کە دوژمنی ژیان و ڕۆحمان کە شەیتانە، تەواوی ئەو خراپیانە کە دەیبینین ڕاستەوخۆ دەیهێنێتە ناو ژیانمانەوە.

خەسڵەتە بەرزەکانی خودا

خەسڵەت : مرۆڤ کۆکراوەیەکەلە تایبەتمەندی، هەسڵوکەوت کە فێری دەبێت یان سروشتیە و لە ناخی دایە و ئەو پشتبەستنە سروشتیانە کەلە زگماگیەوە لە گەڵی دایە، بەوانە دەوترێت خەسڵەت. بە گشتی هەڵبژاردنەکانمانە کە کەسایەتیمان دیاری دەکات، چونکە ئەوەی کە لە ناخماندایە لە کردەوەکانماندا ڕەنگ دەداتەوە .

ئەو وشانە کە دێتە سەر زمانمان، گرنگ نیە، لە کۆتایی دا ئەوەی ئارەزووی دەکەین دەبێتە کردەوەمان. زۆرجار ئەوەی کە دەمانەوێت بێ ئەوەی کە گرنگی بدەین بە چواردەورمان، دەیکەین.

بە پێچەوانەی ئێمە، خودا خەسڵەتی بەرز و بێ کەموکوڕی هەیە، خەسڵەتی خودا نەگۆڕە و هەمیشەش وەک خۆی دەمێنێتەوە. لە ژێر کاریگەری هەست، شوێن، یان کاریگەری دەرەکی، ناگۆڕدرێت. هەموو کاتێک بە خۆشەویستی و دادپەروەریەکی بێ عەیبەوە هەڵسوکەوت دەکات. خەسڵەتی خودا بەو جۆرەیە. خەسڵەتەکانی کەسایەتی و ڕەفتاری خودا، بابەتی سەرەکی ئەو بەشەیە.

لە پەرتووکی پیرۆزدا نوسراوە، کاتێک عیسا دێتە ناو ژیانمان، رۆحی خودا لە ئێمەدا جێگر دەبێت و تایبەتمەندی و خەسڵەتەکانمان بە شێوازێکی سەرسوڕهێنەر دەگۆڕدرێت.

ڕۆما ١٢ : ٢ « ٢ شێوەی ئەم دنیایە وەرمەگرن، بەڵکو بە نوێکردنەوەی بیرتان بگۆڕێن، تاکو بە لێکدانەوە بتوانن دەربیخەن خواستی خودا چییە، کە باش و پەسەندکراو و تەواوە. »

لە پەیوەندی لەگەڵ خودای بەهێز و توانادا، ئەوە پێویستە کە کەسایەتی لە بنچینەوە بگۆردرێت ! بە وەرگرتنی ڕزگاری، بە کردەوە دەبینە بەدیهێنراوێکی نوێ.

دووەم کۆرنسۆس ٥ : ١٧ « ١٧ کەواتە ئەگەر هەرکەسێک لەگەڵ مەسیحدا ببێتە یەک، دەبێت بە بەدیهێنراوێکی نوێ، شتە کۆنەکان بەسەرچوون و شتی نوێ هاتووە! »

دڵی تازە، بیرکردنەوەی نوێ و ویست و ئارەزوی تازە مان پێ دەدرێت.

حزقیێل ٣٦: ٢٦ – ٢٧ « ٢٦ دڵێکی نوێتان دەدەمێ و ڕۆحێکی نوێ دەخەمە ناوتانەوە، ئەو دڵە بەردینەتان لێ دەکەمەوە و دڵێکی گۆشتینتان دەدەمێ. ٢٧ ڕۆحی خۆم دەخەمە ناوتانەوە، واتان لێ دەکەم کە ڕێگای فەرزەکانم پەیرەو بکەن و حوکمەکانم بەجێبهێنن و کاریان پێ بکەن.»

عیبرانیەکان ٨ : ١٠ « ١٠ یەزدان دەفەرمووێت: ئەمە ئەو پەیمانەیە کە لەدوای ئەو ڕۆژانە لەگەڵ بنەماڵەی ئیسرائیلدا دەیبەستم،فێرکردنەکانم دەخەمە ناو مێشکیان ولەسەر دڵیان دەینووسم،من دەبم بە خودای ئەوان وئەوانیش دەبن بە گەلی من.»

ئەو ئایەتانە ئاماژە بە گەلی یەهود دەکات. لەبیرمان بێت کە لە پەیمانی کۆن دا ئەوان گەلی هەڵبژێردراوی خودا بوون. یەهودیەکان و گەلەکانی کە بە دوو دەستەی جیاواز هەژمار دەکرێن، چونکە گەلی یەهودی لەلایەن خوداوە لە گەلانی کە جیا کرابونەوە. خودا ئەوانی هەڵبژارد بۆ ئەوەی کە ڕێگای خودا و شکۆدار کردنی ئەو بە گەلانی کە نیشان بدەن. ئەوان تاکە گەل بوون کە باوەڕیان بە خودای تاک و تەنیا بوو، لە کاتێک دا لە هەموو شوێنێک بتپەرستی کەلتوورێکی ئاسایی بوو.

بەڵام دوای پەیمانی نوێ یەهودیەکان و گەلانی کە وەک یەک هەژمار دەکرێن. ئەوەش دەگەڕێتەوە بۆ ئەوەی کە مەسیحی پیرۆز بۆ تەواوی گەلانی خودا بۆتە قوربانی تا هەموو تاکێک بتوانێت ڕێگای ئازادی و ڕزگاری لە گوناه هەڵبژێرێت.

ئەگەر ئێمە ژیانی تازەمان هەیە، بێ لەبەرچاو گرتنی ڕابردوو و گەلێکی کە لێ هاتووین، گەلی خوداین و لە کەسانی بێ باوەڕ جیا کراوینەتەوە تا لە جیهاندا خودا شکۆدار بکەین.

بە پێی ڕوداوەکان من کەسێکی یەهودی نیم، بەڵام زۆر سەرسوڕهێنەرانە من ئەو خاڵە بەهێزەم دەست کەوتووە بۆ ئەوەی منداڵی خودا بم، سەرەڕای ئەوە من لام وایە کە گەلی یەهود شوێنی تایبەتی هەیە لای خوداوەند.

لەکاتی خوێندنەوەی ئەم وانەیە هەوڵ بدەن کە بیهێنە بەرچاوتان کە خودای ئێمە تا چ ڕادەیەک خۆشەویست ، جوان، ڕاستی و بەوەفا و باشە. لەبیرتان بێت کە خودا شکۆدار و بە هێزە، دادپەروەر و پیرۆزە، ئێستا بە تەواوی باوەڕتانەوە خۆتان بە دەستی ئەو بسپێرن وە لێگەڕێن کە بتانگۆڕێت و بتانباتەوە سەر نزیکترین شێوە لە خۆی.

خودای باوک، ڕۆحە. یۆحەنا ٤ : ٢٤ « ٢٤ خودا ڕۆحە و پێویستە ئەوانەی دەیپەرستن بە ڕۆحی پیرۆز و ڕاستی بیپەرستن.»

ئەو هەتاییە و لە ناوناچێت . ئەیوب ٩ : ٣٢ « ٣٢ ئەو وەک من مرۆڤ نییە هەتا وەڵامی بدەمەوە و لە دادگا ڕووبەڕووی یەک ببینەوە. «

ئەو مروڤ نیە و بەشێوەی مرۆڤ دروست کراو نیە.ئەو شێوازە بوونیەتێکی هەتا هەتاییە، ئەوە ‹بوونی ئەبەدی ‹ پێ دەوترێت کە تێگەیشتنی ئەوە بۆ ئێمە زۆر ئاستەمە، بەڵام خودا هەموو کات زیندوە و لە ژیاندا بووە. ئەو لە پێش هەموو کاتەکاندا بوونی هەبوە و بۆ هەتا هەتایە هەر دەمێنێت کە بەو حاڵەتە دەوترێت ‹ نەفەوتان ‹، ئەو دۆخە سەرچاوەی هیوای ئێمەیە بۆ ژیانی هەتایی. ژیرمەندی ٣ : ١١ « ١١ خودا هەموو شتێکی دروستکرد کە لە کاتی خۆیدا جوان بێت، هەروەها وای کرد مرۆڤ هەستی ژیانی هەتاهەتایی هەبێت؛ لەگەڵ ئەوەشدا کەس ناتوانێت لە بنجوبنەوانی کاری خودا تێبگات، لە سەرەتاوە هەتا کۆتایی. «

سەرسوڕهێنەرە کە هەروەها عیسا، بوونی هەتاهەتاییە و لە ناو ناچێت.یۆحەنا ١ : ١ « ١ لە سەرەتادا، ووشەکە هەبوو، وشەکە لەلای خودا بوو، وشەکە خۆی خودا بوو. « هەر بەو شیوەیە عیسا خودایە. «بەرجەستە بوونی خودا لە جەستەدا «

خودا، ئەو خودایەکە ئیرەیی دەکات. دەرچوون ٢٠ : ٥ «٥کڕنۆشیان بۆ مەبەن و مەیانپەرستن، چونکە منی یەزدانی پەروەردگارتان خودایەکی ئیرەدارم، سزای گوناهی باوکان لەسەر نەوەکانیشان جێبەجێ دەکەم هەتا نەوەی سێیەم و چوارەمی ناحەزەکانم. «

بەڵام ئەو ئیرەیی بردنە لە شێوەی ئیرەیی بردنی مرۆڤ نیە. جۆرێک لە ئیرەیی بردنە کە پیاوێک بەرامبەر بە هاوسەرە ئازیزەکەی هەیەتی و سەرچاوەکەی خۆشەویستیەکی پاکە کە دەبێتە هۆکاری پاراستن و ئاگا لێ بوون. پیاو لە پەیوەندی خۆی و ژنەکە پارێزگاری دەکات بۆ ئەوەی کاروباری دنیایی نەتوانێت زیانیان پێ بگەیەنێت. خودا زۆر جار ووشەی پەیوەندی هاوسەر گیری بۆ گەلی خۆی بە کاردێنێت و گەلی خۆی بە بووکی خۆی ناودەبات، وەک هاوسەرێک کە خۆشەویستی هەیە و پارێزگاریمان لێ دەکات، هەروەها پەناگە و هێزمانە. زەبوورەکان ٤٦ : ١ « ١ خودا پەناگا و هێزمانە،لە تەنگانەدا زۆر بەهاناوە دێت. «

بە تەنیا یەک خودای ڕاستی بوونی هەیە. دووەم ساموئیل ٧ : ٢٢»٢٢ئەی یەزدانی باڵادەست، لەبەر ئەمە، چەند مەزنیت! کوا هاوتای تۆ؟ بێجگە لە تۆ خودایەک نییە لە هەموو ئەوەی بە گوێی خۆمان گوێمان لێبووە. «

ووشەی باڵادەست و مەزن، لە ئایەکانی پەرتووکی پیرۆزدا بە مانای بەرز و سەربەخۆ یە. ئەو بۆ خۆی بە تەنیا بە سەر هەموو جیهاندا حوکم دەکات.

ئیشایا ٤٣ : ١٠ «١٠ یەزدان دەفەرموێت: ئێوە شایەتی منن،بەندەی هەڵبژاردەم،بۆ ئەوەی بزانن و باوەڕم پێ بهێنن وتێبگەن کە من ئەوم، پێش من شێوەی هیچ خودایەک نەکێشراوە وپاش منیش نابێت.»

ئیشایا ٤٤ :٦ - ٧ « ٦ یەزدان، پاشای ئیسرائیل و ئەوەی دەیکڕێتەوە،یەزدانی سوپاسالار، ئەمە دەفەرموێت:من سەرەتا و من کۆتاییم،لە من بەولاوە هیچ خودایەک نییە.٧ کێ وەک منە؟ با بانگەواز بکات،با ڕاییگەیەنێت و بیخاتە بەردەمم لەو کاتەوەی گەلی دێرینم داناوە وداهاتووەکان و ئەوەی لەگەڵ خۆی دەیهێنێت،با پێیان ڕابگەیەنن. ٨ مەتۆقن و مەترسن. ئەی لە کۆنەوە پێم نەگوتوویت و پێم ڕانەگەیاندوویت؟

ئێوە شایەتی منن، ئایا لە من بەولاوە خودای دیکە هەیە؟نەخێر، هیچ تاشەبەردێکی دیکە نییە؛ هیچی دیکە ناناسم.»

ئەو خودایەکە لە سەرو سروشت و بیرکردنەوەی مرۆڤ کە کردارەکانی لە ڕێگای سەرسوڕهێنەرەوە دەردەکەوێت.

زەبوورەکان ٧٧ : ١٤ « ١٤ تۆ ئەو خودایەی کە پەرجووت کردووە و هێزی خۆتت لەنێو خەڵک دەرخستووە. « هیچ لە جیهاندا نیە کە بۆ خودا ئەوەندە قورس و گران بێت کە نەتوانێت بیکات، ئەوە پلانەکانی مرۆڤی بێ مێشک تێک دەدات، ئەو هیچ کات هەڵبژاردن یان ئەنجامی کارێکمان بەسەردا ناسەپێنێت، ئێمە لە هەڵبژاردندا دەسەڵاتی ڕەهامان هەیە و هەڵبژاردنی خودا و خۆشەویستی و گوێ ڕایەڵی بۆ خودا، هەڵبژاردنی خۆمانە. خودا تاشە بەردەکەی ئێمەیە چونکە لە هەموو ڕێگاکاندا جێگر و چەسپاوە.

زەبوورەکان ١٨ : ١ – ٣ « ١ ئەی یەزدان، ئەی هێزی من، خۆشمدەوێی. ٢ یەزدان تاشەبەردی ٢:١٨ شوبهێنراوە بەو تاشەبەردەی لە کاتی تەنگانەدا پشتی پێدەدرێت، وەکو لە کاتی شەڕکردن دەبێتە پەناگا منە، قەڵا و دەربازکارمە،خودام ئەو تاشەبەردەیە کە پەنای بۆ دەبەم،قەڵغان و هێزی ڕزگاریمە، پەناگای منە. ٣ لە یەزدان دەپاڕێمەوە، ئەوەی کە شایانی ستایشە،لە دوژمنەکانم ڕزگار دەبم»

زەبوورەکان ١٨ : ٣٠ – ٣٣ « ٣٠ ڕێبازی خودا تەواوە، بەڵێنی یەزدان بێگەردە،ئەو قەڵغانە بۆ هەموو ئەوانەی پەنای بۆ دەبەن. ٣١ لە یەزدان بەولاوە کێ خودایە؟ لە خودامان بەولاوە کێ تاشەبەردەکەیە؟٣٢ خودایە ئەوەی کەمەری منی توند بەستووە،بە تەواوی ڕێگام لەبەردەمدا دەکاتەوە.٣٣ پێیەکانم وەک پێی ئاسک لێ دەکات،لەسەر بەرزایی ڕامدەگرێت. «

ئەو پەناگایە و بەگری دەکا لەو کەسانەی کە ئەویان خوشدەویت و متمانەی پی دەکەن و گوێڕایەڵین. ئەو ڕزگارکارە ڕاستەکەیە، بۆیە تاکە کەسایەتیە کە دەتوانێت ڕزگارمان کات.

ئیشایا ٤٥ : ٢٢ – ٢١ « ٢١ ڕایبگەیەنن و وەرنە پێش.با ئەوان پێکەوە ڕاوێژ بکەن.لە کۆنەوە کێ پێشبینی ئەمەی کردووە،لە دێرزەمانەوە ڕایگەیاندووە؟ ئایا منی یەزدان نەبوو؟ بێجگە لە من هیچ خودایەک

نییە،خودایەکی ڕاستودروست و ڕزگارکەرێجگە لە من نییە. ٢٢ ڕوو لە من بکەن و ڕزگارتان بێت، ئەی هەموو لایەکانی زەوی،چونکە من خودام و یەکێکی دیکە نییە. «

ئەو خودایەکی تایبەتە

کاتێک نوێژێک دەکەین لە خزمەت خودادا، گوێی لێ دەبێت و وەڵام دەداتەوە. لە ڕاستیدا پەرتووکی پیرۆز دەڵێت : ئەو بەرو ئێمە دادێتەوە بۆ ئەوەی گوێی لە دەنگمان بێت.

زەبوورەکان ١١٦ :١ – ٢ « ١ یەزدانم خۆشدەوێت،چونکە گوێ لە دەنگ و لە پاڕانەوەم دەگرێت،٢ چونکە گوێی خۆی بۆم شل کرد، هەتا ماوم هەر لێی دەپاڕێمەوە.»

بێ گومان خوداوەند ڕۆحە و بە کردەوە خوار نایێتەوە بەرەو ئێمە، بەڵام مەبەست لە داهاتنەوە ئەوەیە کە بەزەیی و گرنگیدانی ئەو بەرامبەر بە مرۆڤ، وێنا بکەین.

لە کاتی نوێژ کردندا وا باشە ئاگاداری ئەوە بین کە خودا وەڵامی نوێژەکانی ئێمە بەو شێوازەی کە خۆمان دەمانهەوێت، بە ئێمەی ناداتەوە. لە کاتێکدا کە پێویستە بۆ هەموو شتێک نوێژ بکەین، نابێت چاوەڕێی ئەوە بین کە خودا بەو شێوازە ووڵامی نوێژەکانمان بداتەوە کە خۆمان پێمان باشە بەڵکو وەڵامەکەی بە جۆرێک بێت کە خۆی بە باشی دەزانێت بۆمان.

یەکەم یۆحەنا ٥ : ١٤ « ١٤ ئەمەش ئەو متمانەیە کە بەومان هەیە، ئەگەر بەگوێرەی ویستی ئەو داوای هەر شتێک بکەین، گوێمان لێ دەگرێت. « عیسا کەوتە ناو ئازار و ئەشکەنجەوە، کەوایە ئێمە نابێت لە ژیانماندا چاوەڕێی ئەوە بکەین کە کێشەو و ئازار نەبینین.

مەتا ٢٦ : ٣٩ « ٣٩ کەمێک چووە پێش و بەسەر ڕوودا کەوت، نوێژی کرد و فەرمووی: باوکە، ئەگەر دەکرێت، با ئەم جامەم لێ دوور بخرێتەوە، بەڵام نەک بە خواستی من، بەڵکو بە خواستی تۆ. «

مرۆڤی تێگەیشتوو باش دەزانێت کە خودا وەڵامی نوێژەکانمان بە دانایی دەداتەوە کە چۆن باشە و گونجاوە بۆمان. تەنیا ئەوە کە بەو دانایيە بێ عەیبە کە هەیەتی، دەزانێت کە لە ناخۆشی و کێشەدا بە

چی جۆرێک دەستمان بگرێت یان ژیانمان لە گوناهەکانمان پاک بکاتەو. پێتان سەیر نەبێ کە نوێژەکانتان بە ڕێگای سەرسوڕهێنەردا قبوڵ کات و وەڵامیان بداتەوە، لە بەر ئەوە کە ئەو خودایەکی بە هێزە، سەرنجڕاکێشە، بە توانایە و خودایەکی ئەبەدیە.

دواوتار ١٠ : ٢١ « ٢١ ئەو ستایشتانە و ئەو خوداتانە کە ئەو هەموو کارە مەزن و ترسناکەی بۆ کردن کە چاوەکانتان بینییان.» خوادوەند خۆسە ویستی یە.

یەکەم یۆحەنا ٤ : ٨ « ٨ ئەوەی کەسانی دیکەی خۆشنەوێت خودای نەناسیوە، چونکە خودا خۆشەویستییە. «

بابەتەکە بە تەنیا ئەوە نیە کە ئێمەی خۆش دەوێت، بنەمای سروشتی ئەو خۆشەویستییە، بۆیە ئێمەی زۆر خۆش دەوێت. بەڵام ئەو خۆشەویستییە لە جۆری خۆشەویستیەک نیە کە مرۆڤ ئەیناسێت و بەپێی بارودۆخ لە گۆڕان دایە و لە سەر هەست دروست بێت. خۆشەویستی خودا نەگۆڕەو و هەتا هەتاییە و هەموو کات باشترینەکانمان بۆ دەخوازێت. ئەو جۆرە خۆشەویستییە بێ هاوتایە، پێی دەوترێت خۆشەویستی هۆشیارانە کە لەیەکەم کۆرنسۆس باسی لێ کراوە.

یەکەم کۆرنسۆس ١٣ : ٧ - ٤ « ٤ خۆشەویستی پشوودرێژییە، خۆشەویستی نیانییە. خۆشەویستی ئیرەیی نییە، شانازی نییە، لووتبەرزی نییە. ٥ بەدڕەوشتی نییە، بۆ خۆی داوا ناکات، زوو تووڕە نابێت و خراپەکان تۆمار ناکات. ٦ بە خراپە دڵخۆش نابێت، بەڵکو بە ڕاستی دڵشاد دەبێت. ٧ خۆشەویستی بەرگەی هەموو شتێک دەگرێت، باوەڕ بە هەموو شتێک دەکات، هیوا بە هەموو شتێک دەخوازێت، بۆ هەموو شتێک ئارام دەگرێت. «

لەوانەیە پێشتر ئەو ئایەتانەتان بیستبێت، بەڵام لە خۆتان پرسیار بکەن کە تا چی ڕادەیەک تەنانەت یەکێک لەو تایبەتمەندیانەی خۆشەویستی لە خۆتان ڕەنگدانەوەی هەیە. باش دەزانم کە من زۆربەی کات بە قورسی دەتوانم یەک لەو لایەنانەی خۆشەویستی بە تەواوی جێبەجێ بکەم. ئەوە ئەو شێوەیە لە خۆشەویستیە کە خودا داوامان لێ دەکات بەرامبەر هەموو کەس و بەرامبەر بە ئەویش هەمانبێت. ئەگەر ڕۆحی

پیرۆز یارمەتیمان نەدات، ئەوە بۆ مرۆڤ ناکرێت و دەسەلاتی ئەوەی نایێت کە خۆشەویستی لەو جۆرە لە ناخیدا جێگر بێت.

لە خەسڵەتە دیارەکانی خودا، دادپەروەریە. ئێمە ناتوانین لەو لایەنە لە خەسڵەتی خودا تێ بگەین و تەنانەت بە دڵیشمان نیە. بەڵام لەو ڕووەوە کە خودا پیرۆزە، پێویستە کە دادپەروەر بێت. هەر بەو جورە کە چاوەڕێی ئەوە ناکەین دایک و باوکی باش ئەوەندە بە سۆز بن کە هیچکات داواکاری مندالەکانیان رەتنەکەنەوە تا بە باشی پەروەردەی بکەن. خوداوەند بێ هیچ مەرجێک ئێمەی خۆش دەوێت، بەڵام پێویستە کە لە ئاستی یاخیبوونەکانمان بێ دەنگ نەبێت. هەر بەو هۆکارەیە کە لە پەرتووکی پیرۆزدا سزادانی قورس دانراوە بۆ ئەو کەسانەی کە سەرکەشی و نافەرمانی دەکەن.

زەبوورەکان ۳۱ : ۲۳ « ۲۳ ئەی هەموو خۆشەویستانی، یەزدانتان خۆشبوێت!یەزدان دڵسۆزەکان دەپارێزێت،بەڵام بە تەواوی سزای لووتبەرزەکان دەدات. «

زەبوورەکان ١٤٥ : ٢٠ «٢٠ یەزدان هەموو ئەوانە دەپارێزێت کە خۆشیان دەوێت،بەڵام هەموو بەدکاران تەفروتونا دەکات. «

ووشەی خودا دەڵێت، خوداوەند تاکە کەسێکە کە زانای هەموو شتێکە لە جیهاندا، ئەوە کە ئاگاداری هەموو شتێکە. کە وایە ئەو دەتوانێت ئێمە لە زنجیرەی گوناە ڕزگار بکات و لە مەترسی بمانپارێزێت. خودا لە هەموو شوێنێک هەیە، ئەو ڕەهایە لە هەموو شتێک دا، یانی لە یەک کات هەرچی هەیە و ڕوو دەدات دەیبینی و دەیبیستیت.

بەڵام بەو جۆرەی کە لە هەندێک ئایین دا باس دەکرێت، ئەو لە هەموو وجودێک دا بوونی نیە. ئەو لە رێگای ڕۆحی پیرۆزی خۆی، تەنیا لە ناخی کەسانێکدا نیشتەجێ یە کە بە بانگهێشت کردنی عیسای مەسیح ژیانی خۆیان کڕیوەتەوە و لە گوناە ڕزگار بوون. ئەو تەنیا لەو دڵانەدا نیشتەجێ یە کە خودایان خۆش دەوێت.

هەروەها خودا هێزێکی بێ سنوری هەیە، بۆیە پێ دەوترێت هەرە بە توانا. کەوایە دەتوانیت هەرچی کە بیەوێت بیکات.

ئەوە خەسڵەتەکانی خودایە کە ئارامی دەبەخشێت بەو کەسانە کە باوەڕیان پێی هەیە، چونکە دەزانین کە کۆنتڕۆڵی جیهان لە دەستی ئەودایە. تەنانەت ئەو کاتانەی کە پێمان وایە کۆنتڕۆڵی هەموو شتێک لە دەست چووە.

زەبوورەکان ٢٢ : ٢٨ « ٢٨ چونکە پاشایەتی بۆ یەزدانە و ئەو فەرمانڕەوایەتی نەتەوەکان دەکات.» بێ گومان دوا هیوامان ئەوەیە کە خودا بۆ هەتاهەتایە بەڕاستی و چاکەی تەواوەوە فەرمانڕەوایی دەکات بە سەر جیهاندا. بەڵام لە ئێستادا، شەیتان فەرمانڕەوای جیهانە و تا ئەو کاتەی کە شەیتان بە تەواوی لە ناو نەچیت، دەکەوینە ئەزموونی خراپە و گوناە.

ئیشایا ٥٥ : ٨ – ٩ « ٨ ‹بێگومان بیرکردنەوەی من بیرکردنەوەی ئێوە نییە و ڕێگاکانی ئێوەش ڕێگاکانی من نین›، ئەوە فەرمایشتی یەزدانە. ٩ هەروەک بەرزیی ئاسمان لە زەوییەوە، ئاوا بەرزە ڕێگاکانم بەسەر ڕێگاکانتاندا و بیرکردنەوەم بەسەر بیرکردنەوەتان. «

خودا مەزن و شکۆدارە

خودا ڕێگا و بیر کردنەوەی لەگەڵ ئێمە زۆر جیاوازە. زۆر گرنگە لەوە تێبگەین چونکە زۆر جار دەمانەوێت کە خودا بخەینە بازنەی دەسەڵاتی خۆمانەوە، ئەوە لە کاتێک دایە کە لە ڕاستیدا پێویستە ئێمە بچینە ژێر دەسەڵاتی ئەو . مرۆڤ مەبەستی ئەوەیە کە ژیانی بە ئارەزووی خۆی بەرێوەببات و زۆربەی جار خودا دەلکێنن بە ژیانی خۆیانەوە. بۆ نموونە هەندێک کەس کە خۆیان بە مەسیحی ناودەبەن، تەنیا لە بەر هەستێکی خۆشە کە لە باسی کردنی پەیوەندیی لەگەڵ خودا بۆیان دروست دەبێت، بەڵام لە ڕاستی دا ژیان و ویستی خۆیان ڕادەستی خودا ناکەن. ئەوە بارودۆخێکی مەترسیدارە لە ژیاندا و خودا لە سەر ئەو بابەتە پێداگرە کە لەگەڵ ئەو و ڕێگای ئەو دەبێت یان خودا دژی دەبێت؟ خودا ئەو بابەتەی لە ووشەی خۆیدا روون کردۆتەوە. پێویستە کە خۆشمان بوێت، خزمەتی بکەین و بە بێ کەم و کوری گوێڕایەڵ بین.

دواوتار : ٧ – ٩ « ٩ جا بزانن کە یەزدانی پەروەردگارتان خۆی خودایە، خودای وەفادارییە، ئەوەی پەیمانی خۆشەویستییەکەی هەتا هەزار نەوە

دەباتەسەر، بۆ ئەوانەی خۆشیان دەوێت و فەرمانەکانی دەپارێزن. «

دواوترا ٧ : ١٢ « ١٢ ئەگەر ئێوە گوێ لەو یاسایانە بگرن و بیپارێزن و جێبەجێ بکەن، ئەوا یەزدانی پەروەردگارتان پەیمانی خۆشەویستییەکەی بۆ ئێوە دەباتەسەر، وەک چۆن سوێندی بۆ باوباپیرانتان خوارد. «

دوادتار ١٠ : ١٢ – ١٣ « ١٢ ئێستاش ئەی ئیسرائیل یەزدانی پەروەردگارتان چی لێتان دەوێت، تەنها ئەوەندە کە لە یەزدانی پەروەردگارتان بترسن تاکو هەموو ڕێگاکانی بگرنەبەر و خۆشتان بوێ، پڕ بە دڵ و لە ناخەوە یەزدانی پەروەردگارتان بپەرستن، ١٣ فەرمانەکانی یەزدان و فەرزەکانی بەجێبهێنن کە من ئەمڕۆ بۆ باشی خۆتان فەرمانتان پێ دەکەم. «

دواوتار ١١ : ١ « ١ یەزدانی پەروەردگارتان خۆشبوێت و داواکاری و فەرز و یاسا و فەرمانەکانی هەمیشە بەجێبهێنن. «

دواوتار ١١ : ٢٢ « ٢٢ ئەگەر هۆشیار بوون و هەموو ئەو فەرمانانە بپارێزن کە من فەرمانتان پێ دەکەم هەتا بیکەن، بۆ ئەوەی یەزدانی پەروەردگارتان خۆشبوێت و هەموو ڕێگاکانی بگرنەبەر و دەستی پێوە بگرن «

خودا شایەنی ستایش کردنە. ئەو میهرەبانە، دڵسۆزە، پڕە لە سۆز و بەخشین. کاتێک کە لە ناخمانەوە لە تاوانەکانمان شەرمەزار دەبین و پشت دەکەینە گوناهە و تۆبە دەکەین، ئەو بەو پەری خۆشیەوە لێمان خۆش دەبێت.

زەبوورەکان ٢٥ : ٤ – ١٥ « ٤ ئەی یەزدان، ڕێگاکانی خۆتم پێ بناسێنە، ڕێڕەوەکانی خۆتم فێر بکە.٥ لە ڕاستی خۆت ڕێنماییم بکە و فێرم بکە، چونکە تۆ خودای ڕزگارکەری منیت، بە درێژایی ڕۆژ ئومێدم هەر بە تۆیە. ٦ ئەی یەزدان، بەزەیی و خۆشەویستییە نەگۆڕەکەی خۆت لەبیر بێت، چونکە لە دێرزەمانەوە ئەمانە هەن. ٧ ئەی یەزدان، گوناهەکانی کاتی گەنجیەتیم و یاخیبوونەکانم بەبیر خۆت مەهێنەوە، بەڵکو بەگوێرەی خۆشەویستییە نەگۆڕەکەت بیرم لێ بکەرەوە، لە پێناوی چاکی خۆت. ٨ یەزدان چاک و سەرڕاستە، بۆیە گوناهباران فێری ڕاستەڕێیی دەکات، ٩ ڕابەرایەتی بێفیزەکان دەکات بۆ دادپەروەری، ئەوان فێری ڕێگای خۆی دەکات. ١٠ هەموو ڕێگاکانی یەزدان ڕاست و خۆشەویستی نەگۆڕن بۆ

ئەو کەسانەی فەرزەکانی پەیمانەکەی ناشکێنن. ١١ ئەی یەزدان، لە پێناوی ناوی خۆت، لە گوناهم خۆشبە، هەرچەندە گەورەشە. ١٢ کێیە ئەو کەسەی لە یەزدان دەترسێت؟ خودا فێری ئەو ڕێگایەی دەکات کە بۆی هەڵبژاردووە. ١٣ هەموو ڕۆژانی لە چاکەدا دەبێت و زەوی بە میرات بۆ نەوەکانی دەمێنێتەوە.١٤ خودا نهێنی خۆی بەوانە دەسپێرێت کە لێی دەترسن، وا دەکات پەیمانەکەی زانراو بێت لەلایان. ١٥ من هەمیشە چاوم ئاراستەی یەزدان کردووە، چونکە تەنها ئەو پێم لە تەڵە دەکاتەوە. «

زەبوورەکان ١١٦ : ٥ « ٥ یەزدان میهرەبان و ڕاستودروستە، خودامان بە بەزەییە.»

یونس ٤ : ٢ « ٢ نزای بۆ یەزدان کرد و گوتی: ئای ئەی یەزدان، ئایا ئەمە قسەی من نەبوو کە هێشتا لە خاکی خۆمدا بووم؟ لەبەر ئەوە هەوڵی هەڵاتنم دا بۆ تەرشیش، چونکە زانیم تۆ خودایەکی میهرەبانیت و بە بەزەییت، پشوودرێژیت و خۆشەویستییە نەگۆڕەکەت زۆرە، لە خراپەهێنان بەسەر خەڵکی پاشگەز دەبیتەوە. « سەرەڕای ئەوەی کە ئێمە هەڵە دەکەین، خودا ئێمەی خۆش دەوێت، بەڵام بێت و ویستی خۆمان پێش ویستی ئەو بخەین و ژیانمان بە پێوەرەکانی ئەو نەبەینە سەر ، ئەوە ناتوانین بڵێن لە ژیانی هاوبەشیداین لە گەڵ خودا. یەکەم یوحەنا ١ : ٦ « ٦ ئەگەر بڵێین لەگەڵیدا پێکەوە دەژین و بە تاریکیدا بڕۆین، ئەوا درۆ دەکەین و ڕاست ناکەین «

بەو شێوازە بێ گومان کێشە ڕوو دەدات، بەڵام بە گشتی پێویستە بە جۆرێک بژین کە ئاشکرا بێت کە لە پەیوەندی داین لە گەڵ خودا.کاتێک دەبین بە ئەندامی بنەماڵەی خودا، ئەو زۆر دڵخۆش دەبێت. ئەو بەوپەڕی سۆزەوە دەیەوێت کە رێگامان نیشان بدات و فێرمان بکات و هێزمان پێ ببەخشێت.

ئەفەسۆس ١: ٥ « ٥ پێشتر بە خۆشەویستی ئێمەی دیاری کرد، تاکو لە ڕێگەی عیسای مەسیحەوە بەگوێرەی خواستی خۆشحاڵانەی، وەکو منداڵی خۆی لە خۆیمان بگرێتەوە.»

بۆ ئەو مەبەستە عیسای نارد تا خۆی بکاتە قوربانی بۆ ئێمە، هۆکاری ئەو بڕیارە ئەوە بوو کە ویستی خودا لەسەر ئەوە بوو کە چاکەمان لە گەڵ بکات. ئەگەر نازانن کە بە چ شێوەیەک ژیانی خۆتان ڕادەستی خودا

بکەن، ئەوە پرسیاری لێ بکەن و بە دڵنیایەوە ڕێگاتان نیشان دەدات. خودا بەڵێن دەدات کە هێزتان پێ ببەخشێت بۆ ئەوەی گوێڕایەڵی بن.

فیلیپی ٢ : ١٣ « ١٣ چونکە خودا خۆی لە ئێوەدا کار دەکات تاکو بتانەوێت و کار بکەن بۆ ڕەزامەندی ئەو. «

بۆ ئەوەی فێر بن کە خودا چی دەوێت و چی بۆ ئێوە داناوە، پێویستە پەڕتووکی پیرۆز بخوێننەوە و لە نوێژەکانتاندا قسەی لە گەڵ بکەن و لە کڵێسایەک کە لە عیسا بنەماکەیەتی بەشدار بن.

خودا تامەزرۆی ئەوەیە کە
لە گەڵتان پەیوەندیەکی زۆر
نزیکی هەبێت

بەشی حەوتەم
عیسا کێیە

ناوی عیسا بە واتەی ڕزگارکار دێت. بە یونانی دەڵێن عیسا، بەڵام ئەو لە ناوی یەشوعا یا جاشوا کە ناوێکی ڕەسەنی عیبریە وەرگیراوە و «یەهوە ڕزگارکارە « ماناکەیەتی. عیسا لە ئاسمانەوە و لە سەر شێوەی مرۆڤ هاتە سەر زەوی و لە جیهانی مرۆڤایەتی دا ژیا. هۆکاری ئەو هاتنە ئەوە بوو کە پەیوەندی نێوان مرۆڤ و خودا ڕێک بخاتەوە چونکە گوناهە ئەو پەیوەندیەی لە ناو بردبوو.

یوحەنا ٣ : ١٦ - ١٧ « ١٦ لەبەر ئەوەی خودا ئەوەندە جیهانی خۆشویست، تەنانەت کوڕە تاقانەکەی بەختکرد، تاکو هەرکەسێک باوەڕی پێ بهێنێت لەناو نەچێت، بەڵکو ژیانی هەتاهەتایی هەبێت، ١٧ چونکە خودا کوڕەکەی نەناردە جیهان تاکو جیهان حوکم بدات، بەڵکو تاکو جیهان بەوەوە ڕزگاری ببێت. «

ووشەی پاشا کە، ووشەیەکی ڕەسەنی عیبریە و یەکێک لەو ناوانەیە کە بۆ عیسا بە کاردێت و واتای ‹ پاراستن، ئازاد کردن، بەرگری کردن، ڕزگار کردن یان سەرکەوتن ‹ ی هەیە. ڕزگار بوون دیاری خودایە کە پێویستە دەستنیشانی کەین و وەری بگرین بۆ ئەوەی کە ئازاد بین لە گوناهەکانمان. ڕزگار بوون بوو بۆ هەموو جیهانە، بەڵام عیسا ڕزگارکاری تاکە کەسیە. ئەوە بەو واتایەیە کە پێویستە پەیوەندیەکان لەگەڵ خودا بە دانایی و هۆشیارییەوە بێت. تەنیا ئەو کەسانە کە متمانەیان بە خودا هەیە و خۆشیان دەوێت ڕزگار دەبن و لە گوناه و دوزەخ ڕزگاریان دەبێت و ژیانێکی هەتا هەتاییان دەبێت. ئەو کەسانەی لە یەکێتی دان لەگەڵ عیسا، تێدەگەن کە بەڕاستی ڕزگاریان دەکات، ئازادی دەبەخشێت، بەرگریمان لێ دەکات، دەمانپارێزێت و سەرکەوتنمان پێ دەبەخشێت. عیسا هەروەها بە مەسیح بانگ دەکرێت کە بەواتای دەست نیشانکراو

دێت. ئەو ناوە لە گەڵ ناوی عیبری مەسیا یان مەسیح یەک واتایان هەیە. هەروەها عیسا بە خودا ناو دەبردرێت، ناوی خودا بە پیتی گەورە لە پەیمانی کۆندا بە یەهوە وەرگێڕدراوەتەوە کە ناوی خودایە بە واتای هەتا هەتایی یان بونیەتێک کە لە ناوچوونی نیە و ئەوە دووپات دەکاتەوە کە خودا دروست نەکراوە.

لە پەیمانی نۆی دا بەعیسا دەوتریت خودا، لە پەرتووکی پیرۆزدا ناوەکان گرنگیان زۆرە، هەر لەبەر ئەو هۆکارەشە کە گرنگە خودا و عیسا یەک ناویان هەبێت. ئەو بەڕوونی ئەوە نیشان دەدات کە عیسا و خودا لە یەک بارودۆخدان و هەردووکیان خودان. ئەم بابەتە، خاڵیکی زۆر گرنگ ڕوون دەکاتەوە. لە کولتوری و ئایینی یەهود، «یەهوە « باوکی ئاسمانی، بە ڕادەیەک پیرۆز بوو کە بەبۆنەی هێز و دەسەڵات، لە مرۆڤایەتی یەکجار دوور بوو. لە بەرئەو هۆکارە، تەنانەت نەیاندەوێرا قسەی لە گەڵ بکەن.

دەرچوون ۲۰ : ۱۹ – ۱۸ «۱۸کاتێک هەموو گەل بروسک و کێوەکەیان بینی دووکەڵی دەکرد، گوێیان لە هەورەتریشقە و دەنگی کەڕەنا بوو، لەرزین و لە دوورەوە وەستان.۱۹ بە موساشیان گووت: تۆ لەگەڵمان بدوێ و گوێ دەگرین. با خودا لەگەڵمان نەدوێت، نەوەک بمرین. «

لە ڕاستیدا، دوای تێپەڕ بوونی کات، نەریتێک دروست کرا کە تەنانەت ناویشیان نەدەهێنا. ئەوان ووشەی یەهوە یان بە شێوەی پیتی جودا ‹ یە هو ە › بە کار دەهێنا، چونکە پێیان وا بوو کە بەکار هێنانی ناوی تەواوی ئەو، جۆرێکە لە بێڕریزی بەرامبەر بە یەهوە. ئەو بابەتە لە ناو ئایەتاکاندا وەک یاسا دیاری نەکراوە، بەڵام ئاشکرایە کە هەستیان لە ئاست گەورەیی و هێزی خودا تا چ ڕادەیەک بووە.

جگە لەوەش گەلی یەهود بیروباوەڕیان وا بوو کە ئەو وشانەی کە بۆ خودا دانراوە، بۆ هیچ کەس و هیچ شتێک و بۆ هیچ مەبەستێک ناکرێت بەکاری بێنن. بۆ نموونە کاتێک ‹خودای هەرە بە توانا› بۆ ئەو بەکارهاتووە، لە بەکارهێنانی ووشەی ‹هەرە بەتوانا› بۆ هەرکەس و هەر شتێکی کە خۆیان دوورگرتووە. کە وایە بە لای ئەوانەوە بە کار هێنانی خودای ‹هەرە بە توانا› بۆ عیسا، کفر و سووکایەتی کردنە بە پیرۆزیەکانیان. کفر یا خود سوکایەتی کردن لە ڕوانگەی پەڕتووکی پیرۆزەوە، ووشەیەکە بە واتەی ‹بێڕێزی زارەکی یا بە کەم زانینی خودا ›.

لێڤییەکان ٢٤: ١٣ - ١٦ « ١٣ جا یەزدان بە موسای فەرموو: ١٤ ئەوەی نەفرەتی کردووە، بیبە دەرەوەی ئۆردوگاکە، هەموو ئەوانەی گوێیان لێی بوو دەستیان لەسەر سەری دادەنێن و هەموو کۆمەڵەکە بەردبارانی دەکەن. ١٥ لەگەڵ نەوەی ئیسرائیلیش بدوێ و بڵێ: ئەوەی نەفرەت لە خودای خۆی بکات، ئەوا تاوانی لە ئەستۆی خۆی دەبێت. ١٦ ئەوەی کفر سەبارەت بە ناوی یەزدان بکات، ئەوا دەکوژرێت، هەموو کۆمەڵەکە بەردبارانی دەکەن، بیانی و هاوڵاتی وەک یەک، کاتێک کفر سەبارەت بە ناوی یەزدان بکات، دەکوژرێت.»

عیسا خودایە

پەرتووکی پیرۆز فێرمان دەکات کە عیسا خودایە، خودایە لە جەستەدا. یۆحەنا ١ : ١»١ لە سەرەتادا، ووشەکە هەبوو، وشەکە لەلای خودا بوو، ووشەکە خۆی خودا بوو. « لەو ئایەتەدا عیسا بە ‹ ووشە ‹ ناو دەبردرێت کە بە مانای ‹هۆکاری دروستکردن ‹ ە. هەروەها ووشە بە بەدیهێنەر و درووست کاری گەردوون دادەنرێت. بێ گومان، تەنیا خودا تونای بەدی هێنانی ژیانی هەیە و دەتوانێت پاڵپشتی بەردەوام بوونی بکات.ئەو راستیە لە نامەی یەکەمی یۆحەنا دوبارە بۆتەوە.

یەکەمی یۆحەنا١ : ١ « ١ ئێمە ئەمە ڕادەگەیەنین سەبارەت بە ووشەی* ژیان، ئەوەی لە سەرەتاوە بوو، ئەوەی گوێمان لێی بوو، ئەوەی بە چاوی خۆمان بینیمان، ئەوەی تەماشامان کرد و دەستمان لێیدا. «

لێرەشدا پێی وتراوە وشە، لە راستیدا عیسا پێمان دەڵێت کە توانای ئەوەی هەیە کە ژیانی هەتا هەتایی ببەخشێت و ئەو و باوک هەردووکیان یەکن.

یۆحەنا ١٠ : ٢٨ - ٣٠ «٢٨ ژیانی هەتاهەتاییان دەدەمێ و هەرگیز لەناو ناچن، کەسیش لە دەستم نایانڕفێنێت. ٢٩ باوکم کە بە منی داون لە هەمووان گەورەترە، کەسیش ناتوانێت لە دەستی باوک بیانڕفێنێت. ٣٠ من و باوک یەکین.»

ئەو بنەمایەکی سەرەکی ڕاستە کە مەسیحیەت لە تەواوی ئایینەکان جودا دەکاتەوە. زۆربەی ئایینەکان باوەڕیان وایە کە عیسا کەسێکی باش یا خود پێغەمبەر بووە. بەڵام ئەگەر بەوردی پرسیاریان لێ بکەیت،

دەردەکەوێت کە دژی ئەوەن کە عیسا دروست کار و ڕێگای ژیانی هەتا هەتایە و ئەوە ڕەتدەکەنەوە.

تەنانەت هەندێ بیروباوەڕ هەیە کە بانگەشەی ئەوە دەکەن کە مەسیحین، پوختەی قسە ئەوەیە : باوەریان بە خودا بونی عیسای مەسیح و سیانەی پیرۆز هەیە؟ پێش ئەوەی کەسێک بێتە مەسیحی، پێویستە بەرەوروی ئەوڕاستیە بێتەوە. چونکە ئە بابەتە، بنەمای سەرەکی ڕاستیەکە کە مەسیحیەتی ڕاستی لەسەر دامەزراوە.

یۆحەنا ١ : ١٨ « ١٨ هەرگیز کەس خودای نەبینیوە جگە لە کوڕە تاقانەکەی خودا، ئەوەی لە باوەشی باوکدایە، ئەو خودای دەرخست. «

ئەگەر بیرتان بێت لە فێرکاریەکان دا لەسەر گوناە و تۆبە، تەنیا خودا دەیتوانی توڕەیی خۆی بەرامبەر گوناهە، لە ناو بەرێت. مرۆڤ بێ خوداوەند لەناو دەچێت. ئەوکاتەی کە عیسا ڕۆیشتە سەرخاچ، تەواوی توڕەیی خودای لە گوناهەکانی ئێمەی لە خۆی گرت.

لە پەیمانی کۆن دا، مەڕی تەندروست و بی عەیب یان مانگا دیاری کراوە لە لایەن خوداوە بۆ قوربانی کردن لە پێناوی گوناهەکانی مرۆڤ. کە وایە عیسا وەک قوربانیەک بۆ گوناهەکانی ئێمە، پێویستە بێ عەیب و تەواو بێت. بەو پێوەرە ئەگەر ئەو لە ژیانی دا توشی گوناهە بوایە، بۆ قوربانی بوون گونجاو نەدەبوو. گوناهە مانای تەواو نەبوونی هەیە، کە وایە بۆ قوربانی نەدەبوو. بۆیە خودا کەتاکە بونیەتێکی تەواوە و هەمان عیسایە، لە سەر شێوەی مرۆڤ هات بۆ ئەوەی گوناهە کە ئاستەنگێک بوو لە نێوان پەیوەندی خودا و مرۆڤ، لە ناوی بەرێت.

دووەم کۆرنسۆس ٥ : ٢١ « ٢١ ئەوەی گوناهی نەدەناسی خودا لە پێناوی ئێمە کردییە گوناە، تاکو بە یەکبوون لەگەڵ مەسیحدا ببین بە ڕاستودروستی خودا. «

هەبوونی باوەڕ بەسروشتی خودایی • مرۆڤی عیسا، گرنگیەکی ڕادە بەدەری هەیە، پەرتووکی پیرۆز پێمان دەڵیت کەخودا ئەوەی کە دەیویست بیکات، بۆ عیسای ئاشکرا کرد.

یۆحەنا ٥ : ٢٠ – ٢٣ « ٢٠ باوک کوڕی خۆی خۆشدەوێت و هەموو ئەوەی پیشان دەدات کە دەیکات، کاری لەمانەش مەزنتری پیشان دەدات،

تاکو سەرسام بن. ٢١ وەک چۆن باوک مردووان هەڵدەستێنێتەوە و زیندوو دەکاتەوە، کوڕەکەش ئەوەی بیەوێت زیندووی دەکاتەوە. ٢٢ هەروەها باوک کەس حوکم نادات، بەڵکو هەموو حوکمدانی داوەتە دەست کوڕەکە، ٢٣ تاکو هەموو ڕێزی کوڕەکە بگرن وەک چۆن ڕێزی باوک دەگرن. ئەوەی ڕێزی کوڕەکە نەگرێ، ڕێزی باوکیش ناگرێ کە ناردوویەتی. «

عمانوئیل، ناوێکی کەی خودایە کە واتەی ‹ خودا لە گەڵمانە › ی هەیە. یەهودیەکان هیچ کات تا ئەوڕادەیە و بەوشێوەیە ڕێزی کەس ناگرن جگە لە خودا. ئەو ڕابەرانی ئایینی زۆر تووڕە کردبوو، چونکە عیسا بە روونی خۆی لەگەڵ باوک لەیەک ئاست دادەنا.

مەرقۆس ١٤ : ٦٠ – ٦٥ « ٦٠ سەرۆکی کاهینانیش لە ناوەڕاست ڕاوەستا و لە عیسای پرسی: هیچ وەڵام نادەیتەوە؟ ئەم پیاوانە چ شایەتییەکت لەسەر دەدەن؟٦١ بەڵام عیسا بێدەنگ مایەوە و هیچ وەڵامی نەدایەوە. دیسان سەرۆکی کاهینان لێی پرسی و پێی گوت: ئایا تۆ مەسیحەکەی، کوڕی خودای پیرۆز؟ ٦٢ عیسا فەرمووی: من ئەوم. لە داهاتووش دەبینن کوڕی مرۆڤ لە دەستەڕاستی خودای توانادار دادەنیشێت و بەسەر هەوری ئاسمانەوە دێتەوە. ٦٣ سەرۆکی کاهینان جلەکانی خۆی دادڕی و گوتی: ئیتر چ پێویستیمان بە شایەت هەیە؟ ٦٤ خۆ گوێتان لە کفرەکە بوو، ڕاتان چییە؟ هەموو بڕیاریان دا کە شایانی مردنە. ٦٥ هەندێک کەوتنە تف لێکردنی، دەم و چاویان داپۆشی و لێیان دەدا، پێیان دەگوت: ئەگەر پێغەمبەریت، بزانە کێ بوو لێیدایت؟ پاسەوانەکانیش گرتییان و دایانە بەر زلە. «

ئەوان دەیانویست کە ئەو بە تاوانی بێ ڕێزی و ناساندنی خۆی بە خودا، لە خاچ بدەن.

یۆحەنا ١٠ : ٣١ – ٣٣ « ٣١ دیسان ئەو جولەکانەی بەرهەڵستی عیسایان دەکرد بەردیان هەڵگرت تاکو بەردبارانی بکەن. ٣٢ بەڵام عیسا پێی فەرموون: زۆر کاری چاکم لەلایەن باوکەوە پیشاندان، بەهۆی کامیانەوە بەردبارانم دەکەن؟ ٣٣ جولەکەکان وەڵامیان دایەوە: لەبەر کردارێکی چاک بەردبارانت ناکەین، بەڵکو بەهۆی کفرکردنتەوە، چونکە تۆ مرۆڤیت و خۆت دەکەیت بە خودا.»

بیری لێ بکەنەوە، ئەگەر ئەو شێت بوبا کەس گرنگی پێ نەدەدا. بەڵام ئەوان ترسیان هەبوو لە هێزو و دەسەڵاتی ئەو . لە ڕاستیدا لەو ڕستەیە کەلە ئایەتەکەدا خوێندمانەوە کە دەڵێت ‹ من هەم ‹، پشتڕاست کردنەوەیە بۆ خودا بوونی عیسا.

کاتێک عیسا دەڵێت ‹من هەم›، ئاماژە دەکات بە پەیمانی کۆن. لە پەیمانی کۆندا خودا فەرمان دەکات بە موسا کە بە ئیسرائیلیەکان بڵێت ‹من هەم ‹ منی ناردوە. [واتە خودا بۆخۆی منی ناردوە] دەرچوون ۳ : ۱۲ – ۱۵ « ۱۲ ئەویش فەرمووی: من لەگەڵت دەبم، ئەمەش دەبێتە نیشانە بۆت کە من تۆم ناردووە، کاتێک گەل لە میسرەوە دەردەهێنیت، ئێوە لەسەر ئەم کێوە خودا دەپەرستن. ۱۳ موساش بە خودای گوت: من وا دەچمە لای نەوەی ئیسرائیل و پێیان دەڵێم خودای باپیرانتان منی بۆ ئێوە ناردووە. ئەگەر پێم بڵێن: ناوی چییە، بڵێم چی؟ ۱٤ خوداش بە موسای فەرموو: من هەم ئەوەی کە هەم. هەروەها فەرمووی: ئاوا بە نەوەی ئیسرائیل دەڵێیت: ‹ هەم ‹ منی بۆ ئێوە ناردووە. ۱۵ هەروەها خودا بە موسای فەرموو: ئاوا بە نەوەی ئیسرائیل دەڵێیت: یەزدان ۱۵:۳ یەزدان: لە زمانی عیبری بە وشەی یەهوا هاتووە. خودا ئەم ناوەی بۆ خۆی بەکارهێناوە، بۆ پەیمانبەستن لەگەڵ مرۆڤ.، پەروەردگاری باوکانتان، خودای ئیبراهیم و خودای ئیسحاق و خودای یاقوب منی بۆ ئێوە ناردووە. هەتاهەتایە ئەمە ناومە و ئەمەش دێتەوە یادتان، نەوە دوای نەوە. «

هەروەها لەو ئایەیەدا دەلێت پێیان بلّی یەهوە منی ناردوە ′ یەهوە بە واتەی خودایە ′ عیسا هەر ئەو ئایەتەی بۆ خۆی بە کارهێناوە. جگە لەوەش عیسا ئەوەندە بوێر بوو کە بڵێت من پێش ئیبراهیم هەبووم، لە کاتێک دا ئیبراهیم ۲۰۰۰ ساڵ پێش لە دایک بوونی عیسا ژیاوە.

یۆحەنا ۸ : ۵۸ – ۵۹ « ۵۸ عیسا پێی فەرموون: ڕاستی ڕاستیتان پێ دەڵێم، پێش ئەوەی ئیبراهیم لەدایک ببێت، من هەم. ۵۹ ئەوسا بەردیان هەڵگرت تاکو بەردبارانی بکەن، بەڵام عیسا خۆی شاردەوە و حەوشەکانی پەرستگای بەجێهێشت. «

عیسا زۆر پێداگر بوو لە بە کارهێنانی ووشەی ‹من هەم ‹ بۆ باسکردنی خۆی :

من نانی ژیانم. یۆحەنا ٦ : ٣٥ « ٣٥ عیساش پێی فەرموون: منم نانی ژیان. ئەوەی بێتە لام هەرگیز برسی نابێت، ئەوەش باوەڕم پێ بهێنێت هەرگیز تینووی نابێت. «

من ڕووناکی جیهانم. یۆحەنا ٨ : ١٢ « ١٢ دیسان عیسا قسەی بۆ کردن و فەرمووی: منم ڕووناکی جیهان. ئەوەی دوام بکەوێت هەرگیز بە تاریکیدا ناڕوات، بەڵکو ڕووناکی ژیانی دەبێت.»

من شوانی دڵسۆزم. یۆحەنا ١٠ :١١ « ١١منم شوانە دڵسۆزەکە. شوانی دڵسۆزیش ژیانی خۆی لە پێناوی مەڕەکاندا دادەنێت. «

من مێوی ڕاستەقینەم. یۆحەنا ١٥ : ١ « ١ منم مێوی ڕاستەقینە، باوکیشم ڕەزەوانەکەیە. «

ووشەی من هەم کە بە کار هێندراوە، ووشەیەکی ئاسایی وەک من برسیمە، نیە. بە زمانی عیبری و یونانی، ئەو وشەیە پڕاوپڕە لە هێزی ئاسمانی. ئەوەندە بە هێزە کە بۆتە هۆکاری ئەوەی مرۆڤ نەتوانێ لە سەر پیێ بوەستێت. یۆحەنا ١٨ : ٤ – ٦ « ٤عیساش هەموو ئەو شتانەی دەزانی کە بەسەری دەهات، چوو و پێی فەرموون: کێتان دەوێت؟ ٥ وەڵامیان دایەوە: عیسای ناسیرەیی. عیسا پێی فەرموون: ‹من ئەوم›. یەهوزاش ئەوەی بە گرتنی دا لەگەڵیان ڕاوەستابوو. ٦ کاتێک عیسا پێی فەرموون: ‹من ئەوم›،گەڕانەوە دواوە و کەوتنە سەر زەوی. «

لە پەیمانی کۆندا زیاتر لە ٣٠٠ پێشبینی لە سەر عیسا هەیە و ئەوە سەرسوڕهێنەرە. بو نموونە : ئیشایا ٩ : ٦ « ٦ چونکە کوڕێکمان دەبێت، کوڕێکمان پێدەدرێت و سەرکردایەتی دەکەوێتە سەرشانی. ناوی لێ دەنرێت سەرسوڕهێنەر و ڕاوێژکار، خودای بەتوانا، باوکی هەتاهەتایی، میری ئاشتی. «

ئیشایا ١١ : ١ - ٥ « ١ چڵێک لە بنەداری یەسا دەردەچێت، لقێکی نوێ لە ڕەگەکەیەوە دەڕوێت. ٢ ڕۆحی یەزدان لەسەری دەنیشێتەوە، ڕۆحی دانایی و تێگەیشتن، ڕۆحی ڕاوێژ و ئازایەتی، ڕۆحی زانین و لەخواترسی، ٣ بە لەخواترسی شادمان دەبێت. بەگوێرەی بینینی چاوی خۆی دادوەری ناکات، بەگوێرەی بیستنی گوێی خۆی بڕیار نادات، ٤ بەڵکو بە ڕاستودروستی دادوەری بۆ هەژاران دەکات و بە ڕاستی بڕیار بۆ نەدارانی جیهان دەدات. بە داردەستی دەمی لە زەوی دەدات، بە بای

لێوەکانی بەدکاران دەکوژێت. ٥ ڕاستودروستی دەبێتە پشتێن و دڵسۆزیش دەبێتەکەمەربەند بە ناوقەدیەوە.» ئیشایا ٥٣ : ١ - ١٢ « ١ کێ باوەڕی بە پەیامەکەمان کرد و هێزی یەزدان بۆ کێ دەرکەوت؟ ٢ بەندەکە وەک چەکەرە لەبەردەمی باڵای کرد، وەک ڕەگ لە خاکێکی تینوو گەشەی کرد. نە جوانی هەبوو و نە پایەبەرزی تاوەکو سەرنجمان بۆی بچێت، نە دیمەن تاوەکو ئارەزووی بکەین. ٣ ڕیسوا و سووک لەلایەن خەڵکەوە، پیاوی ئازار و شارەزای ناخۆشی. وەک یەکێک خەڵک ڕووی خۆیانی لێ بشارنەوە، ڕیسوا بوو و بە هیچمان نەزانی. ٤ بە دڵنیاییەوە دەردەکانی ئێمەی هەڵگرت، ئازارەکانی ئێمەی برد، ئێمەش وامانزانی لەلایەن خوداوە گورزی بەرکەوتووە، لێی دراوە و زەلیلە. ٥ بەڵام ئەو لەبەر یاخیبوونەکانمان بریندار بوو، لەبەر تاوانەکانمان وردوخاشکرا. ئەو لە پێناوی ئاشتبوونەوەی ئێمە سزای چێژت، بە برینەکانی ئەو چاک بووینەوە. ٦ هەموومان وەک مەڕ وێڵ و سەرگەردان بووین، هەریەکەمان ملی ڕێگای خۆی گرتووە، بەڵام یەزدان هەموو تاوانەکانی ئێمەی خستە سەر ئەو. ٧ زەلیل کرا و ستەمیان لێکرد، بەڵام دەمی نەکردەوە. ئەو وەک بەرخ بۆ سەربڕین بردرا، وەک چۆن مەڕێک لەبەردەستی ئەوانەی خورییەکەی دەبڕنەوە بێدەنگە، ئەو دەمی نەکردەوە. ٨ بە ستەم و حوکم بەسەردادان بردرا. بەڵام کێ لە نەوەی سەردەمی خۆی لە دژی وەستایەوە؟ چونکە لە جیهانی زیندووان هەڵگیرا، لەبەر یاخیبوونی گەلەکەم ئەو لێی درا. ٩ گۆڕی لەگەڵ بەدکاران دانرا، دوای مردنی لە گۆڕی دەوڵەمەندێک نێژرا، هەرچەندە ستەمکاری نەکرد و فڕوفێڵی لەسەر زار نەبوو. ١٠ بەڵام خواستی یەزدان بوو وردوخاشی بکات و ئازار بکێشێت، لەگەڵ ئەوەشدا یەزدان ژیانی کرد بە قوربانیی تاوان، نەوە و ڕۆژگاری درێژ دەبینێت، خواستی یەزدان بە دەستی ئەو سەردەکەوێت. ١١ لەدوای ئەو ئازارەی بەرگەی گرت، ڕووناکی ژیان دەبینێت و تێر دەبێت، بەندە ڕاستودروستەکەم بە ئەزموونی خۆی زۆر کەس بێتاوان دەکات و ئەو تاوانەکانیان هەڵدەگرێت. ١٢ لەبەر ئەوە لەگەڵ مەزنەکان بەشی دەدەم، لەگەڵ بەهێزەکان دەستکەوت بەش دەکات، چونکە ژیانی خۆی بەخت کرد و لەگەڵ یاخیبووان ژمێردرا، لەبەر ئەوەی گوناهی زۆر کەسی هەڵگرت و داکۆکی لە یاخیبووان کرد. «

میخا ٥ : ٢ – ٤ « ٢بەڵام تۆ ئەی بێتلەحمی ئەفراتە، هەرچەندە لەنێو شارۆچکەکانی یەهودا بچووکیت، بەڵام یەکێک لە تۆوە بۆ من دەردەکەوێت

ئەوەی دەبێتە فەرمانڕەوای ئیسرائیل، ڕەچەڵەکی لە دێرزەمانەوەیە، لە ئەزەلەوەیە. ٣ لەبەر ئەوە یەزدان گەلەکەی خۆی ڕادەستی دوژمن دەکات هەتا ئەو کاتەی ئەوەی ژانی گرتووە منداڵی دەبێت، پاشماوەی براکانیشی دەگەڕێنەوە بۆ لای نەوەی ئیسرائیل. ٤ جا دەوەستێت و شوانایەتی گەلەکەی دەکات بە هێزی یەزدان، بە باڵادەستیی ناوی یەزدانی پەروەردگاری خۆی. جا بە ئاسوودەیی دەژین، چونکە لەو کاتە مەزنایەتی دەگاتە ئەوپەڕی زەوی. «

لەبیرتان نەچیت کە ئەو ئایەتانە لە نیوان ٤٠٠ تا ٢٠٠٠ ساڵ پێش ئەوەی مەسیح لە جەستەدا بێتە سەر زەوی، نوسراون. هەروها ئەو پێش بینیانە لە سەدا سەد و دەقاو دەق ڕویان داوە و هەندێکیشیان لە داهاتوودا ڕوو دەدەن، کە وایە تێدەگەین کە دەکرێت باوەڕێکی تەواومان بە پاک و تەواو بونی پەرتووکی پیرۆز بێت وەک ڕاستیەکی بێ گەردی خودا.

عیسا شایستەیە

پەرتووکی پیرۆز دەڵێت کە لە عیسا دا ، خودا نیشتەجێیە لە سەر شێوەی مرۆڤ.

کۆلۆسی ٢ : ١٠ – ٩ « ٩ خودا بە هەموو پڕیی خۆی لە جەستەی مەسیحدا نیشتەجێیە، ١٠ ئێوەش بە یەکبوون لەگەڵ مەسیحدا پڕ بوون لە خودا. مەسیح سەری هەموو سەرۆکایەتی و دەسەڵاتێکە. «

بیر لەوە بکەنەوە کە خودا بە تەواوی گەورەیی و هێزی خۆیەوە لە عیسا دا ژیا. عیسا لە ئاسمانەوە بوو، گەر وا نەبایە هەرگیز نەیدەتوانی بەرگەی ئەو بەرپرسیاریەتیە بگرێت. هەروها لەو ئایەیەدا باسی ئەوە دەکات کە وەک خودا، عیسا زۆر لە ئاستێکی بەرزتر دایە و گەورترە لە فەرمانڕەوا و هێزەکانی جیهانە. ئایەتی ١٠ ئاماژەیە دەکات کە مەسیح سەری هەموو سەرۆکایەتی و دەسەڵاتێکە. یەکەم تیمۆساس ٤ : ١٠ « ١٠ بۆ ئەمە ڕەنج دەدەین و تێدەکۆشین، چونکە هیوامان بە خودای زیندووە، ئەوەی ڕزگارکەری هەموو خەڵکە، بە تایبەتیش باوەڕداران. «

دووەم پەترۆس ١ :١ « ١ لە شیمۆن پەترۆسی بەندە و نێردراوی عیسای مەسیحەوە، بۆ ئەوانەی لە ڕێگەی ڕاستودروستی خودا و

عیسای مەسیحی ڕزگارکەرمانەوە باوەڕێکی بەهاداری وەک باوەڕی ئێمەیان دەستکەوتووە. «

ئەوە سەرنجڕاکێشە کە هەم خودای باوک و هەروەها عیسا، بە رزگارکەر ناو دەبردریت.

ئیشایا ٤٣ : ١١ « ١١ منم، منم یەزدان، لە من بەولاوە ڕزگارکەر نییە. «

تیتۆس ٢ : ١٣ – ١٤ « ١٣ لە چاوەڕوانی هیوای بەرەکەتدار، دەرکەوتنی شکۆی خودای گەورە و ڕزگارکەرمان، عیسای مەسیح، ١٤ ئەوەی بۆ ئێمە خۆی بەختکرد، تاکو لە هەموو سەرپێچییەک بمانکڕێتەوە و گەلێکی تایبەت بۆ خۆی پاک بکاتەوە، دڵگەرم بۆ چاکەکاری. « هەردوکیان بە تاشە بەرد ناو زەد دەکرین.

یەکەم ساموئێل ٢ : ٢ « ٢ کەس نییە پیرۆز وەک یەزدان، بێجگە لە تۆ کەس نییە، هیچ تاشەبەردێک نییە وەک خودامان. «

یەکەم پەترۆس ٢ : ٥ – ٨ « ٥ ئێوەش وەک بەردی زیندوو لە خانوویەکی ڕۆحی بنیاد دەنرێن، بۆ کاهینێتی پیرۆز، بۆ کردنی قوربانییە ڕۆحییە قبوڵکراوەکان بۆ خودا لە ڕێگەی عیسای مەسیحەوە، ٦ چونکە لە نووسراوە پیرۆزەکاندا هاتووە: (ئەوەتا بەردێک لە سییۆن دادەنێم،گرنگترین بەردی بناغەی هەڵبژێردراو و گرانبەها، ئەوەی پشتی پێ ببەستێت شەرمەزار نابێت.) ٧ بۆیە بۆ ئێوە کە باوەڕتان هێناوە ئەم بەردە گرانبەهایە، بەڵام بۆ بێباوەڕان، (ئەو بەردەی وەستاکان ڕەتیان کردەوە، بوو بە گرنگترین بەردی بناغە،) ٨ هەروەها: (دەبێتە بەردێک بۆ کۆسپ، تاشەبەردێکیش کە لێی بکەونە خوارەوە.) ئەوانە ساتمە دەکەن و دەکەون، چونکە گوێڕایەڵی ووشەی خودا نین، هەر ئەمەشە چارەنووسیان. « ئەو ئایەتە لە یەکەمی پەترۆس، لە ڕاستیدا ئاماژە بە ئایەتێکی ئیشایا دەکات لەو کاتەدا کە باس لە خودای باوک دەکات :

ئیشایا ٨ : ١٤ «١٤ئەو دەبێتە پیرۆزگا، بەڵام بۆ هەردوو بنەماڵەکەی ئیسرائیل دەبێتە بەردێک بۆ کۆسپ، تاشەبەردێکیش کە لێی بکەونە خوارەوە. بۆ دانیشتووانی ئۆرشەلیم دەبێت بە تەڵە و داو.» لیرەدا سەبارەت بە خودا قسە دەکات. بەڵام پۆڵس لە یەکەمی کۆرنسۆس، باسی تاشە بەرد دەکات لە پەیمانی کۆندا و ئەوە ئاماژەیە کە بە مەسیح.

یەکەمی کۆرنسۆس ١٠ : ٣ – ٤ « ٣ هەمووشیان هەمان خواردنی ڕۆحییان خوارد. ٤ هەموویان هەمان خواردنەوەی ڕۆحییان خواردەوە، چونکە لەو تاشەبەردە ڕۆحییان دەخواردەوە کە دوایان کەوتبوو، ئەو تاشەبەردەش مەسیح بوو. «

ئێمە جوانی و گەورەیی مەسیح وەک خودای هەرەبەرز دەتوانین لە کۆلۆسیدا ببینین کە عیسا پاشای پاشایان و گەورەی گەورەکانە.

کۆلۆسی ١ : ١٥ – ٢٠ « ١٥ کوڕەکە وێنەی خودای نەبینراوە، نۆبەرەیە و لە سەرووی هەموو بەدیهێنراوانە، ١٦ چونکە بەو هەموو شتێک بەدیهێنرا: لە ئاسمان و لەسەر زەوی، بینراو و نەبینراو، تەخت یان دەسەڵات، سەرۆکایەتی یان حوکومڕانی، هەمووی لە ڕێگەی ئەوەوە و بۆ ئەو بەدیهێنران. ١٧ ئەو پێش هەموو شتێکە و هەموو شتێکیش بەو یەکیگرتووە. ١٨ ئەو سەری جەستەیە کە کڵێسایە. ئەو سەرەتایە و نۆبەرەی نێو مردووانە، تاکو لە سەرووی هەموو شتێکەوە بێت، ١٩ چونکە خودا خۆشحاڵ بوو بە هەموو پڕیی خۆی لە مەسیحدا نیشتەجێ بێت، ٢٠ لە ڕێگەی ئەوەوە هەموو شتێک لەگەڵ خۆیدا ئاشت بکاتەوە و بە خوێنی خاچەکەی ئاشتی بنێتەوە،ئەگەر لەسەر زەوی بێت یان لە ئاسمان. «

یەکەمی تیمۆساوس ٦ : ١٥ «١٥ ئەوەی خودا لە کاتی دیاریکراو دەریدەخات.خودا، بەرەکەتدار و تاقە سەرۆک، پاشای پاشایان، گەورەی گەورەکان «

ئەوە ڕاستیەکە خودا بەکردەوە عیسا بە خودا ناو دەبات. عیبرانیەکان ١ : ٦ – ١٢ « ٦ دیسان کاتێک خودا نۆبەرەکەی دەهێنێتە جیهانەوە، دەفەرموێت: با هەموو فریشتەی خودا کڕنۆشی بۆ ببەن. ٦:١ لە وەرگێڕانی یۆنانی بۆ پەیمانی کۆن، دواوتار ٤٣:٣٢. ٧ لەبارەی فریشتەش دەفەرمووێ: خودا وا لە فریشتەکانی دەکات وەک با بن، خزمەتکارەکانیشی وەک بڵێسەی ئاگر. ٧:١ زەبوورەکان ٤:١٠٤ ٨ بەڵام لەبارەی کوڕەکەوە دەفەرموێت: ئەی خودایە، تەختی تۆ بۆ هەتاهەتاییە، داردەستی شانشینیت داردەستی دادپەروەرییە.٩ تۆ حەزت لە ڕاستودروستی کردووە و ڕقت لە خراپە بووەوە، بۆیە خودا، خودای خۆت لە سەرووی هاوەڵەکانتەوە دایناى، بە ڕۆنی شادی دەستنیشانی ٩:١ لە پەیمانی

کۆن داود لەلایەن ساموئێلەوە چەورکرا کە هەڵبژاردەی خودایە، ئەم چەورکردنەش وەک نەریتێک بەردەوام بوو بۆ ڕزگاریی خودا. کردیت. ٩:١ زەبوورەکان ٤٥:٦،٧. ١٠ هەروەها: تۆ یەزدان، لە سەرەتاوە بناغەی زەویت دانا، ئاسمانیش دەستکردی تۆیە. ١١ ئەوان لەناودەچن، بەڵام تۆ دەمێنیت، هەموو وەک کراس کۆن دەبن. ١٢ وەک کەوا دەیپێچیتەوە، وەک بەرگی کۆن دەگۆڕدرێن، بەڵام تۆ هەروەک خۆتی،ساڵانی تۆ کۆتایی نایەت. ١٢:١ زەبوورەکان ١٠٢:٢٥-٢٧ «

پەرتووکی پیرۆز پێمان دەڵێت کە عیسا هەتا هەتایە ناگۆڕدرێت و زیندوە و لە سەر ئەوە جەخت دەکاتەوە کە دروست نەکراوە و ڕاستەوخۆ لە ئاسمانەوە هاتووە.

یەکەم کۆرنسۆس ١٥ : ٤٧ «٤٧ مرۆڤی یەکەم لە خۆڵی زەوی بوو، مرۆڤی دووەم لە ئاسمانەوەیە. «

عیسا هەتاهەتایە، کاهینی گەورەیە. عیبرانیەکان ٧ : ٢٤ – ٢٨ « ٢٤ بەڵام لەبەرئەوەی عیسا هەتاهەتایە دەمینێتەوە، کاهینێتییەکی نەگۆڕی هەیە. ٢٥ بەو هۆیەوە دەتوانێ ئەوانە بە تەواوی ڕزگار بکات کە لە ڕێگەی ئەوەوە دەچنە لای خودا، ئەو هەمیشە دەژێت تاکو داکۆکییان لێ بکات.٢٦ لەڕاستیدا ئەو جۆرە سەرۆکی کاهینانە هەموو پێویستییەکانمان دابین دەکات، ئەو پیرۆز و بێ گلەیی و بێگەردە، لە گوناهباران جیا کرایەوە و لە ئاسمان بەرزتر کرا. ٢٧ ئەو پێویستی بەوە نییە وەک سەرۆکی کاهینانی دیکە ڕۆژانە قوربانی بکات، یەکەم بۆ گوناهەکانی خۆی و دوایی بۆ گوناهەکانی گەلەکەی، چونکە یەکجار خۆی کرد بە قوربانی بۆ هەمووان. ٢٨ تەورات کەسانێک لە پێگەی سەرۆکی کاهینان دادەنێت کە لاوازییان هەیە، بەڵام ووشەی سوێند کە دوای تەوراتە، کوڕەکە ٢٨:٧ مەسیح دادەنێت کە بۆ هەتاهەتایە کامڵ و تەواو کراوە.»

لە پەیمانی کۆندا، بە ناوبژیوان لە نێوان مرۆڤ و خودا دەوترا کاهینی گەورە. لەئێستادا عیسا کاهینی گەورەیە. دووبارە جەخت لەسەر ئەوە دەکەینەوە کە یەکێک لە قووڵترین و سەرسوڕهێنەرترین ڕاستیەکانی ئینجیل ئەوەیە کە عیسا مروڤێکی تەواو بوو، هەروەها بە تەواوی خودایە. ئەو وەک خودا، هێز و دەسەڵاتی بەسەر تەواوی گەردوون دا هەیە. وەک مرۆڤ، دەتوانیت کە داواکاری ئێمە بەگەیەنیتە خزمەت خودا.

ڕۆما ٨ : ٣٤ « ٣٤ کێیە تاوانبار دەکات؟ کەس نییە. عیسای مەسیحەکە مرد، بەڵکو لەمەش زیاتر هەستێنرایەوە، هەر ئەویش لە دەستەڕاستی خودایە و داکۆکیمان لێدەکات. «

لە سیپارەی عیبرانیەکان بەشی ٧، پێمان دەڵێت کە عیسا پیرۆزە و بێ گوناهە، پاکە لە هەر گوناهەیەک. تەنیا خودایە کە ئاوا پاکە. خودای باوک پێش دروست کردنی گەردوون، عیسای هەڵبژارد بۆ ئەوەی بێتە قوربانی بۆ گوناهەکانی ئێمە تا بتوانین ژیانێکی هەتا هەتاییمان هەبێت. یەکەم پەترۆس ١ : ١٨ – ٢٠ « ١٨ دەزانن بەشتی لەناوچووی وەک زێڕ و زیو نەکڕاونەتەوە، لەو ژیانە پووچەی لە باوباپیرانەوە بۆتان مابووەوە، ١٩ بەڵکو بە خوێنێکی گرانبەها، خوێنی مەسیح، کە وەک بەرخێکی بێ لەکە و کەموکورییە. ٢٠ لەپێش دامەزراندنی جیهان هەڵبژێردرابوو، بەڵام لەم ڕۆژگارانەی دوایی لە پێناوی ئێوەدا دەرکەوت. «

بێ تاوانێک کە ژیانی ئێمەی کڕیوەتەوە، ئەو تیمارکەرە و ژیانمان دەپارێزێت. یەکەم پەترۆس ٢ : ٢٢ – ٢٥ « ٢٢ (ئەوەی هیچ گوناهێکی نەکردبوو، فڕوفێڵی لەسەر زار نەبوو.)(بڕوانە ئیشایا ٥٣ : ٩) ٢٣ ئەوەی جنێوی پێدەدرا و جنێوی نەدەدایەوە، ئازار دەدرا و هەڕەشەی نەدەکرد، بەڵکو خۆی دەدایە دەست ئەوەی حوکمی دادپەروەرانەیە. ٢٤ ئەوەی خودی خۆی لە لەشیدا لەسەر دار گوناهەکانمانی هەڵگرت، تاکو سەبارەت بە گوناە بمرین و بۆ ڕاستودروستی بژین. بە برینەکانی ئەو چاکبوونەوە. (بڕوانە ئیشایا ٥٣ : ٥) ٢٥ ئێوە وەک مەڕی ونبوو وابوون، بەڵام ئێستا گەڕاونەتەوە لای شوان و چاودێری گیانتان. «

یەکەم یوحەنا ٣ : ٥ « ٥ دەزانن ئەو دەرکەوت تاکو گوناهەکان لاببات. ئەو خۆی بێ گوناهە. «

لە کۆتایدا لە ئاستی گەورەیی و شکۆی خودا، هەموو ئەژنۆیەک دەچەمێتەوە و کڕنوش دەبات بۆ ئەو، ئێستا کاتی ئەوەیە کە یەک لابینەوە کە ئەو کڕنوشە لە ترسەوە بێت یان لە خۆشەویستی. فیلیپی ٢ : ٦ – ١١ « ٦ ئەوەی بە سروشتی خۆی خودایە، نەیویست یەکسانییەکەی لەگەڵ خودا بۆ خۆی بقۆزێتەوە، ٧ بەڵکو خۆی کردە هیچ(یونانی ٢ : ٧ خۆی لە هەموو مافەکانی بێ بەش کرد)، شێوەی بەندەی وەرگرت، وەک مرۆڤی لێهات، ٨ کە بە ڕوخساری مرۆڤ بینرا، خۆی نزم کردەوە و هەتا

مردن ملکەچ بوو، تەنانەت مردنی سەر خاچ. (لەخاچدان قورسترین سزا بووە لەلایەن ڕۆمانییەکانەوە، هەروەها لەلایەن جولەکەکان نەفرەت بووە، پڕوانە) ٩ لەبەرئەوە خودا زۆر بەرزی کردەوەو ئەو ناوەی(لەم هەڵوێستەدا لە زمانی عیبری (ناوەکە) واتا ناوی خودا) دایێ کە لە سەرووی هەموو ناوێکەوەیە، ١٠ تاکو بە ڕاگەیاندنی ناوی عیسا هەموو ئەژنۆیەک چۆک دابدات، لە ئاسمان و سەر زەوی و ژێر زەویش، ١١ هەروەها هەموو زمانێک دان بنێت بەوەدا کە عیسای مەسیح خاوەن شکۆیە، بۆ شکۆی خودای باوک. «

لە کاتێکدا کەعیسا ڕزگارمان دەکات بە دڵسوزییەوە، قوربانیەکی میهرەبان و خزمەت کارێکە کە ئازار دەبینێت، لە هەمان کات دا ئەو دادوەرە گەورەکەیە.

دووەم کۆرنسۆس ٥ : ١٠ « ١٠ چونکە دەبێت هەموومان لەبەردەم تەختی دادگایی مەسیح دەربکەوین، تاکو هەریەکە بۆ ئەو شتانەی بەهۆی جەستەوە کردوویەتی شایستەیی خۆی وەربگرێت، جا باش بێت یان خراپ. «

ئەو فەرمانڕەوایە لە هەموو شوێنێک. ئەو شایەنی پیاهەڵدانی هەتا هەتایە. تەنیا خودایە کە شایەنی ئەوەیە بەو جۆرە بێ پایانە شکۆدار بکرێت.

ڕۆما ٩ :٥ « ٥ باوکانیش هی ئەوانن و مەسیحیش بەگوێرەی جەستە لەوانەوە هاتووە، ئەوەی لە سەرووی هەمووانە، هەتاهەتایە خودایەکی پیرۆزە! «

هەروەها عیسا یەکەم کەسێک بوو کە لە جەستەیەکی ڕۆحیدا شکۆدار کراوەو لەناو مردوان هەستاوەتەوە. ئاشکراکردن ١ : ٥ « ٥ هەروەها لە عیسای مەسیحیشەوە کە شایەتیدەری دڵسۆزە، نۆبەرەی هەستانەوەی نێو مردووانە و سەرۆکی پاشاکانی سەر زەوییە. ئەو کە ئێمەی خۆشدەوێت و بە خوێنی خۆی لە گوناهەکانمان ئازادی کردین « ئەو لە تەواوی ڕابەرەکان گەورەتر و تەواوی گەردون لە ژێر دەسەڵاتی ئەودایە.

ئەفەسۆس ١ : ٢١ « ٢١ لە سەرووی هەموو فەرمانڕەوا و حوکومڕان و هێز و دەسەڵاتێک و هەموو ئەوانەی ناویان هەیە، نەک تەنها لەم دنیایە،

بەڵکو لەو دنیاش. « ئەو پاشای پاشایانە و لە کوتایدا بە سەر دوژمناندا سەر دەکەوێت و بۆ هەتاهەتایە سەرکەوتوو دەبێت.

ئاشکراکردن ١٩ : ١١ – ١٦ « ١١ پاشان ئاسمانم بە کراوەیی بینی، ئەسپێکی سپیم بینی و سوارەکەی بە دڵسۆز و ڕاستگۆ ناودەبردرا. بە دادپەروەری حوکم دەدات و دەجەنگێت. ١٢ چاوەکانی وەک گڕی ئاگر وابوون و ژمارەیەکی زۆر تاجی بە سەرەوە بوو.ناوێکی نووسراوی هەیە کە جگەلە خۆی کەس نایزانێت. ١٣ کەوایەکی لە خوێن هەڵکێشراوی (پروانە ئیشایا ٦٣:٣) لەبەربوو،ئەو ناوەی پێی بانگ دەکرێ وشەی خودایە. ١٤ لەشکرەکانی ئاسمان بە سواری ئەسپی سپی شوێنی دەکەوتن و کەتانی ناسکی سپی پاکیان لەبەردا بوو. ١٥ لە دەمیەوە شمشێرێکی تیژ دەردەچوو، تاکو پێی لە نەتەوەکان بدات. (بە گۆچانێکی ئاسنین شوانایەتییان دەکات.) پروانە زەبوورەکان ٢:٩ گوشەری شەرابی توورەیی هەڵچووی خودای هەرە بەتوانا دەگوشێت. ١٦ ناوێکی هەیە لەسەرکەوا و ڕانی نووسراوە: پاشای پاشایان و گەورەی گەورەیان. « لەم جیهانەدا ناتوانرێت هیچ کەسایەتیەک، ئایین یان بیرو باوەڕێک لە ئاستی ئەودا دابنرێت و بەراورد بکرێت بە ئەو. یۆحەنا ١٤ : ٦- ٩ « ٦ عیساش پێی فەرمووو: منم ڕێگا و ڕاستی و ژیان. کەس نایەتە لای باوک لە ڕێگەی منەوە نەبێت. ٧ ئەگەر ئێوە منتان بناسیایە، باوکیشمتان دەناسی. لە ئێستاوە دەیناسن و بینیوتانە ٨ فیلیپۆس پێی گوت:گەورەم، باوکمان پیشان بدە و بەسمانە. ٩ عیساش پێی فەرمووو: فیلیپۆس، ئایا تەنانەت لەدوای ئەم ماوە زۆرەش کەلەگەڵتانم،نەتناسیوم؟ ئەوەی منی بینیوە باوکی بینیوە. ئیتر چۆن دەڵێی: باوکمان نیشان بدە؟ «

ستایشی ناوی مەزن و
بەهێزی عیسا بکەن.

بەشی هەشتەم

ڕۆحی پیرۆز کێیە ؟

لەوانەیە نامۆترین کەسایەتی لە سیانەی پیرۆزدا، ڕۆحی پیرۆز بێت کەسەبارەت بەو هەڵە تێگەیشتنی زۆری هەیە. بەشێکی گەورەی کێشەکە ئەوەیە کە زۆر جار لەناو کڵێساکاندا لەسەر ئەو بابەتە فێرکاری نەکراوە، هەربەو هۆکارەشە کە ناڕونیەکی زۆری هەیە بۆ هەندێک کەس. هەندێک جار ڕۆحی پیرۆز بە شێوازێکی هەڵە بەکارهێندراوە کە ئەوە دەتوانێت بارودۆخێکی ناخۆش درووست بکات بۆ ئەوکەسانەی کە بەدوای ڕاستی خودا دەگەڕێن.

ئەو کاتەی کەمرۆڤ لە شتێک تێ ناگات، بە گشتی لێ دوور دەکەوێتەوە، کەوایە بە پێی ئارەزووی سروشتی دەتوانێت بەو جۆرە بێت کە لەبەرچاوی نەگریت یا خود وەلای بنێیت. بەڵام لەو ڕویەوە کەلە پەرتووکی پیرۆزدا و بەتایبەت لە پەیمانی نوێدا زۆر لەسەر ڕۆحی پیرۆز دواوە، پێویستە بەچەند قۆناغێک لەسەر ئەو بابەتە لێکۆڵینەوە بکرێت، هەستی پێ بکەین تا بە هێزی ئەو ژیانی پڕ بەختەوەریەی مەسیحی بە دەست بێنین. ووشەی خودا دەڵێت، کە دەتانەوێت پەیوەندییەکی نزیک و ژیانێکی سەرکەوتووتان هەبێت لەگەڵ خودا، ئەوە پێویستە لە نزیکەوە ڕۆحی پیرۆز بناسین و پەیوەندییەکی نزیکمان هەبێت.

ڕۆما ٨ : ٥ - ٨ « ٥ ئەوانەی بەگوێرەی سروشتی دنیایی دەژین، بایەخ بە کاروباری سروشتی دنیایی دەدەن، بەڵام ئەوانەی بەگوێرەی ڕۆحی پیرۆز دەژین، بایەخ بەکاروباری ڕۆحی پیرۆز دەدەن. ٦ بایەخدان بە سروشتی دنیایی مردنە، بەڵام بایەخدان بە ڕۆحەکە ژیان و ئاشتییە. ٧ بایەخدان بە سروشتی دنیایی دوژمنایەتییە لەگەڵ خودا، چونکە ملکەچی شەریعەتی خودا نابێت، لەبەر ئەوەی ناتوانێت. ٨ جا ئەوانەی لەژێر کاریگەری سروشتی دنیایین ناتوانن خودا ڕازی بکەن.»

پێویستە ئامۆژگاریەکی گرنگ وەربگرین لە فێربوونەکانماندا، ئەویش ئەوەیە کە نابێت ناوەڕۆک و ناوەندی سەرنجمان ڕۆحی پیرۆز بێت یان ئەو لە ئاستێکی باڵاتر دابنێین. دەستەیەک بەوشێوازە هەڵسوکەوت دەکەن و لە کۆتاییدا ڕوبەڕوی حالەتێک وەک ‹ بزووتنەوەی پێکەنین ‹ دەبن، ئەوە حالەتێکە کە خەڵک لە کڵێسادا دەکەونە سەر زەوی و تل دەدەن. هەروەها لە نزیکەوە شایەتحاڵ بوم کە هەندێک کەس لە کۆبونەوەدا، بە دەنگی بەرز و زمانی نامۆ قسەیان کردوە ، بەڵام هیچ جۆر لە ڕێز و یەکگرتوییەکی تێدا نەبووە. ئەو جۆرە کردەوەیە بە هیچ شێوازێک خودا شکۆدار ناکات. کاتێک کەڕۆحی خودا بەو شێوە نادروستە بەکاردێت، بە کردەوە دەبیتە هۆکاری ئەوەی کەخەڵک لەعیسا دوور کەونەوە.

لە لایەکی ترەوە ئەو ڕوانگەیەوە کەسانێک هەن کەلەڕۆحی پیرۆز دەترسن و بێ دەنگی دەکەن. لەوانەیە ئەو کەسانە لەکاتی بەڕێوەچوونی کۆبونەوەیەکی ئایینی دا، هەست بە حاڵەتێکی تایبەت بکەن کە هانیان بدات نوێژ بکەن یان لە کاتی تەواو بوونی سرودێکی ئایینی دا، هەست بە دودڵی بکەن. بە ڵام ئەوان ئەو هەستەش سەرکوت دەکەن، چونکە دەترسن لەوەی کە نەتوانن زاڵ بن بەسەر هەستەکانیاندا. بەداخەوە کە زۆر کڵێسا هەن کە بۆنە ئایینیەکان بەشێوازێک بەڕێوەدەبەن کە تەنیا ئەرکەکانیان ڕاپەڕاندبێت و هەفتانە بە جۆرێک دوبارە بونەوەیە بێ ئەوەی جێژی لێ وەربگیرێت بێ ئەو ئارامی و یەک گرتوویی کەلە هاتنی ڕۆحی پیرۆزدا هەیە.

کەوایە باتێگەین کەئەو کەسایەتییە دڵسۆز و بە سۆزە کێیە؟

ڕۆحی پیرۆز، خودایە

لە سەرەتاوەو پێش دەست پێکردنی کات و شێوە وەرگرتنی زەوی، ڕۆحی پیرۆز بەسەر تەواوی ئاوەکانەوە دەسوڕاوە. پەیدابوون ١ : ١- ٢ «١ لە سەرەتادا خودا ئاسمان و زەویی بەدیهێنا. ٢ زەویش بێ شێوە و بەتاڵ بوو، تاریکیش لەسەر ڕووی قووڵاییەکان بوو. ڕۆحی خوداش لەسەر ڕووی ئاوەکان دەجولایەوە. « لە هەندێک وەرگێڕاندا لە بری وشەی جولانەوە، وشەی لە خۆگرتن بە کارهاتووە.

سەرنجڕاکێش ئەوەیە کە وشەی جوڵانەوە لە وشەی خودا دا نزیک ٧٤ جار دوبارە بۆتەوە، بەڵام تەنیا یەک وشەی عیبری بەو مانایە لە تەواوی ئایەتەکاندا هەیە. ئەو وشەیە لە وشەی راکاف، کە بە مانای ‹ نقووم بوون لە بیرکردنەوە ‹، ‹ لە پشوو دا بوون ‹، ‹ لە بەرزی شەکاوە بوون ‹، ‹ جوڵانەوە ‹ یان ‹جوڵاندنەوە ‹ دێت. پەڕتووکی پیرۆز پێمان دەڵێت کە ڕۆحی پیرۆز لە دروست کردنی گەردوندا لەگەڵ باوک و کور بەشدار بووە.

پەیدابوون ١ : ٢٦ « ٢٦ ئینجا خودا فەرمووی: بامرۆڤ لەسەر وێنەی خۆمان دروستبکەین و لە خۆمان بچێت. با دەسەڵاتدار بن بەسەر ماسی دەریا و باڵندەی ئاسمان و ئاژەڵی ماڵی و بەسەر هەموو زەویدا،هەروەها بەسەر هەموو ئەو بوونەوەرە خشۆکانەی بەسەر زەویدا دەخشێن. « ئەیوب ٣٣ : ٤ « ٤ ڕۆحی خودا دروستی کردم، هەناسەی تواناداره‌کە ژیانی پێ بەخشیم. «

بەکار هێنانی وشەی ‹ خۆمان‹ یان ‹دروستبکەین ‹ شایەتیە بۆ خودا بوونی هەرسێ کەسایەتیەکە یا خود سیانەی پیرۆز و هەتا هەتایی بوونی ڕۆحی پیرۆز پشت ڕاست دەکاتەوە نەتەنها لەکاتی دروست بوونی گەردوندا بەشدار بووە، بەڵکو ئەوەش باش دەزانین کە تەنیا خودایە کە دەتوانێت لە هیچەوە تەواوی گەردون دروست بکات. ڕۆحی پیرۆز دەتوانێت ژیان ببەخشێت کە ئەوە نیشانەی خودا بوون و خواوەندی ئەوە، چونکە تەنیا خودا دەتوانێت درووست بکات و ژیانیش بپارێزێت.

دواوتار ٣٢ : ٣٩ « ٣٩ ئێستا ببینن، من، من ئەوم، هیچ خودایەکی دیکە نییە لە پاڵم. من دەمرێنم و دەژیێنم، برینددار دەکەم و من چاک دەکەمەوە، کەس نییە کەسێک لە دەستی من دەرباز بکات. « یەکەم ساموئێل ٢ : ٦ « ٦ یەزدان مرۆڤ دەمرێنێت و زیندووشی دەکاتەوە، دەیباتە جیهانی مردووان و هەڵیشدەستێنێتەوە. « هێزو توانا تایبەتەکەی ڕۆح وەک هەستاندنەوە یان زیندوکردنەوە و مردن، لە تەواوی ئایەتەکاندا ئاشکرایە.

ڕۆما ٨ : ١١ « ١١ ئەگەر ڕۆحی ئەوەی عیسای لەنێو مردووان هەستاندەوە لە ئێوەدا نیشتەجێ بێت، ئەوا ئەوەی مەسیحی لەنێو مردووان هەستاندەوە بە ڕۆحی خۆی کە لە ئێوەدا نیشتەجێیە لەشی مردووشتان زیندوو دەکاتەوە. «

دەربارەی خودا، عیسا و ڕۆحی پیرۆز، لە زۆر ئایەت داباس کراوە کە هێز و خەسڵەتی یەکسانیان هەیە، عیسا و ڕۆحی پیرۆز ناو و دەوری یەکجار زۆر و هاوشێوەی یەکیان هەیە. تەنانەت هەر بەو جۆرەی ڕۆحی پیرۆز لە بەدیهاتنی گەردون دا بەشدار بووە، هەر بەو شێوەیەش مەسیح بەشدار بووە.

کۆلۆسی ١ : ١٥ - ٢٠ « ١٥ کوڕەکە وێنەی خودای نەبینراوە، نۆبەرەیە ١5:١ نۆبەرە: مەبەست لەوەیە کە عیسا بەدینەهێنراوە، بەڵکو سەرۆکی هەموو بەدیهێنراوانە و لە سەرووی هەموو بەدیهێنراوانە، ١٦ چونکە بەو هەموو شتێک بەدیهێنرا: لە ئاسمان و لەسەر زەوی، بینراو و نەبینراو، تەخت یان دەسەڵات، سەرۆکایەتی یان حوکومڕانی، هەمووی لە ڕێگەی ئەوەوە و بۆ ئەو بەدیهێنران. ١٧ ئەو پێش هەموو شتێکە و هەموو شتێکیش بەو یەکیگرتووە. ١٨ ئەو سەری جەستەیە کە کڵێسایە. ئەو سەرەتایە و نۆبەرەی نێو مردووانە، تاکو لە سەرووی هەموو شتێکەوە بێت، ١٩ چونکە خودا خۆشحاڵ بوو بە هەموو پڕیی خۆی لە مەسیحدا نیشتەجێ بێت، ٢٠ لە ڕێگەی ئەوەوە هەموو شتێک لەگەڵ خۆیدا ئاشت بکاتەوە و بە خوێنی خاچەکەی ئاشتی بنێتەوە، ئەگەر لەسەر زەوی بێت یان لە ئاسمان.»

قوربانی دانی مەسیح لەسەر خاچ و ئەو خوێنەی مەسیح کە لە پێناوی ئێمە دانرژا، هەموومانی لەگەڵ خودا ئاشت کردەوە. ئەوە متمانەیە بە ڕێگەی (ڕێگەیەک کە دەسپێک و کۆتایی نیە) خودا و هەتا هەتایی بوونی خودا و کوڕ و ڕۆحی پیرۆزە، لەبەر ئەوەی کە تەنیا خودا دەتوانێت دروستکەر بێت. لە بیرتان نەچێت کە لە فێرکارایەکانی پێشوودا ئاماژەمان بەوە کرد کە ئەگەر پێمان وابێت کە کەسێک هەمان هێز و دەسەڵات یان گەورەیی خودای هەیە، ئەوە توشی کفر بوین. لە ڕاستیدا لە کردار دا پەترۆس ئاوا دەڵێت :

کردار ٥ :٣ - ٤ « ٣ پەترۆس گووتی: حەنانیا، بۆچی شەیتان دڵی پڕکردوویت، بۆ ئەوەی درۆ لەگەڵ ڕۆحی پیرۆز بکەیت و لە پارەی زەوییەکە بەشێک بۆ خۆت هەڵبگریت؟ ٤ ئایا نەتدەتوانی کێڵگەکە بۆ خۆت دابنێیت و نەیفرۆشی کاتێک کە هی خۆت بوو؟ پاش فرۆشتنی ئایا مافی ئەوەت نەبوو نرخەکەی هەڵبگریت؟ ئیتر بۆچی لە دڵی خۆتدا ویستت ناپاکی بکەیت؟ تۆ درۆت لەگەڵ خەڵک نەکرد، بەڵکو لەگەڵ خودا. «ڕۆحی پیرۆز

خودایە. لەو ئایەتەدا پەترۆس بە حەنانیا دەڵێت کە درۆی لە گەڵ ڕۆحی پیرۆز کردوە و لەهەمان رستەدا دەڵێت کە› تۆ درۆت لەگەڵ خودا کردووە ‹.

ڕۆحی پیرۆز کەسایەتیە

بەو هۆکارە کە ڕۆحی پیرۆز، ڕۆحە، وەک کەسێک هەژماری ناکەین. بەڵام لە ڕاستیدا دەتوانین هەر بەو شێوەیە کە خودا بە تێگەیشتن دەبینین، هەر بەو جۆرە ڕۆحی پیرۆز ببینین چونکە ئەویش ڕۆحە.

یوحەنا ٤ : ٢٣ – ٢٤ « ٢٣ بەڵام کاتێک دێت ئەویش کە ئێستایە خواپەرستە ڕاستەقینەکان بە ڕۆحی پیرۆز و ڕاستی باوک دەپەرستن، چونکە باوک داوای ئەم جۆرە خواپەرستانە دەکات. ٢٤ خودا ڕۆحە و پێویستە ئەوانەی دەیپەرستن بە ڕۆحی پیرۆز و ڕاستی بیپەرستن. «

لەوانەیە تەواوی بیرکردنەوەمان لە سەر باوک و کوڕ بێت، بەڵام ئەوە دەبێتە کەم کردنەوەی یەک لە سەر سێی بەهای سیانەی پیرۆز و ئەوە هۆکارە بۆ لاوازی و بێهێزی باوەڕمان. ڕاستیەکە ئەوەیە کە ئێمە زۆرمان پێویست بە ڕۆحی پیرۆزە، هۆکارەکەشی ئەوەیە کە ڕۆحی پیرۆز ڕاستی، ئارامی، ڕێنمایی، باوەڕ و هێز دێنێتە ژیانمانەوە. لەوانەیە ئەوە تەنیا ڕێگایێت بۆ ئەوەی بەپێی ویستی عیسای مەسیح ژیانمان بەڕێوە بچێت.

تەنیا بە هەبوونی هێزی خودایە کە دەتوانین ژیانێکی پاک و باشمان هەبێت. کەوایە دوای ئەوەی کە عیسای مەسیح بە خوێنی خۆی باجی تاوانەکانی ئێمەی دا و گەڕایەوە بۆ ئاسمان، دوای ئەو ڕۆحی خۆی نارد بۆ میراتگرانی خۆی لەسەر زەوی تا بتوانن هێز و ڕێنمایی وەربگرن و زانایی و بوێریان هەبێت بۆ ژیانێکی پاک و دادپەروەرانە.

لە پەیمانی کۆندا ڕۆحی پیرۆز چالاک بووە، بەڵام هێزی ئەو بەزۆری لە کەسانێکی دەست نیشانکراو و لە کاتێکی دیاری کراو و هەروەها لە بارودۆخی تایبەت دا ئاشکرا دەبوو. لە بیروباوەڕی جولەکەدا سەبارەت بە خودا تیروانینێکی جیاواز هەبوو، ئەوان خودایان وەک باوک یان هاوڕێیەک نە دەبینی، بەڵکو خودا لای ئەوان زۆر دورە دەست و جیاواز بوو پیرۆزییەکی وای هەبووکە گەیشتن بەو مەحاڵ بوو.

لە پەیمانی نوێ دا سەبارەت بەکردەوە سەرسورهێنەرەکەی خودا کەڕۆحی خۆی ناردبوو ئەوەی جێگیر بێت لەسەر میراتگرانی، دەوترێت

پنتیکاست. ئەو وشەیە یونانیە و لە دوبەش پێکدێت، بەشی یەکەم پنت، بە مانای پەنجایە و ئاماژەیە بە ڕودانی ئەو ڕوداوە پەنجا ڕوژ دوای جەژنی فەتیرە یان جەژنی دروێنە کەلە ڕاستیدا یەک رۆژ پێش لەخاچ دانی عیسایە.

کردار ٢ : ١ – ٢١ « ١ کە ڕۆژی پەنجایەمین ٢:١ پەنجایەمین ڕۆژ لەدوای جەژنی پەسخە، هەروەها ڕۆژی جەژنی دروێنەیە، پروانە دەرچوون ٢٣:١٦–٣٤:٢٢ و دواوتار ١٦:٩-١٢ هات، هەموو باوەڕداران پێکەوە لە یەک شوێندا بوون، ٢ لەناکاو دەنگێک لە ئاسمانەوە وەک ڕەشەبا هات، ئەوماڵەی پڕکرد کە تێیدا دانیشتبوون. ٣ ئینجا چەند زمانێکی دابەشبوو وەک ئاگر بۆیان دەرکەوت و لەسەر هەریەکەیان نیشتەوە. ٤ جا هەموویان پڕبوون لە ڕۆحی پیرۆز و دەستیان پێکرد بە زمانەکانی دیکە بدوێن، وەک ڕۆح پێی بەخشین.٥ لەو کاتەدا جولەکەی لەخواترسی هەموو نەتەوەکانی ژێر ئاسمان لە ئۆرشەلیم مابوونەوە. ٦ کاتێک دەنگەکە هات، خەڵک کۆبوونەوە و بووە پەشێوی، چونکە هەریەکەیان گوێی لە زمانی خۆی دەبوو پێی دەدوان. ٧ حەپەسابوون و بە سەرسامییەوە گوتیان: باشە هەموو ئەوانەی قسە دەکەن جەلیلی نین؟ ٨ ئەی چۆن هەریەکەمان گوێی لە زمانی دایکیی خۆی دەبێت؟ ٩ ئێمەی خەڵکی پەرتیا و میدیا و ئیلامی، دانیشتووانی میسۆپۆتامیا، یەهودیا و کەپەدۆکیا، پۆنتۆس و ئاسیا، ١٠ فریجیا و پامفیلیا، میسر و ناوچەکانی لیبیای ڕووەو کورێن ٢:١٠ گەورەترین شار لە وڵاتی لیبیا لەم سەردەمەدا.، هەروەها میوانەکانی ڕۆما، ١١ جولەکە و ئەوانەشی ببوون بە جولەکە، کریتی و عەرەب، ئەوەتا گوێمان لێیانە بە زمانی خۆمان باسی کردارە مەزنەکانی خودا دەکەن. ١٢ هەموو سەرسام و حەپەسا بوون، بە یەکتریان دەگوت: دەبێ ئەمە واتای چی بێت؟١٣ هەندێکی دیکە بە گاڵتە پێکردنەوە دەیانگوت: شەرابی نوێیان زۆر خواردووەتەوە. ١٤ پەترۆس لەگەڵ یازدە نێردراوەکەی دیکەی عیسا ڕاوەستا، بە دەنگی بەرز بە خەڵکی ڕاگەیاند:ئەی پیاوانی جولەکە و هەموو ئەوانەی لە ئۆرشەلیم دانیشتوون، با ئەمە لەلاتان زانراو بێت و گوێ لە قسەکانم بگرن، ١٥ چونکە وەک بیردەکەنەوە ئەمانە سەرخۆش نین، لەبەر ئەوەی هێشتا کاتژمێر نۆی١٥:٢ یۆنانی: کاتژمێری سێیەم بەیانییە! ١٦ بەڵکو لە ڕێگەی پێغەمبەر یۆئێلەوە گوتراوە:١٧ (خودا دەفەرموێ، لە ڕۆژانی

کۆتاییدا ڕۆحم بەسەر هەموو خەڵکدا دەڕێژم. کوران و کچانتان پەیامی خودا ڕادەگەیەنن، گەنجانتان بینینیان بۆ ئاشکرا دەکرێت،پیرەمێردەکانتان خەون دەبینن. ١٨ تەنانەت بەسەر بەندە و کەنیزەکانیشم، لەو ڕۆژانەدا ڕۆحی خۆم دەبارێنم و ئەوانیش پەیامی خودا ڕادەگەیەنن. ١٩ لەسەرەوە لەئاسمان پەرجوو١٩:٢ پەرجوو: موعجیزە. و لە خوارەوە لەسەر زەوی نیشانە دەکەم: خوێن و ئاگر و ستوونی دووکەڵ. ٢٠ خۆر دەبێتە تاریکی و مانگیش دەبێتە خوێن، بەر لەوەی ڕۆژی گەورە و شکۆداری یەزدان بێت. ٢١ جا هەرکەسێک بە ناوی یەزدانەوە بپاڕێتەوە، ڕزگاری دەبێت.) ٢١:٢ یۆئێل ٢:٢٨-٣٢ «

بیرکردنەوە لەوەی کە خودای (باوک) بێتە لامان و لێمان نزیک بێتەوە، وەک ئێمە لە سەر زەوی بژێت و لە پێناو ئێمە بمرێت (کور)و تەنانەت لە ئێمەدا جێگر دەبێت (ڕۆحی پیرۆز)، لەوسەردەمەدا خەیاڵنەکراو بوو ! لای ئێمە ئاساییە بەڵام لەو سەردەمەدا تێگەیشتنی ئاستەم بوو. ئەوەی جێی سەرنجە ئەوەیە کە پنتیکاست لە ڕاستیدا بۆنەیەکی سەردەمی پەیمانی کۆن بوو. پەنجا ڕۆژ (لەڕاستیدا ٤٩ڕۆژ، حەوت هەفتەی تەواو) دوای جەژنی فەتیرە کەجولەکەکان پێیان دەوت جەژنی دروێنە و هەروەها بەجەژنی هەفتەکان ناودەبردرا، جەژنیان دەکرد. لەو جەژنەدا گەلی خودا نۆبەرەی دەغڵ و دانیان دەبرد بۆ خزمەت خودا و پێشکەشیان دەکرد و سپاس و ستایشیان دەکرد بۆ ئەو بەروبوومە.

دواوتار١٦ :٩–١٠ «٩ حەوت هەفتە دەژمێرن بۆخۆتان، لە دەستپێکردنی دروێنەی دەغڵ دەستپێدەکەن. ١٠ جەژنی هەفتەکان١٦:١٠ جەژنی هەفتەکان، هەروەها وەک جەژنی دروێنەش ناسراوە (بڕوانە دەرچوون ١٦:٢٣)، ٥٠ ڕۆژ دوای جەژنی فەتیرە بووە، کە دەکاتە حەوت هەفتە.بۆ یەزدانی پەروەردگارتان دەگێڕن، بەگوێرەی ئەوەی لە دەستتان دێتەدەر بەخشینێکی ئازاد دەبەخشن، وەک ئەوەندەی یەزدانی پەروەردگارتان بەرەکەتداری کردوون. «

جەژنی دروێنە یان بەروبووم تەنیا جەژنێکە کەلە سەردەمی پەیمانی کۆنەوە تا ئێستاش بەردەوامە و لەوکاتەدا جەژن دەگێڕن. هۆکارەکەشی دەگەڕاوە بۆ ئەوەی کە زۆربەی جەژنەکان لەسەر قوربانی کردنی ئاژەڵ لە پێناو گوناە دا بو وکە عیسا بە قوربانی کردنی خۆی لەسەر خاچ، کۆتایی بەهەموو ئەوجەژنانە هێنا. بەڵام لە ئێساتشدا ئەو جولەکانەی

کە باوەڕیان بەعیسای مەسیح نەهێناوە، بەردەوامن لە بەڕێوەبردنی جەژنەکانی سەردەمی پەیمانی کۆن، چونکە باوەڕیان وایەکە تائێستا مەسیح نەهاتووە.

لە ئێستادا جەژنی دروێنە یان هەفتەکان، جەژنێکە کەلەگەڵ پەیمانی نوێ رێک دەکەوێت. هۆکارەکەی ئەوەیە کە ڕۆحی پیرۆز کەسێکە کەبەروبومی شیاو بەژیانمان دەبەخشێت و ئەوکەسەیە کە یارمەتیمان دەدات کە بەروبومی ژیانەکان بدورێنەوە بۆ مەسیح. جەژنی فەتیرە دەرفەتێکە بۆ ئەوەی سوپاس و پێزانینی خۆمان دەربڕین بۆ خودا لەپێناو ئەو پیرۆزییە کەبەژیانی ئێمەی بەخشیوە.

کردارەکانی ڕۆحی پیرۆز

ئەو کەسانەی کە ژیانی خۆیان ڕادەستی عیسای مەسیح دەکەن لە لایەن ڕۆحی پیرۆزەوە دیاری بەنرخ و گەورەیان پێ دەبەخشرێت. دوای ئەوەی کە ڕزگار بوون بەدیاری وەرگیرا (وتمان ڕزگار بوون دیارییە لەلای خوداوە کە بە مرۆڤ دەدرێت) ئەوکاتە ڕۆحی پیروز دێت وکاریگەری دەخاتە سەر بیرکردنەوە و هەست و ڕۆح و جەستەمان. ئەرکی ڕۆحی پیرۆز ئەوەیە کە تا ئەو کاتەی کە ژیانمان لە گەل مەسیح دایە، بەردەوام رێنمایمان بکات، ڕێنیشاندەر دەبێت و هێزمان پی دەبەخشێت. لەو رستانەدا وشەکانی ‹ ڕادەست کردن ‹ و ‹بەردەوام بوون ‹، جەخت کردنەوەیە بۆ ئەوەی کە ئەگەر دەمانەوەێت هێز و پیرۆزی لەلایەن خوداوە وەربگرین پێویستە لەئاست خودا، ڕاستگۆیی و خۆڕاگریمان هەبێت وهەروەها پابەندبین بە بەڵێنەکانمان لە بەرامبەر خوداوەندا . لە سیپارەی یوحەنا دا مەسیح ولامی پرسیاری فیلیپۆس دەداتەوە.

یۆحەنا ١٤ : ٩ – ١١ « ٩ عیساش پێی فەرموو: فیلیپۆس، ئایا تەنانەت لەدوای ئەم ماوە زۆرەش کە لەگەڵتانم، نەتناسیوم؟ ئەوەی منی بینیوە باوکی بینیوە. ئیتر چۆن دەڵێی: ‹باوکمان نیشان بدە›؟ ١٠ ئایا باوەڕ ناکەی من لە باوکدام و باوکیش لە مندایە؟ ئەو قسانەی پێتانی دەڵێم لە خۆمەوە نایڵێم، بەڵکو باوک کە لە مندا نیشتەجێیە، ئەو کارەکانی خۆی دەکات. ١١ باوەڕم پێ بکەن کە من لە باوکدام و باوکیش لە مندایە، ئەگەر نا بەهۆی کارەکان خۆیانەوە باوەڕ بکەن. «

عیسا دەڵێت من و باوک یەکین. لێرەدا دەڵێت کە ئەوان لە یەک ئاست دان ! نەک هەر باوک و کور بەلکو ڕۆحی پیرۆزیش لە گەڵیان یەکە. بەو هۆکارەیە کە دەڵێن : ‹بەناوی باوک و کور و ڕۆحی پیرۆز ›. تەنیا خودایە کە دەتوانێت لەگەڵ خۆیدا هاوسەنگ و یەکگرتو بێت، کە وایە ئەو بابەتە خوداوەندی دەبەخشێت بە ڕۆحی پیرۆز کە لە هێز و پیرۆزیدا لەگەڵ باوک و کور یەکسان بن.

گەورەترین دیاری کەڕۆحی پیرۆز پێمانی دەبەخشێت ئەوەیە کەلە دایک بونەوەیەکی ڕۆحی تازەمان پێ دەبەخشێت.

یۆحەنا ٣ : ٥ - ٨ « ٥ عیسا وەڵامی دایەوە: ڕاستی ڕاستیت پێ دەڵێم، ئەگەر یەکێک لەئاو ولەڕۆحی پیرۆز لەدایک نەبێت، ناتوانێت بچێتە ناو شانشینی خودا. ٦ ئەوەی لە جەستە لەدایک بووە جەستەیە، ئەوەش لە ڕۆحی خودا لەدایک بووە ڕۆحە. ٧ سەرسام مەبە کە پێم گوتی: "دەبێ لەدایک ببنەوە." ٨ با بۆ کوێ بیەوێت هەڵدەکات و گوێت لە دەنگەکەی دەبێت، بەڵام نازانیت لەکوێوە دێت و بۆ کوێ دەچێت. هەرکەسێکیش لە ڕۆحی پیرۆز لەدایک بووە ئاوایە.»

تیتۆس ٣ : ٤ – ٦ « ٤ بەڵام، کاتێک میهرەبانی خودای ڕزگارکەرمان و خۆشەویستییەکەی دەرکەوت، ٥ نەک بەهۆی کاری ڕاستودروست کە ئێمە کردوومانە، بەڵکو بە بەزەیی خۆی ڕزگاری کردین، ئەویش لە ڕێگەی ئەو شوشتنەوەیە بوو، کە بەهۆیەوەڕۆحی پیرۆز لەدایکبوونەوەیەکی نوێ وژیانێکی نوێی پێبەخشین، ٦ ئەوەی لە ڕێگەی عیسای مەسیحی ڕزگارکەرمانەوە بە دڵفراوانییەوە ڕشتی بەسەرماندا «

هەروەها ژیانێکی هەتاهەتایمان پێ دەبەخشێ. یۆحەنا ١٤ : ١٧ « ١٧ ڕۆحی ڕاستی، کە جیهان ناتوانێت وەریبگرێت، چونکە نایبینێت و نایناسێت. بەڵام ئێوە دەیناسن، چونکە لەگەڵتان دەمێنێتەوە و لەناو ئێوەدا دەبێت. «

با سەرنج بدەین کە عیسا پێمان دەڵێت کە ‹ ئێمە ئەو دەناسین ‹ڕۆحی پیرۆز، چونکە لە گەڵتان دەژێت . بەڵام پێمان ناڵێت کە ‹ لە ئێمەدا دەژی›. لە بیرتان نەچێت کە ڕۆحی پیرۆز لە ژیانی باوەڕ دارانداا نەبوو تادوای مردن، ناشتن و هەستانەوەی مەسیح، و لە کۆتاییدا لەهەستانەوەدا (جەژنی دروێنە) دا هاتە ژیانی باوەڕداران.

یۆحەنا ٧ : ٣٩ « ٣٩ لێرەدا مەبەستی لە ڕۆحی پیرۆز بوو، کە ئەوانەی باوەڕی پێدەهێنن دواتر وەریدەگرن، بەڵام هێشتا ڕۆحی پیرۆز نەدرابوو، چونکە عیسا شکۆدار نەببوو. «

لە بیرمان نەچێت کەڕۆحی پیرۆز لەکاتی ڕزگار بوونمان ئەو کاتەی کە ڕۆحمان لە ئاو هەڵدەکێشرێت دێتە ناو ژیانمانەوە. ئەو کاتە هەموو ژیانمان پراو پردەکات لەخۆی.

کردار ١ : ٥ – ٨ « ٥ یەحیا خەڵکی لە ئاو هەڵدەکێشا، بەڵام ئێوە پاش چەند ڕۆژێکی کەم لەڕۆحی پیرۆز هەڵدەکێشرێن ١:٥ یۆنانی: باپتیزۆ، بە واتای شوشتن دێت بۆ پاکبوونەوە لە گوناە، وەک (بسمیلکردن).. ٦ ئەوانەی پێکەوە کۆببوونەوە لێیان پرسی: ئەی خاوەن شکۆ، لەم کاتەدا پاشایەتی بۆ ئیسرائیل دەگەڕێنیتەوە؟ ٧ وەڵامی دانەوە: بۆتان نییە ئەوکات وسەردەمانە بزانن کەباوک بە دەسەڵاتی خۆی دایناون. ٨ بەڵام کاتێک ڕۆحی پیرۆزتان دێتە سەر، هێز وەردەگرن و بۆمن دەبنە شایەت، لە ئۆرشەلیم و هەموو یەهودیا و سامیرە، تاکو ئەوپەڕی زەوی. «

ئێمە لەڕوی جەستەیی و ڕۆحییەوە لە عیسادا لە ئاو هەلدەکیشرێن (پاک دەبینەوە). ئەوە شایەتیە بۆ ڕزگار بونیمان و وەرگرتنی دیاری ژیانی هەتا هەتاییە.

کردار ٢ : ٣٨ « ٣٨ پەترۆس وەڵامی دانەوە: تۆبە بکەن، با هەریەکەتان بە ناوی عیسای مەسیحەوە لە ئاو هەڵبکێشرێت بۆ لێخۆشبوونی گوناهەکانتان و ڕۆحی پیرۆز بە دیاری وەردەگرن. « یۆحەنا ٦ : ٢٧ « ٢٧ بۆ خۆراکێک ئیش مەکەن کە لەناودەچێت، بەڵکو بۆ خۆراکێک کە بۆ ژیانی هەتاهەتایی دەمێنێتەوە، ئەوەی کوری مرۆڤ دەتانداتێ، چونکە ئەمە خودای باوک مۆری لێداوە. «

پێویستە دوبارە سیپارەی یۆحەنا بخوێنینەوە. یۆحەنا ١٤ : ١٧ « ١٧ ڕۆحی ڕاستی، کەجیهان ناتوانێت وەریبگرێت، چونکە نایبینێت و نایناسێت. بەڵام ئێوە دەیناسن، چونکە لەگەڵتان دەمێنێتەوە و لەناو ئێوەدا دەبێت.«

لە بەشێکی ئایەتەکەدا جەخت لەسەر ڕاستیەکی ڕۆحی دەکاتەوە باس لەوەدەکات کەئەویانی ڕۆحی پیرۆز ‹لە ئیستادا لایانە ‹.هۆکارەکەشی ئەوەیە کەلەو کاتەدا ڕۆح لە مەسیح دا نیشتەجێ بوو ولەڕێگای ئەوەوە هەڵسوکەوتی دەکرد لەگەڵ قوتابیەکان. کە وایە ئامادەبوونی جەستەی

مەسیح لە ناو قوتابیەکان لە ڕاستیدا ئامادە بوونی ڕۆحی پیرۆز بوو. دواتر باس لەوە دەکات و بەڵێنێکی گرنگ دەدات « هەروەها لە داهاتوودا لاتان دەبێت ». ئەو بەڵێنە شایەتییە بۆ یەکبوونی مەسیح و ڕۆحی پیرۆز. بۆیە کاتێک مەسیح دەڵێت من لەگەڵتانم، ئەوە ئامادەبوونی ڕۆحی پیرۆزیش لەخۆ دەگرێت. هەروەها لە یۆحەنا دەڵێت کە عیسا ‹دێتە وە لامان›.

یۆحەنا ١٤ : ١٨ « ١٨ بە هەتیوی بەجێتان ناهێڵیم، دێمەوە لاتان. « لە بیرتان بێت کەعیسا بە شێوەی جەستەیی و بە کردار تا کاتی گەڕانەوەی دووبارە « لە داهاتوودا نایەت بۆ لامان. کەوایە لیرەدا ‹هاتن بۆ لای باوەڕداران ‹، مەبەست لە ڕۆحی پیرۆزە و باسی ئەو دەکات.

لە ڕاستیدا عیسا پێمان دەڵێت کە زەوی بە جێهێشت بۆ ئەوەی کەڕۆحی پیرۆز بتوانێت بێت بۆ لامان.

یۆحەنا ١٦ : ٧ « ٧ بەڵام ڕاستیتان پێ دەڵێم: باشترە بۆتان کە بڕۆم، چونکە ئەگەر نەڕۆم، یارمەتیدەرەکەتان* بۆ نایەت. بەڵام ئەگەر بڕۆم بۆتانی دەنێرم. «

هۆکارەکە ئەوە بوو کە عیسا لە جەستەی مرۆڤ دا نەیدەتوانی سەرنج بداتە تەواوی گەردون، بەڵام ڕۆحی خودا ڕاستەوخۆ کەسێک لەهەر شوێنێک و لەهەر کاتێک دا کە بڕیار دەدات لەسەر باوەڕ وڕزگاربوون، دەگاتە لای و لەودا نیشتەجێ دەبێت و لەوە سەرسوڕهێنەرتر ئەوەیە کە عیسا دەڵێت ‹من و ئێوە› ، بەو واتایە کە شوێنکەوتووانی لەگەڵ باوک و کوڕ و ڕۆحی پیرۆز دەبنە یەک.

یۆحەنا ١٤ : ٢٠ « ٢٠ لەو ڕۆژەدا دەزانن من لە باوکمدام، ئێوەش لە مندان، منیش لە ئێوەدام. «

تایبەتمەندییەکانی تری ڕۆحی پیرۆز

ڕۆحی پیرۆز بەرگریمان لێ دەکات.زۆر جێگای بایەخەکە بەرگریکارێک لە تایبەتمەندییەکان و نازناوەکانی عیسای مەسیحە . یەکەم یۆحەنا ٢ :١ «١ ڕۆڵە خۆشەویستەکانم، ئەمانەتان بۆ دەنووسم تاکو گوناه نەکەن. بەڵام ئەگەر یەکێک گوناهی کرد، ئەوا لەلای باوک داکۆکیکارمان ١:٢ هەمان وشەیە لە یۆحەنا ١٤:١٦دا هاتووە بە (یارمەتیدەر). هەیە کە عیسای مەسیحی ڕاستودروستە. «

ئەو هێزەی کە لایەنگری لاوازەکان و بێ ئەزموونەکان دەکات و لە ڕێگەی خۆی بەرگری دەکات، پێ دەوترێت بەرگریکار. بە هۆکاری ئەوەی کە ئێمە بەسروشت تێکەڵ بەگوناهین و لاوازین لەئاست دوژمنان و شەیتان، پێویستیەکی یەکجار زۆرمان هەیە بە هێزێکی بەرگریکار. پێویستمان بە کەسێکە کە لەو شەڕەدا بۆمان بجەنگێت و بەرگریمان لێ بکات، ئەوە کەسێکە دوور لەو لاوازیانەی کەمرۆڤ هەیەتی. لەگەڵ ئەوەشدا ڕۆحی پیرۆز بە ڕۆحی ڕاستی ناوزەند دەکرێت، ئەوڕابەرایەتیمان دەکات بەرەو ڕاستیەکان. یۆحەنا ١٦ : ١٣ « ١٣ بەڵام کاتێک ئەو دێت، کە ڕۆحی ڕاستییە، ئەو بۆ ڕاستی تەواو ڕێنماییتان دەکات، چونکە لە خۆیەوە هیچ ناڵێت، بەڵکو ئەوەی گوێی لێ دەبێت دەیڵێت و ڕایدەگەیەنێت چی ڕوودەدات. «

هەروەها بەو جۆرە بەعیسا دەوترێت ڕاستی. یۆحەنا ١٤ : ٦ « ٦ عیساش پێی فەرموو: منم ڕێگا و ڕاستی و ژیان. کەس نایەتە لای باوک لە ڕێگەی منەوە نەبێت. «

عیبرانییەکان ٦ : ١٨ « ١٨ خودا ئەمەی کرد تاکو لەڕێگەی دوو شتی نەگۆڕەوە ١٨:٦ بەڵێن و سوێند کە مەحاڵە خودا تێیاندا درۆ بکات، دەیەوێت ئێمە زۆر هانبدرێین، کە پەنامان بۆ ئەو بردووە بۆ ئەوەی دەستبگرین بەو هیوایەی کە پێمان دراوە. «

زۆربەی کات کە گوێمان لە ووشەی ڕاستی دەبێت، بیرکردنەوەمان دەچێت بۆ لای ‹ وتەی ڕاست ‹ ئەو راستیە کە لەوانەیە لە کاتی پێویست دا بەزمان بڵێین یا خود نا.بەڵام ئەندامانی سیانەی پیرۆز ڕاستین. ئەوان ڕاستیەکی تەواون و لە هەموو کاتەکاندا ڕاستیەکان دەڵێن. یەکێکی تر لە ڕۆڵە گرنگەکانی ڕۆحی پیرۆز ئەوەیە کە نوێژمان بۆ دەکات و داکۆکیمان لێدەکات .

ڕۆما ٨ : ٢٦ – ٢٧ « ٢٦ بە هەمان شێوە ڕۆحی پیرۆز لە لاوازییەکانماندا یارمەتیمان دەدات. نازانین لە پێناوی چی نوێژ بکەین، بەڵام ڕۆحی پیرۆزخۆی بەناڵەوە داکۆکیمان لێدەکات بە شێوەیەک کە باس ناکرێت. ٢٧ ئەوەی دڵی مرۆڤ دەپشکنێت، دەزانێت ڕۆحی پیرۆز بایەخ بە چی دەدات، چونکە بەگوێرەی خواستی خودا داکۆکی لە گەلی پیرۆزی خودا دەکات. « عیسا هەمان شتمان بۆ دەکات.

عیبرانیە کان ٧ : ٢٤ -٢٥ « ٢٤ بەڵام لەبەر ئەوەی عیسا هەتاهەتایە دەمێنێتەوە، کاهینێتییەکی نەگۆڕی هەیە. ٢٥ بەو هۆیەوە دەتوانێ ئەوانە بە تەواوی ڕزگار بکات کە لە ڕێگەی ئەوەوە دەچنە لای خودا، ئەو هەمیشە دەژیێت تاکو داکۆکییان لێ بکات. «

لە کۆتاییدا، ڕۆحی پیرۆز مامۆستای تایبەتی ئێمەیە. یەکەم یۆحەنا ٢ : ٢٦ – ٢٧ « ٢٦ ئەمانەم بۆ ئێوە نووسی لەبارەی ئەوانەی هەوڵ دەدەن چەواشەتان بکەن. ٢٧ بەڵام ئێوە ئەو دەستنیشانکردنەی کە لە مەسیحتان وەرگرتووە بە ئێوەوە پەیوەست بووە، لەبەر ئەوە پێویستتان بە مرۆڤ نییە فێرتان بکات، بەڵکو ڕۆحی پیرۆز هەموو شتێکتان فێردەکات. ئەم دەستنیشانکردنە ڕاستە و درۆ نییە، بۆیە پەیوەست بن بە مەسیحەوە وەک ڕۆحی پیرۆز فێری کردوون پروانە یۆحەنا ٤:١٥. «

و هەروەها ئەوە سەرنج ڕاکێشە کە عیساش بەهەمان شێوە مامۆستای تایبەتمانە. یۆحەنا ١٣ : ١٣ « ١٣ ئێوە بە "مامۆستا" و "گەورە" بانگم دەکەن و ڕاست دەکەن، چونکە من وام. «

کە وایە دەتوانین بەو شێوازە باسی کەسایەتی بەرزی ڕۆحی پیرۆز بکەین :

ئەو سێهەم کەسە لە سیانەی پیرۆز دا (باوک، کوڕ و ڕۆحی پیرۆز). ئەو لەدروست کردنی گەردوندا بەشدار بوو. ئەو کەسێکە کە لە سەر ئێمە حوکم دەدات.

ئەو چاوی کەسانی بێ باوەڕ دەکاتەوە، ئەو تێمان دەگەیەنێت کە پێویستمان بە ڕزگار بوون هەیە. ئەو ڕاستی وشەکانی خودا پشت ڕاست دەکاتەوە. کاتێک لە قوڵایی دڵەوە و بەڕاستی ژیانمان ڕادەستی عیسا دەکەین، گەرەنتی ڕزگار بوونمان دەکات و پەیوەندیمان لەگەڵ خودا پتەو دەکات.

هەروەها ڕۆحی پیرۆز :

- هێزمان پێ دەبەخشێت تا بەو شێوەیە بژین کەلای خودا پەسەندە.
- کۆتایی دێنێت بە کۆیلە بوونمان لە ئاست ئارەزووی نەشیاودا.
- بەو جۆرە کە لە گەلاتیا ٥ : ٢٢ – ٢٣ هاتووە، بەروبوومی جوان لە ڕۆحمان دا پێ دەگەیەنێت.

- گەڵاتیا ٥ : ٢٢ - ٢٣«٢٢ بەڵام بەروبوومی ڕۆحی پیرۆز ئەمەیە : خۆشەویستی، خۆشی، ئاشتی، ئارامگرتن، نیانی، چاکە، دڵسۆزی، ٢٣ دڵنەرمی و بەسەرخۆدا زاڵبوون. شەریعەت نییە لە دژی ئەمانە بێت. «
- ڕاوێژکاری گەورەیە، دانا و دڵسۆزە. لە کاتی تەنگانەدا یارمەتیمان دەدات و دڵنەواییە بۆمان و برینمان سارێژ دەکات.

لە بارودۆخێکدا دەتوانین ژیانێکی ڕاستودروستمان هەبێت کە تەواوی سەرنجمان لەسەر هەبوونی پەوەندی پتەو بێت لەگەڵ عیسا دا. بۆ ئەوەی ئەو پەیوەندیە بە پتەوی بمێنێەوە پێویستە ڕۆژانە نوێژ بکەین، وشەی خودا بە جوانی فێر بین، دان بە گوناهەکانماندا بنێین و بەوپەڕی پاکی و لەقوڵایی دڵمانەوە تۆبە بکەین و لەگەڵ باوەڕدارانی ڕاست و دروست لە پەیوەندی دا بین. بەڵام ئەو هێزە بۆ ئەو جۆرە ژیانە تەنها لەلای ڕۆحی پیرۆزەوە پێمان دەدرێت.

ئەرکی ئێمە ئەوەیە کە ئیزن بدەین کە ئەو (ڕۆحی پیرۆز) ئەو گورانکاریانە لە ژینماندا بەدی بێنێت و گوێڕایەڵی ڕێنماییەکانی بین. ویستی ڕۆحی پیرۆز ئەوەیە کەئەو ئازادییە تاقی بکەینەوە کەخودا بۆ ئێمەی دەوێت. ئەو دەیەوێت زیاتر بچینەوە سەر شێوەی عیسا، بۆ ئەوەی بتوانین خودای باوک شکۆدار کەین. ڕۆحی پیرۆز هیوای ئەوەی هەیە کە لە مەسیحی بوونی خۆمان دا دەورێکی باش بگێڕین و بانگەشە بکەین بۆ هاتنی کەسانی کە بۆ پاشایەتی خودا.

ڕۆحی پیرۆز تەنیا کەسێکە کە
هێزێکی زیندوو دەبەخشێت بە
ژیانی مەسیحیمان !

بەشی نۆیەم

شەیتان کێیە؟

زۆربەی خەڵک حەزیان لەوەیە کە دەربارەی شەیتان زیاتر بزانن. بە گشتی پێیان وایە کە شەیتان کەسایەتییەکی ‹خراپە› و خودا کەسایەتییەکی ‹باش›.هەندێکیش گومانیان هەیە لەوەی کەشەیتان بوونی هەبێت، یا و بیر دەکەنەوە کە کەسایەتییەکی بچووک وڕەنگ سورە لەناو فلیمی منداڵاندا کەچنگاڵێکی پێیە. ڕاستی ئەوەیە کە پێویستە نوسراوەکانی پەرتووکی پیرۆز بخوێنینەوە کەچی نوسراوە دەربارەی شەیتان و تا ئەو کاتە لەوانەیە زانیاری ڕاستمان دەست نەکەوێت لەو بارەیەوە. شەیتان کەسایەتییەکی ڕاستیە و لە ڕادە بەدەر شەڕانگێزو مەترسی دارە.

لەوانەیە لاتان سەیر بێت کە شەیتان لە دەسپێکدا لەئاسمان بووە ئیشایا ١٤ : ١٢ – ١٧ « ١٢ چۆن لە ئاسمانەوە بەربوویتەوە،ئەی ئەستێرەی پرشنگدار، ١٢:١٤ دەرپەرینێکە نووسەر بە گاڵتەجاڕییەوە بە پاشای بابلی دەڵێت کوڕی بەرەبەیان! بەرەو زەوی پرایتەوە،ئەی بەزێنەری نەتەوەکان!١٣ تۆ کەلە دڵی خۆتدا گوتت: سەردەکەوم بۆ ئاسمان، لە سەرووی ئەستێرەکانی خوداوە تەختی خۆم بەرز دەکەمەوە، لەسەر کێوی ژووان دادەنیشم،لەسەر لووتکەی چافۆن. ١٤ سەردەکەومە سەر بەرزاییەکانی هەور،خۆم وەک خودای هەرەبەرز لێدەکەم. ١٥ بەڵام بەرەو جیهانی مردووان شۆڕ بوویتەوە،بەرەو قووڵایی بیری بێ بن. ١٦ ئەوانەی دەتبینن تەماشات دەکەن،لێت ورد دەبنەوە: ئایا ئەمە ئەو پیاوەیە کە زەوی لەرزاند، شانشینەکانی هەژاند، ١٧ ئەوەی جیهانی کردە چۆڵەوانی،شارەکانی جیهانی تەفروتونا کرد،ئەوەی دیلەکانی بەرەو ماڵی خۆیان بەڕەڵا نەکرد؟»

حزقیێل ٢٨ : ١٢ – ١٧ « ١٢ ئەی کوری مرۆڤ، بۆ پاشای سور بلاوێنەوە و پێبڵێ: "یەزدانی باڵادەست ئەمە دەفەرمووێت:"تۆ نموونەی تەواوەتی بوویت،پڕ لە دانایی و جوانی تەواو بوویت.١٣ لە عەدەنی بەهەشتی خودا بوویت،هەموو بەردێکی گرانبەها تۆی دەڕازاندەوە: یاقووت ١٣:٢٨ یاقووت: گەوهەری سووری تێر،. یاقووتی زەرد، زمرووود، زەبەرجەد، بەردی عاشقبەند، یەشب، یاقووتی شین، بەردە پیرۆزە ١٣:٢٨ بەردە پیرۆزە: بەردێکی شینی سەوزباو. و زمرووودی سەوز.چواردەوری بەردە گرانبەهاکەت بە زێڕ نەخشێنرا بوو،لە ڕۆژی بەدیهێنانت ئامادە کران.١٤ تۆ کەڕوبی دەستنیشانکراو بوویت بۆ پاسەوانی،ئەم ئەرکەم بە تۆ سپاردبوو. تۆ لەسەر کێوی پیرۆزی خودا بوویت، بەناو بەردە ئاگرینەکاندا هاتوچۆت دەکرد.١٥ تۆ لە کردەوەکانت تەواو بوویت،لە ڕۆژی بەدیهێنانتەوە

هەتا ئەو ڕۆژەی خراپەت تێدا بەدیکرا.١٦ بەهۆی فراوانبوونی بازرگانییەکەت، پڕ بوویت لە ستەم و گوناهت کرد.لەبەر ئەوە ئەی کەڕوبی پاسەوان، وەک گڵاوییەک لە کێوی خوداوە فڕێمدایت،لەناو بەردە ئاگرینەکاندا دەرمکردیت.١٧ لەبەر جوانییەکەت لەخۆبایی بوویت،لە پێناوی شکۆی خۆت داناییەکەتت بە گەندەڵی بەکارهێنا. لەبەرئەوە فڕێمدایتە سەر زەوی،تۆم کرد بە دیمەنێک بۆ ئەوەی پاشایان تەماشات بکەن.»

هەرچەند ئەوبەشە دەربارەی پاشایانی سەردەمی پەیمانی کۆنە، بەڵام زۆربەی زانایانی بواری پەرتووکی پیرۆز پێیان وایە کە ئاماژەیە بۆ شەیتان.

شەیتان یەک لە جوانترین بەدیهێنراوەکانی خودا بۆ. ئەو فریشتەیەکی لەرادەبەدەر بەهێز بوو. ناوێکی کەی شەیتان، لوسیفرە کە بە مانای ‹ڕوناکی › یان › ئەستێرەی دروشاوەی بەرەبەیان ‹ ە. بەڵام لێرەدا دەبینین کە ئەو بەبۆنەی جوانیەکەیەوە لە خۆبایی دەبێت و بریار دەدات لەگەڵ خودای گەورە بەربەرەکانی بکات. ئەوە لە خۆبایی بوونەکەیەتی کە دەبێتە هۆکار بۆ ئەوەی لە فریشتەیەکی جوان و خوشەویستەوە بگۆڕێت و بە ‹باوکی درۆزنان› و ‹ماری دێرین› ناوی بەرن. یۆحەنا ٨ : ٤٤ « ٤٤ ئێوە لە ئیبلیسی باوکتانن، دەتانەوێت ئارەزووەکانی باوکتان جێبەجێ بکەن. ئەولەسەرەتاوە بکوژ بووە، لە ڕاستیدا نەچەسپاوە، چونکە ڕاستی لە ئەودا نییە. کاتێک درۆ دەکات، بە زمانی خۆی قسە دەکات، چونکە درۆزنە و باوکی درۆیە. «

ئاشکراکردن ١٢ : ٩ « ٩ ئەژدیهایە گەورەکە فڕێدرایە خوارەوە، مارە دێرینەکە کە بە ئیبلیس و شەیتان ناودەبردرێت، ئەوەی هەموو جیهان گومڕا دەکات، فریشتەکانیشی لەگەڵیدا فڕێدرانە سەر زەوی. «

بۆ ئەوەی بتوانێت دەست بەسەر ژیانی مرۆڤەکاندا بگرێت ڕێگایی ئەوە دەگرێتە بەر کەخوی وەک فریشتەی روناکی لای مرۆڤ ئاشکرا بکات. ئەو باش دەزانێت ئەگەر تێبگەین کە ئەو تاچی ڕادەیەک شەڕانگێز و مەترسی دارە، بە هیچ شێوازێک نزیکی ناکەوینەوە و ئەو کەسانەش کە دواکەوتەی شەیتانن، ئەوە ناهێڵی لە مەبەستیان تێبگەین و ڕووە ڕاستەکەی خۆیان دەشارنەوە.

دووەم کۆرنسۆس١١ : ١٢ – ١٥ « ١٢ بەڵام ئەوەی دەیکەم، وا دەیکەم بۆ ئەوەی هەلی هەڵپەرستان ببڕم کە شانازی دەکەن و دەیانەوێت دەریبخەن گوایا ئەوان وەک ئێمەن، ١٣ چونکە ئەمانە نێردراوی درۆزنن و کارگەری فێڵبازن، خۆیان لە شێوەی نێردراوی مەسیح دەردەخەن. ١٤ سەیر نییە، چونکە شەیتان خۆی لە شێوەی فریشتەی ڕووناکی دەردەخات. ١٥ کەواتە شتێکی سەیر نییە ئەگەر خزمەتکارانی خۆیان لە شێوەی خزمەتکاری ڕاستودروستی دەربخەن. دواڕۆژیان بەگوێرەی کرداریان دەبێت. «

ئەو بابەتە هۆکارە بۆ ئەوەی جودا کردنەوە و تێگەیشتن لە باش و خراپ تا ڕادەیەکی زۆر ئاستەم بێت، بۆیە پێویستمان بە ڕێنمایی ڕۆحی پیرۆز و هەروەها وشەی خودا هەیە. تێگەیشتن بە مانای ناسینەوەی ڕاستی لە درۆ و پاکی لە هەڵخەڵەتاندنە. عیسا پێمان دەڵێت کە بەربونەوی شەیتانی لە ئاسمانەوە بینی.

لۆقا ١٠ : ١٧ - ١٨ « ١٧ حەفتا و دوو نێردراوەکە بە شادییەوە گەڕانەوە و گوتیان: گەورەم، تەنانەت ڕۆحی پیسیش بە ناوی تۆوە ملکەچمانن.١٨ ئەویش پێی فەرموون: شەیتانم بینی وەک بروسکە لە ئاسمانەوە دەکەوت. «

لەو کاتەوە شەیتان بۆتە بنچینەی خراپە و پیسی کەهۆکاری لە ناوچوون و وێرانیە لەسەر زەوی. یەکەم یۆحەنا ٣ : ٨ « ٨ ئەوەی گوناه بکات لە ئیبلیسە، چونکە ئیبلیس هەر لەسەرەتاوە گوناهی کردووە. کوڕی خودا بۆ ئەمە دەرکەوت، تاکو کارەکانی ئیبلیس تێکبدات.» لە

راستیدا عیسا بەو هۆکارە هاتە سەرزەوی کە ئێمە لەدەست شەیتان ڕزگار بکات .

کۆلۆسی ١: ١٣ – ١٤ « ١٣ خودای باوک ئەوەی لە دەسەڵاتی تاریکی دەربازی کردین و ئێمەی بۆ شانشینی کورە خۆشەویستەکەی گواستەوە، ١٤ بە یەکبوون لەگەڵ ئەودا کڕدراینەوە ١٤:١ مەبەست لە کڕینەوەی مرۆڤە لە کۆیلایەتی گوناە بە خوێنی عیسا.، واتا لێخۆشبوونی گوناهمان وەرگرت.»

پەترۆسی نێردراو یەک لەئامانجە سەرەکیەکانی خودا بۆ ژیانی ئێمە ئاشکرا دەکات : بەڵام ڕەچەڵەکی ئێوەی مەسیحی، ڕەچەڵەکی دەستنیشنکراوە، گەلێکی پیرۆز، نەتەوەیەک کە تایبەتە بۆ خودا بۆ ئەوەی کە مەبەستە پیرۆزەکەی)عیسا(ئەو ڕابگەیەنن. عیسا ئەو کەسەیە کە ئێوەی لە تاریکی ناو سنورەکانی شەیتان هێنایە دەرەوە و ڕوناکییە شکۆدارەکەی خۆی پێ بەخشین و ڕێگای چوونە ناو پاشایەتی خودای بۆ کردینەوە.

دووەم پەترۆس ١ : ٩ « ٩ بەڵام ئەوەی ئەمانەی نەبێت، ئەوا کوێر و کەمبینە، لە یادی چووە کە گوناهە کۆنەکانی پاک بووەتەوە. «

ناوی شەیتان بە واتای دوژمن دێت کە دژایەتی کەسێک یان شتیک دەکات.لەوکاتەوە کە لە بەهەشت دەرکراوە، دژی خودا و تەواوی دروست کراوەکانی خودایە. ئەو باش دەزانێت کەناتوانێت ڕاستەوخۆ ڕوبەڕوی خودا بێتەوە و شەڕ بکات، بۆیە لە بەرامبەر گەلی خودا و مرۆڤەکان دەجەنگێت و شەو و ڕۆژ تۆمەتیان دەخاتە پاڵ.

زەکەریا ٣ : ١ – ٢ « ١ ئینجا یەشوعی سەرۆک کاهینی پیشان دام کە لەبەردەم فریشتەی یەزدان ڕاوەستابوو، شەیتانیش لەلای ڕاستیەوە ڕاوەستابوو تاکو تۆمەتباری بکات. ٢ یەزدانیش بە شەیتانی فەرموو: ئەی شەیتان، یەزدان سەرزەنشتت بکات! ئەو یەزدانەی کە ئۆرشەلیمی هەڵبژارد سەرزەنشتت بکات! ئایا ئەمە مەشخەڵێک نییە لە ئاگرەوە دەرکێشراێت؟»

ئاشکراکردن ١٢ : ١٠ « ١٠ جا گوێم لە دەنگێکی بەرز بوو لە ئاسماندا دەیفەرموو: ئێستا ڕزگاری و هێز و شانشینی خودامان و دەسەڵاتی مەسیحەکەی هاتووە، چونکە سکاڵاکار لە خوشک و براکانمان، ئەوەی

کە شەو ورۆژ لەبەردەم خوداماندا سکاڵای لێیان دەکرد، فڕێدرایە خوارەوە. « زۆربەی ئاژاوە و شەڕانگێزییەی کەلەدنیادا هەیە بەبۆنەی لەخۆبایی بوونی مرۆڤەوەیە و بە دەست تێوەردانی شەیتانەوە دەگاتە ئاستێکی مەترسی دار و تەنانەت وێرانکەر.

بۆچی شەیتان سەرکەوتووە؟

شەیتان ڕقی لە خودا و گەلی خودایە و تەواوی هەوڵی ئەوەیە کەتەواوی ئەوەی کەلای خودا خۆشەویستە، لەناو بەرێت و کێشەی بۆ دروست بکات.

یۆحەنا ١٠ : ١٠ « ١٠ دز نایەت بۆ دزین و کوشتن و لەناوبردن نەبێت. بەڵام من هاتووم تاکو ئەوان ژیانیان هەبێت، ژیانێکی پڕ و تەواو. «

بەگشتی لە مرۆڤ بێزارە، چونکە ئێمە لەسەر شێوەی خودا دروست کراوین بۆیە لە ڕادەبەدەر بێزارە لەوکەسانەی کە عیسایان خۆشدەوێت و کینەو نەفرەتێکی بێ ئەندازەی هەیە بەرامبەریان .

ئەو هەموو شێوازێک بەکاردەهێنێت بۆ ئەوەی لە ڕێگای خودا لا بدەین. ئەوە زۆر گەمژانەیە کەبەهێز بوونی ئەو لە ئاست خۆمان ڕەتبکەینەوە و هێزی ئەو بەکەم و بێ بایەخ دابنێین . ئەو زۆر لە ئێمە بەهێزترە، کاتێک مرۆڤەکان باوەڕیان وایە کە شەیتان بوونی نیە، وەک مامۆستایەکی گەورە لەبواری هەڵخەڵەتاندن و فێڵ کردندا، زۆر دڵخۆش دەبێت. پێویستە باش بزانین کە شەیتان ڕاستیە و بوونی تەواوی هەیە.

یەکێک لەورێگایانە کە شەیتان بەکاری دینێت ئەوەیە کەلەناو مێشک و دڵماندا دوو دڵی بەرامبەر بەخودا و ڕاستیەکان دروست دەکات. لە بەسەرهاتە بەناوبانگەکەی ئادەم و حەوادا ئەوە بە ئاشکرا دیارە. خودا ئاگاداری کردنەوە کە لە داری چاکە و خراپە نەخۆن، بەڵام مار (شەیتان) دزەی کردە ناو باوەڕی حەوا کە لە میوەی ئەو دارە بخۆ بۆ ئەوەی تەواوی نهێنیەکانی گەردوونی بۆ ئاشکرا بێت و فەرمانی خودا بۆ نەخواردنی تەنیا لەبەر خۆ پەرەستییە. کەواتە حەوا قسەی شەیتانی لە گوێ گرت و ئەنجامێکی یەکجار وێرانکەری لێ کەوتەوە کە تائێستاش بەردەوامە.

پەیدا بوون ٣ : ١ – ٢٤ « ١ مار لە هەموو ئاژەڵی کێوی سەر زەوی، ئەوانەی یەزدانی پەروەردگار دروستی کردبوون زۆرزانتر و تەڵەکەبازتر بوو.

به ئافرەتەکەی گوت: ئایا ڕاستە خودا فەرموویەتی: "بۆتان نییە لە هیچ درەختێکی باخچەکە بخۆن؟" ٢ ئافرەتەکەش بەمارەکەی گوت: بۆمان هەیە لە بەری درەختەکانی باخچەکە بخۆین، ٣ بەڵام خودا فەرمووی: "بۆتان نییە لە بەری ئەو درەختە بخۆن، کە لە ناوەڕاستی باخچەکەیە، هەروەها بۆتان نییە دەستی لێ بدەن، ئەگینا دەمرن." ٤ مارەکە بە ئافرەتەکەی گوت: نا بەڕاستی نامرن، ٥ چونکەخودا دەزانێت ئەو ڕۆژەی کە دەیخۆن چاوتان دەکرێتەوە و ئیتر وەک خوداتان لێدێت و چاکە و خراپە دەزانن. ٦ کاتێک ئافرەتەکە بینی بەری درەختەکە بۆ خواردن باشە، چاو ئارەزووی دەکات و وای لێ دەکات دانایێت، لەبەرەکەی کردەوە و خواردی، دایە مێردەکەشی کەلەگەڵی بوو، ئەویش خواردی. ٧ پاشان هەردووکیان چاویان کرایەوە و زانییان کە ڕووتن، ئیتر گەڵای هەنجیریان لێک دووری و پۆشاکیان بۆ خۆیان دروستکرد. ٨ ئینجا پیاوەکە و ژنەکەی گوێیان لە دەنگی یەزدانی پەروەردگار بوو کە لەکاتی هەڵکردنی شنەبای ڕۆژدا لە باخچەکەدا هاتوچۆی دەکرد، ئەوانیش لەنێو درەختەکانی باخچەکە خۆیان لەیەزدانی پەروەردگاریان شاردەوە. ٩ بەڵام یەزدانی پەروەردگاریش پیاوەکەی بانگ کرد و فەرمووی: لەکوێیت؟١٠ ئەویش وەڵامی دایەوە: لە باخچەکە گوێم لە دەنگت بوو، بەڵام لەبەر ئەوەی کە ڕووت بووم، ترسام؛ ئیتر خۆمم شاردەوە.١١ ئەویش فەرمووی: کێ بە تۆی گوت کە ڕووتیت؟ لەو درەختەت نەخواردێت کە فەرمانم پێ کردبوویت لێی نەخۆیت؟

١٢ پیاوەکەش گوتی: ئەو ئافرەتەی پێت دام لەگەڵم بێت، ئەو لە بەری ئەو درەختەی پێدام، منیش خواردم.١٣ ئینجا یەزدانی پەروەردگار بە ئافرەتەکەی فەرموو: ئەمە چییە تۆ کردووتە؟ ئافرەتەکەش گوتی: مارەکە فریوی دام و منیش خواردم. ١٤ یەزدانی پەروەردگار بە مارەکەی فەرموو: لەبەر ئەوەی ئەمەت کرد،تۆ لە هەموو ئاژەڵێکی ماڵی و کێوی نەفرەتلێکراوتر دەبیت.هەموو تەمەنیشت لەسەر سکت دەخشێیت و خۆڵ دەخۆیت.١٥ دوژمنایەتیش دەخەمە نێوان تۆ و ئافرەتەکە، نێوان نەوەی تۆ و نەوەی ئەوەوە. نەوەی ئەو سەرت پان دەکاتەوە ١٥:٣ ئاماژەیەکە بۆ خاچی مەسیح کە دواتر هات دەسەڵاتی شەیتانی تێکدا و تۆش پاژنەی پێی دەکوتیت. ١٦ بە ئافرەتەکەشی فەرموو: ئازاری سکپڕیت زۆر زیاتر دەکەم، بە ژانەوە منداڵت دەبێت. ئارەزووت بۆ پیاوەکەت دەبێت و ئەویش بەسەرتدا زاڵ دەبێت.١٧ ئینجا بە پیاوەکەشی فەرموو: لەبەر

ئەوەی تۆش گوێت لە ژنەکەت گرت و لەو درەختەت خوارد کە فەرمانم پێ کردبوویت، "نایێت لێی بخۆیت،"ئەوا زەویش بەهۆی تۆوە نەفرەت لێکراوە. بە ڕەنجکێشانیش هەموو ڕۆژانی ژیانت لێی دەخۆیت. ١٨ دڕکوداڵت بۆ بەرهەم دێنێت و ڕووەکی کێڵگە دەخۆیت. ١٩ بە ئارەقەی ناوچەوانت نان دەخۆیت، هەتا دەگەڕێیتەوە بۆ زەوی، کە لێیەوە وەرگیراویت، لەبەر ئەوەی تۆ خۆڵیت و بۆ خۆڵیش دەگەڕێیتەوە. ٢٠ ئادەم ٢٠:٣ ئادەم: لە عیبریدا بە وشەی ها ئادام هاتووە، واتا پیاوەکە. ناوی ژنەکەی نا حەوا ٢٠:٣ لە زمانی عیبری دەنگی وشەکە نزیکە لە وشەی زیندووی عیبری، چونکە دەبێتە دایکی هەموو زیندووان. ٢١ یەزدانی پەروەردگار بۆ ئادەم و ژنەکەی جلی لە پێست دروستکرد و لەبەری کردن. ٢٢ ئینجا یەزدانی پەروەردگار فەرمووی: ئێستا مرۆڤ بووە بە یەکێکی وەک خۆمان، چاکە و خراپە دەزانێت، ئێستاش ڕێگەی پێ نادرێت دەستی درێژ بکات و لە درەختی ژیانیش بکاتەوە و بیخوات و بۆ هەتاهەتایە بژیێت. ٢٣ ئیتر یەزدانی پەروەردگار لە باخچەی عەدەن دەریکرد، بۆ ئەوەی لەو زەوییە ئیش بکات کە لێوەی وەرگیراوە. ٢٤ دوای ئەوەی مرۆڤی دەرکرد،بۆ پاسەوانی ڕێگای درەختی ژیان لە دیوی ڕۆژهەڵاتی باخچەی عەدەن کەڕوبەکانی ٢٤:٣ کەڕوبەکان: بە واتای فریشتەکان هاتووە. دانا، لەگەڵ شمشێری گڕدار کە بە هەموو لایەکدا دەسوڕایەوە. «

بە پێی ئەو ڕوداوە دەزانین کە شەیتان لە توانایدا هەیە کە دزە بکاتە ناو مێشکمان، هەرچەندە ناتوانێت لە بیرکردنەوەمان تێ بگات. ئەو کردارمان دەبینیت و ئاگاداری لاوازیەکانمانە. جێی سەرسوڕمانە کەشەیتان تا ئێستاش هەربەو شێوازە دەجوڵێتەوە و تەنانەت ئەمڕۆش دوو دڵی دروست دەکات لە ناخ و مێشکمان دا کەبۆتە هۆکارێک بۆ ئەوەی کە ملیۆنان کەس لە خودا دوور کەونەوە.

سنوری هێزی شەیتان

شەیتان ئیزنی ئەوەی پێیە کە بچێتە خزمەتی خودا. و هەروەها ئیزنی پێدراوە کە گەلی خودا کە باوەردارن فریویان بدات.

ئەیوب ١ : ١ – ١٢ " ١ پیاوێک هەبوو لە خاکی عوچ ناوی ئەیوب بوو، کەسێکی ڕاست و بێ کەموکوڕی بوو، لەخواترس بوو، خۆی لە خراپە لادەدا. ٢ حەوت کوڕ و سێ کچی هەبوو. ٣ مەڕوماڵاتەکەشی، حەوت

هەزار مەڕ و سێ هەزار وشتر و پێنج سەد جووت مانگا و پێنج سەد ماکەر بوو، خزمەتکارەکانیشی زۆر زۆر بوون، ئەیوب لەنێو هەموو خەڵکی ڕۆژهەڵاتدا مەزنترین کەس بوو. ٤ کورەکانیشی بە نۆرە هەر جارەی لە ماڵی یەکێکیان خوانیان ساز دەکرد، سێ خوشکەکەیان بانگهێشت دەکرد بۆ ئەوەی لەگەڵیان بخۆن و بخۆنەوە. ٥ کاتێک کە ڕۆژانی خوان سازکردنەکە دەسووڕایەوە، ئەیوب بەدوایاندا دەینارد و پیرۆزی دەکردن، بۆ ڕۆژی پاشتر بەیانی زوو هەڵدەستا و بەپێی ژمارەیان قوربانی سووتاندنی پێشکەش دەکرد، چونکە ئەیوب دەیگوت: ڕەنگە منداڵەکانم گوناهیان کردبێت و لە دڵیاندا نەفرەتیان لە خودا کردبێت. ئەیوب بە بەردەوامی ئەم کارەی دەکرد. ٦ ئەوە بوو ڕۆژێکیان فریشتەکان ١:٦ عیبری: کورانی خودا، لێرە و لە ٢:١. ڕوانە پەیدابوون ٢:٦. هاتن بۆ ئەوەی لەبەردەم یەزدان بوەستن، شەیتانیش لەگەڵیان هات. ٧ جا یەزدان بە شەیتانی فەرموو: لەکوێوە هاتیت؟ شەیتانیش وەڵامی یەزدانی دایەوە: لە گەڕان لەسەر زەوی و هاتوچۆکردن تێیدا. ٨ یەزدانیش بە شەیتانی فەرموو: خۆ چاوت نەبڕیوەتە سەر ئەیوبی بەندەم؟ لە زەویدا کەس نییە وەک ئەو، کەسێکی وا ڕاست و بێ کەموکوڕی، لەخواترسە و لە خراپە لادەدات. ٩ شەیتانیش وەڵامی یەزدانی دایەوە:ئایا ئەیوب بەخۆڕایی لەخواترسە؟ ١٠ ئایا لەبەر ئەوە نییە کە تۆ لە دەوری خۆی و ماڵەکەی و هەرچی هەیەتی لە هەموو لایەکەوە پەرژینت لێ داوە؟کارەکانی دەستی ئەوت بەرەکەتدار کردووە، جا مەڕوماڵاتی بەناو زەویدا بڵاو بووەتەوە، ١١ بەڵام ئێستا دەست درێژبکە و لە هەموو ئەوە بدە کە هەیەتی، بزانە چۆن بەرەوڕوو نەفرەتت لێ دەکات. ١٢ جا یەزدان بە شەیتانی فەرموو: ئەوەتا هەرچی هەیەتی لە دەستی تۆدایە، بەڵام دەست بۆ خۆی مەبە. ئینجا شەیتان لەبەردەم یەزدان چووە دەرەوە. "

سوپاس بۆ خودا کە مەسیحیەکان بە دەستی مەسیح پارێزراون و ئەو نوێژ دەکات بۆ باوەڕداران کە لەو تاقیکردنەوانەدا سەر کەوتوو بن.

لۆقا ٢٢ : ٣١ – ٣٢ " ٣١ شیمۆن، شیمۆن، شەیتان داوای کردوون تاقیتان بکاتەوە، وەک گەنم لە بێژنگتان بدات. ٣٢ بەڵام من نوێژم بۆ کردیت تاکو باوەڕت لەدەست نەدەیت. تۆش کە دەگەڕێیتەوە برایانت بەهێز بکە."

ئەوە لە کاتێکدایە کە بێت و باوەڕدار نەبێت و لە ڕێگای مەسیحەوە پەیوەندیت لە گەڵ خودا نەبێت، ئەوە ناتوانیت چاوەڕێی ئەوە بیت کە لە

ئاستی شەیتان پارێزراو بێت. ئەو کەسانەی کە باوەڕدار نین، دەکرێت کە ڕۆحیان لە ژێر کاریگەری شەیتان دا بێت. بە شێوازێک کە شەیتان لە توانایدا دەبێت کە بیر کردنەوە و کرداریان بەو شێوازە لێ بکات کە خۆی ئارەزوی دەکات.

لۆقا ٢٢ : ٣ " ٣ شەیتان چووە ناو یەهوزاوە، کە پێی دەگوترا ئەسخەریوتی و یەکێک بوو لە دوازدە قوتابییەکە. "

ئەوە مەحاڵە کە شەیتان بتوانێت زاڵ بێت بە سەر باوەڕدارانی ڕاست دا، چونکە ڕۆحی پیرۆز لەواندا دەژیت و شەیتان ناتوانێت بەشدار بێت لە شوینێک کە خودا نیشتەجێیەتێیدا. بەڵام دەتوانێت کێشە بنێتەوە و ناڕەحەتی دروست بکات و ئەوان بخاتە ناو گوشارەوە.

کردار ١٠ : ٣٨ « ٣٨ چۆن خودا بە ڕۆحی پیرۆز و هێز عیسای ناسیرەیی دەستنیشان کرد١٠:٣٨ لە پەیمانی کۆن داود لەلایەن ساموئێلەوە چەورکرا کە هەڵبژاردەی خودایە، ئەم چەورکردنەش وەکو نەریتێک بەردەوام بوو بۆ ڕزگاریی خودا.، ئەوەی دەگەڕا و چاکەی دەکرد و هەموو ئەوانەی ئیبلیس دەستی بەسەریاندا گرتبوو چاکی دەکردنەوە، چونکە خودا لەگەڵی بوو.»

یەکەم سالۆنیکی ٢ : ١٨ « ١٨ ویستمان بێینە لاتان، لە ڕاستیدا خۆم وەک پۆڵس چەند جارێک هەوڵم دا، بەڵام شەیتان ڕێی لێگرتین. «

یەکەم پەترۆس ٥ : ٨ – ٩ « ٨ چاوکراوە بن و ئێشک بگرن، شەیتانی دوژمنتان وەک شێرێکی بە نەڕەنەڕ دەسوورێتەوە، بەدوای یەکێکدا دەگەڕێ بۆ ئەوەی بیخوات. ٩ بەربەرەکانێی بکەن، لە باوەڕەکە بچەسپێن، بزانن خوشک و براکانیشتان لە جیهاندا هەمان ئازار دەچێژن. «

لەوانەیە خوداوەند ئیزنی ئەوە بە شەیتان و یاریدەدەرەکانی بدات بو ئەوەی هەندیک ئاستەنگ بخەنە ژیانمانەوە کە بیتە هۆکاری ئەوەی کە کەسایەتیمان بە هێزتر بێت و زیاتر پشت بە خودا ببەستن.

دووەم کۆرنسۆس ١٢ : ٧ « ٧ بۆ ئەوەی بە گەورەیی ئەو بینینانەی بۆم ئاشکرا کران لووتبەرز نەبم، لە جەستەدا دڕکێکم درایێ، وەک ئەوەی لەلایەن شەیتانەوە نێردرابێت تاکو ئازارم بدات، تاکو لووتبەرز نەبم. « هەندێک لە نیشانەکانی زاڵبوونی شەیتان لە شێوەی نائاسایی دەروونیدا دەردەکەون.

مەرقۆس ٥ : ١ – ١٥ « ١ ئینجا گەیشتنە ئەوبەری دەریاچەکە، بۆ هەرێمی گەراسین. ٢ کاتێک عیسا لە بەلەمەکە دابەزی، یەکسەر لەناو گۆرستان پیاوێکی تووش بوو ڕۆحی پیسی تێدابوو، ٣ لەناو گۆرستاندا دەژیا، کەس نەیدەتوانی چیتر بیبەستێتەوە، تەنانەت بە زنجیریش. ٤ زۆر جار بە کۆت و زنجیر دەبەسترایەوە، بەڵام زنجیرەکانی دەپچڕاند و کۆتەکانیشی دەشکاند، کەس نەیدەتوانی بەسەریدا زاڵ بێت. ٥ شەو و ڕۆژ بەردەوام لەناو گۆرستان و لە چیاکاندا بوو، هاواری دەکرد و بە بەرد لەشی خۆی بریندار دەکرد. ٦ کاتێک لە دوورەوە عیسای بینی، ڕایکرد و کڕنۆشی بۆ برد. ٧ بە دەنگێکی بەرز هاواری کرد: چیت لە من دەوێت، ئەی عیسای کوڕی خودای هەرەبەرز؟ سوێندت دەدەم بە خودا، ئەشکەنجەم مەدە! ٨ چونکە عیسا پێی فەرمووبوو: ئەی ڕۆحی پیس، لە پیاوەکە وەرە دەرەوە! ٩ ئینجا لێی پرسی: ناوت چییە؟پێی گوت: ناوم لێگیۆنە ٩:٥ لێگیۆن: لاتینی، واتا لەشکری ٦٠٠٠ سەربازی، چونکە ئێمە زۆرین. ١٠ زۆریش لە عیسا پاڕایەوە نەیاننێرێتە دەرەوەی ناوچەکە.١١ لەوێ ڕانە بەرازێکی گەورە لە قەد شاخەکە دەلەوەڕان، ١٢ ڕۆحە پیسەکان لە عیسا پاڕانەوە: بماننێرە ناو بەرازەکان، با بچینە ناویان. ١٣ ئەویش ڕێی پێدان. ڕۆحە پیسەکان هاتنە دەرەوە و چوونە ناو بەرازەکان، ئینجا ڕانەکە کە نزیکەی دوو هەزار سەر دەبوون، بە خێرایی لە قەدپاڵەکەوە بۆ ناو دەریاچەکە هەڵدێران و خنکان. ١٤ بەرازەوانەکان ڕایانکرد و هەواڵیان دا بە شار و گوندەکان. خەڵکەکەش هاتن تاکو ببینن چی ڕوویداوە. ١٥ کاتێک هاتنە لای عیسا، بینییان ئەوەی لەشکرێک ڕۆحی پیسی تێدابوو، دانیشتووە و پۆشتەیە و ئاقڵە،ئیتر ترسان. «

لە پەڕتووکی پیرۆزدا باس لە کردەوەکانی شەیتان دەکات کە بە شێوازی کردەوەی توند و تیژ دەردەکەون.

لۆقا ٨ : ٢٦ – ٢٩ « ٢٦ ئینجا بەرەو هەرێمی گەراسین ڕۆیشتن، کە بەرامبەر جەلیلە. ٢٧ کاتێک عیسا دابەزیە سەر وشکانی، پیاوێکی ئەو شارەی تووش بوو کە ڕۆحی پیسی تێدابوو، دەمێک بوو جلی لەبەر نەدەکرد و لە ماڵدا نەدەژیا، بەڵکو لە گۆرستان دەژیا. ٢٨ کە عیسای بینی، هاواری کرد و لەبەردەمی کەوت، بە دەنگی بەرز گوتی: چیت لە من دەوێت، ئەی عیسای کوڕی خودای هەرەبەرز؟ لێت دەپاڕێمەوە ئەشکەنجەم نەدەی!

٢٩ چونکە عیسا فەرمانی بە ڕۆحە پیسەکە دابوو لە پیاوەکە بێتە دەرەوە. زۆر جار ڕۆحە پیسەکە دەیگرت، هەرچەندە بە کۆت و زنجیر دەبەسترایەوە و چاودێری دەکرا، بەڵام کۆتەکانی دەشکاند و ڕۆحی پیس بەرەو چۆڵەوانی دەیبرد. «

هەندێک جاریش بە شێوەی نەخۆشی و نوقسانی جەستەیی خۆی نیشان دەدات. لۆقا١١:١٣ « ١١ ژنێک بەهۆی ڕۆحێکی پیسەوە هەژدە ساڵ نەخۆش بوو، قەمبوور بوو و هەرگیز نەیدەتوانی بە تەواوی ڕاستبێتەوە. «

مەتا ١٢ : ٢٢ « ٢٢ ئینجا پیاوێکیان بۆ هێنا ڕۆحی پیسی تێدابوو، نابینا و لاڵ بوو، ئەویش چاکیکردەوە بە جۆرێک کە توانی قسە بکات و ببینێت. «

بە دڵنیاییەوە کەسێک کەتوشی نەخۆشی دەبێت یان ڕەفتارێکی توند و تیژی لێ ببینرێت یا کێشەیەکی دەروونی هەیە، ئەوە ناگەیەنێت کەشەیتان بەسەری دا زاڵە. بەڵام بێ گومان دەکرێت کەلاوازی و نەخۆشی بێتە هۆکار و یارمەتی ئەوە بدات کە شەیتان ئاسانتر بتوانێت دەست بگرێت بەسەر مرۆڤدا.

شەیتان خاوەنی لەشکرێکە لەو فریشتانە کە دەرکراون. بەعلزەبولی (Beelzebub) کە مانای ‹سەرکردەی ڕۆحە پیسەکان › یان ‹پاشای ڕۆحە پیسەکانە ›، یەک لە نازناوەکانی شەیتانە.

مەتا ١٢ : ٢٤ «٢٤ بەڵام فەریسییەکان کە ئەمەیان بیست، گوتیان: ئەمە ڕۆحی پیس دەرناکات، مەگەر بە بەعلزەبولی ١٢:٢٤ پروانە پەراوێزی مەتا ١٠:٢٥ شای ڕۆحە پیسەکان نەبێت.»

بێ گومان ئەو ئایەتە ئەوە نیشان دەدات کە فەریسیەکان تا چی ڕادەیەک ڕق و کینەیان هەبوە بەرامبەر بە عیسا و مەبەستیان ئەوە بووە کە هێزی خودا لە لایەن شەیتانەوە سەرچاوە دەگرێت و لەو ئایەتە مەبەست ئەوەیەکە بڵێن شەیتان پاشای ڕۆحە پیسەکانە.

شەیتان بوونەوەرێکی دروستکراوە بۆیە ناتوانی لەیەک کاتدا لە هەموو شوێنێک بێت. تەنیا خودایە کە ئامادەبوونی ڕەهایە و لە یەک کات دا لە هەموو شوێنێک ئامادەیە. کە وایە شەیتان بوو کردەوە ناشیرنەکانی

یاریدەدەرەکانی بە کار دێنێت. ئەوە راستیە کە ڕۆحە پیسەکان سنوریان هەیە و ناوچەی تایبەیتان لە ژێر دەسەڵات دا هەیە.

دانیاڵ ١٠ : ١٣ « ١٣ سەرۆکی ڕۆحە پیسەکانی شانشینی فارس ماوەی بیست و یەک ڕۆژ بەرەنگارم بووەوە، ئینجا میکائیل کە یەکێک لە سەرۆک فریشتەکانە بۆ هاریکاریم هات، چونکە من لەوێ لەلای پاشای فارس دواخرابووم. «

ئەفەسۆس ٦ : ١٠ – ١٢ « ١٠ لە کۆتاییدا پێتان دەڵێم کە بە یەکبوون لەگەڵ مەسیحی باڵادەست و هێزە گەورەکەی بەهێز بن. ١١ بە چەکی تەواوی خودا خۆتان چەکدار بکەن، تاکو بتوانن بەرامبەر پیلانی شەیتان خۆتان ڕابگرن، ١٢ چونکە زۆرانبازی ئێمە لەگەڵ گۆشت و خوێن نییە، بەڵکو لە دژی سەرۆک و دەسەڵاتدار و فەرمانڕەوایانی ئەم جیهانە تاریکەیە، هەروەها لە دژی سەربازە بەدکارە ڕۆحییەکانە لە شوێنەکانی ئاسمان. «

شەیتان، پاشای ئەم جیهانەیە و دەسەلاتی بەسەر زەویدا هەیە. لۆقا ٤ : ٥ – ٦ « ٥ ئینجا ئیبلیس عیسای بردە شوێنێکی بەرز و لە چاوتروکانێکدا هەموو شانشینەکانی جیهانی پیشان دا و ٦ پێی گوت: هەموو ئەم دەسەڵات و شکۆیەی ئەوان دەدەمە تۆ، چونکە دراوەتە من و منیش دەیدەم بە هەرکەسێک کە بمەوێت. «

یۆحەنا ١٢ : ٣١ «٣١ ئێستا کاتی حوکمدانی ئەم جیهانەیە.ئێستا سەرۆکی ئەم جیهانە دەردەکرێت. « دووەم کۆرنسۆس ٤ : ٣ – ٤ « ٣ بەڵام ئەگەر مژدەکەمان ٣:٤ یۆنانی: ئینجیل. شاراوە بێت، ئەوا بۆ ئەوانە شاراوەیە کە لەناودەچن، ٤ لێرەدا خوداوەندی ئەم دنیایە ٤:٤ شەیتان. بیری بێباوەڕانی کوێر کردووە،تاکو ڕووناکی مزگێنیی شکۆی مەسیحیان بۆ نەدرەوشێتەوە، ئەوەی وێنەی خودایە. «

یەکەم یۆحەنا ٥ : ١٩ « ١٩ دەزانین لە خوداوەین و هەموو جیهان لەژێر دەستی شەیتاندا دانراوە. « وشەی جیهان لەو ئایەتەدا، کاروباری ڕۆژانە، کۆمەڵایەتی، ئابووری و سیاسی و جەستەیی لە خۆ دەگرێت کە مرۆڤ لەگەڵیاندا دەژێت. هەر بەو هۆکارەشە کە شەرەنگێزیەکی زۆر دەبینرێت لەناو ئەو کەسانەدا کە باوەریان بە عیسا نیە، هۆکارەکەشی ئەوەیە کە بیرکردنەوەیان بە کردەوە لە ژێر دەسەلاتی شەیتان دایە.

ئەفەسۆس ٢ : ١ - ٢ « ١ ئێوەش بەهۆی خراپە و گوناهەکانتانەوە مردبوون ٢ کە پێشتر تێیدا دەژیان کاتێک پەیڕەوی ڕێبازی ئەم جیهانە و سەرۆکی دەسەڵاتی هەواتان دەکرد، ئەو ڕۆحەی ئێستا لە یاخیبووواندا کار دەکات. «

تەنانەت مەسیحیەکانیش تا پێش باوەڕهێنان بە مەسیحی پیرۆز، شوێنکەوتووی شەیتان بوون. بەڵام بڕیارێکی گەورە و گرنگیان دا بۆ ئەوەی لە دوژمنەکەیان دوور کەونەوە و بگەڕێنەوە بۆ لای مەسیح کە ڕۆحیانی خۆش دەوێت. ئەو بابەتە زۆر گرنگە کە پێویستە بیزانین، ئەرکی ئێمەیە بۆ ئەوەی بڕیار بدەین کە دەمانەوێت خزمەت بە کێ بکەین. سەرنج بدەن کە ئەو ئایەتانە باس لەو هەڵبژاردنە دەکەن لە نێوان خودای ڕاستی و خودای درۆزن.

یەشوع ٢٤ : ١٥ « ١٥ بەڵام ئەگەر بەلاتانەوە خراپە یەزدان بپەرستن، ئەوا ئەمڕۆ بۆ خۆتان هەڵبژێرن کێ دەپەرستن، ئەگەر ئەو خوداوەندانە بن کە باوباپیرانتان لەوبەری ڕووباری فورات دەیانپەرستن یان خوداوەندەکانی ئەمۆرییەکان ئەوانەی ئێوە لەناو خاکەکەیاندا نیشتەجێن. بەڵام من و بنەماڵەکەم یەزدان دەپەرستین. «

خزمەت بە کێ دەکەن؟

خودا ڕاستییە و ناتوانێت درۆ بکات و شەیتان درۆزنە و لە قوڵایی ناخیەوە بکوژ و خراپەکارە. هەر بەوجۆرە کەمرۆڤ دەتوانێت هەڵبژاردەکەی خودا بێت و کەسایەتی ئەو لەکردەوە و ژیانیدا ڕەنگ بداتەوە، دەتوانێت خزمەت کردن بە شەیتان هەڵبژێرێت و کەسایەتی وەک ئەوی لێ بێت.

دووەم تیمۆساوس ٢ : ٢٥ - ٢٦ « ٢٥ ئەوانەی بەربەرەکانێی دەکەن بە دڵنەرمی ڕاستیان بکاتەوە، بە هیوای ئەوەی خودا تۆبەکردنی ڕاستی ناسینیان بداتێ ٢٦ و لە داوی شەیتان هۆشیان بەخۆیاندا بێتەوە، ئەوەی بۆ ئەنجامدانی خواستی خۆی بەندی کردن. «

ئەوە هەڵبژاردنێکی تایبەتە بۆ هەرکەسێک کە دەیەوێت ژیانی خۆی پێشکەش بەکێ بکات. ئەوە ڕاستیەکە لەوانەیە عیسا هەڵبژێرن یا خود لەوانەیە دواى دوژمنی ڕوح و ژیانی خۆتان بکەون. مەتا ١٢ : ٣٠ « ٣٠

ئەوەی لەگەڵ من نییە لە دژی منە، ئەوەش لەگەڵ من کۆناکاتەوە، بڵاو دەکاتەوە. «

یەکەم یۆحەنا ٣ : ٩ – ١٠ « ئیبلیس هەر لە سەرەتاوە گوناهی کردووە. کوڕی خودا بۆ ئەمە دەرکەوت، تاکو کارەکانی ئیبلیس تێکبدات. ٩ هەرکەسێک لە خوداوە لەدایک بوویێت بەردەوام نابێت لە گوناهکردن، چونکە تۆوی خودای تێدا دەچەسپێت. ناتوانێت بەردەوام بێت لە گوناهکردن، لەبەرئەوەی لە خوداوە لەدایک بووە. ١٠ ڕۆڵەی خودا و ڕۆڵەی ئیبلیس بەمە دەردەکەون: هەرکەسێک ڕاستودروستی پەیڕەو نەکات لە خوداوە نییە، هەروەک ئەوەی خوشکی یان برای خۆی خۆشنەوێت «

بێ گومان لەلایەن ئێمەی مەسیحییەوە هەندێ جار هەڵە ڕوو دەدات، بەڵام نابێت لە بیرمان بچێت کەدانایی و چاکەی ئێمە لەلایەن مەسیحەوە دێت نەک لە ژێر کاریگەری هەوڵ و تێکوشانی خۆمانەوە. بەڵام هەرکەسێک بە تەنیا خۆی دەتوانێت بڕیار بدات بە پێی ویست و بیر کردنەوە و کردارەکانی کە دەی هەوێت لەگەڵ کام لایەندا بژێت.

لەوانەیە لای خۆت بەو شێوەیە بیر بکەیتەوە کە ‹ من باوەڕم بە عیسا نیە، بەڵام لە هەمان کات دا پەرەستشی شەیتانیش ناکەم. ‹ بەڵام ئێمە ناتوانین بێ لایەن بین. یان لە ڕوناکی دا دەژین و لای مەسیح دەبین یا خود لە تاریکیدا و لە خزمەت شەیتاندا ژیانمان بە سەر دەبەین.

کردار ٢٦ : ١٥ – ١٨ « ١٥ منیش گوتم: تۆ کێیت گەورەم؟مەسیحی خاوەن شکۆ فەرمووی: من عیسام، ئەوەی تۆ دەیچەوسێنیتەوە. ١٦ بەڵام هەستە و لەسەر پێیەکانت ڕابوەستە. لەبەر ئەوە بۆت دەرکەوتم، کە وەک خزمەتکار و شایەت هەڵتبژێرم بۆ ئەوەی بینیت و ئەوەی تێیدا بۆت دەردەکەوم. ١٧ ڕزگارت دەکەم لە گەلەکەت و لەو ناجولەکانەی تۆیان بۆ دەنێرم ١٨ تاکو چاویان بکەیتەوە، تاکو لە تاریکی بگەڕێنەوە بۆڕووناکی، لە دەسەڵاتی شەیتان بۆ خودا، ئەوسا لێخۆشبوونی گوناه وەردەگرن و لەگەڵ ئەوانەی بە باوەڕیان بە من پیرۆزکراون بەشیان دەبێت.»

تاکە ئامانج و هیوای شەیتان ئەوەیە کە بمانکاتە کۆیلەی خراپە و بەو ڕێگایەدا لەناومان بەرێت. تەنیا مەسیحە کە دەتوانێت ڕزگارمان بکات، چونکە تەنیا کەسێکە کەهیوای ڕزگار بوونمانە و هێزو توانای ئەوەی هەیە کە دەربازمان بکات. بڕیاری ئێمە لە سەر باوەڕمان بە مەسیح یان

رەتکردنەوەی مەسیح، دەبێتە هۆکاری بڕیاردانی خوداوەند لە سەرمان. ئێمە ناتوانین کەمێک مەسیحی بین ! ڕاستی ئەوەیە کە خوداوەند لەو کردارە دووڕوییە بێزارە. خوداوەند وای پێ باشە کە ڕاستگۆیانە نکۆڵی لێ بکەیت تا ئەوەی کە بە دووڕویانە خۆت وا دەربخەیت کە باوەڕداری و مەسیحیت.

ئاشکراکردن ٣ : ١٥ - ١٦ « ١٥ ئاگام لە کردارەکانتە، تۆ نە سارد و نە گەرمیت. خۆزگە سارد یان گەرم بووای، ١٦ بەڵام لەبەر ئەوەی شلەتێنیت، نە ساردیت و نە گەرمیت، بەتەمام لە دەممەوە بتتفێنمەوە. »

ئەو کەسانەی کە باوەڕداری تازەن، لە ئاست شەیتان و هێرشەکانیدا لاوازن و هێزی بەرگریان نیە. لۆقا ٨ : ١٢ « ١٢ ئەوانەی سەر ڕێگاکە ئەوانەن کە گوێیان لێبوو، ئینجا ئیبلیس دێت و پەیامەکە لە دڵیان دەبات، نەوەک باوەڕ بهێنن و ڕزگاریان بێت. »

هەر بەو هۆکارەیە کەدوای باوەڕ هێنان بە مەسیح زۆر گرنگە فێرکاری وەربگرن لەسەر بنەما و بیرو باوەڕی مەسیحی. باوەڕداری تازە پێویستە لە پەیوەندی دا بێت لەگەڵ باوەڕدارانی بە ئەزموون کە بێتە هۆکاری ئەوەی کە باوەڕی پتەوتر ببێت و هێرشی شەیتان بناسێتەوە، فێر بێت چۆن نوێژ بکات، بە چ شێوەیەک بەسەر ویست و کردارە خراپەکانی ڕابردودا زاڵ بێت و بزانێت بە چ شێوازێک ووشەی خودا بخوێنێتەوە.

بە چی شێوەیەک لەگەڵ شەیتان مامەڵە بکەین؟

لە سەر ئەو بابەتە بۆچوونی تایبەتی من ئەوەیە کە نابێت بە هیچ شێوازێک لەگەڵ شەیتان گفتوگۆ بکەین. بینیومە کە هەندێک کەسی مەسیحی لەگەڵ شەیتان گفتوگۆیان کردوە، هاواریان کردوە بە سەریدا و فەرمانی پێ دەکەن کە گوێڕایەڵیان بیت ! لە راستیدا دوای ئەو بابەتە کەوتم و لە پەڕۆکی پیروززدا بو وشەی ‹ هاوار و قیژە› کردن دا گەرام.لەم گەرانەدا گەیشتم بەوە کە تەنیا یەک جار لە نیو جەماوەردا هاوار کردن ڕوی داوە و ‹قیژە› یەک جار هاتوە، کە ئەویش لە سەر بابەتی ڕوحە پیسەکانە کە بەرامبەر بە مەسیح شورشیان کرد و کاریگەریان لە سەر یەک یان دو کەس هەبو.

لە بری ئەوەی لە گەل شەیتان بکەومە شەر، وام پی باشە کە ڕوو بکەمە خوداوەند و داوای لی بکەم لە بەرامبەر شەیتان بمپارێزێت و شەری شەیتان بکات. تەنانەت سەرۆکی فریشتەکانی خودا ‹میکائیل› داوای لە خودا کرد کە خودا خوی ڕووبەڕوی شەیتان بیتەوە.

یەهوزا ١ : ٩ « ٩ بەڵام میکائیلی سەرۆکی فریشتەکان، کاتێک دژایەتی شەیتانی کرد و سەبارەت بە تەرمی موسا مشتومڕی کرد، نەیوێرا بە بوختان سکاڵای لێ بکات، بەڵکو گوتی: یەزدان سەرزەنشتت بکات! «

لە کوتایدا پەیویستە کە خومان دور بگرین لە هەر شتیک کە پەیوەندی هەیە بە کارە نائاسایەکان و سیحربازی، وەک فاڵ گرتنەوە، بەخت خوێندنەوە یا کۆبونەوە بۆ بانگ کردنی ڕۆح و نێوانگرانی مردوو و زیندو .

دواوتار١٨ : ٩ – ١٤ « ٩ کاتێک چوونە ناو ئەو خاکەی کە یەزدانی پەروەردگارتان پێتان دەدات، فێر مەبن وەک نەریتە ڤێزەونەکانی ئەو نەتەوانە بکەن. ١٠ ئەوانەتان تێدا نەبێت کە کوڕەکەی یان کچەکەی وەک قوربانی بسووتێنێت، هەروەها نە ئەوانەی فاڵگرتنەوە دەکەن و نە بەخت خوێندنەوە و نە جادووگەری و نە سیحربازی، ١١ نە ئەوانەی نوشتە دەکەن و نە ئەوانەی نێوانگرن ١١:١٨ نێوانگرن: لێرە بەو واتایە دێت، کەسێکە کە گوایە هۆی پەیوەندی ڕێکخەرە لەنێوان خەڵکی مردوو و زیندوودا. بڕوانە لێڤییەکان ٣١:١٩. و نە ئەوانەی ڕۆح ئامادەکارن ١١:١٨ ڕۆح ئامادەکارن: بەو کەسانە دەگوترێت کە ڕۆح ئامادە دەکەن. بڕوانە یەکەم ساموئێل ٣:٢٨ و ٨–٩ و نە ئەوانەی ڕاوێژ بە مردووان دەکەن، ١٢ چونکە هەرکەسێک ئەم نەریتانە پەیڕەو بکات لەلای یەزدان ڤێزەونە، هەر بەهۆی ئەم نەریتە ڤێزەونانەیە یەزدانی پەروەردگارتان نەتەوەکان لەبەردەمتان ڕاو دەنێت. ١٣ لەلای یەزدانی پەروەردگارتان بێ کەموکوڕی دەبن. ١٤ ئەو نەتەوانەی ئێوە جێیان دەگرنەوە گوێ لە بەخت خوێنەر و فاڵگرەوان دەگرن، بەڵام بۆ ئێوە یەزدانی پەروەردگارتان بەم شێوەیە ڕێی نەداوە «

ئیشایا ٨ : ١٩ « ١٩ کە پێتان دەڵێن: پرسیار لە نێوانگرەکان ١٩:٨ نێوانگرەکان: لێرە بەو واتایە دێت، ئەو کەسانە کە گوایە هۆی پەیوەندی ڕێکخەرن لەنێوان خەڵکی مردوو و زیندوودا و ڕۆح ئامادەکاران ١٩:٨ ڕۆح

ئامادەکاران: بەو کەسانە دەگوترێت کە ڕۆح ئامادە دەکەن. ڕوانە یەکەم ساموئێل ٣:٢٨؛ ٨-٩ بکەن کە ورتەورت و چپەچپیانە، پێیان بڵێ: ئەی گەل، لە خوداکەتان بپرسن. ئایا لە پێناو زیندووان پرسیار لە مردووان دەکەن؟ «

ئەو شتانەی کە بو بەسەربردنی کاتێکی خۆش بە کار دین و مەترسیدار دەرناکەوەن، دەبنە هوکاری ئالودە بون. شەیتان زوور بە زیرەکی و لەو پەری دلرەقی دا پلان دادەنیت و هیچ شتیک ناتوانیت بیوەستێنیت. تەواوی ئەو زانیاریانەی کە ئیمە پێویستمانە لەسەر شەیتان، لە پەرتووکی پیرۆز دا نوسراوە. خوداوەند دەیەویت تەنیا لە لایان خویەوە داناییتان پێ ببەخشێت و ڕێنماییتان بکات.

پەرتووکی پیرۆز بە باوەڕداران دەڵێت کە بەرهەڵستی شەیتان بکەن، لێتان هەڵدێت و بە پەلە بەجێتان دەهێڵێت.

یاقوب ٤ : ٧ « ٧ بۆیە ملکەچی خودا بن. بەرهەڵستی شەیتان بکەن، لێتان هەڵدێت. «

بەڵام پێویستە کەلە پێشدا بەوپەری بێفیزییەوە ژیانی خۆمان ڕادەستی خودا بکەین.تەنیا بەو ڕێگایە کە دەتوانین لە بەرامبەر فێڵی شەیتاندا خۆمان بپارێزین، خوداوەند تەواوی ژیانی ئێمەی دەوێت، دڵمان، بیر کردنەوەمان، ژیان و جەستمانی دەوێت کەلە ژێر دەسەڵات و خۆشەویستی ئەودا بێت.

کاتێک کە هەموو ڕۆژێک لە پەیوەندی و نوێژ و نزا داین لەگەڵ خوداوەند، دەتوانین پارێزراو بین لە بەرامبەر شەیتاندا. وەک پێشتر باسمان کرد، تا ئێستاش ڕوبەڕوی کێشە دەبینەوە وتەنانەت لەوانەیە بکەوینە ژێر هێرشی ئەومارە فێڵبازەوە ! بەڵام ژیان بەو جۆرە نیە کە بەدڵی ئێمە تێپەڕ بێت و بەنوێژکردنێکی بەپەلە لەکێشەکان دەرباز بین و ئاسایشی تەواومان بۆ دەستەبەر بکات .

لە بەرئەو هۆکارەیە کەخوداوەند چەکی ڕۆحی پێ بەخشیوین بە مەبەستی ئەو شەڕە ڕۆحیە کە لە بەرامبەرمانە.

ئەو چەکێکی تایبەتە و لەسەرو سروشتەوەیە و تەنیا کاتێک کاریگەری دەبێت کە بەردەوام و بەهێزی ڕۆحی پیرۆز بەکاربهێنرێت.

بەهێزترین چەکێک کە لە دژی شەیتان بە کاردەهێنرێت، ووشەی خودایە کە بەشمشێری خودا ناو دەبردرێت و هەروەها نوێژ کردنیش چەکێکی بەهێزە. لە ئەفەسۆس دا باسی ئەو چەکە ڕۆحیە دەکات کە لەو شەڕەدا بە کاردێت.

ئەفەسۆس ٦ : ١٣ – ١٨ « ١٣ بۆیە چەکی تەواوی خودا هەڵبگرن، تاکو بتوانن لە ڕۆژی بەدکاردا خۆڕاگربن و دوای تەواوبوونی هەموو شتێک، بچەسپێن. ١٤ بەبەستنی پشتێنی ڕاستی بە ناوقەدتان و زرێی ٦:١٤ جلێکی ئاسنینە بۆ پاراستنی سنگی سەرباز لە کاتی جەنگدا. پڕوانە ئیشایا ١٧:٥٩ ڕاستودروستی بە سنگتانەوە، ١٥ ئامادەیی لە پێ بکەن بۆ ڕاگەیاندنی مزگێنیی ئاشتی ١٥:٦ ڕاگەیاندنی مژدەی ئاشتبوونەوە لەگەڵ خودا، ١٦ لە سەرووی هەموو ئەوانە قەڵغانی باوەڕ هەڵبگرن، بەمە دەتوانن هەموو تیرە گڕدارەکانی شەیتان بکوژێننەوە. ١٧ هەروەها کڵاوی ئاسنینی ڕزگاری لەسەر بکەن و شمشێری ڕۆحی پیرۆز هەڵبگرن کە پەیامی خودایە.١٨ بە هەموو جۆرە نوێژ و پاڕانەوەیەک، هەموو کاتێک لە ڕۆحی پیرۆزدا نوێژ بکەن. بۆ ئەمەش ئێشک بگرن و بە بەردەوامی بۆ تەواوی گەلی پیرۆزی خودا بپاڕێنەوە. « پێویستە سەرنج بدەنە ئەو بابەتە کە لێرەدا نەنوسراوە کە پڕۆینە دەرەوە و شەڕ بکەن، بەسەر دوژمندا هاوار بکەن یان پڕۆن و پێگەی بشکێنن، لێرەدا فەرمان کراوە کەبە هێزو و خۆڕاگربن.ناوی تەنیا یەک چەک هاتووە کە ئەویش پەرتووکی پیرۆزە کە دەتوانین بیخوێنینەوە کاتێک دەکەوینە بەر هێرشی شەیتان و لە سەر ئایەتاکانی بدوێن.

لام وایە پەرجوم بینیوە

لە کاتێکدا کە بۆ دواهەمین جار لە هاتن و بینین عیسای مەسیح بە شێوەی جەستە نزیک دەبێتەوە، خەڵک لایان وایە کە لە کۆتایی دونیا نزیک دەبنەوە. کارەساتە سروشتییەکان و شەرەنگێزی زۆر گەورە ڕودەدات. تەنانەت ئەو کەسانەی کە خۆیان بەشوێنکەوتووی مەسیح هەژمار دەکەن، حاشای لێ دەکەن و خۆیانی لێ بە دووردەگرن. ئەوە نیشانەی هەڵخەڵەتاندنێکی زۆر گەورەو و گشتگیرە. خەڵک بەدوای وڵامێک دا دەگەڕێن و هەر بیرۆکە و و بیر و ڕایەک کە بێتە هۆکاری لە ناو چوونی ترس و نائارامی، قبوڵی دەکەن. ئەوە کۆتا هێرشی شەیتانە.

لە کۆتا ڕۆژەکاندا، ڕێژەی ڕودانی پەرجوو، زیاد دەکات کە پێویستە لەوکاتەدا سەرنجی زیاتر بدەین لە ئاست ڕوداوە سەرو سروشتیەکانەوە.

دووەم سالۆنیکی ٢ : ٩ – ١٠ « ٩ هاتنەوەی سەرپێچیکار پەیوەستە بە کارەکانی شەیتانەوە. ئەو هەموو جۆرە پەرجوو و نیشانە و کارێکی سەرسوڕهێنەری درۆیین بەکاردەهێنێت، ١٠هەروەها بۆ چەواشەکردنی لەناوچووان هەموو بەدکارییەک بەکار دەهێنێت ، چونکە خۆشەویستی ڕاستییان ڕەتکردەوە ، ئەوەی ڕزگاریان دەکات. »

ئاشکراکردن ١٦ : ١٤ « ١٤ ئەوانە ڕۆحی شەیتانین کە پەرجوو دەکەن، دەچنە لای پاشاکانی هەموو جیهان، تاکو لەو ڕۆژە گەورەیەی خودای هەرە بەتوانادا بۆ جەنگ کۆیان بکەنەوە. »

ئەو ئایەتە باسی دژە مەسیح دەکات کەلە کۆتایی جیهان دێت و هەموو کەس دوای خۆی دەخات و لە ناویان دەبات و هێزی خۆی لە شەیتان وەردەگرێت. بەڵام ئاگاداربن کەشەیتان و هاوکارەکانی لە ئیستاشدا توانای پەرجوو کردنیان هەیە. دوبارەی دەکەمەوە، کاتێک پەرجوو دەبینین ناکرێت لامان وا بێت کە لەلایەن خوداوەیە.

ئاشکراکردن ١٩ : ٢٠ « ٢٠ دڕندەکە و پێغەمبەرە درۆزنەکەی یاوەری دەستگیر کران، ئەوەی نیشانەکانی لە پێناوی کرد و بەهۆیەوە ئەوانەی چەواشە کرد کە نیشانەی دڕندەکەیان وەرگرت و ئەوانەی کڕنۆشیان بۆ پەیکەرەکەی برد. هەردووکیان بە زیندوویی فڕێدرانە نێو دەریاچەی ئاگرەوە، کە بە گۆگرد داگیرساوە. »

شەیتان هەموو ڕێگا سەختەکان بەکاردێنێت بۆ ئەوەی خەڵک لە خودا دوور بخاتەوە. لە ڕاستیدا تەنانەت خودا ئەوەندەی هێز پێداوە کە بتوانێت کەسێک لە مردن هەستێنێتەوە.

ئاشکراکردن ١٣ : ١١ - ١٥ « ١١ دڕندەیەکی دیکەم بینی لە زەوییەوە دەهاتە دەرەوە، دوو شاخی وەک بەرخی هەبوو، بەڵام وەک ئەژدیها دەدوا. ١٢ بە تەواوی دەسەڵاتی دڕندەی یەکەمی بۆ ئەو پەیرەو دەکرد، وای لە زەوی و دانیشتووانی سەری دەکرد کڕنۆش بۆ دڕندەی یەکەم ببەن، کە برینە کوشندەکەی ساڕێژ ببوو. ١٣ نیشانەی گەورەی دەکرد، تەنانەت وای دەکرد لەبەرچاوی خەڵک ئاگر لە ئاسمانەوە بێتە خوارەوە بۆ زەوی. ١٤ هەروەها بەو نیشانانەی کە پێی درابوو لە پێناوی دڕندەی یەکەمدا

بیکات، دانیشتووانی سەر زەویی گومڕا دەکرد.فەرمانی بە خەڵکی سەر زەوی دا پەیکەرێک بۆ ئەو دڕندەیە دابمەزرێنن کە بە شمشێر بریندار کرا و بە زیندوویی مایەوە.

١٥ هەروەها ڕێگەی پێدرابوو هەناسە بداتە پەیکەری دڕندەی یەکەم تاکو پەیکەری دڕندەکە قسە بکات و وا بکات هەموو ئەوانەی کڕنۆش بۆ پەیکەری دڕندەکە نابەن بکوژرێن. «

هەواڵە خۆشەکە ئەوەیە کەلە کۆتاییدا شەیتان و هاوەڵەکانی بۆ هەتاهەتایە دەخرێنە ناو دەریاچەی گۆگرد و ئاگرەوە.

ئاشکراکردن ٢٠ : ٧ – ١٠ « ٧ کاتێک هەزار ساڵەکە تەواو دەبێت شەیتان لە بەندیخانە ئازاد دەکرێت و ٨ دێتە دەرەوە تاکو نەتەوەکانی چوارگۆشەی زەوی چەواشە بکات، گۆگ و ماگۆگ ٨:٢٠ ڕوانە حزقیێل ٣٨ و ٣٩، هێمایە بۆ ئەو نەتەوانەی لە دژی خودان،. تاکو بۆ جەنگ کۆیان بکاتەوە، ئەوانەی ژمارەیان وەک لمی دەریایە. ٩ بەسەر پانتایی زەویدا بڵاو بوونەوە و ئۆردوگای گەلی خودا، واتا شارە خۆشەویستەکەی خودایان گەمارۆدا،بەڵام ئاگرلەئاسمانەوە هاتە خوارەوە و هەڵیلووشین. ١٠ ئەو ئیبلیسەی چەواشەی دەکردن فڕێدرایە دەریاچەی ئاگر و گۆگرد،کەدڕندەکە و پێغەمبەرە درۆزنەکەی لێیە. هەتاهەتایە شەو و ڕۆژ ئازار دەدرێن. «

بەڵام زۆر بەداخەوە ئەوکەسانەی کەلەژیانی خۆیاندا ڕزگاریان لەڕێگای مەسیحەوە قبوڵ نەکردوە، دەکەونە ئەو دەریاچەیەوە کە بۆ شەیتان و هاوکارەکانی ئامادە کراوە.

مەتتا ٢٥ : ٤١ « ٤١ دواتر بەوانەی لەلای چەپیەوەن دەفەرمووێ: ئەی ئەوانەی کەنەفرەتتان لێکراوە! لێم دوور بکەونەوە و بەرەو ئاگری هەتاهەتایی بڕۆن، ئەوەی بۆ ئیبلیس و فریشتەکانی ئامادە کراوە»

لە دوای مردن ناتوانین بڕیارەکانمان بگۆڕین کەبەرەو خودا بڕۆین یان بەرەو شەیتان یا خود لە بەهەشت دا بژین یان دۆزەخ. هەل بۆ ئەو هەڵبژاردنە تەنیا لەکاتی ژیانی سەر زەوی دا لە بەر دەستمانە. بۆیە ئەوە گرنگە کە باوەڕداران بە پێیی ڕێنمایی ڕۆحی پیرۆز لەسەر باوەڕ لەگەڵ کەسانی کەقسە بکەن. شەیتان و دۆزەخ ڕاستین، ئێمە هەتا هەتایە زیندوین. بەڵام پێویستە چارەنوسی هەتا هەتایی خۆمان دەست

نیشان کەین. تاکە ڕێگا بۆ ئەوەی کە ژیانمان لەراستی و دروستی دا بێت ئەوەیە کە خوداوەند بە مەسیح پیرۆز رێنمایمان بکات و لەو ڕێگایەوەیە کە دەتوانین سەرکەووتن بە دەست بێنین و بۆ هەتا هەتایە لە لای خودا دا بژین.

پەندەکانی سلێمان ٣ : ٥ -٦ « ٥ پڕ بەدڵ پشت بە یەزدان ببەستە و بە تێگەیشتوویی خۆت پشت ئەستوور مەبە. ٦ لە هەموو ڕێگاکانت بیناسە، ئەویش ڕێچکەکانت ڕاست دەکات. «

پەندەکانی سلێمان ٤ : ١٠ – ١٣ « ١٠ ڕۆڵە، گوێ بگرە و قسەکانم وەربگرە،جا تەمەنت درێژ دەبێت. ١١ ڕێگای داناییم پیشاندایت، بۆ ڕێڕەوە ڕاستەکان ڕێنماییم کردیت.١٢ لە ڕۆیشتندا هەنگاوت کورت نابێت، لە ڕاکردنیشدا پێت هەڵناکەوێت.١٣ دەست بە تەمبێکردنەوە بگرە ١٣:٤ بە تەمبێکردن ڕازی بە و دەست شل مەکە، بیپارێزە، چونکە ژیانتە. «

به بڕیاردان بۆ خۆتەرخان کردن
لە ڕێگای مەسیح، لە دژی
شەیتان بجەنگن

بەشی دەهەم
لەئاو هەڵکیشان

لە ئاو هەڵکێشان هێمایەکی ڕۆحیە بۆ ئەوگۆڕانکاریانە کە لە دڵدا ڕوو دەدات لەو کاتەدا کەلەلایەن مەسیحەوە ڕزگاریمان پێ دەبەخشرێت. بە گشتی دوای چەند قۆناغێک دەگەینە بەشی لە ئاوهەڵکێشان. لە سەرەتادا دەگەینە ئەو باوەڕە کە لە بەرامبەر خودا دا تووشی گوناهە بوین و پێویستمان بە لێ خۆش بوون هەیە لە لایەن خوداوەندەوە، دوای ئەو هەنگاوە کاتی تۆبە کردنە،کە بەویستی خۆمان بڕیار دەدەین کەلەڕێگای خۆمان بگەڕێنەوە و ڕوو بکەینە خوداوەند. دوای ئەو قۆناغە دەگاتە لە ئاو هەڵکێشان.

مەتا ٣ : ٦ « ٦ دانیان بە گوناهەکانیاندا دەنا و لەسەر دەستی ئەو) یەحیا) لە ڕووباری ئوردون لە ئاو هەڵدەکێشران. «

لۆقا ٣ : ٣ « ٣ ئیتر بەهەموو ناوچەکانی دەوروبەری ڕووباری ئوردوندا دەگەڕا، جاڕی لە ئاو هەڵکێشانی٣:٣ یۆنانی: باپتسمە،بەواتایشوشتندێت بۆپاکبوونەوەلە گوناه،وەک (بسمیلکردن)تۆبەکردنی دەدا بۆ گوناه بەخشین. «

لە ئاو هەڵکێشان یەکێک لەوفەرمانە دیاریکراوانەیە کە خودا بۆ باوەڕدارانی داناوە کە گرنگیەکی تایبەتی لەڕووی ڕۆحییەوە هەیە. بەگشتی ئەو کردارە هێمایەکی گشتیە بۆ تۆبەکردن لەناخەوە و خۆشەویستیمان بۆ خودا دەگەینێت.

مەرقۆس ١ : ٤ «٤ یەحیا هات، لە چۆڵەوانیدا خەڵکی لە ئاو هەڵدەکێشا و جاڕی لە ئاو هەڵکێشانی ٤:١ یۆنانی: باپتسمە، بە واتای شوشتن دێت بۆ پاکبوونەوە لە گوناه، وەک (بسمیلکردن). تۆبەکردنی دەدا بۆ گوناه بەخشین. « لە ئاو هەڵکێشان هێمایە بۆ ‹مردن›، ‹ بە خاک ئەسپاردن

‹ و ‹هەستانەوە لە مردن ‹، کە ئێمەی مەسیحی ئەزموونی دەکەین. لەوانەیە ئەو قۆناغە بەترسناکی بێتە بەرچاو، بەڵام لە پەرتووکی پیرۆزدا بە لەدایک بونەوەی دوبارە ناوزەند کراوە یا خود بە لەدایک بونێکی تازە باس دەکرێت. بۆ ئەو مەبەستە ئاوا وێنای دەکەین کەلە ئاوهەڵکێشان مردنە لەژیانی ڕابردودا، نوقم بوون لەئاو و دواتر هەستانەوە لەئاو و هاتنە دەرەوە لە ئاو بە مانای ئەو ژیانە تازەیەمانە کەلە مەسیح دا ئەزموونی دەکەین.

ڕۆما ٦ : ١ – ١٤ « ١ باشە چی بڵێین؟ ئایا لە گوناه بەردەوام بین تاکو نیعمەت زیاد بێت؟ ٢ نەخێر! ئێمە کە سەبارەت بە گوناه مردین، ئیتر چۆن تێیدا بژین؟ ٣ ئایا نازانن ئێمە هەموومان کەبە لە ئاو هەڵکێشان لەگەڵ عیسای مەسیح یەکمانگرتووە، هەروەها لە مردنەکەشیدا یەکمانگرتووە؟ ٤ بۆیە بە لە ئاو هەڵکێشان لەگەڵ ئەو بۆ مردن نێژراین، تاکو چۆن مەسیح لەنێو مردووان بە شکۆی باوکەوە هەستایەوە، ئێمەش ژیانێکی نوێ بژین. ٥ ئەگەر لە شێوەی مردنەکەی لەگەڵیدا یەکمانگرتبێت، لە هەستانەوەکەشی ئاوا دەبین. ٦ ئێمە دەزانین کە مرۆڤە کۆنەکەمان لەگەڵ ئەولە خاچ درا، بۆ ئەوەی ئەو جەستەیەی کە لەژێر ڕکێفی گوناه بوو بتوانرێت بەلاوە بنرێت، هەتا چیتر کۆیلەی گوناه نەبین. ٧ ئەوەی مرد لە گوناه ئازاد کراوە.٨ بەڵام ئەگەر لەگەڵ مەسیحدا مردووین، باوەڕمان هەیە لەگەڵ ئەویش دەژین، ٩ دەزانین مەسیح کە لەنێو مردووان هەستێنرایەوە، جارێکی دیکە نامرێتەوە. ئیتر مردن دەسەلاتی بەسەریدا نییە. ١٠ ئەو مردنەی مرد، تەنها جارێک لەبەر گوناه مرد. بەڵام ئەوژیانەی دەژێت بۆ خودا دەژێت. ١١ ئێوەش سەبارەت بە گوناه خۆتان بە مردوو دابنێن، بەڵام بە یەکبوونتان لەگەڵ عیسای مەسیحدا خۆتان بۆ خودا بە زیندوو بزانن. ١٢ کەواتە مەهێڵن گوناه حوکمڕانی لەشی لەناوچووتان بکات، تاکو گوێڕایەڵی ئارەزووەکانی بن. ١٣ ئەندامانتان وەک ئامێری ناڕەوایی بۆ گوناه پێشکەش مەکەن، بەڵکو خۆتان پێشکەشی خودا بکەن، وەک زیندووی نێو مردووان و ئەندامانتان وەک ئامێری ڕاستودروستی بۆ خودا. ١٤ چیتر گوناه دەسەلاتی بەسەرتاندا نابێت، چونکە لەژێر سایەی شەریعەتدا نین، بەڵکو لەژێر سایەی نیعمەتدان.»

ڕۆما ٧ : ٤ « ٤ ئیتر براکانم، ئێوەش بەلەشی مەسیح سەبارەت بە شەریعەت مردن، تاکو ببنە هی کەسێکی دیکە، ئەو کەسەی لەناو مردووان هەستێنرایەوە، تاکو بۆ خودا بەرهەم بدەین «

گوناهە و لە خۆبایی بوون تا ڕادەیەک ناخمانی ئالوودە کردوە کە پێویستە ‹ لە ناوی بەرین ‹ تا دەست بە ژیانە تازەکە بکەین کە مەسیح پێمان دەبەخشێت.

دووەم کۆرنسۆس ٥ : ١٧ « ١٧ کەواتە ئەگەر هەرکەسێک لەگەڵ مەسیحدا ببێتە یەک ١٧:٥ لەگەڵ مەسیحدا ببێتە یەک لە زمانی یۆنانیدا (لە مەسیحدا) بەکارهاتووە.، دەبێت بە بەدیهێنراوێکی نوێ، شتە کۆنەکان بەسەرچوون و شتی نوێ هاتووە! «

کۆلۆسی ٣ : ٥«٥ کەواتە ئارەزووە دنیاییەکانتان بمرێنن: داوێنپیسی، گڵاوی، هەوەسبازی، ئارەزووی خراپ، چاوبرسییێتی کە جۆرێکە لە بتپەرستی «

پێویستە سەرنج بخەینە سەر ئەو بابەتە کە کاتێک ژیانە تازەکەمان پێ دەبەخشرێت، ئەو مانایەی نیە کە تەواوی هەڵبژاردە و کارەکانمان ڕاست و بێ کێشەدەبن، سروشتە کۆنەکەمان کە بەشێکە لە ئێمە، هەموو کات لەگەل خودا لە دژایەتی دایە و لە گەڵمان دەمێنێتەوە لە ژیانمان دا، بەڵام هەر چۆنێک بێت ژیانی تازە هەیە و دەکرێت هەمانبێت! کاتێک ژیانی تازەمان پێ دەبەخشرێت، خوداوەند بەهەمان هێز کەمەسیحی لە ناو مردواندا هەستاندەوە، هەمان هێز بە ئێمە دەبەخشێت کە ئەویش ڕۆحی پیرۆزە.

کردار ٢ : ٣٨ « ٣٨ پەترۆس وەڵامی دانەوە: تۆبە بکەن، با هەریەکەتان بە ناوی عیسای مەسیحەوە لە ئاو هەڵبکێشرێت بۆ لێخۆشبوونی گوناهەکانتان و ڕۆحی پیرۆز بە دیاری وەردەگرن. « ئەوە ڕاستیە کە لە تواناماندا هەیە کە بیرکردنەوەی تازە، هەست، کردار و گفتی تازە بە دەست بێنین، چونکە وەک مەسیحیەک، ڕۆحی پیرۆز لە ئێمەدا نیشتەجێ یە. لە ڕادەبەدەر پێویستیمان بە هێزێکی لەوشێوەیە هەیە، چونکە بەردەوام لە شەڕداین لەگەڵ سروشتە کۆنەکەی خۆمان، هێز و کاریگەری دنیا و شەیتان، تەنانەت عیسا لە ناو چۆڵەوانیدا پێش روبەرو بونەوەی لەگەڵ شەیتان، لەئاوهەڵکێشرا.

مەرقۆس ١ : ٩ – ١٣ « ٩ لەو ڕۆژانەدا عیسا لە ناسیرەوە هات، کەسەر بەناوچەی جەلیلە و لەسەر دەستی یەحیا لە ڕووباری ئوردون لە ئاو هەڵکێشرا. ١٠ هەرکە عیسا لە ئاوەکە هاتە دەرەوە، بینی ئاسمان شەق بوو، ڕۆحی پیرۆزیش وەک کۆترێک لەسەری نیشتەوە. ١١ دەنگێکیش لە ئاسمانەوە هات: تۆ کوڕی خۆشەویستمی، بە تۆ زۆر دڵشادم.١٢ دەستبەجێ ڕۆحی پیرۆز عیسای بەرەو چۆڵەوانی برد. ١٣ چل ڕۆژ لە چۆڵەوانیدا لەنێوان ئاژەڵانی کێویدا بوو، شەیتان تاقی دەکردەوە، فریشتەکانیش خزمەتیان دەکرد. «

کاتێک بەلە ئاوهەڵکێشان لەگەڵ عیسا دەبینە یەک و یەکگرتوو دەبین ، بە تێپەربوونی کات هەست بە هێزێک دەکەین کە بە دڵخۆشیەوە خودا هەڵدەبژێرین بۆ بەرەنگاربونەوەی شەیتان، گوێڕایەڵی هەڵدەبژێرین لە ئاست یاخی بوندا و ژیانی ڕۆحی هەڵدەبژێرین لە بری مردنی ڕۆح. گەلاتیا ٣ :٢٧ « ٢٧ چونکە کاتێک لە ئاو هەڵکێشران، هەمووتان لەگەڵ مەسیح یەکتانگرت ٢٧:٣ لەگەڵ مەسیح یەکتانگرت لە زمانی یۆنانیدا (لە مەسیحدا) بەکارهاتووە. و مەسیحتان وەک جلوبەرگێک لەبەرکرد.» هۆشیارییەکی زیاترمان دەبێت، هەست بە هێزێکی زیاتر دەکەین و دژایەتی کردنی گوناهە و زانایی و هێز بەدەست دێنین بۆ ئەوەی ژیانە کۆنەکەمان وەلا بنین. تەنانەت لە تواناماندا دەبێت کە بە سەر ترس لە مردندا زاڵ بین.

عیبرانیەکان ٢ : ١٠ – ١٥ « ١٠ لە خودا دەوەشایەوە، ئەوەی هەموو شتێک بۆ ئەو و بەهۆی ئەوەوەیە، کاتێک دەیویست ڕۆڵەی زۆر بهێنێتە نێو شکۆمەندییەکەی، دەبووایە عیسا کە پێشەنگی ڕزگارکردنیانە، لە ڕێگەی ئازارەوە بکاتە ڕزگارکەرێکی تەواو. ١١ عیسا کە خەڵک پیرۆز دەکات و ئەو خەڵکەی پیرۆز کراون هەردووکیان سەر بەیەک خێزانن، لەبەر ئەم هۆیەش عیسا شەرم ناکات بە خوشک یان برا ناویان ببات. ١٢ دەفەرمووێ: ناوی تۆ بە براکانم ڕادەگەیەنم،لەناو کۆمەڵدا ١٢:٢ یۆنانی: کڵێسا. ستایشت دەکەم. ١٢:٢ زەبوورەکان ١٣.٢٢:٢٢ هەروەها: من پشت بەو دەبەستم. ١٣:٢ ئیشایا ١٧:٨ دیسان: ئەوەتا خۆم و ئەو منداڵانەی کە خودا پێیداوم. ١٣:٢ ئیشایا ١٨:٨ ١٤ بۆیە کە منداڵەکان لە گۆشت و خوێن

بەشدارن،ئەویش بە هەمان شێوە بەشداری لە سروشتی مرۆڤایەتییان کرد، تاکو بەهۆی مردنی خۆیەوە شەیتان لەناوببات کە هێزی مردنی هەیە، ١٥ ئەوانەش ئازاد بکات کە بە درێژایی ژیانیان لە ترسی مردن ملکەچی کۆیلایەتی بوون. «

لە سەرو ئەوەشەوە، ئێمە دەبینە میراتگری مەسیح. بەو مانایە کە تەواوی ئەو بەڵێنانەی کە خوداوەند بە مەسیح دا، ئەوە دەکات بۆ ئێمە و بە ئێمە دەبەخشرێت .

گەلاتیا ٣ : ٢٦ – ٢٩ « ٢٦ هەمووتان لە ڕێگەی باوەڕەوە ڕۆڵەی خودان، بەو یەکبوونەی کە لەگەڵ عیسای مەسیحدا هەتانە، ٢٧ چونکە کاتێک لە ئاوهەڵکێشران، هەمووتان لەگەڵ مەسیح یەکتانگرت٢٧:٣ لەگەڵ مەسیح یەکتانگرت لە زمانی یۆنانیدا (لە مەسیحدا) بەکارهاتووە.و مەسیحتان وەک جلوبەرگێک لەبەرکرد. ٢٨ جولەکە و ناجولەکە نییە، کۆیلە و ئازاد نییە، ژن و پیاو نییە، چونکە هەمووتان بەهۆی یەکبوونتان لەگەڵ عیسای مەسیح، یەکن. ٢٩ جا ئەگەر ئێوە هی مەسیح بن، ئەوا لە نەوەی ئیبراهیمن و بەگوێرەی بەڵێنەکە میراتگرن. «

تیشکی ڕوناکیەکی تازە دێتە دڵمانەوە، چونکە ئێستا لە توانامانداهەیە ژیانێکی بە نرخمان لەسەر زەوی هەبێت. کاتیک بە بۆنەی لە ئاوهەڵکێشانەوە لەگەل مەسیح لەخاچ دراین ‹لە ژیانی ڕابردومان مردین ›، بە خاک ئەسپێردراین و لە ناو مردواندا هەستاینەوە ڕوناکیەکی بەو شێوەیە دێتە دڵمانەوە کە لەپاش هەستانەوەی جەستە لە مردن بۆ هەتا هەتایە لەگەڵ مەسیح دەژین و زیندوو دەبین.

ڕۆما ٦ : ٥–٧ « ٥ ئەگەر لە شێوەی مردنەکەی لەگەڵیدا یەکمانگرتبێت، لە هەستانەوەکەشی ئاوا دەبین. ٦ ئێمە دەزانین کە مرۆڤە کۆنەکەمان لەگەڵ ئەولەخاچ درا، بۆ ئەوەی ئەو جەستەیەی کەلەژێر ڕکێفی گوناه بوو بتوانرێت بەلاوە بنرێت، هەتا چیتر کۆیلەی گوناه نەبین. ٧ ئەوەی مرد لە گوناه ئازاد کراوە. «

یەکەم سالۆنیکی ٥ : ١٠ « ١٠ ئەوەی لە پێناوی ئێمەدا مرد، تاکو ئەگەر بەخەبەر بین یاخود نوستوو ١٠:٥ نوستوو مەبەست لەوانەیە کە بە جەستە مردوون، لەگەڵ ئەو بژین. «

ئێمە خێزانێکین

لەپەرتووکی پیرۆزدا نوسراوە، کاتێک عیسای مەسیح بانگهێشت دەکەین و دێتە ژیانمانەوە و لە ئاو هەڵدەکێشرێن، دەبینە منداڵانی ڕاستی خوداوەند کەپەیوەستە بە مەسیح و کڵێساکەیەوە و لەویەک گرتوییەدا دەناسرێنەوە. لە ئاو هەڵکێشان بەخێزانەکەمان کەعیسایان خۆشدەوێت ڕادەگەیەنێت کە ئێمە دەمانەوێت ژیانمان لەگەڵ ژیانی ئەو خێزانە یەک بگرێت.

یەکەم کۆرنسۆس ١٢ : ١٣ « ١٣ چونکە هەمووومان بە یەک ڕۆح بۆ یەک جەستە لە ئاو هەڵکێشراین، جولەکە یان ناجولەکە، کۆیلە یان ئازاد، هەمووومان یەک ڕۆحمان پێدرا تاکو بیخۆینەوە. »

هەندێک لەئێمە کویلەین و هەندێکیشمان ئازادین. بەڵام ڕۆحی پیرۆز هەمووومان بە شێوەی یەک جەستە لێدەکات و ئێمە دەخاتە پاڵ یەک. لە ڕاستیدا هەمووومان بەیەک ڕۆح کە ڕۆحی پیرۆزە لەجەستەی مەسیح دا لە ئاو هەڵدەکێشرێن و خوداوەند بە هەمووومانی لە یەک رۆح بەخشیوە.

ئەفەسۆس ٤ : ١ - ٦ « ١ منی بەندکراو لە پێناوی مەسیحی خاوەن شکۆ لێتان دەپاڕێمەوە بە شێوەیەک بژین شایانی ئەم بانگەوازە بێت کە پێی بانگکراون. ٢ بەوپەڕی بێفیزی و دڵنەرمی و ئارامگرتنەوە، بە خۆشەویستی بەرگەی یەکتری بگرن. ٣ تێکۆشەر بن بۆ پاراستنی یەکێتی ڕۆحی پیرۆز بە پشتێنی ئاشتی. ٤ هەروەک یەک جەستە و یەک ڕۆح هەیە، بۆ یەک هیوای بانگەوازەکەتان کە بانگکران، ٥ یەک پەروەردگار، یەک باوەڕ، یەک لە ئاو هەڵکێشان، یەک خودا، باوکی هەمووانە، گەورەی هەمووانە، لەناو ناخی هەمووانەدا کار دەکات و لەنێو هەمووانەدایە.»

ووشەی ›یەک گرتن unite ‹ لە یۆنانی دا بە مانای ‹ چوونە پاڵ یەک ›، ‹ پابەندبوون بە ‹ و بە پەیوەست بوونێکیی بێ کەم و کورت دێت. پەیوەست بوون بە دۆستایەتیەکی ڕۆحیەوە. لە ئێستادا کڵێسا خێزانە ڕاستەکەی ئێمەیە، چونکە پەیوەندی ڕۆحی لە پەیوەندی خوێنی گرنگتر و پتەوترە. هەر بەو هۆکارەیە کە ئێمە لە تواناماندا هەیە کە کەسێکی مەسیحی لە نەتەوە و زمانێکی کە وە ببینین و بتوانین پەیوەندیشی لەگەڵ ببەستین و هەست بە ناسینی بکەین.

لە ڕاستیدا خوداوەند دەڵێت تەنیا کەسانێک کە گوێڕایەڵی باوک بن، منداڵی ڕاستی ئەون. بەو مانایە کە ئێمە بۆ هەتا هەتایە ناتوانین لەگەڵ خێزانەکەی خۆمان کەسەر بەو جیهانەیە بەجەستەن بژین مەگەر ئەوەی کە ئەوانیش تۆبە بکەن و ژیانی خۆیان ڕادەستی مەسیح بکەن.

مەتتا ١٢ : ٤٧ – ٥٠» ٤٧ کەسێک هات و پێی گوت: وا دایک و براکانت لە دەرەوە ڕاوەستاون، دەیانەوێ لەگەڵت بدوێن ٤٨ ئەویش وەڵامی دایەوە و فەرمووی: دایکم کێیە و براکانم کێن؟ ٤٩ ئینجا دەستی بۆ قوتابییەکانی ڕاکێشا و فەرمووی: ئەوەتا دایک و براکانم، ٥٠ چونکە ئەوەی خواستی باوکم ئەنجام بدات کە لە ئاسمانە، خوشک و برا و دایکمە. «

بە مانایەکی تر، ڕاستیەکانی کە ڕۆحین زاڵ دەبن بە سەر ئەو ڕاستیانەدا کە جەستەیین و تەنیا خێزانێک کە بۆ هەتاهەتایە لە لای خوداوەندەوە بە یەکەوە دەژین ئەو کەسانەن کە قوتابی مەسیحن و لە سەر ڕێگای ئەون.

یەکەم سالۆنیکی ٤ : ١٣ – ١٨ « ١٣ خوشکان، برایان، نامانەوێت سەبارەت بە نوستووان ١٣:٤ نوستووان مەبەست لەوانەیە کە بە جەستە مردوون. بێ ئاگا بن، تاکو وەک ئەوانەی دیکە خەمبار نەبن کە هیوایان نییە. ١٤ لەبەر ئەوەی باوەڕمان بەوە هەیە کە عیسا مرد و هەستایەوە، بە هەمان شێوە باوەڕیشمان بەوە هەیە کە خودا ئەو باوەڕدارانە بۆ لای خۆی دەبات کە بە یەکبوون لەگەڵ عیسادا نوستوون. ١٥ ئێمەش بەگوێرەی فێرکردنی مەسیح ئەمەتان پێ ڕادەگەیەنین، ئێمەی زیندوو کە ماوین هەتا هاتنەوەی مەسیحی خاوەن شکۆ، پێش نوستووان ناکەوین، ١٦ چونکە مەسیحی خاوەنشکۆ خۆی بەدەنگی بەرز فەرمان دەدات، بە دەنگی سەرۆکی فریشتەکان و بە کەڕەنای خودا، لە ئاسمانەوە دێتە خوارەوە و یەکەم جار ئەو مردووانە هەڵدەستنەوە کە لەگەڵ مەسیحدا بوونەتە یەک ٤:١٦ لەگەڵ مەسیحدا بوونەتە یەک لە زمانی یۆنانیدا (لە مەسیحدا) بەکارهاتووە ١٧ ئینجا ئێمەی زیندوو کەماوین، هەموومان لەگەڵیان لە هەوردا دەڕفێنرێین بۆ پێشوازی مەسیحی خاوەن شکۆ لە ئاسماندا، ئیتر هەمیشە لەگەڵ ئەو دەبین. ١٨ بۆیە بەم قسانە یەکتری هانبدەن.»

هیوا دەخوازرێت بە ئێوە کە ئەوە هانتان بدات کە بۆ ئەو ئەندامانەی خێزانتان کە ڕزگاریان وەرنەگرتوە، نوێژ بکەن و لە گەڵیان سەبارەت بە عیسا بدوێن کە بێتە هۆکاری ڕزگار بوونیان.

نوقوم بوون لە ئاودا یان پرژاندنی ئاو؟

لە زمانی یۆنانیدا ووشەی baptize بۆ لە ئاو هەڵکێشان بە کارهاتووە کە ماناکەی بە تەواوی پربوون لە ئاو، تەواو تەڕ بوون یا خود داپۆشینی تەواو بە ئاوە یان شلەمەنی دێت. یەحیا زۆربەی کات خەڵکی لە ڕوباری ئەردەن یان شوێنێک کە ئاوی زۆری لێ بوو لە ئاو هەڵدەکێشا.

یوحەنا ٣ : ٢٣ « ٢٣ یەحیاش لە ئەینونی٢٣:٣ یۆنانی: ئەینون: کانی نونزیک شاری سالیم خەڵکی لە ئاو هەڵدەکێشا، چونکە لەوێ ئاو زۆر بوو، ئیتر دەهاتن و لە ئاو هەڵدەکێشران «

کاتێک کە عیسا وەک نایابترین و بەرزترین نموونە لە ئاو هەڵکێشرا، بەو جۆرەی کەلە پەرتووکی پیرۆز دا نوسراوە، ‹ لە ئاوەکە هاتە دەرەوە › ئەو مانایە دەگەیێت کە لە ئاودا نوقم بووە.

مەتتا ٣ : ١٦ -١٧ « ١٦ هەرکە عیسا لە ئاو هەڵکێشرا،لە ئاوەکە هاتە دەرەوە. لەو ساتەدا ئاسمان کرایەوە و ڕۆحی خودای بینی وەک کۆترێک هاتە خوارەوە و لەسەری نیشتەوە. ١٧ دەنگێکیش لە ئاسمانەوە فەرمووی:ئەمە کوری خۆشەویستمە، ئەوەی زۆر پێی دڵشادم. «

سەرنج بدەن کە لەو ڕوداوەدا خوداوەند بە تەواوی لە کورەکەی ڕازییە. هەندێک لە باوەڕداران لایان وایە کە پرژاندنی ئاو بە سەر کەسێکدا یا خود نووقم بوونیان لە ئاو دەبێتە لە ئاو هەڵکێشان، بەڵام گەر بەو شێوازە بوایە یەحیا دەیتوانی لە هەموو شوێنێک مرۆڤەکان لە ئاو هەڵکێشێت. لە ڕاستیدا ووشە یۆنانیەکە کە بە ئاو پرژاندن بە کاردێت، لەگەڵ ئەوەی کە بۆ لەئاو هەڵکێشان بەکاردێت، بەتەواوی جیاوازە. ووشەی ‹ڕەهانتیسموس › کە لەپەیمانی کۆن لەکاتی ڕژاندنی خوێن بەسەر شوێنی خواپەرستی دا بەکاردەهات.

عیبرانیە کان ٩ : ١٨ – ٢٢ « ١٨ بۆیە پەیمانەکەی یەکەمیش بێ خوێن بەجێنەگەیەنرا، ١٩ چونکە موسا، دوای ئەوەی هەموو ڕاسپاردەکانی بەگوێرەی تەورات بەهەموو گەل ڕاگەیاند، خوێنی گوێرەکەی هێنا لەگەڵ

ئاو و خوریی سوور و زوفا، بەسەر تەورات و هەموو گەلدا پرژاندی. ٢٠ فەرمووی: (ئەمە خوێنی ئەو پەیمانەیە کە خودا فەرمانی پێ کردن.) ٢٠:٩ دەرچوون ٨:٢٤ ٢١ هەروەها خوێنەکەی پرژاندە سەر چادری پەرستن و هەموو کەلوپەلەکانی خزمەتکردن. ٢٢ بەگوێرەی تەورات نزیکەی هەموو شتێک بە خوێن پاک دەبێتەوە، لێخۆشبوونی گوناهیش بێ خوێنڕشتن نابێت. «

پەرتووکی عیبرانیەکان بە زمانی یۆنانی نوسراوە، بەڵام بەگشتی ئاماژە بە پەیمانی کۆن دەکات. هەرچۆنێک بێت ئەو جۆرە کردارە وەک پرژاندنی خوێن یان قوربانی کردنی ئاژەڵ، یا لەخاچدانی مەسیح و خوێنی ئەو بۆ پاکبونەوە و بەخشینی گوناهەی گەل بەسەرچووە.

عیبرانیەکان ١٠ : ١١ – ١٨ « ١١ هەر کاهینێک هەموو ڕۆژێک ڕادەوەستێت و خزمەت دەکات بەردەوام هەمان قوربانی دەکاتەوە، کە هەرگیز ناتوانێت گوناه لاببات. ١٢ بەڵام کاتێک مەسیحی کاهین لە جیاتی گوناه یەک قوربانی بۆ هەموو کاتێک پێشکەش کرد، لە دەستەڕاستی خوداوە دانیشت، ١٣ لەوکاتەوە چاوەڕوانە، تاکوخودا هەموو دوژمنانی بکاتە تەختەپێی، ١٤ چونکە ئەو بە یەک قوربانی بۆ هەمیشە ئەوانەی تەواو کرد کە ئەو پیرۆزیان دەکات.١٥ ڕۆحی پیرۆزیش شایەتیمان بۆ دەدات، چونکە دوای ئەوەی فەرمووی:١٦ (یەزدان دەفەرموێ، ئەمە ئەو پەیمانەیە کەلەدوای ئەو ڕۆژانە لەگەڵیان دەیبەستم،فێرکردنەکانم ١٦:١٠ تەورات دەخەمە ناو دڵیان و لەناو مێشکیان دەینووسم.) ١٦:١٠ یەرمیا ٣٣:٣١ ١٧ پاشان دەفەرموێت:(لەمەودوا گوناه و تاوانەکانیان بەبیری خۆم ناهێنمەوە.) ١٧:١٠ یەرمیا ٣٤:٣١. ١٨ لەکوێ لێخۆشبوونی ئەم گوناهانە هەبێت، ئیتر پێویست ناکات قوربانی بۆ گوناه بکرێت. «

لە کوتاییدا هەندێک کەس لایان وایە کە پێویستە منداڵانی تازە لە دایکبوو لە ئاوهەڵکێشن یان ئاو بپرژێنن، بەڵام لە پەرتووکی پیرۆزدا لەسەر ئەو بابەتە هیچ نەنوسراوە.

دەکرێت بە ئامادەبوونی خەڵک و لە کڵێسادا پێشکەشی خوداوەند بکردرێن. هۆکاری ئەوەی کە ناکرێت لەوتەمەنەدا لە ئاو هەڵکێشرێن دەگەڕێتەوە بۆ پەڕتووکی پیرۆز کە پێمان دەڵێت پێویستە پێش لە ئاو هەڵکێشان ، تۆبەبکەین و دان بەوەدا بنێین کە باوەڕمان بەمەسیح هەیە.

ئەوە ئاماژەیە بۆ ئەوەی کە بۆ لە ئاو هەڵکێشان پێویستە بگەینە ئەو رادەیە لە تێگەیشتن کەپێی دەوترێت تەمەنی خۆناسین و هەڵگرتنی بەرپرسایەتی کەبەگشتیی لە نیوان ٨ بۆ ١٠ساڵی دایە و پەیوەندی بە ئاستی گەشەی لێکدانەوەی هەر منداڵێک دایە. بە دڵنیاییەوە منداڵ بەسروشتی تێکەڵ بە گوناهەوە لە دایک دەبێت، بەڵام دەتوانیت لەدوای نزیک بونەوە لە تەمەنی تێگەیشتن، بریاری گوێرایەڵی بوون بدات. مندالی تازە لە دایک بوو توانای هیجی نیە لە ئاست گوناه و تۆبەدا تا ئەو کاتەی گەورەتر دەبێت. هەر بەو هۆکارەیە کەلەسەر لە ئاو هەڵکێشانی منداڵی تازە لەدایک بوو لەپەرتووکی پیرۆزدا هیج نەنوسراوە.

من زانیاریم هەیە کە زۆربەی خەڵک لەسەردەمێک کەلەدایک بوون، لەئاوهەڵکێشراون یان ئاویان بە سەردا پرژاندون، لە وانەشە بە هۆکاری نەخۆشی نەیانتوانیوە لەئاوهەڵکێشرێن، بەڵام لە ئاو هەڵکێشانیان لە دڵیاندا قبوڵ کردووە. ئەو کەسانە کاتێک دەگەن تەمەنی تێگەیشتن و بەشداری دەکەن لە کۆبونەوەی باوەڕداری دا، لە ئاوهەڵکێشانیان قبوڵ دەکەنەوە و دانی پێدا دەنێن. من نامەوێت لەسەر ئەو باسە مشتومڕ بکەم، بەڵکو من تەنها بیرتان دەهێنمەوە کەلە پەڕتووکی پیرۆزدا چۆن باسی لەئاو هەڵکێشان کراوە.

گوێرایەڵی نیشانەی خۆشەویستییە

کاتێک گوێڕایەڵی فەرمانەکانی خوداوەند دەبین ، خۆشەویستی خۆمان بەرامبەر بە خوداوەند نیشان دەدەین. گوێڕایەڵی وەڵامی ‹بەڵی› وتنە بە مەسیح، کە هاوشێوەی ‹بەڵی ‹ وتنی بووکە بە هاوسەری داهاتووی. بە گوێڕایەڵی بە مەسیح دەڵین کە بە تەواوی لە ژێر دەسەلاتی ئەوداین و ئامادەین لە ژیانە کۆنەکەی خۆمان دەست هەڵبگرین و کەسایەتیە تازەکەمان کە ئەو خودایە لە ئامێز بگرین. کاتێک گوێڕایەڵی خوداوەندین، هەمووکات پیرۆزی وەردەگرین لە لایەن خوداوە.

عیسا ووتی :> خاچەکەت هەڵبگرە و دوام کەوە.> لۆقا ٩ : ٢٣ – ٢٤ « ٢٣ ئینجا بە هەمووانی فەرموو: ئەگەر کەسێک دەیەوێت بێتە قوتابی من، با نکۆڵی لە خۆی بکات و ڕۆژانە خاچەکەی هەڵبگرێت و دوام بکەوێت، ٢٤ چونکە ئەوەی بیەوێت ژیانی خۆی ڕزگار بکات دەیدۆڕێنێت، بەڵام ئەوەی لە پێناوی من ژیانی خۆی بدۆڕێنێت، ڕزگاری دەکات ٢٤:٩

ڕزگاربوون لە گوناه و دۆزەخی هەتاهەتایی. « خوداوەند لە ئێمەی دەوێت کە بە تەواوی گوێڕایەڵی بین و بە هەموو دڵ و بە هەموو گیان و بە هەموو تواناوە خۆشمان بوێت. دواوتار ٦ : ٤ – ٩ « ٤ ئەی ئیسرائیل گوێ بگرن، یەزدانی پەروەردگارمان یەک یەزدانە، ٥ جا بە هەموو دڵ و بە هەموو گیان و بە هەموو تواناتانەوە یەزدانی پەروەردگارتان خۆشبوێ. ٦ با ئەم ڕاسپاردانەی من ئەمڕۆ فەرمانتان پێ دەکەم لەسەر دڵتان بێت و ٧ بۆ منداڵەکانتانی بگێڕنەوە و باسی بکەن کاتێک لە ماڵ دادەنیشن و کاتێک بە ڕێگادا دەڕۆن و کاتێک دەخەون و کاتێک هەڵدەستن، ٨ وەک نیشانەیەکیش لەسەر دەستتان بیبەستن و با گوڵنگ بێت بە ناوچەوانتانەوە و ٩ لەسەر چوارچێوەی دەرگای ماڵ و حەوشەکانتان بینووسن. «

مەتا ٢٢ : ٣٧ – ٤٠ « ٣٧ عیسا پێی فەرموو: (بە هەموو دڵ و بە هەموو گیان و لە هەموو بیرتانەوە یەزدانی پەروەردگارتان خۆشبوێ.) ٣٧:٢٢ دواوتار ٥:٦ ٣٨ ئەمە گرنگترین و یەکەم ڕاسپاردەیە. ٣٩ دووەمیشیان وەک ئەو وایە: (نزیکەکەت وەک خۆت خۆشبوێت.) ٣٩:٢٢ لێڤییەکان ١٨:١٩ ٤٠ جا هەموو تەورات و پەیامی پێغەمبەران بەم دوو ڕاسپاردەیەوە بەندن. « کاتیک کە دوور لە کاریگەری ڕوداوەکان و پیش هاتەکان بریار دەدەین کە خوداوەندمان خوشبوێت، ئەوە یەزدان لە ئێمە ڕازی دەبێت و پێمان دڵ خۆشە.

له ئاو هەڵکێشان کردارێکی
جوانه که ئاماژەیه بۆ
پابەندبوونمان به عیسا.

بەشی یازدەهەم
دەیەک

لەوانەیە پارە ئاڵۆزترین بابەت بێت کە لەسەری قسە بکرێت. پارە ئەو بابەتەیە کە لەهەموو شتێک زیاتر ژیانی مرۆڤ دەخاتە دڵەڕاوکێوە. بە گشتی پارە لەسەرو تەواوی ئەو کێشانەیە کە لە نێوان مرۆڤەکاندا هەیە و پەیوەندییەکی زۆری لەناو بردوە. کەوایە بەگشتی کاتێک خوداوەند داوامان لێ دەکات کەدیارییەکی پێ بدەین، مانەکەی ئەوەیە کە بەشێک لەداهاتی کار و پیشەی خۆمانی بۆ بگەڕێینەوە، لەو کاتەدا بە بەرگری کردن لەخۆمان و نکۆڵی کردن بیانوو دێنێنەوە ! هۆکار چیەکە پارە هەستێکی ئاوا قووڵ لە ناخماندا دروست دەکات؟

عیسا لە پەرتووکی پیرۆزدا ئاماژەیەکی زۆری داوە بەو بابەتە و لەسەر پارە قسەی کردوە. عیسا بەباشی دەیزانی کەلەسەر دابەشکردن و خەرجکردن و بەخشینی داهاتەکەمان بۆ ئەو و کەسانێک کە لە ئێمە زیاتر پێویستیانە، دەکەوینە بارودوخێکی ناخۆشەوە. هەربەو هۆکارەیە کەپارە بۆتە نوێنەر لە ئاستی خوێن و هیلاکی ئیش و کاردا.

پارە دەبێتە هۆکاری ئاسودەیی و جۆرێک لەهەستێکی دڵنیایمان پێ دەبەخشێت. بەڵام دەکرێت بەخێراپە بەکاربێت و زیاد لە ڕادەی پێویست گرنگی پێ بدرێت. ئەوکاتەی کەپارە و سامانمان دەبێتە پێوەرێک بۆ هەڵسەنگاندی کەسایەتیمان ئەوە دەکەوینە مەترسیەوە و هۆکارەکەی ئەوەیە کە گۆڕانکاری بارودۆخی دارایی چاوەڕواننەکراوە. دەکرێت سامانمان بە هۆکاری نەخۆشی لەدەست بدەین یاخود بەهۆی زیان یا بەرکەوتنێک یا خود بەکارەساتی لەناکاو لە کەمترین کات دا لەدەست بدەین.

هەر لەبەر ئەو هۆکارەیە کە خوداوەند دەیەوێت بەشێک لەسامانی خۆمانی پێ بدەین. ئەو دەیەوێت هۆکاری ئاسودەیی و ئارامی ئێمە بێت

چونکە لەگەردوندا ئەو تەنیا کەسێکە کەگۆڕانکاری بەسەردا نایەت. جگە لە خودا هەموو شتێک دەگۆردرێت و لە هەموو ئەوانە گرنگتریش ئەو تاکە کەسێکە کەبەهای ڕاستی ژیانمان پێ دەبەخشێت.

دەیەک چییە؟

ووشەی دەیەک بە مانای ‹لە دەبەش یەک بەش› ە. ئەوە فەرمانی خوداوەندە کە بەپێی پەرتووکی پیرۆز لە دەسپێکی پەیمانی کۆن داباس کراوە.

پەیدابون ٢٨ : ٢٢ « ٢٢ ئەم بەردەش کە بە ستوونی ڕاگیرم کردووە، دەبێتە ماڵی خودا ٢٢:٢٨ شوێنی خواپەرستی. و هەرچییەکیشم پێ بەخشێت ئەوا دەیەکی لێ دەبەخشم. «

خوداوەند بۆخۆی دەیەکی داناوە تا گەلەگەی بتوانن سوپاس و پێزانینی خۆیان نیشان بدەن بەرامبەر بەوەی کە بۆی کردوون.

سەرژمێری ١٨ : ٢٥ – ٢٩ « ٢٥ یەزدان بە موسای فەرموو: ٢٦ لەگەڵ لێڤییەکان دەدوێیت و پێیان دەڵێیت: "کاتێک دەیەکەکە وەردەگرن لە نەوەی ئیسرائیل کە من وەک میرات بە ئێوەم داوە، بەخشینی بەرزکراوەی یەزدانی لێ پێشکەش دەکەن، دەیەک لە دەیەک. ٢٧ جا بە بەخشینی بەرزکراوەتان دادەنرێت، وەک دانەوێڵەی جۆخین و پڕی بەرهەمی گوشەرەکە ٢٧:١٨ واتا ئاوی ترێ. ٢٨ بەم شێوەیە ئێوەش بەخشینی بەرزکراوەی یەزدان لە هەموو دەیەکەکانتان پێشکەش دەکەن کە لە نەوەی ئیسرائیلی وەردەگرن، لەوە بەخشینی بەرزکراوەی یەزدان بە هارونی کاهین دەدەن. ٢٩ لەهەموو بەخشینەکانتان هەموو بەرزکراوەیەک بۆ یەزدان پێشکەش دەکەن کە لە هەرە باشترین و پیرۆزترین بێت." « لە سەر گەلی ئیسرائیل بوو کە بەشێک لەوەی کە خودا پێ بەخشیوون بگەڕێنەوە بۆ خودا بۆ ئەوەی بزانن کە بژێویان لەدەسەتی خۆیاندا نیە. گەڕاندنەوەی یەک بەش لە دەبەشی ئەوەی کە دەستان دەکەوت، ڕێگایەک بوو بۆ ئەوەی خەڵک لەخۆپەرستی دوور بن. فێری دەکردن کە ڕێزی خودا بگرن چونکە لەڕاستیدا خاوەنی زەوی و ئاسمان، خوداوەندە و شایانی ڕێز و شکۆدار کردنە.

دواوتار ١٤: ٢٢ – ٢٣ « ٢٢ هەموو بەروبوومی کشتوکاڵتان کە ساڵ بە ساڵ لە کێڵگەکانتان وەبەردێت، بە تەواوی دەیەکی لێ دەخەنەلاوە. ٢٣ لەبەردەم یەزدانی پەروەردگارتان لەو شوێنەی هەڵیدەبژێرێت بۆ ئەوەی ناوی لەوێ بێت، دەیەکی دانەوێڵە و شەرابی نوێ و زەیتەکەتان و نۆبەرەکانی مانگا و مەڕەکانتان دەخۆن، تاکو فێر بن هەردەم لە یەزدانی پەروەردگارتان بترسن ٢٣:١٤ مەبەست لە پەرستنە. »

لێڤییەکان ٢٧ : ٣٠ « ٣٠ هەموو دەیەکی زەوی لە دانەوێڵەی زەوی و بەروبوومی درەختەکان بۆ یەزدانە، پیرۆزە بۆ یەزدان. »

هەر بەو شێویە لەسەردەمی ئێمەدا گەڕانەوەی دەیەک هۆکارە بۆ پیرۆزی ژیانمان. ڕاستیەکە ئەوەیە کە خوداوەند پێویستی بە پارەی ئێمە نیە ! بەڵام کاتێک بە دڵخۆشییەوە ئەو پارەیە کە بە توندی لە ناو دەستماندا دەیشارینەوە، دەیگەڕێنینەوە بۆ ئەو، دەسەڵاتمان دەبێت بەسەر ئەو ئارەزوو زیادە لەڕێژەیە کەلەسەرماڵ و سامانمان هەمانە. کاتێک کە دەیەک دەدەین، لە ڕاستیدا دان بەوەدا دەنێین کە هەرچی هەمانە لەلایەن خوداوەندەوەیە، متمانەمان هەیە لەسەر ئەوەی کە بۆمان دابین دەکات و دەزانین کەئەو شایەنی باشترین بەشی بەروبوومی ژیانی ئێمەیە.

بەڵام من نامەوێت ئەوە بکەم!

من لەگەڵ ئەو کەسانە کە دێنە کڵێسا و نوێژ دەکەن و پەرتووکی پیرۆز دەخوێنەوە بەڵام ئامادە نین دەیەک بدەن، قسەم کردووە. ئەوەی کەلە پشتی ئەو یاخی بوونە بەرامبەر بەخودا هەیە، لەخوبایی بوون، ترس یان چاوچنۆکیە. هەندێک کەس دەڵێن کە داهاتیان ئەوەندە نییە کە بتوانن تەنانەت ژیانی خۆیانی بەباشی پێ دابین بکەن، کەوایە چۆن دەکرێت بەشێکی وەلا بنێین بۆ خوداوەند؟ هەروەها دەڵێن کە ئێمە ئەو پارەیەمان زۆر بەقورسی دەستکەوتووە کە وایە ئامادە نین بی بەخشین بە کەسانی هەژار یا خود کڵێسا!

لەوانەیە باسی ئەوە بکەن کەدەیەک نەریتێکی کۆنە و دەگەڕێتەوە سەردەمی پەیمانی کۆن و پەیوەندی بەژیان ئەم سەردەمەوە نیە. هەرچۆنێک بێت ئەوە هەمووی بیانووە بۆ ئەوەی کە فەرمان و ویستی خودا

جێبەجێ نەکەن. پەرتووکی پیرۆز زۆر بە ڕوونی باسی ئەوە دەکات کە ئەنجامی گوێڕایەڵی و دژایەتی فەرمانەکانی خودا چییە. هەڵبژاردنەکانی خۆمان ئەنجامی باش یان خراپی لێ دەکەوێتەوە کە وایە با هەڵە نەکەین ! خوداوەند زۆری باس لە کەسانی چاوچنۆک کردووە. ئەفەسۆس ٥ : ٥ « ٥ بێگومان بن لەوەی هەموو داوێنپیسێک یان گڵاو یان چاوچنۆکێک لە شانشینی مەسیح و خودا میراتی نییە، چونکە چاوچنۆک بتپەرستە. «

کۆلۆسی٣: ٥«٥ کەواتە ئارەزووە دنیاییەکانتان بمرێنن: داوێنپیسی، گڵاوی، هەوەسبازی، ئارەزووی خراپ، چاوبرسێتی کە جۆرێکە لە بتپەرستی «

دووەم تیمۆساوس ٣ : ١- ٥ « ١ ئەوە بزانە کە لە ڕۆژانی کۆتاییدا کاتێکی تەنگانە دادێت، ٢ چونکە خەڵکی خۆیان خۆشدەوێ، پارەیان خۆشدەوێ، لووتبەرزن، خۆهەڵکێشن، زمانپیسن، گوێڕایەڵی دایک و باوک نابن، سوپاسگوزار نین، گڵاون، ٣ بێ خۆشەویستین، گەردن ئازاد ناکەن، بوختانکەرن، بەسەرخۆدا زاڵنەبوون، دڕندەن، حەز لە چاکە ناکەن، ٤ ناپاکن، سەرەڕۆ و لەخۆبایین، زیاتر حەزیان لە چێژە نەک خۆشەویستی خودا، ٥ ڕواڵەتی خواترسییان هەیە، بەڵام نکۆڵی لە هێزەکەی دەکەن. جا لەوانە دوور بکەونەوە. «

لە ڕاستیدا لە ووشەی خودا دا چاوچنۆکی و پەرۆشی بۆ ماڵی دونیا، هاوتەریبی کوشتن و تاوان و ڕق هاتووە.

ڕۆما ١ : ٢٩- ٣٢ « ٢٩ پڕبوون لە هەموو ناڕەوایی و خراپە و چاوچنۆکی و بەدکارییەک. پڕن لە ئیرەیی و کوشتن و دژایەتی و فێڵبازی و زیانبەخشی. غەیبەتکارن، ٣٠ بوختانکەرن، ڕقیان لە خودایە، شەڕفرۆشن، لووتبەرزن، خۆهەڵکێشن، داهێنەری خراپەن، گوێڕایەڵی دایک و باوک نین، ٣١ بێ مێشکن و دڵسۆز نین، بێ هەست و بێ بەزەیین. ٣٢ لەگەڵ ئەوەی دەزانن حوکمی دادپەروەرانەی خودا بۆ ئەنجامدەرانی ئەم جۆرە کارانە مردنە، بەڵام نەک تەنها خۆیان ئەو کارانە دەکەن، بەڵکو ئەو کەسانەش پەسەند دەکەن کە دەیکەن. «

سەرەڕای ئەوەش ئەو کەسانەی کە ئامادە نین دە یەک بدەن، نازانن چ هەستێکی خۆش و ئازادی لەوەدا هەیە کە ئەوەی کە هی خودایە و شایەنی ئەوە، بێگەڕێنەوە بۆ خوداوەند. کاتێک بە پێی فەرمان و ویستی

خوداوەند هەڵسوکەوت بکەین، ئەوە دڵەڕاوکێ و ترسی لە ناوچوونی پارە و سامانمان کەم دەبێتەوە.

دەیەک و دیاری

عیسا پێمان دەڵێت کەدەیەک بدەین. مەتا ٢٣ : ٢٣ « ٢٣ قوربەسەرتان ئەی مامۆستایانی تەورات و فەریسییەکان! دووڕووان! چونکە دەیەکی پونگ و شویت ٢٣:٢٣ شبیت و زیرە دەدەن بەڵام ڕاسپاردە گرنگەکانی تەورات وەکو دادپەروەری و بەزەیی و دڵسۆزیتان پشتگوێ خستووە. پێویست بوو ئەمانە پەیڕەو بکەن و ئەوانەی دیکەش پشتگوێ نەخەن. »

تەنیا جیاوازی لەسەر دەیەک لە پەیمانی کۆن و پەیمانی تازەدا ئەوەیە کە بەخشین پێویست ناکات ڕێک یەک بەش لە دە بەش بێت بەڵکو بە پێیی توانا بێت، ئەگەر زۆرمان هەیە، زۆر ببەخشیین و لە کەم کەم ببەخشین.

دووەم کۆرنسۆس ٨ : ١ – ١٥ « ١ ئێستاش خوشکان، برایان، حەز دەکەین نیعمەتی خودا بزانن کە دراوەتە کڵێساکانی مەکدۆنیا. ٢ ئەوان لە تەنگانەیەکی زۆر گەورەدا بوون،بەڵام ژیانیان پڕ بوو لە خۆشی، لەگەڵ ئەوەی زۆر هەژار بوون، بەڵام دڵفراوان و بەخشندە بوون. ٣ شایەتی دەدەم کە بەگوێرەی توانای خۆیان و تەنانەت لە سەرووی توانای خۆشیانەوە بەخشینیان داوە، دەستپێشخەرییان کرد و ٤ زۆر لێمان پاڕانەوە تاکو نیعمەتی بەشداربوون لە خزمەتی گەلی پیرۆزی خودا وەربگرن. ٥ زیاتریان کرد لەوەی ئێمە چاوەڕێمان دەکرد لێیان، چونکە سەرەتا خۆیان پێشکەشی عیسای خاوەن شکۆ کرد، ئینجا بە خواستی خودا خۆیان پێشکەشی ئێمە کرد. ٦ ئەوە بوو تکامان لە تیتۆس کرد کە ئەم نیعمەتەی ٦:٨ مەبەستی لە بەخشینە لەلاتان دەستی پێکردووە تەواوی بکات. ٧ بەڵام وەک چۆن لە هەموو شتێکدا زیادتان کردووە، لە باوەڕ، لە قسەکردن، لە زانیاری، لە هەموو کۆششێک، لە خۆشەویستیتان بۆ ئێمە، ئاوا لەم نیعمەتەی بەخشینیشدا زیاد بکەن.٨ ئەمەتان وەک فەرمانێک پێ ناڵێم، بەڵکو بە بەراورد لەگەڵ پەرۆشی کەسانی دیکە، ڕاستەقینەیی خۆشەویستیتان تاقی دەکەمەوە. ٩ نیعمەتی عیسای مەسیحی خاوەن شکۆمان دەزانن، هەرچەندە دەوڵەمەند بوو، لە پێناوی ئێوەدا بووە هەژار، بۆ ئەوەی ئێوە بە هەژاریی ئەو دەوڵەمەند بن.١٠ لەمەشدا بیروڕای خۆمتان پێ دەڵێم،

چونکە ئەمە بەسوودە بۆتان: ئێوە پار دەستتان بە بەخشین کرد، نەک تەنها ئەمەتان کردووە، بەڵکو ئارەزووشتان دەکرد کە ئەنجامی بدەن. ١١ ئێستا کارەکە تەواو بکەن، هەروەک پەرۆشی خواستی بوون، ئاوا تەواوکردنیش بە خواستی خۆتانە، ١٢ چونکە ئەگەر پەرۆشی هەبێت، ئەوا خودا بەگوێرەی ئەوەی کە کەسەکە هەیەتی پەسەندی دەکات، نەک بەگوێرەی ئەوەی نییەتی.١٣ مەبەستم ئەوە نییە خەڵکی دیکە بحەسێنەوە و فشارم لەسەر ئێوە بێت، بەڵکو بە یەکسانی. ١٤ لە کاتی ئێستادا با پڕیی ئێوە کەموکوڕی ئەوان پڕ بکاتەوە بۆ ئەوەی لە داهاتوودا پڕیی ئەوانیش کەموکوڕی ئێوە پڕ بکاتەوە، تاکو یەکسان ببێت. ١٥ وەک نووسراوە: (نە ئەوەی زۆری کۆکردووەتەوە زیادی کردووە و نە ئەوەی کەمی کۆکردووەتەوە کەمی کردووە.) ٨ «

دەکرێت بە شێوازی هەفتانە یان مانگانە دەیەک بدرێت. هەروەها دەیەک تەنیا فەرمانێکی نوسراو نیە لە پەرتووکی پیرۆزدا، بەڵکو ئەوە کارێکی گونجاوە، چونکە بۆ بەڕێوەبردنی کارو پێداویستیەکانی کڵێسا و خزمەت کاران، پارە پێویستە. هەروەها ئەوە ویستی خودایە کە گەلەکەی یارمەتی ئەو کەسانە بدات کە کار دەکەن بۆ پاشایەتی خوداوەند.

یەکەم کۆرنسۆس ٩ : ١٣ – ١٤ « ١٣ ئایا نازانن ئەوانەی خزمەتی پەرستگا دەکەن لە شتەکانی پەرستگا دەخۆن، ئەوانەی خزمەتی قوربانگاش دەکەن لە قوربانگادا بەشدارن؟ ١٤ بە هەمان شێوە مەسیحی خاوەن شکۆ فەرمانی داوە، ئەوانەی کە مزگێنی ڕادەگەیەنن گوزەرانیان لەسەر مزگێنییە. «

گەلاتیا ٦ : ٦ « ٦ ئەو کەسەی فێری ووشەی خودا ٦:٦ مەبەست لە کتێبی پیرۆزە دەکرێت، دەبێت فێرکارەکەی لە هەموو شتێکی باشدا بەشدار بکات. «

بەلای منەوە گرنگترین هۆکار بۆ ئەوەی دەیەک بدەم، خۆشەویستی عیسایە. ئەوە شەرەف شانازییە کە ئەوەی کە بەو پەڕی بەخشندەیی بەمنی بەخشیوە ، بیگەڕێنمەوە بۆ خۆی کە ئەوە زۆر پیرۆزتر و گرنگترە لە زۆری سامان و پارە سەرەڕای ئەوەش لە پەرتووکی پیرۆزدا پێمان دەڵێت ئەو بیرکردنەوەیە و هەڵسوکەوتەی کە هەمانە لەکاتی گەڕانەوەی دەیەک دا، بە هەمان ڕادەی دەیەکەمان لای خودا گرنگ و جێ بایەخ دەبێت.

دووەم کۆرنسۆس ٩: ٥ – ١٥ « ٥ بۆیە بە پێویستم زانی لە برایان بپاڕێمەوە، تاکو پێشڕەوی بکەن بۆ لاتان و زوو ئەو بەخشینەتان ڕێکبخەن کە پێشتر بەڵێنتان دابوو، تاکو وەک بەخشینێکی لە دڵفراوانییەوە بێت، نەک لە ناچارییەوە بێت.٦ ئەمەش بزانن: ئەوەی کەم بچێنێت کەم دەدروێتەوە، ئەوەی بە دڵفراوانی بچێنێ بە دڵفراوانی دەدروێتەوە. ٧ با هەریەکە ئەوەندەی لەسەر دڵیەتی بیدات، نەک بە دڵتەنگی و ناچاری، چونکە ئەوەی بە دڵخۆشییەوە ببەخشێت خودا خۆشی دەوێت. ٨ خوداش دەتوانێت هەموو نیعمەتێکتان بەسەردا پڕژێنێت، تاوەکو ئێوە هەمیشە هەموو ئەو شتانەتان هەبێت کە پێویستتانە، بۆ ئەوەی لە هەموو کارێکی باشدا سەرڕێژ بن. ٩ وەک نووسراوە:(بە دڵفراوانییەوە بە هەژارانی بەخشیوە،ڕاستودروستییەکەی هەتاهەتایە چەسپاوە.) ١٠ جا ئەو خودایەی تۆو بۆ جوتیار و نان بۆ خۆراک دابین دەکات، تۆوتان بۆ دابین دەکات و چەند هێندەی دەکات و بەرهەمی ڕاستودروستیتان زیاد دەکات. ١١ لە هەموو شتێکدا دەوڵەمەند دەبن تاکو هەموو کاتێک دڵفراوان بن، دڵفراوانییەکەتان لە ڕێگەی ئێمەوە سوپاسی خودای لێدەکەوێتەوە.١٢ ئەم خزمەتەی ئێوە دەیکەن، تەنها پێداویستییەکانی گەلی پیرۆزی خودا پڕ ناکاتەوە، بەڵکو وا دەکات کە زۆر کەس سوپاسی خودا بکەن. ١٣ لە ڕێگەی ئەو خزمەتەوە کە دەیکەن ئێوە خۆتان سەلماندووە، شکۆمەندی خودا دەردەخەن بە گوێڕایەڵی و دانپێدانانتان بە پەیامی ئینجیلی مەسیح، هەروەها دڵفراوانیتان لە بەشداریتان لەگەڵ ئەوان و هەموو لایەک. ١٤ هەروەها لە پاڕانەوەیان بۆ ئێوە، تامەزرۆی بینینی ئێوەن لەبەر ئەو نیعمەتە لە ڕادەبەدەرەی خودا کە پێتان دراوە. ١٥ سوپاس بۆ خودا لە پێناوی ئەم بەخشینەی کە بە دەم باس ناکرێت. «

دواوتار ١٦ : ٩ – ١٠ « ٩ حەوت هەفتە دەژمێرن بۆ خۆتان، لە دەستپێکردنی دروێنەی دەغڵ دەستپێدەکەن. ١٠ جەژنی هەفتەکان ١٠:١٦ جەژنی هەفتەکان، هەروەها وەک جەژنی دروێنەش ناسراو فەتیرە بووە، کە دەکاتە حەوت هەفتە بۆ یەزدانی پەروەردگارتان دەگێڕن، بەگوێرەی ئەوەی لە دەستتان دێتەدەر بەخشینێکی ئازاد دەبەخشن، وەک ئەوەندەی یەزدانی پەروەردگارتان بەرەکەتداری کردوون. «

کاتێک متمانەمان بە خودا زیاتر دەبێت، وا هەست دەکەین کە بەخشندەتر دەبین و خوداوەند هیچ کات بە تەنیا جێی نەهێشتووین.

من لە خۆشەویستی و گوێڕایەڵی خوداوەند پیرۆزییەکی زۆرم وەرگرتووە. کاتێک کە بەڕێوەبردنی پارەو سامان ڕادەستی خودا دەکەم، هەستی خۆشی و ئارامیەکی زۆرم پێ دەبەخشێت. بەخشینەوەی من بۆ ئەوە نیە کەلە بەرامبەری دا دەسکەوتێکم هەبێت، بەڵام لە ئابووری خوداوەند دا بە تەواوی باوەڕمان بەوە هەیە کە کاتێک بەو شێوازە کەلای خوداوەند پەسەند کراوە دەژین، ئەو پیرۆزی و پاداشی زۆرمان پێ دەبەخشێت.

بە کورتی دەتوانین بڵێین، بۆ ئەوەی ڕێزی خوداوەندمان گرتبێت، پێویستە کەدەیەک و دیاریەکانمان ئارەزوومەندانە و بە ڕوحێکی پڕ لەخۆشەویستیەوە بێت. ڕاستی ئەوەیە کە خوداوەند نایەوێت بەخشینی ئێمە بەدڵگرانی یان ناڕازی بونەوە بێت یاخود تەنیا وەک بە جێهێنانی ئەرکێک ئەو بەخشینە بکەین.

لۆقا ١١ : ٤٢ « ٤٢بەڵام قوربەسەرتان فەریسییەکان، ئێوە دەیەکی پونگ و ڕازیانە و هەموو سەوزەوات دەدەن، بەڵام دادپەروەری و خۆشەویستی خودا پشتگوێ دەخەن. پێویستە ئەمانە پەیڕەو بکەن و ئەوانەی دیکەش پشتگوێ نەخەن. «

خوداوەند داوای ئەو بەشە ناکات کەلەدوای بەخشینەکە دەمێنێتەوە، بەڵکو داوای بەخشینی باشترین بەشی دەستکەوتەکەمان دەکات.

دواوتار ١٧ :١ « ١ بۆ یەزدانی پەروەردگارتان گایەک یان بەرخێک سەرمەبڕن کە کەموکورییەک یان شتێکی خراپی تێدابێت، چونکە ئەوە قێزەونە لەلای یەزدانی پەروەردگارتان. «

بنەما و یاساکانی خودا سەبارەت بە پێدان و وەرگرتن

پەرتووکی پیرۆز پێمان دەڵێت کەڕێگا و بیرکردنەوەکانی خوداوەند لە سەرو تێگەیشتنی ئێمەوەیە. ئیشایا ٥٥ : ٨ – ٩ « ٨ بێگومان بیرکردنەوەی من بیرکردنەوەی ئێوە نییە و ڕێگاکانی ئێوەش ڕێگاکانی من نین،ئەوە فەرمایشتی یەزدانە.٩ هەروەک بەرزیی ئاسمان لە زەوییەوە، ئاوا بەرزە ڕێگاکانم بەسەر ڕێگاکانتاندا وبیرکردنەوەم بەسەر بیرکردنەوەتان. «

بەها ڕەوشتییەکانی خوداوەند پاک و بێگەردن. هەر بەو هۆکارەیە کە زۆر جار پێمان وایە بە پێچەوانەی ئەوەی کە ئێمە بیرمان لێ دەکردەوە، کارەکان جێبەجێ دەکات.

پەندەکانی سلێمان ١٩ : ٢٥ « ٢٥ لە گاڵتەجاڕ بدە و ساویلکە ژیر دەبێت، تێگەیشتوو سەرزەنشت بکە زانیاری تێدەگات. «

ئەوە زۆرر بە ڕونی لە کاتی بەخشیندا هەستی پێ دەکرێت، کاتێک کەلامان وایە کە هیچمان نیە بۆ ئەوەی پێشکەشی کەین، کە واتە گەمژانەیە کە خوداوەند داوای ئەوە بکات کە ببەخشین. بەڵام کاتێک کە بە پێی فەرمانی خوداوەند ڕەفتار دەکەین و لە خۆمان قوربانی دەدەین، ئەوە ئەو هەست بە خۆشییە کەلە پەرتووکی پیرۆزدا باسی لێ کراوە بە تەواوی هەستی پێ دەکەین.

کردار ٢٠ : ٣٣ – ٣٥ « ٣٣ چاوم لە زێڕ و زیو و جلی کەس نەبوو. ٣٤ خۆتان دەزانن پێویستی خۆم و یاوەرانم، ئەم دەستانە دابینیان کردووە. ٣٥ هەموو شتێکم پیشانتاندا کە پێویستە چۆن ڕەنج بدەن بۆ یارمەتیدانی لاوازان، ووشەکانی عیسای خاوەن شکۆتان لەیاد بێت کە خۆی فەرمووی: "بەخشین لە وەرگرتن بەختەوەرترە." «

دڵمان کەسەرچاوەی حەز و ویستمانە، کردەوە و بیرکردنەوە و ووشەکانی ئێمە دیاری دەکات. عیسا دەڵێت : ‹ئەوەی لە دڵی کەسێک دابێت ئەوە لەقسەکانیدا بەدی دەکرێت. ‹ لۆقا ٦ : ٤٥ « ٤٥ مرۆڤی چاک لە گەنجینە چاکەکەی دڵ، چاکە دەردەهێنێت، مرۆڤی خراپیش لە خراپەوە خراپە دەردەهێنێت، چونکە ئەوەی لە دڵ هەڵدەقوڵێت دەم پێی دەدوێت. «

هەر بەو شێوازە ئەوەی کەلە ناخماندا هەیە لە ویست و تواناکانماندا بەدی دەکرێت کاتێک بێ خوپەرستی یارمەتی کەسێک دەدەین و ڕێزی خودا دەگرین. ئەوەی لە دڵماندایە گرنگترین سەرچاوەی ژیانمانە و خوداوەند ئەوە زۆر لە بەرچاو دەگرێت.

پەندەکانی سلێمان ٤ : ٢٣ « ٢٣ لە سەرووی هەموو چاودێرییەکەوە دڵت بپارێزە، چونکە دڵ سەرچاوەی ژیانە. «

مەتا ١٥ : ١٦ - ٢٠ « ١٦ عیسا فەرمووی: ئێوەش هێشتا تێناگەن؟ ١٧ ئایا نازانن هەرچی دەچێتە ناو دەم دەڕواتە ناو سک و پاشان دەچێتە دەرەوەی جەستە؟ ١٨ بەڵام ئەوەی لە دەمەوە دێتە دەرەوە، لە دڵەوە سەرچاوە دەگرێت کە دەبێتە هۆی گڵاوبوونی مرۆڤ، ١٩ چونکە بیری خراپ لەدڵەوە دەردەچێت، کوشتن، داوێنپیسی، بەدڕەوشتی، دزی، شایەتی درۆ، کفرکردن. ٢٠ ئەمانە مرۆڤ گڵاو دەکەن. بەڵام نانخواردن بەبێ دەست شوشتن مرۆڤ گڵاو ناکات. «

من زۆر جار دەڵێم کە بێت و بەشێوازی خودا کار بکەیت، دەرئەنجامەکەش بە شێوازی خودا دەبێت. بە شێوازی خودا کارەکان بکەیت، دەگەیتە دەرەنجامی باش.

زۆرجار دەسکەوتەکانم کە لە ڕێگای خۆم پێم گەیشتووە، بوو بە هۆکاری نائومێد بوونم. کەسانێکی زۆر هەن کە بەکردەوە لە ڕێگای خۆیان گەڕانەوە و هاتنە سەر ڕێگای خوداوەند، بەوە خۆشی و ئارامی و ڕازی بوونیان دەست کەوت.

کاتێک کە خودامان خۆش بوێت و متمانەی تەواوی پێ بکەین، بە شێوەی سروشتی گوێڕایەڵی دەبین و بە خزمەت کردنی خەڵک ئەوا خزمەتی ئەو دەکەین.ئەو کاتەی کە کات و توانا و سامانی خۆمان بۆ خزمەت کردن بە کاردێنین، هەست بە خۆشیەکی بێ سنور دەکەین لە ناخماندا و خوداوەند خۆشەویستی و باشی خۆیمان پێ دەبەخشێت.

زەبوورەکان ١١٢ « ١ – ١٠ « خۆزگە دەخوازرێ بەو کەسەی لە یەزدان دەترسێت، بە ڕاسپاردەکانی زۆر دڵخۆشە. ٢ وەچەی لەسەر زەوی بەهێز دەبن، نەوەی سەرڕاستان بەرەکەتدار دەبن. ٣ سامان و دەوڵەمەندی لەماڵیەتی، ڕاستودروستییەکەی هەتاهەتایە چەسپاوە.٤ لە تاریکیدا ڕووناکی بۆ سەرڕاستان درەوشایەوە، بۆ ئەوانەی کە میهرەبان و بەزەیی و ڕاستودروستن. ٥ چاک دەبێت بۆ ئەو کەسەی کە دڵفراوانە و قەرز دەدات، بە دادپەروەرییەوە ئیشوکاری خۆی ڕادەپەڕێنێت. ٦ بێگومان پیاوچاک هەتاهەتایە نالەقێت، هەتاهەتایە یادی دەکرێتەوە.٧ لە بیستنی هەواڵی خراپ ناترسێت، دڵی پتەوە، پشتی بە یەزدان بەستووە.٨ دڵی چەسپاوە و ناترسێت،لە کۆتاییدا سەرکەوتوو دەبێت و شکستی دوژمنانی دەبینێت.٩ بە دڵفراوانییەوە بە هەژارانی بەخشیوە، ڕاستودروستییەکەی

هەتاهەتایە چەسپاوە،بە ڕێزەوە شکۆمەندییەکەی بەرز دەبێتەوە. ١٠ بەدکار ئەمە دەبینێت و بێزار دەبێت،دانەکانی جیڕدەکاتەوە و دەتوێتەوە، ئارەزووی بەدکاران لەناودەچێت.»

بەڵام ئاگادار بن ئەوە مانای ئەوەی نیە کە کاتێک ببەخشین ئەوە لە ڕووی سەروەت و سامانەوە دەوڵەمەند دەبین، بەڵکو هۆش و دڵمان دەڕوات بۆ یارمەتیدانی کەسانی کەو لەخۆپەرستی دوور دەبین و گرنگی دەدەین بە کەسانی کە. زۆربەی کاتەکان ئارامیمان دەست دەکەوێت، لەڕاستیدا ئەوە خۆی پاداشتی ئێمەیە بۆ ئەوخزمەتەی کە کردوومانە. هێزو و گەورەیی پاداشتەکانی خوداوەند بەکەم مەزانن چونکە شکۆمەندتر لەوەیە کە ئێمە تەنانەت بتوانین بیری لێ بکەینەوە. ئەو شێوازە ژیانە پڕ لە بەخشندەییە بەرنامەی خوداوەندە بۆ ئێمە و خوداوەند ئەو جۆرە ژیانەی دەوێت.

لۆقا ٦ : ٣٨ « ٣٨ ببەخشن، پێتان دەبەخشرێت، پێوانەیەکی چاکی پەستێنراوی هەژێنراوی لێڕژاوتان دەخرێتە باوەش، چونکە بەو پێوانەیەی ئێوە بۆ خەڵک دەیپێون، خودا بۆتان دەپێوێتەوە.»

بە پێچەوانەوە، چاوچنۆک بوون هۆکارە بۆ نارەحەتی و خەفەت.

پەندەکانی سلێمان ١ : ١٩ « ١٩ ئاوایە ڕێچکەی هەموو ئەوانەی بەدوای دەستکەوتی ناڕەوان،سەری خاوەنی دەخوات. «

دووەم پەتروس ٢ : ١٩ « ١٩ بەڵێنی ئازادییان پێدەدەن، کەچی خۆیان کۆیلەی گەندەڵین، چونکە مرۆڤ کۆیلەی هەر شتێکە بەسەریدا زاڵ بێت. «

لەوانەیە ئەوەتان بیستبێت کە دەڵێن پارە خراپە، لە ڕاستیدا پەرتووکی پیرۆز پێمان دەڵێت کە پارەپەرستی سەرچاوەی تەواوی خراپەکانە.

ژیرمەندی ٥ : ١٠ – ١١ « ١٠ ئەوەی حەزی لە پارە بێت لە پارە تێر نابێت، ئەوەی حەزی لە سامان بێت لە داهات تێر نابێت،هەروەها ئەمەش بێ واتایە. ١١ بەزیادبوونی خێروبێر زیاد دەبن ئەوانەی دەیخۆن. ئایا چ سوودێکی بۆ خاوەنەکەی هەیە،جگە لەوەی تەنها چاوەکانی تێری لێ دەخۆن؟ «

یەکەم تیمۆساوس ٦ : ٦ – ١٠ « ٦ بەڵام لەخواترسی ئەگەر بە قایلبوون بێت قازانجێکی گەورەیە. ٧ لەبەرئەوەی هیچمان نەهێناوەبۆجیهان، ئاشکرایە ناتوانین هیچیشی لێ ببەینە دەرەوە. ٨ جا ئەگەر خواردن و پۆشاکمان هەیە با پێی ڕازیبین. ٩ بەڵام ئەوانەی حەز دەکەن دەوڵەمەند بن، دەکەونە تاقیکردنەوە و داوەوە، هەروەها دەکەونە نێو زۆر ئارەزووی گەووجانە و زیانبەخشەوە، کە وا دەکات مرۆڤ تێبکەوێت و لەناوبچێت. ١٠ لەبەر ئەوەی خۆشویستنی پارە یەکێکە لە سەرچاوەکانی هەموو جۆرە خراپەکارییەک، هەندێک کەس بەدوایدا گەڕان ون بوون لە باوەڕەکەیان و خۆیان تووشی ئازارێکی زۆر کرد. «

پارە بێ لایەنە، بەڵام هەستێکی کە بەرامبەر بەو هەمانە هێزێکی لەڕادەبەدەری هەیە کە سەرچاوەی مەترسیە و وێرانکەرە. خوداوەند دەیەوێت ئێمە لەو جۆرە کۆیلایەتیە دوور بین.لەڕاستیدا خوداوەند بۆخۆی بەخشندەیە و کاتێک ئێمە ئازادانە و لە سەر ویستی خۆمان چاوپۆشی لە ماڵ و سامانمان دەکەین و دەیبەخشین ئەوە ئەو دڵخوش دەبێت.

بەخشندەیی و دڵفراوانی،
ئازادی و دڵخوشی دێنێت

بەشی دوازدە

نان لەت کردن یا ئێوارە خوانی خوداوەند

زۆرینەی باوەڕداران ووشەی نان لەت کردنیان بیستووە و لەوانەیە لایان وا بێت کە کردارێکە کەلە کڵێسادا دەکرێت کە بریتیە لە خواردنی پارچە نانێکی وشک و کەمێک شەراب یان ئاوی ترێ. بەڵام لە پشت ئەو کرداری نان لەت کردن یان ئێوارە خوانی خوداوەند ڕاستیەک هەیە، وێنەیەکی ڕازاوە و جوانی خوداوەند کە کەسایەتی ئەو لەو کەسانەی کە بە مەسیح ڕزگاریان بووە ڕەنگ دەداتەوە. ووشە ی ‹COMMUNION› لە ووشەیەکی یۆنانیەوە ‹ Koinonia ‹ دێت کەبەمانای ‹ بەشدار بوون لە گەڵ هەموو کەس ‹ ە. ئەو کردارە دەتوانێت بە مانای بەشدار بوون لە بیرکردنەوە، هەست، یا کلتور بێت. ووشەی نان لەت کردن تەنیا لە نوسراوی پەرتووکی پیرۆزدا کە دەگەڕێتەوە بۆ جیمزی پاشا هاتووە و لە بەشی پەیمانی نوێ ٤ جار دووبارە کراوەتەوە. کەوایە ئەو ووشەیە بە بەشداری کردن یان هاوبەش بوون وەربگێرینەوە. ‹ کەسێک کە بەشداری دەکات، یان بە هاوبەشی دایدەنێت یان هاوبەشی دەکات.›

ئێوارە خوانی خوداوەند یان بەشداری کردن بەپێی پەرتووکی پیرۆز

پەیمانی کۆن فێرمان دەکات کەعیسا بە قوتابیەکانی ووت هەموو کات کرداری نان لەتکردن و شەراب خواردن یاد بکەنەوە.

یەکەم کۆرنسۆس ١١ : ٢٣ – ٢٦ « ٢٣ ئەوەی بە ئێوەم دا لە مەسیحی خاوەن شکۆم وەرگرتووە: ١١:٢٣ مەتا ٢٦:٢٦-٢٩. ئەوە بوو عیسای خاوەن شکۆ لەو شەوەی تێیدا بەگرتن درا، نانێکی هەڵگرت، ٢٤ سوپاسی خودای کرد و لەتی کرد و فەرمووی: ئەمە جەستەی منە کەلە پێناوی ئێوەیە. ئەمە بۆ یادکردنەوەی من بکەن. ٢٥ بەهەمان شێوە پاش نانخواردن، جامەکەی هەڵگرت و فەرمووی: ئەم جامە پەیمانی نوێیە بە

خوێنی من. هەرجارێک دەیخۆنەوە، ئەمە بۆ یادکردنەوەی من بکەن. ٢٦ جا هەر کاتێک لەم نانەتان خوارد و لەم جامەتان خواردەوە، ئەوا مردنی عیسای خاوەن شکۆ ڕادەگەیەنن، هەتا دێتەوە. «

لەهەمان شەودا کە بەرامبەر بە عیسا ناپاکی کرا، پێش ئەوەی بخرێتە سەر خاچ، کۆتا وتەکانی لەگەڵ قوتابیەکانی ووت کە ویستی ئەوە بۆ یادی ئەو بکرێتەوە. ئەو ئێوارە خوانەی کە عیسا لەگەڵ قوتابیەکانی خواردی پێی دەوترێت کۆتا ئێوارەخوان، چونکە ئەوە کۆتا خواردن بوو. لە پێش کۆتایی هاتنی ئێوارە خوانەکەدا، عیسا نانێکی لەتکرد و دواتر جامی شەرابی دا بە هاوڕێ خوشەویستەکانی. عیسا بۆی ڕون کردنەوە کە نان بە واتای جەستەی ئەوە کە بۆ گوناهەکانی ئێمە دەچێتە سەرخاچ و تێک دەشکێت. جامی شەراب هێمایە بۆ خوێنی عیسا کە لە پێناو ئەوان و نەوەکانی داهاتووی مرۆڤ دەڕێژرێت. خوێنی ئەو دەڕژێت بۆ ئەوەی گوناهەکانی ئێمە پاک بێتەوە و بشۆردرێتەوە. نان لەتکردن بە ئێوارە خوانی خوداوەند ناوزەند دەکرێت.

کردار ٢ : ٤٢ – ٤٧ « ٤٢ ئیتر ئەوان پەیوەستبوون لەسەر فێرکردنی نێردراوان و هاوبەشییەتی ٤٢:٢ پێکەوە ژیان و بەشداریکردنی یەکتر لە ڕووی ماددی و مەعنەوییەوە، لەتکردنی نان ٤٢:٢ پێکەوە نانخواردن و دواتریش یادکردنەوەی شێوی مەسیح. بڕوانە یەکەم کۆرنسۆس ١١:٢٣ و نوێژکردن. ٤٣ هەموو لە ناخەوە سام دایگرتبوون، چونکە زۆر پەرجوو و نیشانە لەسەر دەستی نێردراوان کران. ٤٤ باوەڕداران هەموو پێکەوە بوون و لە هەرچی هەیانبوو هاوبەش بوون. ٤٥ ماڵوموڵکی خۆیان دەفرۆشت و بەگوێرەی پێویستی هەریەکەیان دابەشیان دەکرد. ٤٦ ڕۆژانە بە یەک دڵ بەردەوام لە حەوشەکانی پەرستگا دەبوون، لە ماڵەکاندا نانیان لەتدەکرد، بە خۆشی و دڵپاکییەوە پێکەوە نانیان دەخوارد، ٤٧ ستایشی خودایان دەکرد و لەلای هەموو خەڵک پەسەند بوون. مەسیحی خاوەن شکۆش ڕۆژانە ئەوانەی دەهێنایە پاڵیان کە ڕزگاریان دەبوو. «

عیسا فەرمانی کرد بە قوتابیەکانی کە ئەو نەریتە دوای مردنی ئەو یاد بکەنەوە.

لۆقا ٢٢ : ١٤ – ٢٠ « ١٤ کە کاتی نانخواردن هات، عیسا لەسەر خوان دانیشت، نێردراوانیش لەگەڵی بوون. ١٥ پێی فەرموون: زۆر ئارەزووم کرد

پێش ئازارچێژتنم ئەم نانەی پەسخەتان لەگەڵ بخۆم، ١٦ چونکە پێتان دەڵێم: ئیتر نانی پەسخە ناخۆم هەتا لە شانشینی خودا بە تەواویی دێتە دی. ١٧ جامێکی هەڵگرت و سوپاسی خودای کرد، فەرمووی: ئەمە بگرن و لەنێوان خۆتان بەشی بکەن. ١٨ پێتان دەڵێم: ئیتر لە بەرهەمی مێو ناخۆمەوە هەتا شانشینی خودا دێت! ١٩ نانێکی هەڵگرت، سوپاسی خودای کرد و لەتیکرد، پێیدان و فەرمووی: ئەمە جەستەی منە، کەلە پێناوی ئێوە بەخت دەکرێ. ئەمە بۆ یادکردنەوەی من بکەن. ٢٠ بە هەمان شێوە پاش نانخواردن، جامەکەی هەڵگرت و فەرمووی: ئەم جامە پەیمانی نوێیە بە خوێنی من، کە لە پێناوی ئێوە دەڕژێت. «

بەلام هەر کات نان و شەراب بخون، ئەو قوربانیەتان بیر دێتەوە کە بنەماکانی پەیمانی نوێی دامەزراند. پەیمانی نوێ سەدان ساڵ پێش هاتنی مەسیح لە پەیمانی کۆن دا پێشبینی کرابوو. ئەو پەیمانە یان بەڵێنە سەبارەت بە خوێنی مەسیح بۆ بەخشینی گوناهەکانمانە، یەک جار بۆ هەتاهەتایی. کاتێک لەلایەن خوداوەندەوە دەبەخشرێن و ڕزگارمان دەکات، ڕۆحی پیرۆزی ئەو پەیوەندیەکەمان لەگەڵ خودا ڕێک دەخاو و کەم و کوری ناهێڵێت.

یەرمیا ٣١ : ٣٣ – ٣٤ : « ٣٣ یەزدان دەفەرموێت: ئەمە ئەو پەیمانەیە کە لەدوای ئەو ڕۆژانە لەگەڵ بنەماڵەی ئیسرائیلدا دەیبەستم،فێرکردنەکانم دەخەمە ناو مێشکیان و لەسەر دڵیان دەینووسم. من دەبم بە خودای ئەوان و ئەوانیش دەبن بە گەلی من. ٣٤ لەمەودوا کەس هاوڕێکەی خۆی یان براکەی خۆی فێرناکات و بڵێت: "یەزدان بناسە،" چونکە هەموویان دەمناسن، لە بچووکیانەوە هەتا گەورەیان، چونکە لە تاوانەکانیان خۆشدەبم، چیتر گوناهەکانیان بەبیری خۆم ناهێنمەوە. ئەوە فەرمایشتی یەزدانە. «

دووەم کۆرنسۆس ٣ : ٣ – ١١ « ٣ دەرکەوت ئێوە نامەیەکن لە مەسیحەوە، کە ئێمە خزمەتمان کردووە، بە مەرەکەب نەنووسراوە بەڵکو بە ڕۆحی خودای زیندوو، نەک لەسەر تەختە بەرد، بەڵکو لەسەر تەختە دڵی مرۆڤ. ٤ بەهۆی مەسیحەوە متمانەی ئاوامان بە خودا هەیە. ٥ ئێمە خۆمان لێهاتوو نین کە بیر لە شتێک بکەینەوە و پێمان وایێت لە خۆمانەوەیە، بەڵکو لێهاتووییمان لە خوداوەیە. ٦ ئەو لێهاتووی کردین تاکو

ببینە خزمەتکاری پەیمانی نوێ، پەیمانی ڕۆح نەک پەیمانی نووسراو بە پیت ٦:٣ مەبەستی لە شەریعەتە.، چونکە ئەو پیتە نووسراوە دەکوژێت، بەڵام ڕۆحەکە ژیان دەدات. ٧ ئەگەر بێتو ئەو خزمەتەی کە بووە هۆی مردن و بە پیت لەسەر بەرد هەڵکەنراو بوو بە شکۆوە هاتبێت، تەنانەت نەوەی ئیسرائیل نەیانتوانی تەماشای ڕووی موسا بکەن، لەبەر شکۆی ڕووی کە فەوتاوە، ٨ ئیتر چەند زیاتر خزمەتی ڕۆحی پیرۆز شکۆدارتر دەبێت؟ ٩ چونکە ئەگەر خزمەتی تاوانبارکردن شکۆمەندی بێت، ئاخۆ دەبێ خزمەتی بێتاوانکردن چەند زیاتر لە شکۆمەندیدا بێت؟ ١٠ شکۆدارکراویش لە بەراورد بە شکۆی لە ڕادەبەدەر شکۆی نەماوە، ١١ چونکە ئەگەر فەوتاو لە شکۆمەندیدا بێت، ئەی ئەوەی هەمیشەییە چەند زیاتر لە شکۆمەندیدا دەبێت! «

لە بیرتان بێت کەقوربانی کردن لە شێوەی خوێنی مەڕ و مانگا، تایبەتە بە سەردەمی پەیمانی کۆن کە پێویست بوو هەموو ساڵێک و هەموو رۆژێک ئەو نەریتە دووبارە بکرێتەوە. بەڵام ئەوە تەنیا بۆ پێشبینیە پڕ شکۆکەی قوربانی دانی مەسیح کە خۆی کردە قوربانی لە پێناو ڕزگار بوون و بەخشینی گوناهی تەواوی ئەو کەسانەی کە باوەڕیان پێ هێناوەو لە خوداوەند نزیک دەبنەوە. بە هاتنی خوداوەندمان پێویستمان بە قوربانی بە شێوەی ڕابردو نیە و ئەو نەریتە بەسەرچووە.

خواردنی جەژنی زیندووبونەوە (Passover)

جێ بایەخە کەلە پەرتووکی لۆقا ٢٢ : ١٥، عیسا بە نان لەتکردن و شەراب خواردن دەڵێت خواردنی زیندوبوونەوە یان پەسخ.

لۆقا ٢٢ : ١٥ " ١٥ پێی فەرموون: زۆر ئارەزووم کرد پێش ئازار چێژتنم ئەم نانەی پەسخەتان لەگەڵ بخۆم «

ڕووداوی جەژنی پەسخە سەدان ساڵ پێش هاتنی مەسیح ڕووی داوە. چیرۆکەکە بەو جۆرەیە کە جوولەکەکان لە کاتی دەربازبوون لە میسر، ئەو شوێنەی کە نزیک ٤٠٠ ساڵ بە کۆیلایەتی تێدا ژیابوون، بەڵام خوداوەند ویستی لەسەر ئەوە بوو کە ئازادیان بکات و بیانگەڕێنێتەوە خاکی بەڵێن پێدراو .ئەو خاکە لە ڕاستیدا هەمان ئیسرائیلی ئەمرۆ و ناوچەکانی دەورو پشتیەتی.

وا باشە کە چیرۆکی ڕزگار بوونی جوولەکەکان لە کۆیلایەتی بلکێنین بە ڕزگار بوونی ئێمە بە باوەڕ هێنان بە مەسیح و دەرباز بوونمان لە گوناهەکانمان. بە هەمان شێوە کەئەوان گەیشتنە خاکی بەڵێنپێدراو، بۆ ئێمەی مەسیحیش ‹ خاکی بەڵێنپێدراو › ئەو پەیوەندیە نزیکەیە کەلە ئێستادا و لە داهاتوو تا هەتاهەتایە لەگەڵ خوداوەند دەمانبێت.

چیرۆکی پەسخ، چیرۆکی فیرعەونی پاشای میسرە کە ئامادە نەبوو کۆیلە عیبرانیەکان ئازاد بکات. خوداوەند بە توشکردنی فیرعەون بە دەردی زۆر ناچاری کردن کە جوولەکەکان ئازاد بکات. کۆتا دەردێک کە خوداوەند ناردیە سەریان، فریشتەی مەرگ بوو. ئەو فریشتەیە هاتبوو بۆ ئەوەی کە نۆبەرەی نێرینەی ئاژەڵ و مرۆڤ لەو ناوچەیەدا لەناو بەرێت.

دەرچوون ١٢ : ١١ – ١٣ « ١١ ئاواش دەیخۆن: ناوقەدتان بەسترا بێت و پێڵاوەکانتان لە پێتان بێت و گۆچانەکانتان بە دەستەوە بێت. بە پەلە دەیخۆن؛ ئەوە پەسخەیە* بۆ یەزدان. ١٢ من ئەمشەو بە خاکی میسردا تێدەپەڕم و هەموو نۆبەرەیەک لە خاکی میسر دەکوژم، لە مرۆڤەوە هەتا ئاژەڵ، حوکمیش بەسەر هەموو خوداوەندەکانی میسردا دەدەم، من یەزدانم. ١٣ خوێنەکەش بۆتان دەبێتە نیشانە لەسەر ئەو ماڵانەی ئێوە تێیدان، کاتێک خوێنەکە دەبینم، بەسەرتاندا تێدەپەڕم. ئیتر کارەساتی لەناوچوون ئێوە ناگرێتەوە کاتێک لە خاکی میسر دەدەم. »

باشە کە بزانن پەرتووکی دەرچوون هەر لەبەر ئەو هۆکارەیە کە ئەو ناوەیان لێ ناوە. خوداوەند دەیویست کە پارێزگاری لە گەلەکەی بکات. هەر بەو هۆکارەش فەرمانی کرد کە مەرێک بکوژن و بە خوێنەکەی سەر دەرکی ماڵەکانیان نیشانە بکەن کە کاتێک فریشتەی مەرگ دێت ئەوە نۆبەرەی ئەو ماڵە لە ئاژەڵ و مرۆڤ پارێزراو دەبێت و ‹بەسەرتاندا تێدەپەڕێت ›.

جگە لەوە جووەکان پێویست بوو پێش سەفەر کردن، گۆشتی بەرخ و نانێک کە هەویر ترش لە درووست کردنی دا بەکارنەهاتووە بخۆن. چونکە کاتی تەواویان لەبەر دەست نەبوو بۆ ئەوەی کەچاوەڕی بکەن تا هەویرەکە هەڵبێت و ئامادەی دروست کردنی نان بێت. بە ناچاری هەویریان دروست کرد بە بێ هەویر ترش. ئەوان پێویست بوو بە تەواوی ئامادە بن بۆ سەفەر کردن.

ئەو زانیاریانە زۆر گرنگن، چونکە پەیوەندیان هەیە لەگەڵ عیسا. چونکە عیسا ئەو بەرخەیە کە قوربانییەکی تەواو و بێ گەردە.

یۆحەنا ١ : ٢٩ – ٣٠ « ٢٩ بۆ بەیانی کاتێک یەحیا بینی عیسا بەرەو ڕووی دێت، گوتی: ئەوەتا بەرخی خودا، ئەوەی گوناهی جیهان لادەبات! ٣٠ ئەمە ئەوەیە کە باسم کرد، پیاوێک دوای من دێت کە پێشم کەوتووە، چونکە پێش من بووە. «

عیسا خوێنی خۆی بەخشی کە هێمایە بۆ ڕەنگی سەر دەرگاکان بۆ ژیانی باوەڕداران و بەوە حوکم دانمان لەسەر تێ دەپەڕێت. بە بۆنەی ئەو دیارییە بە نرخەیە کە مەسیحیەکان ڕۆحیان لە مردن ڕزگاری دەبێت و هەتاهەتایە لەگەڵ خودا دا دەژین و لەو مردنە ڕزگاریان بووە. جووەکان پێش ئەوەی ئازار بکێشین خواردنی پەسخیان خوارد، ڕێک بەهەمان شێوە کە مەسیح کردی.

لۆقا ٢٢ : ١٥ « ١٥ پێی فەرموون: زۆر ئارەزووم کرد پێش ئازارچێژتنم ئەم نانەی پەسخەتان لەگەڵ بخۆم، «

بە هەمان شێوە کە لە چیرۆکی دەرچووندا گەلی خودا هەردەم ئامادە بوون بۆ بەجێ هێشتنی میسر، ئێمەش پێویستە هەر دەم ئامادە بین بۆ گەڕانەوە بۆ لای خوداوەند.

یەکەم سالۆنیکی ٥ : ٢ « ٢ چونکە خۆتان باش دەزانن، هاتنی ڕۆژی یەزدان وەک هاتنی دز وایە لە شەودا. «

هۆکار و مەبەست لە یادکردنەوەی خوانی خودا

ئێستا کە زانیمان ئێوارە خوانی خودا چیە، کاتی ئەوەیە کە ئاماژە بدەین بە گرنگیە تایبەتیکەی. پەرتووکی پیرۆز باسی ئەوە دەکات کە یێت و گرنگی تایبەت نەدەین بە ئێوارەخوانی خوداوەند، یا خود بێ تۆبەکردن ئەو نەریتە گرنگە بەجێبێنین، زیانمان بە خۆمان گەیاندووە.

یەکەم کۆرنسۆس ١١ : ٢٧ – ٣٢ « ٢٧ کەواتە ئەوەی بە شێوازێکی ناشایستە ٢٧:١١ بەبێ ڕیزگرتن لە مەسیح. نانەکە بخوات یان لە جامەکەی مەسیحی خاوەن شکۆ بخواتەوە، ئەوا بەرامبەر بە جەستە و خوێنی مەسیحی خاوەن شکۆ تاوانبارە. ٢٨ با هەرکەسێک خۆی تاقی

بکاتەوە، ئینجا لەنانەکە بخوات و لە جامەکە بخواتەوە، ٢٩ چونکە ئەوەی بخوات و بخواتەوە و ڕێز لە جەستەی مەسیح نەگرێت، ئەوا بۆ خۆی حوکم دەخوات و دەخواتەوە. ٣٠ لەبەر ئەمەیە زۆر نەخۆش و لاوازتان تێدایە، هەندێکیش نوستوون ١١:٣٠ مەبەست لە مردنە.. ٣١ بەڵام ئەگەر خۆمان حوکمی خۆمان بدایە، ئەوا حوکم نەدەدراین. ٣٢ بەڵام کاتێک مەسیحی خاوەن شکۆ حوکممان بدات، ئەوا تەمبێ دەکرێین، تاکو لەگەڵ جیهاندا تاوانبار نەکرێین. «

ئەو بەشە لە ئایەتەکان لەسەر خەڵکی کۆرنسۆسە کەلەکاتی بەکارهێنانی نان و شراب لە خوانی خوداوەندا، سکیان تێر دەکرد و سەرخۆش دەبوون. زۆر نەشیاوە کە ئێوارەخوانی خوداوەند بەو مەبەستانە بەڕێوە بچێت. بەڵام لەلایەکی کەوە ئاگادارمان دەکاتەوە کە نان و شەراب بێ تۆبەکردن لە گوناهەکان و دان پێدانان بە تاوانەکانمان نەخۆین و نەخۆینەوە. ناکرێت بێ بیر کردنەوە و بێ سەرنجی تەواو لەگەڵ خودادا گفتوگۆ بکەین. فەرمان کراوە پێش خواردنی ‹ ئیوارەخوانی خوداوەند › دڵی خۆمان بپشکنین و دڵنیا بین کەلەگەڵ خوداوەند ڕاستگۆ ین.

عیبرانیەکان ١٠ : ٢٩ « ٢٩ بە ڕای ئێوە شایانی سزای چەند خراپترە ئەوەی سووکایەتی بە کوڕی خودا کردووە و خوێنی پەیمان بە پیس دادەنێت کە پیرۆزی کردووە، سووکایەتیش بە ڕۆحی پیرۆز دەکات کە نیعمەتی لێ وەرگرتووە؟ «

ئێمە وەک مەسیحییەک بە نرخێکی زۆر کڕدراوینەتەوە، کە وایە ناکرێت دەسکەوتێک کە بەخۆشەویستیەکی وەها بە بایەخ و قوربانیەکی لەو شێوەیە دەستەبەر بووە، لامان بێ بایەخ بێت.

یەکەم پەترۆس ١ : ١٨ – ٢٠ « ١٨ دەزانن بە شتی لەناوچووی وەک زێڕ و زیو نەکڕاونەتەوە، لەو ژیانە پووچەی لە باوباپیرانەوە بۆتان مابووەوە، ١٩ بەڵکو بە خوێنێکی گرانبەها، خوێنی مەسیح، کە وەک بەرخێکی بێ لەکە و کەموکورییە. ٢٠ لەپێش دامەزراندنی جیهان هەڵبژێردرابوو، بەڵام لەم ڕۆژگارانەی دوایی لە پێناوی ئێوەدا دەرکەوت. «

بە تێپەر بوونی کات لەو ژیانەدا کەلەگەڵ مەسیح داین، دەکرێت وەک نەریت و خویەک لەگەڵ ڕێنماییەکانی مەسیح دا بجوڵێینەوە و

هەڵسوکەوت بکەین نەک وەک کردارێکی بێ ناوەڕۆک و بێ ڕۆح بوو بەرێوە چونییان ئامادە بین.

کاتێک کە باوەڕمان کۆن دەبێت و بێ سۆز و خۆشەویستی یاخود بێ هێز دەبێت، بەڵام فەرمانەکان بە جێ دێنین، ئەوە بەو جۆرە ناوترێت باوەڕ بەڵکو ناوی دەبێتە ئایین. عیسا بێزارە لە ئایین. ئەو دەیەوێت ئێمە پەیوەندیەکی زیندوو، بەرەو پێش و جێگەی ڕەزامەندیمان هەبێت لەگەڵی. ئێمە لەسەرمانە کەڕۆژانە پارێزگاری بکەین لەو پەیوەندیە و بە هۆشیارییەوە ئەو ڕێگایانە هەلبژێرین کە دەبێتە هۆکاری پتەوکردنی ئەو پەیوەندییە.

ژیان لەگەڵ عیسادا دەتوانێت وروژێنەرترین ئەزموون بێت کەلە ژیانماندا بیری لێ بکەینەوە. بەڵام ڕاگرتن و پاریزگاری کردن لەوە پێویستی بە کات و هیلاک بوونی زۆرەوە هەیە. نوێژ دەکەم بۆ ئەوەی کە ئەو پەڕتووکە یارمەتیتان بدات لە تێگەیشتنی ڕاستیە گرنگەکانی ژیانی عیسای خوداوەند.

نوێژ دەکەم کە هێز و توانای ڕۆحی پیرۆز وەربگرن بۆ ئەوەی کە بەشێوازێک بژین کە خوداوەندی مەسیح خۆشحاڵ دەکات. و نوێژ دەکەم کە ژیانتان بەتەواوی ڕادەستی ئەو بکەن. هەمووکات لە ژیاندا کێشە هەیە، بەڵام کاتێک کەمەسیح لە بەرزترین شوێنی ژیانتان دابنێن، ئەو توانایەتان دەبێت کە بەسەر کێشەکاندا زاڵ بن و بەردەوام بن بە شێوازێک کە ناتوانن تەنانەت وێنای بکەن.

دوای کۆتایی هاتنی ئەو بابەتە، بە هەبوونی دەرفەت دەتوانن ئەو بابەتانەی کە فێربوون لەگەڵ کەسانی کە هاوبەشی بکەن . ئەو ڕێگایانە کە لە ئەمڕۆدا دەتوانن ببنە هۆکار بۆ خۆشەویستی و خزمەت کردنی عیسا، بیان نووسن.

شارۆن

هەوڵ بدەن کە هەموو ڕۆژێک
عیسا گرنگترین ویست و
خواستان بێت !

بەشی سێزدە
نوێژکردن

ناکرێت کۆتایی بەم پەرتووکە بێت بێ ئەوەی باسی نوێکردن بکەین. ڕاستە کەلە بەشی کۆتاییدا باسی دەکەین، بەڵام ئەوە لە بەها و گرنگی بابەتەکە کەم ناکاتەوە.

نوێژ چییە؟

بە گشتی نوێژ، قسە کردنە لەگەڵ خوداوەند ! ئەو بابەتە وەک قسە کردن لەگەڵ هاوڕی باشەکانتانە، هەرچەند کاتێک لە گەڵ خودا قسە دەکەین بابەتی گرنگتر لە ئارادایە. دەکرێت هاوڕێکانمان گوێمان لێ بگرن یا خود هاوسۆزیمان لەگەڵ بکەن و نوێژمان بۆ بکەن، بەڵام لە زۆربەی کاتەکاندا توانایان نیە کە کێشەکانمان چارەسەر کەن یا خود یارمەتیمان بدەن. ئەوە لە کاتێکدایە کە خوداوەند بە تەواوی دەتوانێت هەر کێشەیەکی بچووک یان گەورە کە باسی بکەین، بە تەواوی بۆمان چارە سەر بکات.

نوێژکردن، گوێ گرتنە لە خوداوەند. هاوڕێیەتی، پەیوەندیەکی دولایەنەیە. ئێمە باسی بابەتێک دەکەین و ئەو گوێ بیست دەبێت و دواتر وەڵام دەداتەوە و ئێمە گوێ دەگرین. ئەوە هەمان شێوازە کە بەبۆنەی ئەوەوە نێوان ئێمە و خوداوەند پەیوەندی درووست دەبێت. دواتر لە بەشێکی پەرتووکەکەدا زیاتر باسی گوێ گرتن لە خودا دەکەین.

پرسیاری زۆر هەن لە سەر نوێژکردن، بۆ نموونە : ‹ ڕێگا ڕاستەکە چیە بۆ نوێژ کردن؟› ‹ لە کاتی نوێژ کردندا پێویستە لە چی بارودۆخێکدا بین؟ › ‹ دەکرێت لە هەموو شوێنێک نوێژ بکەین؟ › ‹ بۆ نوێژکردن پێویستە بەتەواوی شارەزای خودا و پەرتووکی پیرۆز بین؟ ›

لە پەرتووکی پاشایان دا نموونەیەکی جوان دەبینین لە سەر نوێژ کردن.

یەکەم پاشایان ٨ : ٢٢ – ٥٨ « ٢٢ ئینجا سلێمان لەبەردەم قوربانگای یەزدان بەرامبەر بە هەموو کۆمەڵی ئیسرائیل ڕاوەستا و دەستی بۆ ئاسمان بەرز کردەوە، ٢٣ گوتی: ئەی یەزدانی پەروەردگاری ئیسرائیل، هیچ خودایەک لە ئاسمان لە سەرەوە و لەسەر زەوی لە خوارەوە لە وێنەی تۆ نییە، پەیمانی خۆشەویستییەکەت بۆ خزمەتکارەکانت دەبەیتەسەر، ئەوانەی لەبەردەمی تۆ بە دڵسۆزییەوە ڕەفتار دەکەن. ٢٤ تۆ بەڵێنی خۆتت بۆ بەندەکەت، بۆ داودی باوکم هێنایە دی. ئەوەی بە دەمت بەڵێنت پێدا، ئەمڕۆ بە دەستی خۆتت هێنایە دی.٢٥ ئێستاش ئەی یەزدانی پەروەردگاری ئیسرائیل، ئەو بەڵێنەی کە تۆ بە بەندەکەی خۆت، بە داودی باوکی منت دا، بۆی بهێنە دی، کە فەرمووت: "پیاو لە تۆ ناپڕێت لەبەردەمم بۆ دانیشتن لەسەر تەختی ئیسرائیل، تەنها ئەگەر کورانت ئاگاداری ئەوە بن کە بە دڵسۆزییەوە دۆستایەتیم بکەن، هەروەک چۆن تۆ بە دڵسۆزییەوە دۆستایەتیت کردم." ٢٦ ئێستاش ئەی خودای ئیسرائیل، با ئەو بەڵێنەت بێتە دی کە بەڵێنت بە داودی باوکم دا کە بەندەی تۆیە. ٢٧ بەڵام ئایا بەڕاستی خودا لەسەر زەوی نیشتەجێ دەبێت؟ ئەوەتا ئاسمان و ئاسمانی ئاسمانەکان جێی تۆیان تێدا نابێتەوە، ئیتر چۆن ئەم پەرستگایە کە من بنیادم ناوە! ٢٨ بەڵام ئەی یەزدان، خودای من، ئاوڕ لە نوێژ و لە داواکارییەکانی بەندەکەت بدەوە و گوێ لە هاوار و ئەو نوێژە بگرە کە بەندەکەت ئەمڕۆ لەبەردەمت دەیکات. ٢٩ با شەو و ڕۆژ چاوەکانت کراوە بن لەسەر ئەم پەرستگایە، لەسەر ئەو شوێنەی کە فەرمووت: "ناوی من لەوێ دەبێت،" هەتا گوێت لەو نوێژە بێت کە بەندەکەت بەرەو ئەم شوێنە دەیکات. ٣٠ هەروەها گوێ لە پاڕانەوەی بەندەکەت و ئیسرائیلی گەلت بگرە، ئەوانەی بەرەو ئەم شوێنە نوێژ دەکەن، تۆش لە ئاسمانەوە لە شوێنی نیشتەجێبوونتەوە بیبیستە،جا کە بیستت لێمان خۆشبە. ٣١ ئەگەر یەکێک گوناهی دەرهەق بە هاوڕێکەی کرد و سوێندخواردنی بەسەردا سەپێنرا و هات بۆ ئەوەی لەبەردەم قوربانگاکەت لەم پەرستگایە سوێندەکەی بخوات، ٣٢ تۆ لە ئاسمانەوە گوێ بگرە و دەستبەکار بە. دادوەری لەنێوان خزمەتکارەکانت بکە، حوکم بدە بەسەر تاوانباردا بەوەی ڕێگای خۆی بەسەر خۆیدا بهێنەرەوە، ئەستۆپاکی کەسی بێتاوان دەربخە

و بەگوێرەی بێتاوانییەکەی پێی ببەخشە. ٣٣ کاتێک ئیسرائیلی گەلەکەی خۆت بەهۆی ئەو گوناهەی بەرامبەرت دەیکەن، لەبەردەم دوژمنەکانیان تێکدەشکێن، ئەگەر گەڕانەوە بۆ لات و دانیان نایەوە بە ناوی تۆ، لەم پەرستگایەدا نزا و نوێژیان کرد و لێت پاڕانەوە، ٣٤ تۆش لە ئاسمانەوە گوێ بگرە و لە گوناهی ئیسرائیلی گەلت خۆشبە و بیانگەڕێنەوە ئەو خاکەی کە بە باوباپیرانیانت داوە. ٣٥ ئەگەر ئاسمان داخرا و باران نەباری بەهۆی ئەوەی گەلەکەت گوناهیان دەرهەق بە تۆ کرد، پاشان نوێژیان ڕووەو ئەم شوێنە کرد و دانیان بە ناوەکەتدا نا و لە گوناهەکەیان پاشگەز بوونەوە، چونکە گرفتارت کردن، ٣٦ تۆش لە ئاسمانەوە گوێ بگرە و لە گوناهی خزمەتکارەکانت و ئیسرائیلی گەلی خۆت خۆشبە، فێری ئەو ڕێگا باشەیان بکە کە دەبێت پێیدا بڕۆن و باران بەسەر خاکەکەتدا ببارێنە، ئەوەی بە میرات داوتە بە گەلەکەت.٣٧ هەر کاتێک قاتوقڕی، پەتا، بای گەرمەسێر، کوللە یان سن لە خاکەکە دەدات؛ یان هەر کاتێک دوژمن لە شارەکانیان گەمارۆیان دەدات؛ یان هەر بەڵا و دەردێک دێت؛ ٣٨ ئیتر کاتێک هەرکەسێکی ئیسرائیلی گەلی خۆت نوێژ یان داواکارییەک لە تۆ بکات، لەلایەن ئەوەی کە دەردی دڵی خۆی دەزانێت و دەستی بەرامبەر بەم پەرستگایە بەرز دەکاتەوە، ٣٩ ئەوا تۆ لە ئاسمانەوە لە شوێنی نیشتەجێبوونتەوە گوێ بگرە.لێی خۆشبە و دەستبەکار بە. لەبەر ئەوەی تەنها تۆ دڵی هەموو ئادەمیزادان دەناسیت، بۆ هەرکەسێک بەگوێرەی هەڵسوکەوتەکانی کاردانەوەت هەبێت، ٤٠ بۆ ئەوەی بە درێژایی ڕۆژانی ژیانیان لەم خاکەی بە باوباپیرانی ئێمەت داوە لێت بترسن. ٤١ هەروەها ئەو بیانییەی کە لە ئیسرائیلی گەلەکەی خۆت نییە و لە پێناوی ناوی تۆ لە خاکێکی دوورەوە هاتووە، ٤٢ چونکە دەربارەی ناوی مەزنی تۆ و دەستی پۆڵایین و بازووی بەهێزت دەبیستن، جا کە هات و بەرەو ئەم پەرستگایە نوێژی کرد، ٤٣ تۆ لە ئاسمانەوە لە شوێنی نیشتەجێبوونتەوە و بەپێی هەموو ئەوەی ئەم بیانییە لێت دەپاڕێتەوە بۆی بەجێبهێنە، تاکو هەموو گەلانی زەوی بە ناوی تۆ ئاشنا بن و وەک ئیسرائیلی گەلەکەی خۆت لێت بترسن، هەروەها بۆ ئەوەی بزانن ئەمماڵەی کە بنیادم ناوە هەڵگری ناوی تۆیە. ٤٤ کاتێک گەلەکەت بۆ جەنگ لە دژی دوژمنەکەی دەچێت، بۆ هەرکوێ کە دەیاننێریت، کە نوێژیان کرد بۆ یەزدان ڕووەو ئەو شارەی کە هەڵتبژاردووە و ئەو پەرستگایەی بۆ ناوەکەت بنیادم ناوە،

٤٥ تۆ لە ئاسمانەوە گوێ لە نوێژ و داواکارییەکانیان بگرە و دادوەرییان بۆ
بکە. ٤٦ کەس نییە گوناه نەکات، بەڵام کاتێک گوناهت بەرامبەر دەکەن و
تۆش لێیان تووڕە دەبیت و دەیاندەیتە دەست دوژمن کە بە دیلیان دەگرن
و بۆ خاکی خۆیان ڕاپێچیان دەکەن، جا دوور بێت یان نزیک، ٤٧ لەدوای
ئەمە ئەگەر لەو خاکەی بۆی ڕاپێچ دەکرێن هاتنەوە هۆش خۆیان، لە
خاکی ڕاپێچکەرانیان تۆبەیان کرد و لێت پاڕانەوە و گوتیان: "گوناه و تاوان و
خراپەمان کرد،" ٤٨ ئیتر بە هەموو دڵ و گیانیانەوە گەڕانەوە لات لە خاکی
دوژمنەکانیانەوە کە ڕاپێچیان کردوون، هەروەها نوێژیان بۆ کردیت ڕووەو
ئەو خاکەی داوتە بە باوباپیرانیان و ئەو شارەی هەڵتبژاردووە و بۆ ئەو
پەرستگایەی بۆ ناوی تۆ بنیادم ناوە، ٤٩ ئەوا تۆ لە ئاسمانەوە لە شوێنی
نیشتەجێبوونتەوە گوێ لە نوێژ و داواکارییان بگرە و دادوەرییان بۆ بکە. ٥٠
هەروەها لە گەلەکەت خۆشبە،

لەو گوناهانەی بەرامبەرت کردوویانە و لە هەموو یاخیبوونەکانیان کە
لە دژی تۆ ڕێی یاخی بوون، بەزەییان پێ ببەخشە لەبەردەم ڕاپێچکەرانیان
هەتا بەزەییان پێیاندا بێتەوە، ٥١ چونکە ئەوان گەل و میراتی تۆن، ئەوەی
لە میسرەوە لەناو کوورەی ئاسنەوە دەرتهێنان.٥٢ با چاوەکانت لەسەر
داواکارییەکانی بەندەکەت و داواکارییەکانی ئیسرائیلی گەلەکەی خۆت
کراوە بن هەتا گوێیان لێ بگریت لە هەموو ئەوەی بانگت دەکەن بۆی، ٥٣
چونکە تۆ ئەی یەزدانی باڵادەست، ئەوانت لەنێو هەموو گەلانی زەویدا بە
میرات بۆ خۆت جیا کردەوە، وەک چۆن لەسەر دەستی موسای بەندەت
فەرمووت، کاتێک باوباپیرانی ئێمەت لە میسرەوە هێنایە دەرەوە. ٥٤
کاتێک سلێمان لەم هەموو نوێژ و پاڕانەوەیە بووەوە بۆ یەزدان، لەبەردەم
قوربانگای یەزدان هەستا کە لەسەر هەردوو ئەژنۆی بەچۆکدا کەوتبوو،
دەستەکانی ڕووەو ئاسمان بەرز کردبووەوە. ٥٥ ڕاوەستا و بە دەنگێکی
بەرز داوای بەرەکەتی بۆ هەموو کۆمەڵی ئیسرائیل کرد و گوتی:٥٦
ستایش بۆ یەزدان، ئەوەی هەروەک بەڵێنی دابوو ئیسرائیلی گەلی
خۆی حەساندەوە. تەنانەت یەک وشەش لە هەموو ئەو بەڵێنە باشانە
نەشکا کە یەزدان لە ڕێگەی موسای بەندەیەوە دابووی. ٥٧ با یەزدانی
پەروەردگارمان لەگەڵمان بێت هەروەک چۆن لەگەڵ باوباپیرانمان بوو،
وازمان لێ نەهێنێت و فەرامۆشمان نەکات، ٥٨ دڵمان بۆ لای خۆی گۆش

بکات هەتا گوێڕایەڵی بین و چاومان لە فەرمان و فەرز و حوکمەکانی بێت، ئەو فەرمانانەی بە باوباپیرانی ئێمەی کرد. «

دەبینین کە سلێمان لە کاتی نوێژ کردندا و لە کاتێکدا کە تاجی پاشایەتی ئیسرائل دەکاتە سەر. ئەو کوڕی داودی پاشا بوو، میرات گری ئەو تەختەیە کە ڕۆژیک لە ڕێگای مەسیحەوە دەبێتە تەختی پاشایەتی هەتا هەتایی. لێرەدا چەند بەشێکی ئەو نوێژە دیاری دەکەین و باسی دەکەین.

ئایەی ٢٢ : دەستی خۆی بەرز کردەوە. بۆ وەڵام دانەوەی ئەو پرسیارە کەلە کاتی نوێژ کردندا پێویستە جەستەمان لە چ بارودۆخێکدا بێت یا خود لە کوێ بین ، گرنگە بزانین پێویست نیە لە دوخێکی تایبەت دا بین. دەتوانین لە کاتی شۆفێری کردندا، بە دەنگێکی نزم، بە دەنگی بەرز، لە سەر ئەژنو یان لە تەنیایی خۆماندا و تەنانەت لەناو قەرەباڵغیدا نوێژ بکەین. لە ڕاستیدا، لەسەر ئەژنو نوێژکردن دوخێکی تایبەتە بە مەرجێ ئەوەی تەندروستی جەستەمان ڕێگر نەبێت.حاڵەتی نوێژ کردن لە سەر ئەژنۆ، جەستەمان دەخاتە دۆخی ملکەچبوون و پەرستن و دوور بوون لە خۆ بەزلزانین.

ئایەی ٢٣ : سلێمان بەو ڕستەیە نوێژەکەی دەست پێ کرد کە خوداوەندی هەرە بەرز و گەورە. ئەوە زۆر تایبەتە بۆ دەسپێکی نوێژەکەمان. تەواوی هۆشمان لای گەورەیی و بوونیەتی بێ عەیب، هێزی بێ سنور، خۆشەویستی، دادپەروەری و بەرنامە و ئامانجی یارمەتی دانمان بێت کە هەمووی لەلای خوداوەندەوەیە و لە دەستی ئەوەدایە و پێویستمان بەوەیە. یەکێک لە سیفەتە سەرەکییەکانی خودا ئەوەیە کە خودا، خوداوەندە هەرە گەورەی تەواوی گەردوونە.

یەکەم تیمۆساوس ٢: ٥٢ « ٥ چونکە خودا یەکە و یەک ئاشتکەرەوە لەنێوان خودا و مرۆڤدایە، ئەویش عیسای مەسیحی مرۆڤە «

ئایەتی ٢٤ – ٢٥ : خوداوەند بەڵێنەکانی خۆی دەباتە سەر. کەوایە دەزانین تەواوی ئەو پیشبینەیانە کە لە پەرتووکی پیرۆزدا هەیە، وەدی دێت و دەبێتە ڕاستی.

ئایەی ٢٣ : خۆشەویستی خودا بێ سنور و بێ پایانە. ئەو مانایە دەگەینێت کە خۆشەویستی خودا بەرامبەر بە ئێمە نەگۆڕە لەهەر کات

و بارودۆخێکدا. سەرەڕای ئەوە داوامان لێ دەکات کە دڵ و ناخی خۆمان بسپێرین بەو، چونکە ئەو بەدیهێنەرمانە و شایەنی ئەوەیە.

ئایەتی ٢٧: گەورەیی ئەو بە ڕادەیەکە کە ئاسمانەکان ناتوانن ئەو لە خۆیاندا جێ بکەنەوە.

کاتێک سەرنجمان دەخەینە سەر تایبەتمەندیەکانی خوداوەند، بیرمان دەخاتەوە کە ئێمە لاوازین و لە گوناهە نزیکین. ویستی خوداوەند ئەوەیە کە ئێمە بەهێز بین و یارمەتیمان بدات کە زاڵ بین بەسەر لاوازیەکانمان و سەرکەوتووبین لە ئاست سروشتە گوناە خوازەکەمان تا بتوانین لە ناخەوە و بەو پەڕی ڕاستیەوە ئەو بپەرستین و بە تەواوی تواناى خۆمانەوە خزمەتی بکەین .

مەرقۆس ١٢ : ٣٠ « ٣٠ جا بە هەموو دڵ و بە هەموو گیان و بە هەموو بیر و بە هەموو تواناتانەوە یەزدانی پەروەردگارتان خۆشبوێ. «

یۆحەنا ٤ : ٢٣ « ٢٣ بەڵام کاتێک دێت ئەویش کە ئێستایە خواپەرستە ڕاستەقینەکان بە ڕۆحی پیرۆز و ڕاستی باوک دەپەرستن، چونکە باوک داوای ئەم جۆرە خواپەرستانە دەکات. «

سلێمان داوا لە خوداوەند دەکات کە بەزەیی بێتەوە بە سەر مروڤەکاندا و لە ئاست دوژمناندا پارێزگاریان لێ بکات، بۆ گوناهە تاکە کەسی و گوناهەکانی کۆمەڵگا داوای لێ خۆش بوون دەکات و داوای نیعمەتیان بۆ دەکات. دوبارە ئەوە شێوەیەکی جوان و بەرزە بۆ نوێژکردن.

خوێندنەوەی پەرتووکی پیرۆز ڕێگایەکی باشە بۆ ئەوەی بیر و خەیاڵمان بخاتە سەر پیرۆزی خوداوەند و هۆکارە بۆ یەک خستنەوەی بیر و هۆشمان. لە کاتی نوێژ کردندا، شەیتان و سروشتمان دەیانەوێت ئێمە لە ڕێگا ڕاستەکە لا بدەین و بەرەو بیر کردنەوەیەکمان دەبەن کە پەیوەندی بە خوداوەندەوە نیە !

لە پەرتووکی پیرۆزدا ئایەتی سەر سوڕهێنەر هەیە سەبارەت بە هێز و پیرۆزی و شکۆمەندی خودا کە لە کاتی نوێژ دا دەتوانین بە کاری بینین.

زەبوورەکان ١٨ : ٣٠ – ٣٦ « ٣٠ ڕێبازی خودا تەواوە، بەڵێنی یەزدان بێگەردە، ئەو قەڵغانە بۆ هەموو ئەوانەی پەنای بۆ دەبەن. ٣١ لە یەزدان بەولاوە کێ خودایە؟لە خودامان بەولاوە کێ تاشەبەردەکەیە؟٣٢ خودایە

ئەوەی کەمەری منی توند بەستووە، بە تەواوی ڕێگام لەبەردەمدا دەکاتەوە.٣٣ پێیەکانم وەک پێی ئاسک لێ دەکات،لەسەر بەرزایی ڕامدەگرێت. ٣٤ مەشق بە دەستەکانم دەکات بۆ جەنگ،تاکو بتوانم بە بازووم کەوانی بڕۆنز بچەمێنمەوە. ٣٥ قەڵغانی ڕزگاریی خۆتت پێ بەخشیوم، بە دەستی ڕاستت پشتم دەگریت، هاوکاریت گەورەم دەکات. ٣٦ جێی هەنگاوەکانم تەخت و فراوان دەکەیت،تاکو پێم نەخلیسکێت. «

زەبوورەکان ١٩ : ٧ – ١٤ « ٧ فێرکردنی یەزدان تەواوە، دەروون دەبووژێنێتەوە. شەریعەتی* یەزدان جێی متمانەیە، ساویلکە دەکەنە دانا. ٨ ڕێنمایی یەزدان دروستە،دڵ خۆش دەکات. ڕاسپاردەی یەزدان پاکە، چاو ڕۆشن دەکات. ٩ لەخواترسی بێگەردە، هەتاهەتایە سەقامگیرە.حوکمی یەزدان ڕاستە، بە تەواوی ڕاستودروستە. ١٠ ئەوانە لە زێڕ دڵگیرترن، لە زێڕی بێگەردی زۆر، لە هەنگوین شیرینترن، لە دڵۆپی شانەی هەنگوین. ١١ خزمەتکارەکەت بەوانە ئاگادار کراوەتەوە، پەیڕەوکردنیان پاداشتی زۆرە. ١٢ کێ لە هەڵەکانی خۆی تێدەگات؟ گوناهە شاراوەکانم ببەخشە. ١٣ خزمەتکارەکەت لە گوناهی یاخیبوون بپارێزە، وا مەکە بەسەرمدا زاڵبێت. ئیتر بێ کەموکوری دەبم،لە گوناهی گەورە بێبەری دەبم. ١٤ با قسەی دەم و لێکدانەوەی دڵم جێی ڕەزامەندی تۆ بێت، ئەی یەزدان، تاشەبەردی من و ڕزگارکەرم ١٤:١٩ لە زمانی عیبری بە واتای خوێنگر دێت، بۆ تێگەیشتن لەم دەربڕینە بڕوانە ڕائووس ٤. «

زەبوورەکان ٦٢ : ٥ – ٨ « ٥ ئەی گیانی من، تەنها بە خودا ئارام بە،چونکە ئومێدی من لەلای ئەوەوە دێت. ٦ تەنها ئەو تاشەبەرد و ڕزگاریمە، پەناگای منە، نالەقێم. ٧ ڕزگاری و شکۆمەندی من بە خوداوەندە، تاشەبەردی بەهێزمە، پەناگای منە.٨ هۆ خەڵکینە، هەموو کاتێک پشت بەو ببەستن، دڵی خۆتانی لەبەردەم هەڵبڕێژن، چونکە خودا پەناگای ئێمەیە. «

تێڕوانین بەرامبەر بە خودا و نوێژ

هەندێک جار پێمان وایە کە خوداوەند تا ڕادەیەک سەرقاڵە کە گوێ بیستی نوێژەکانی ئێمە نابێت، یا خود داواکاریەکانمان زۆرر بچوکن و خوداوەند تەنیا کێشە گەورەکان دەبینێت و گرنگیان پێ دەدات.

هەندێک کەس لە نزیک بوونەوە لە خوداوەند دەترسن، بە هۆکاری گوناهێک یان بە هۆکاری هەڵەتێگەیشتنیان لە خوداوەند کە لە ڕاستیدا کێیە. بێ گومان خوداوەند هەرە بەتوانایە، بەڵام لە هەمان کاتدا خوداوەندێکە پڕ لە بەخشین و خۆشەویستی.

زەبوورەکان ٢٥: ٤-١٥» ٤ ئەی یەزدان، ڕێگاکانی خۆتم پێ بناسێنە، ڕێڕەوەکانی خۆتم فێر بکە. ٥ لە ڕاستی خۆت ڕێنماییم بکە و فێرم بکە، چونکە تۆ خودای ڕزگارکەری منیت، بە درێژایی ڕۆژ ئومێدم هەر بە تۆیە.٦ ئەی یەزدان، بەزەیی و خۆشەویستییە نەگۆڕەکەی خۆت لەبیر بێت، چونکە لە دێرزەمانەوە ئەمانە هەن. ٧ ئەی یەزدان، گوناهەکانی کاتی گەنجیەتیم و یاخیبوونەکانم بەبیر خۆت مەهێنەوە، بەڵکو بەگوێرەی خۆشەویستییە نەگۆڕەکەت بیرم لێ بکەرەوە، لە پێناوی چاکی خۆت. ٨ یەزدان چاک و سەرراستە، بۆیە گوناهباران فێری ڕاستەڕێیی دەکات، ٩ ڕابەرایەتی بێفیزەکان دەکات بۆ دادپەروەری، ئەوان فێری ڕێگای خۆی دەکات. ١٠ هەموو ڕێگاکانی یەزدان ڕاست و خۆشەویستی نەگۆڕن بۆ ئەو کەسانەی فەرزەکانی پەیمانەکەی ناشکێنن. ١١ ئەی یەزدان،لە پێناوی ناوی خۆت، لە گوناهم خۆشبە، هەرچەندە گەورەشە. ١٢ کێیە ئەو کەسەی لە یەزدان دەترسێت؟ خودا فێری ئەو ڕێگایەی دەکات کە بۆی هەڵبژاردووە. ١٣ هەموو ڕۆژانی لە چاکەدا دەبێت وزەوی بە میرات بۆ نەوەکانی دەمێنێتەوە.١٤ خودا نهێنی خۆی بەوانە دەسپێرێت کە لێی دەترسن، وا دەکات پەیمانەکەی زانراو بێت لەلایان. ١٥ من هەمیشە چاوم ئاراستەی یەزدان کردووە، چونکە تەنها ئەو پێم لە تەڵە دەکاتەوە. «

تەنانەت پەرتووکی پیرۆز پێمان دەڵێت کە بەمتمانەوە پڕۆنە بەر بارەگای خوداوەند بۆ ئەوەی نیعمەتە سەرسوڕهێنەرەکانی ببینین.

عیبرانییەکان ٤ : ١٦ « ١٦ بۆیە با بە متمانەوە لە تەختی نیعمەت ١٦:٤ نیعمەت بەخشینێکی خودایە بە مرۆڤ بەبێ شایستەبوونی پێی دەبەخشێتبچینە پێش، بۆ ئەوەی بەزەیی وەربگرین و نیعمەت بدۆزینەوە تاکو لە کاتی پێویستدا یارمەتیمان بدات. «

بۆ ئەوەی ئەو ڕاستیە لە ژیانتاندا ڕەنگ بداتەوە، گرنگە کە باوەڕ بە عیسا بینین و لە ژیانی خۆماندا قبوڵی بکەین. ئەگەر تا ئیستا ئەوەت قبوڵ نەکردوە، ئەوە ئێستا دەتوانیت عیسا بێنیتە ناو ژیانی خۆتەوە. دان

بە گوناهەکانتاندا بنێن و باوەڕ بە وە بکەن کە پێویستان بە لێ خۆش بوونە، باوەڕ بەوە بهێنن کە عیسا ژیا، مرد و لە ناو مردواندا هەستایەوە، ئەو باوەڕە بڵێنەوە.

ڕۆما ١٠ : ٩ – ١٠ « ٩ ئەگەر بە دەمت دانت پێدا نا کە عیسا پەروەردگارە و بە دڵ باوەڕت کرد کە خودا لەناو مردووان هەڵیستاندەوە، ڕزگار دەبیت. ١٠ لەبەر ئەوەی بە دڵ باوەڕهێنان ئەنجامەکەی بێتاوانبوونە، بە دەم دانپێدانان ئەنجامەکەی ڕزگارییە. «

یەکەم کۆرنسۆس ١٥ : ١ – ٤ « ١ ئەی خوشک و برایانم، دەمەوێ ئەو مزگێنییەتان بیربخەمەوە کە پێم ڕاگەیاندن، ئەوەی وەرتانگرت و هەتا ئێستا لەسەری چەسپاون. ٢ بەهۆی ئەم مزگێنییەوە ئێوە ڕزگارتان دەبێت، ئەگەر دەستتان بەو پەیامەوە گرت کە پێم ڕاگەیاندن. ئەگینا بێ سوود باوەڕتان هێناوە. ٣ ئەوەم پێدان کە یەکەمین و گرنگترینە و منیش وەرمگرتبوو: کە مەسیح لە پێناوی گوناهەکانمان مرد بەگوێرەی نووسراوە پیرۆزەکان ٣:١٥ مەبەست تەورات و پێغەمبەرانە، ٤ ئەو نێژرا و لە ڕۆژی سێیەم هەستایەوە بەگوێرەی نووسراوە پیرۆزەکان «

کڵێسایەک کەلەسەر فێرکاریەکانی پەرتووکی پیرۆز بنیادنراوە بدۆزنەوە و دەست بکەن بە فێربوون کە خوداوەند کێیە؟ ئەو مەبەستی ئەوەیە پەیوەندیەکی تایبەتی هەبێت لە گەڵتان کە دەکرێت هەر ئەمڕۆدەست پێ بکات.

لەوانەیە تێڕوانینێکی کەمان هەبێت بەرامبەر بەنوێژ کردن کەلەوانەیە نوێژ کردنەکەمان درووست نەبێت یان جێی خۆیان نەگرن، هۆکاری ئەو بۆچونە ئەوەیە کە پێمان وایە بەو شێوازە کە دەمانویست وەڵامی خۆمان لە نوێژەکانە وەرنەگرتووە. بەڵام ڕاستیەکە ئەوەیە کە تەنیا نوێژکردن بێ گوێدانە ئەوەی کە بەچی شێوازێکە، لای خودا گرنگە بە مەرجی ئەوەی کە ڕاستگۆییانە بێت و دوور بێت لە خۆپەرستی. خوداوەند لە نوێژ کردنێک بەووشە دووبارەکان بێزارە، یانی بەکارهێنانی وشەی دیاری کراو کە زۆر دوبارە دەبێتەوە، ئەوە هەڵەیە.

مەتا ٦ : ٥ – ١٣ « ٥کاتێک نوێژ دەکەن وەک دووڕووان مەبن، چونکە ئەوان حەز دەکەن بە پێوە لە کەنیشت و سووچی شەقامەکان نوێژ بکەن، بۆ ئەوەی خەڵکی بیانبینن. ڕاستیتان پێ دەڵێم: ئەوانە پاداشتی خۆیان

وەرگرتووە. ٦ بەڵام تۆ کاتێک نوێژ دەکەیت، ڕۆ ژوورەکەت و دەرگا لەسەر خۆت دابخە، نوێژ بکە بۆ باوکی نەبینراوت. باوکیشت کە هەموو نهێنییەک دەبینێت، پاداشتت دەداتەوە. ٧ کاتێک نوێژ دەکەن، وەک بتپەرستان ئەوەندە وشەکان دووبارە مەکەنەوە، چونکە وا دەزانن بە زۆر گوتنیان گوێیان لێ دەگیرێت. ٨ لەبەر ئەوە وەک ئەوان مەبن، چونکە باوکتان دەزانێت پێویستیتان بە چییە، پێش ئەوەی داوای لێ بکەن.٩بەڵام ئێوە بەم شێوەیە نوێژ بکەن و بڵێن: ئەی باوکمان لە ئاسمان،با ناوت پیرۆز بێت، ٦:٩ واتا شکۆدارکردنی ناوی خودا لەلایەن بەدیهێنراوانی ١٠ با پاشایەتییەکەت بێ ٦:١٠ بە واتای هاتنی پاشایەتی خودا لە ئاسمانەوە بۆ سەر زەوی، با خواستت لەسەر زەوی پەیرەو بکرێت وەک لە ئاسمان. ١١ نانی ڕۆژانەمان ئەمڕۆش بدەرێ.١٢ لە گوناهەکانمان ٦:١٢ یۆنانی: قەرزەکان خۆشبە، وەک چۆن ئێمە لەوانە خۆشدەبین کە خراپەمان بەرامبەر دەکەن. ١٣ مەمانخەرە تاقیکردنەوە، بەڵکو لە شەیتان ٦:١٣ یۆنانی: خراپەکارەکە ڕزگارمان بکە،(چونکە هەتاهەتایە پاشایەتی و هێز و شکۆ هی تۆیە. ئامین.) «

ئەوە ماناکەی ئەوە نیە کە ناتوانین بۆ یەک شتی دیاری کراو چەندجارێک نوێژ بکەین، بەڵکو ئەو مانایە دەگەیێنێت کە بە کار هێنانی ووشە دوبارەکان بێ ئەوەی بیریان لێ بکەینەوە تەنیا ڕستەی بێ مانا و پوچ دروست دەکەن. ئێمە لەو ئایەتانەدا زانیاری زۆرمان دەست دەکەوێت لەسەر نوێژکردن. یەکەم بەش لە ئایەتەکانی مەتا ٦ : ٥ – ٦، باس لەوە ناکات کە نوێژکردن بە دەنگی بەرز لە ناو خەڵکدا خراپە، بەڵکو باسی ئەو بیرو بۆچوونە دەکات کە لەوانەیە بە بۆنەی ئەو نوێژەوە بیەوێت سەرنجی چواردەوری رابکێشێت. بەڵام ئەوە ڕاستییەکی نەگۆڕ و گرنگە کە پێویستە لەکاتی نوێکردندا لە سەر خۆ و ئارام بین و نێوان خۆمان و خوداوەند بێت.

لە ئایەتی ٩ تا ١٣، شێوازێک لە نوێژ کردنمان بە نموونە نیشان دەدات کە بتوانین بە و شێوازە بەکاربێنین. هەربەو شێوازەی باسمان کرد دەتوانین بە پیرۆز کردنی خوداوەند دەست پێ بکەین. ئەو کات دەتوانین نوێژ بکەین بە ئەوەی ویست و خواستی خوداوەند بۆمان وەدی بێت. دەتوانین نوێژ بۆ وەدی هاتنی پێداویستیەکانمان بکەین.

دەتوانین سەرنج بدەینە فیلیپی ٤ : ١٩ « ١٩ خودای من هەموو پێداویستییەکانتان دابین دەکات بەپێی دەوڵەمەندی ئەو شکۆیەی لە عیسای مەسیحدا هەیەتی. »

دواتر دەتوانین نوێژ بکەین بۆ ئەوەی خوداوەند لە گوناهەکانمان خۆش بێت و هەروەها هێزمان بداتێ و ویستمان زیاد بکات بۆ ئەوەی ئێمەش لەوکەسانە خۆش بین کە خراپەمان بەرامبەر دەکەن، نوێژ بکەین بە ئەوەی خۆمان بپارێزین لەئاست گوناهە و خراپە کاریدا.

بە گشتی ٥ شێوازمان بۆ نوێژکردن هەیە. ستایش و پەرستن، دەرپرینی خۆشەویستی و پێدانی پێداویستیەکانمان. دانپێدانان، بە زمان هێنانی گوناهەکانمان و داوای لێخۆش بوون کردن بۆیان. نزاکردن، نوێژکردنە پێناو کەسانی کە دا و هەروەها سوپاسگوزاریە، دەربرینی و پیزانینمان لە ئاست خوداوەند دا. بێت و بەو شێوە ڕێگایەدا نوێژ بکەین ئەوە زۆر شتمان دەبێت بۆ نوێژکردن!

کە وایە بۆ هەموو شتێک دەتوانین نوێژ بکەین، بە هەر شێوازێک و لە هەر بابەتێک دا، هەمووی لای خوداوەند پەسەند و ڕێگە پێدراوە. گرنگ نیە لە کاتی ئەنجامی چی کارێک داین، یان لە کوێن یان لە چی بارودۆخێک داین، دەتوانین نوێژ بکەین. خۆتان فێر بکەن کە ڕۆژانە نوێژ بکەن و هەموو شتێک بسپێرن بە باوکە میهرەبان و دڵسۆزەکەتان.

یەکەم سالۆنیکی ٥ : ١٧ « ١٧ بەردەوام نوێژ بکەن »

نوێژکردن پەیوەندیە لە نێوان ئێمە و خوداوەند دا. ئەو دەیەوێت تەواوی ئەوەی کە لە دڵماندایە بیبیستێت و لە پەیوەندی دا بین لە گەڵیدا. ئەو دەیەوێت هێزمان پێ ببەخشێت تا ویستی ئەو بە جێ بێنین و پێی خۆشە کە تێگەیشتن و دانایی و زاناییمان پێ ببەخشێت لە ڕێگای نوێژەو و گوێ گرتن لە وشەو ‹ پەرتووکی پیرۆز ›.

ڕۆما ١١ : ٣٣ « ٣٣ ئای لە قووڵی دەوڵەمەندی و دانایی و زانیاری خودا!حوکمەکانی لە سەرووی تێگەیشتنەوەیە و ڕێگاکانی لە سەرووی وردبوونەوەیە. »

فیلیپی ٢ : ١٣ « ١٣ چونکە خودا خۆی لە ئێوەدا کار دەکات تاکو بتانەوێت و کار بکەن بۆ ڕەزامەندی ئەو. »

ویستی من !

سەرەڕای ئەوەی کە داواکاریەکانم وەک ئەوە وە دی نایەن کە لە نوێژە کانماندا داوام کردووە، بەڵام سوپاسی خودا دەکەم کە بە شێوازی خۆی وەڵامی نوێژەکانم دەداتەوە ! ئەو باش دەزانێت کە چی شتێک لە چی کاتێکدا بۆمن باشە ، ئەو تێروانینی هەتا هەتایی هەیە بەسەر ژیانی من و و ئیرادەو و پلانی ئەو پراوپرن لە بێ عەیبی کە هەموو کات لە ڕێناو پیرۆزی ئەودا جێ بەجی دەبن.

یەرمیا ٢٩ : ١١ – ١٣ « ١١ خۆم ئەو پلانە دەزانم کە بۆ ئێوەم داڕشتووە، پلان بۆ ئاشتی و گەشەسەندنی ئێوە نەک بۆ زیانتان، بۆ ئەوەی دواڕۆژ و هیواتان بدەمێ. ئەوە فەرمایشتی یەزدانە. ١٢ جا لێم دەپاڕێنەوە و دێن و نوێژم بۆ دەکەن، منیش گوێتان لێ دەگرم. ١٣ ڕووتان لە من دەکەن و بۆتان دەردەکەوم، کاتێک بە هەموو دڵتانەوە ڕووتان لێم دەکەن. «

کەوایە، بە هەمان شێواز کە عیسای مەسیح لە پەرتووکی پیرۆزدا رایسپاردوین بە ێی نوسراوی مەتتا، نوێژ دەکەین کە ویستی خوداوەند جێبەجی بێت. من هەموو کات دەڵێم، لە ڕێناو هەموو شتێکدا نوێژ بکەن، بەڵام ئەنجامەکەی بسپیرین و بەجێ بیڵین بۆ خوداوەند.

فیلیپی ٤ : ٦ -٧ «٦ نیگەران مەبن، بەڵکو با لە هەموو شتێکدا داواکاریتان بە نوێژ و پاڕانەوە و سوپاسگوزارییەوە لەلای خودا زانراو بێت. ٧ ئاشتی خوداش، ئەوەی بەرزترە لە هەموو تێگەیشتنێک، دڵ و بیرتان بە یەکبوونتان لەگەڵ عیسای مەسیحدا دەپارێزێت. «

بێت و بیری لێ بکەینەوە کە تەواوی داواکاریەکان لە نوێژدا وەک ویستی کەسەکان خۆیان وەدی هاتبایە، دەبینین کە جیهان دەکەوتە ئاژاوەی زیاترەوە.

هەر کەسێک ڕێگاو بیرۆکەی تایبەت بە خۆی هەیە لە ئاست کارەکاندا. مرۆڤەکان ناتوانن داهاتووی ژیانی خۆیان ببینن یان ژیانی خویان بە تەواوی بەڕێوە بەرن. سپاس و ستایشی خوداوەند بکەن بۆ ئەوەی کە خواست و بیرکردنەوەمان رێک دەخات و بە شێوازێک دایدەنێت کە بە تەواوی بۆ چاکەی ئێمە و بۆ پیرۆزی ئەو بێت.

پشت بەستن بە وەڵامی خوداوەند بۆ نوێژەکانمان بە شێوازی خۆی و لە کاتی خۆیدا، هێمنی و متمانە بەخۆبوونمان پێ دەدات کە ئارەزوی دەکەین، چونکە ئێمە بە دانایی و ڕێنمایی باوکی ئاسمانی متمانەی تەواومان هەیە. ئەو لە هەموو ڕێگاکاندا بێ عەیبە و زۆرجار بە وەی کە بمانخاتە تاقی کردنەوە دەبێتە هۆکاری پێگەیشتوو بوون و پوختە تر بوونمان، هەروەها لە خۆیمان نزیک دەکاتەوە.

یاقوب ١ : ٢ – ٤ « ٢ خوشکان و برایانم، بەوپەڕی خۆشیی دابنێن، کاتێک دەکەونە نێو جۆرەها تاقیکردنەوە و ناخۆشییەوە، ٣ چونکە دەزانن تاقیکردنەوەی باوەڕتان دانبەخۆداگرتن دروستدەکات. ٤ با دانبەخۆداگرتن کاری خۆی تەواو بکات، بۆ ئەوەی تەواو و پێگەیشتوو بن و کەموکوڕیتان لە هیچ شتێکدا نەبێت. «

گوێگرتن لە خودا لە کاتی نوێژدا

نوێژکردن شانازییە. چونکە دەتوانین لەو ڕێگایەوە لەگەڵ خودا قسە بکەین ! ئەمە خودا پەرەستیە، چونکە دەزانین کە دەسەڵاتمان بە سەر هەموو شتێک دا نیە و لێیان شارەزا نین، لە هەمووکات دا پێویستمان بە هێز و یارمەتی خوداوەند هەیە بۆ ئەوەی لە ژیان تێ بگەین.

پێشتر باسمان لەوە کرد کە بەشێکی هەرە گەورە لە نوێژ دا، گوێگرتنە لە خوداوەند لەوەی کە پێمان دەڵێت. زۆرجار داواکاریەکانمان بەبێ ئاستەنگێک وەدی دێن، بەڵام ئەوە زۆر قورسە کە چاوەڕوانی ئەوە بین کە گوێمان لە دەنگی خوداوەند بێت. لە جیهاندا زۆر کلتور هەن کە بە ئاژاوە و ژاوە ژاو لە ناو دەبردێن یان خەلکانێک هەن کە بە ئاگادارکردنەوە و کۆتا مۆڵەت بۆمباران دەکرێن. هەندێک جار دەگەینە باوەڕێک کە هۆکاری سەر کەوتنمان هەوڵدان و دانەنیشتنە و بێت وا نەبین ئەوە شکست دەهێنین. بەڵام ئەوە ڕاستیە کە هەندێک جار پێویستە بێ دەنگ بین و دانیشین بۆ ئەوەی باشتر تێ بگەین لە پەیوەندی نێوان خۆمان و خوداوەند، ئەوە پەیوەندیەکی دوولایەنەیە بۆیە زۆر گرنگە کە با ئارامی و بێ دەنگی بگەینە ئەوە کە تێ بگەین خودا چیمان پێ دەڵێت و ئەوە بەشێکی گرنگە لە نوێژکردن.

سەرەڕای ئەوە، مرۆڤەکان بە سروشت خۆپەرستن، زۆربەی کات ئەوەی دڵخوازمانە و دەمانەوێت هەر دەمانەوێ و لە سەری پێداگرین، بێ ئەوەی کە بزانین خوداوەند چی بۆ داناوین و لای ئەو چی بۆ ئێمە باشە.

مەتا ١٣ : ١٥ « ١٥ چونکە دڵی ئەم گەلە ڕەق بووە و گوێیان قورس بووە، چاویان نوقاندووە،نەوەک بە چاویان ببینن وبە گوێیان ببیستن،بە دڵیان تێبگەن و بگەڕێنەوە، منیش چاکیان بکەمەوە. ١٥:١٣ ئیشایا ٦:٩-١٠ «

تیمۆساوس ٤ : ٣ « ٣ چونکە کاتێک دێت خەڵک بەرگەی فێرکردنی دروست ناگرن، بەڵکو بەگوێرەی ئارەزووی تایبەتی خۆیان مامۆستا کۆدەکەنەوە تاکو ختووکەی گوێیان بدات. «

بە پێی ئەو ئایەتانە، ئەگەر نەتوانین کاتێک تەرخان بکەین بۆ پەیوەندی نێوان خۆمان و خوداوەند و گوێ گرتن، ئەوە تەواوی هەوڵ و تێ کۆشانەکەمان بێ سود دەبێت و دور دەبین لە دڵخۆشی و شادی، ئارامی و هیوا دەستەبەر بکرێت و ئامانجامان نایێت.

| پەرتووکی پیرۆز چەند جار ئەوە دوبارە دەکاتەوە کە پشت بەستن بە تێ گەیشتنی خۆمان و پێ داگر بوون لە سەر داواکانمان بە بێ ڕەچاو گرتنی ویستی خوداوەند، ئێمە رادەکێشیت بەرەو ئاراستەیەکی ناڕاست و رێگایەکی هەڵە |

زەبوورەکان ٣٧ :٥ - ٦ « ٥ ڕێگای خۆت بە یەزدان بسپێرە و متمانەی پێ بکە و ئەو ئاوا دەکات: ٦ ڕاستودروستیت وەک ڕووناکی دەردەخات، بێتاوانییەکەت وەک خۆری نیوەڕۆ. «

پەندەکانی سلێمان ٣ : ٥ – ٦ « ٥ پڕ بەدڵ پشت بە یەزدان ببەستە و بە تێگەیشتوویی خۆت پشت ئەستوور مەبە. ٦ لە هەموو ڕێگاکانت بیناسە، ئەویش ڕێچکەکانت ڕاست دەکات. « پەندەکانی سلێمان ١٦ : ١ « ١ پلانەکانی دڵ هی مرۆڤە، بەڵام وەڵامدانەوەی زمان لە یەزدانەوەیە. « پەندەکانی سلێمان ١٦ : ٩ « ٩ دڵی مرۆڤ پلان بۆڕێگای خۆی دادەنێت، بەڵام یەزدان هەنگاوەکانی ئاراستە دەکات. «

فێر بوونی ئەوەی کە چۆن بێ دەنگ دانیشین و چاوەڕێی خوداوەندی مەسیح بکەین، گۆڕانکارییەکی سەرسورهێنەر لە ژیانماندا دروست دەکات. پەیوەندیکەمان قوڵتر دەبێت و رێنمایی وەردەگرین بۆ ژیان.

زەبوورەکان ٣٧ : ٧ « ٧ لەبەردەم یەزدان بێدەنگ بە و بە ئارامییەوە چاوەڕێی بکە، کاتێک ئەوانە لە ڕێگاکانیان سەردەکەون، کاتێک فرتوفێڵەکانیان جێبەجێ دەکەن، مەراق مەخۆ. «

ڕاهاتن لەسەر سەبرگرتن و گوێ گرتن بۆ خوداوەند پێویستی بەکات هەیە، بەڵام دوای ئەوە ژیانتان بە شێوەیەک دەوڵەمەند دەبێت کە دورە لە وەی کە چاوەڕێتان دەکرد.

ڕێگایەکی گرنگ بۆ فێر بوونی گوێ گرتن لەخوداوەند، خوێندنەوەی پەرتووکی پیرۆزە. ئەو لەڕێگای پەرتووکی پیرۆزەوە قسەمان لەگەڵ دەکات لە کاتێکدا بێت و تەنها گوێ لەو بگرین.

یۆحەنا ٥ : ٢٥ « ٢٥ ڕاستی ڕاستیتان پێ دەڵێم: کاتێک دێت کە ئێستایە، کاتێک مردووان دەنگی کوڕی خودا دەبیستن، گوێگرانیش زیندوو دەبنەوە «

یۆحەنا ١٠ : ١٦ و ٢٧ « ١٦ هەروەها مەڕی دیکەم هەیە کە سەر بەم پشتیرە نین، دەبێ ئەوانیش بهێنم، ئەوانیش گوێیان لە دەنگم دەبێت، جا دەبنە یەک مێگەل و یەک شوان. ٢٧ مەڕەکانم گوێ لە دەنگم دەگرن، منیش دەیانناسم و ئەوانیش بەدوام دەکەون « گوێ گرتن، بیستنە لەگەڵ تێگەیشتن. سەرچاوەی دانایی گوێ گرتن و پاشان بە کارهێنانی ئەوەیە کە بیستوتانە یان خوێندوتانەتەوە.

یاقوب ١ : ٢٢ « ٢٢ تەنها گوێگری وشەی خودا مەبن، بەڵکو کاری پێ بکەن، ئەگینا خۆتان هەڵدەخەڵەتێنن «

بەڵام نامەوێت !

نوێژکردن بێ لە بەر چاوگرتنی ئەو فەرمانانە کە لەسەر نوێژکردن بۆ دوژمنەکانمان پێمان دراوە، ئەو کەسانەی کە هاوڕا نین لە گەڵمان بوو دەسەلات دارانی وڵاتەکەمان، تەواو نیە و کەم و کوڕی هەیە.

یەکەم تیمۆساوس ٢ : ١ - ٦ « ١ بۆیە پێش هەموو شتێک تکا دەکەم، نوێژ و نزا و پاڕانەوە و سوپاسگوزاریتان بۆ هەموو خەڵک بێت، ٢ بۆ پاشا و دەسەڵاتداران، تاکو بە ئاشتی و هێمنی و بەوپەڕی لەخواترسی و ڕێزەوە بژین. ٣ ئەمەش چاک و پەسەندکراوە لەلای خودای ڕزگارکەرمان،

٤ ئەوەی دەیەوێت هەموو خەڵکی ڕزگاریان بێت و بەرەو ناسینی ڕاستی بێن، ٥ چونکە خودا یەکە و یەک ئاشتکەرەوە لەنێوان خودا و مرۆڤدایە، ئەویش عیسای مەسیحی مرۆڤە، ٦ ئەوەی خوێنی خۆی کردە بەهای ئازادی بۆ هەمووان، شایەتیدانیش ٦:٢ شایەتیدانی ئەوەی کە خودا دەیەوێت هەموو خەڵکی ڕزگاریان بێت لە کاتی گونجاو بوو. «

پەرتووکی پیرۆز داوامان لێ ناکات کەبەرامبەر بەهەموو کەس لەئاست بڕیار و هەڵویستیان خۆشەویستیمان هەبێت و تەواوی فەرمانەکانی سەرکردەی وڵاتەکەمان بە لامانەوە پەسەند بن، بەڵکو داوامان لێ دەکات کە ڕێزیان لێ بگری.

یەکەم پەترۆس ٢ : ١٧ « ١٧ ڕێز لە هەمووان بگرن، هاوباوەڕانتان خۆشبوێ، لە خودا بترسن و ڕێز لە پاشا بگرن. «

هەروەها لە پەیمانی نوێ دا دیارە کە عیسا نوێژی کرد بۆ ئەو کەسانەی کە لەخاچیان دا و ویستیان باوەڕداران بەرەو ڕێگای هەڵە بەرن و هەڵیان خەڵەتێنن. ئەوە نیشانمان دەدات کە ڕێز گرتن و سۆز تەنانەت بەرامبەر ناحەزان و دوژمنان، بەشێکە لە فێرکارییەکانی خوداوەند.

لە بری ئەوەی نەفرەت بکات لەو کەسانەی کە ڕقیان لێ بوو، عیسا فەرمووی : دوژمەنەکانتان خوشبوێت و نوێژ بکەن بۆ ئەو کەسانەی کە ئێوە ئازار دەدەن.

مەتا ٥ : ٤٤ « ٤٤ بەڵام من پێتان دەڵێم: دوژمنەکانتان خۆشبوێ، نوێژ بکەن بۆ ئەوانەی دەتانچەوسێننەوە «

داوای بەرەکەت بکەن بو ئەوانەی نەفرەتان لێ دەکەن و نوێژ بکەن بۆ ئەوانەی کە دەتانچەوسێنەوە.

لۆقا ٦ : ٢٨ « ٢٨ ئەوانەی نەفرەتتان لێدەکەن داوای بەرەکەتیان بۆ بکەن، نوێژ بکەن بۆ ئەوانەی خراپەتان لەگەڵ دەکەن. «

عیسا لە نزیکەوە دەیزانی کەخەم و خەفەت و هەڵە تێ گەیشتن و ئازارو چەوسانەوە و خیانەت چیە. ئەو دەیزانی کە ئێمە لە ژیانماندا ڕوبەروی ئەوانە دەبینەوە، چونکە مرۆڤ گوناهکارە و بە سروشت خۆپەرستە.

یۆحەنا ٢ : ٢٥ « ٢٥ ئەو پێویستی بە کەس نەبوو دەربارەی مرۆڤ شایەتی بۆ بدات، چونکە خۆی دەیزانی دڵی مرۆڤ چی تێدایە. «

سەرەتایەکی نوێ

سەرەڕای ئەوە پێی فەرمووین کە نوێژ بکەین، خوداوەند دەتوانێت کە مرۆڤەکان بگۆڕێت و نوێژکردن دەسپێکێکە بۆ داگیرسانی ڕوناکیەکە.

نوێژ هۆکاری گۆڕانکاریە لە ئێمەدا. نوێژ ئێمە دەگەیێنێتە پەیوەندیەکی قوڵتر لەگەڵ خوداوەندی بەدیهێنەرمان و باوکی پیرۆزمان. کاتێک کە ئازار و شەڕانگێزی مرۆڤ لە خوداوەندەوە دەبینین، وا باشە کە لەڕۆحی خەڵک تێڕامێنین بۆ ئەوەی لە راستیەکە تێ بگەین، دەتوانین سەرنجی بدەینێ وڕاستیەکەمان بۆ دەرکەوێت کە هەمووومان پێویستمان بە خۆشەویستی و لێبوردەییە و قبووڵکردنە. ئەوە ماناکەی ئەوە نیە کە چاومان دابخەین لە سەر ئەوەی کە چی بەسەر ئەوانە دێت کە کەسانی کە وێران دەکەن، بەڵام نوێژکردن دەبێتە هۆکاری ئەوەی کە نەهێلیت ئەو تاڵیە لە ناو دڵماندا ڕەگ دابوکتێت و گەشە بکات.

عیبرانیەکان ١٢ : ١٥ « ١٥ ئاگاداری ئەوە بن، کەس خۆی لە نیعمەتی خودا بێبەش نەکات، نەوەک ڕەگی تاڵی لەناوتاندا گەشە بکات و پەشێوی دروستبکات، بەهۆی ئەمەشەوە زۆر کەس گڵاو بێت. «

لە کۆتایی دا دەمەوێت بەشێک لە پەرتووکی پیرۆز لەگەڵ ئێوە هاوبەش بکەم کە لەلایەن منەوە جیاوازیەکی تایبەتی هەیە. ئەو ئایەتانە زۆر بە جوانی و ڕونی تەواوی ئەوەی کە لەو بەشەدا فێرو بووین باسی دەکات و دەیهێنێتە بەرچاو.

ئەفەسوس ٣ : ١٤ – ٢١ « ١٤ لەبەر ئەمە چۆک بۆ باوک دادەدەم، ١٥ ئەوەی هەموو خێزانێک لە ئاسمان و سەر زەوی بوونیان لە ئەوەوە سەرچاوەی گرتووە. ١٦ لێی دەپاڕێمەوە کە بەپێی دەوڵەمەندی شکۆی خۆی بەهێزتان بکات لە ڕێگەی ڕۆحەکەی کە لە ناختاندایە، ١٧ تاکو بە باوەڕ مەسیح لە دڵتاندا نیشتەجێ بێت و ڕەگ و بناغەتان لە خۆشەویستیدا دابمەزرێت، ١٨ تاکو توانادار بن، لەگەڵ تەواوی گەلی پیرۆزی خودا تێبگەن کە پانی و درێژی و بەرزی و قووڵی خۆشەویستی مەسیح چییە، ١٩ تاکو ئەم خۆشەویستییە بناسن کەلە سەرووی زانیارییەوەیە، بۆ ئەوەی پڕبن لە هەموو پڕێتی خودا.٢٠ بۆ ئەو خودایەی تواناداره هەموو شتێک بکات زۆر زیاتر لەوەی کە داوای دەکەین یان بیری لێ دەکەینەوە، بەگوێرەی ئەو هێزەی کە تیاماندا کار دەکات، ٢١ با نەوە لەدوای نەوە، خودا بۆ هەتاهەتایە لە کڵێسا و لە عیسای مەسیحدا شکۆدار بێت. **ئامین** «

«بە بیر کردنەوە لە تەواوی ئەوانە ، دەکەومە سەر ئەژنۆ و نوێژ و پاڕانەوە لە خوداوەندی بەدی هێنەری هەموو شتێک لە ئاسمان و زەوی. دەپاڕێمەوە لە سەرچاوەی بێ سنور و شکودار و بەهێزی ناختانەوە لە ڕێگای ڕۆحی پیرۆزەوە بەهێزتان بکات و دواتر مەسیح لە دڵتاندا نیشتەجی بێت هەر بەو جۆرەی کە متمانەی پێ دەکەن، ڕەگ و ناختان لە خۆشەویستی خوداوەند دا گەشە دەکات و بە هێزتان دەکات. هیوادارم هێز و دانایی تێ گەیشتنی ئەوەتان هەبێت هەر بەو شێوازەی کە پێویستە وەک هەموو گەلی خوداوەند بزانین کە خۆشەویستی ئەو تا چ ڕادەیەک مەزن و قوڵ و بێ پایانە. هیوام وایە ئەزموونی خۆشەویستی مەسیح بکەن هەرچەندە تێگەیشتنی قورسە، و ئەوکاتە بەو هێزەی کە لەلایەن خوداوەندەوەیە دەبێتە تەواوکەری ژیانتان. هەموو شکومەندییەک بۆخودایە کە توانای ئەوەی هەیە ئەوە بکات کەلەسەرو بیر کردنەوە و ویستی ئێمەیە، لە ڕێگای تواناکەیەوە لە ناخماندا کاریگەری هەیە. شکۆمەندی بۆ ئەو لە کڵێسا و بۆ عیسا مەسیح لە تەواوی نەوە و نەتەوەکاندا بۆ هەتا هەتایە. ئامین «

نوسینەوەی نوێژ

ئەو بەشە بە دەست هاوسەرەکەم نوسراوە، چونکە ئەو حەز دەکات بە نوسینی نوێژ ونزاو سوپاسگوزاریەکان. ئەوە ڕێگایەکی کەیە کە بتوانین فێر بین کەلەکاتی نوێژکردندا خەیاڵ و بیرکردەنەوەکانمان کۆ بکەینەوە. ئەو دەنوسێت : « ڕێگایەکی کە بۆ بە دواداچونی نوێژەکانتان، نوسینەوەی ڕۆژانەیانە. دەفتەرێک بکڕن، کات و شوێنتان لە سەرەوەی بنوسن، دواتر چەند ڕستەیەک لە سەر بارودۆخی ژیانتان بنوسن، ویست و خواستەکانتان چین؟ تەنیا بە بیر کردنەوە لەو بابەتانە، دەبێتە هۆکار کە هانتان بدات بە شێوەیەکی باشتر باسیان بکەن.بە هۆکاری ئەوەی کە ئێمە هەستیارین، لەوانەیە کاتی پێویست بێت و لاپەڕەیەکی زۆر بنوسن بۆ ئەوەی تەواوی ئەوەی کە بیر لێ دەکەنەوە بتوانن بی هێنە سەر لاپەڕەکان.

دوای ئەوە، لە دێڕی دواتردا سەبارەت بە تەواوی ئەوەی کە نوسیوتانە، نوێژێک بنوسن بۆ خوداوەند. داوای لێ بکەن ڕێنمایتان بکات، پێراگەیشتن و ئاگادار بوون لە تەواوی پێویستیەکانتان ڕادەستی خودا بکەن. دواتر دڵنیابن کە هەموو شتێکتان لای خودای خۆشەویست و وردبین و دانای خۆتان باس کردوە ! ئەوە دەکرێت دەرمانێک بێت کەلەناخی خۆتانەوە دەیهێنە دەرەوە و دەیخەنە سەر لاپەڕەیەک و داوا دەکەن لە خوداوەند کە ئاگاداری بێت.

وەک خۆم، دوای ئەوەی کە داواکاریەکانم نووسی، دەوەستم و بۆ ماوەیەک بێ دەنگ دەبم بۆ ئەوەی مێشکم لە بیرکردنەوەکانم بەتاڵ کەمەوە و گوێ ڕادێرم بۆ وەڵامی خوداوەند ووتی گەیشتنی ئەو ڕێکارانەی کە پێمی دەڵێت. کاتێک لە ناو مێشکم دا شتێک دەبیستم کە باوەڕم وایە ئەوە لەلایەن خوداوەیە، بیێ وەستان هێمای ووتە وەرگرتن [«] دادەنێم و دەست دەکەم بە نوسینەوەی ئەوەی کە لە مێشکم دایەو لە لایەن خوداوەندەوەیە.

لەو کاتەدا پێویستە زۆور هۆشیار بن، چونکە دوژمنی ئێمە دەیەوێت سەرمان لێ تێک بدات و هەڵمان خەڵەتێنێت، ئەو دەتوانێت وا خۆی دەربخات

که ‹ڕوناکیەکی بێ گەردە ‹ بۆیە وا باشە کە ئەوەی کە دەیبیستن، تاقی بکەنەوە ! [بەو شێوازە] خوداوەند هیچ کات بە پێچەوانەی پەرتووکی پیرۆز کە پەرتووکی پیرۆزی خۆیەتی، هەڵسوکەوت ناکات. ئەو هەتا هەتایە یەک ڕوە و نەگۆڕە . کاتێک هێمای وتە وەرگرتن لە پێش ئەو وتانە دادەنین کە لامان وایە لە لایەن خوداوە بووە، چێژی تایبەتمان پێ دەدات کە دوای تێپەر بوونی کات دەچینەوە سەریان و دڵنیا دەبین کە ئایا ئەوەی بیستمان لەلایەن خوداوە بوە یا خود نا! ئەوە بە کار بێنن و هەڵیسەنگێین چونکە لەوانەیە ئەوە ئەو رێگایە نەبێت کە ئێوە لە بتوانن بگەنە تێگەیشتن لە بابەتەکان.

کۆتا هەنگاو. بەشێکە هەرە سەرنجڕاکێشەکە لە نوسینی دەفتەری نوێژئەوەیە : دەفتەرەکە دابخەن و لە سەر بەرگەکەی بنووسن « چۆن خوداوەند وەڵامی نوێژەکانی منی داوە « لە دێری دواتر بنووسن « بەروار بنوسن و بە شێوەیەکی کورتکراوە ئەوەی کە داواتان لە خودا کردوە لە نوێژەکانتان دا لەسەر ئەو دەفتەری بیرەوەری نوێژە بینوسن. لە کۆتایی دا ئەوە پێناسەیە بۆ پێویستیەکانی ئێوە لە خوداوەند و خودی خۆتان !

لە ژێر نوێژەکانتان چەند دێرێکی بەتاڵ بە جێبێڵن بۆ ئەوکاتەی کە خوداوەند وەڵامیتان پێ دەداتەوە، ئەو کات بگەڕێنەوە و بەروار بنووسن و شێوازی وەلامەکەی خوداوەندیش تۆمار بکەن. ئەوە زۆر سەرنجراکیشە کە بەپێ کات ‹کاتی خودا› ئێوە بەڵگەیەک لە ژیانتاندا دەبینن، چونکە نوێژلە دوای نوێژوە دێت وەڵام دەدرێتەوە.

دەفتەری نوێژەکانتان لە شوێنێکی تایبەت و دور لە دەستی کەسانی کە دابنین. بە تێپەر بوونی کات لەوانەیە چەند تۆمارێکی گەورە لە ناخۆشیەکان، لە شادی و لەو نوێژانە کە وەڵام دراونەتەوە، هەمان بێت. ئێوە بەڵگەتان لایە کە دەری دەخات خوداوەند بە چی شێوازێک لە ژیانی ئێمەدا هەیە! ئەو خوداوەندێکی بەسۆز و هەرە بەرزە !

هەندێک لە بەرهەمەکانی نووسەر

- گۆران : ڕۆح لەسەر دەستی خودای زیندوو، 2011. لە Amazon.com بەردەستە. Be Transformed بە زمانەکانی ئیسپانی، فارسی و ژاپۆنی بەردەستە.
- ڕاوچی مرۆڤ: بوون بە قوتابی ڕاستەقینەی عیسای مەسیح 2020، (بە ئیسپانی بەردەستە).
- سەرەتایەکی نوێ هەروەها بە زمانەکانی ئیسپانی، فارسی و ژاپۆنی بەردەستە. پاشکۆی ئەم کتێبە، بە ناوی ڕاوچی مرۆڤ: بوون بە قوتابی ڕاستەقینەی عیسای مەسیح، مەسیحییەکان دەباتە ئاستێکی بەرزتر لە زانیاری و مرۆڤ ئامادە دەکات بۆ ئەوەی زیاتر خزمەتی خودا بکات.شێوازی ئەو بەرهەمە بە سەرکەوتوویی لە لایەن زۆر کەس لە ئایینی جیاوازدا بەکارهاتووە و لە سەر کۆمەڵێکی زۆر لە ژن و پیاو و توێژینەوەی تاکە کەسیشدا تاقی کراوەتەوە و بۆتە هۆکاری گۆرانکاری لە ژیانی کەسانێکی بێشومار.

ڕیکخراوی ‹ Transformational›، لە ساڵی 2011 دامەزرا، پاش بڵاوبوونەوەی یەکەم بەرهەمی کتێبی شارۆن بەناوی «:Transform Founded by the Spirit of the Living God» ئەرکی ریکخراوەکە بۆ بڵاوکردنەوەی مزگێنی عیسای مەسیح لە ڕێگەی وانە وتنەوە، فێرکردنی گروپی بچووک، بڵاوکردنەوەی بەردەوام، و خزمەتکردنی نامیلکە بۆ گەیشتن بە ونبووان. بەشێکی گرنگی ڕیکخراوەکە گەیشتنە بەو کەسانەی لە بەندیخانە و چاکسازیەکاندا بەندن، لەڕێگەی ناردنی هەزاران کتێب بەبێ هیچ تێچوویەک لە ساڵی 2017.

بەرهەمەکانی رێکخراوی گۆران لە 40 پەیمانگای جیاواز لە سەرانسەری ویلایەتە یەکگرتووەکانی ئەمریکا بەردەستن و زیاتر لە 900 دانەیان لە بەندیخانەی هەرێمی لۆس ئەنجلس دابەش کراون.

سەردانی ماڵپەڕەکەمان بکە بۆ فێربوونی زیاتر و زانیاری دەربارەی ڕێکخراوی گۆڕان بۆ کڕینی کتێبەکانمان. هەروەها دەتوانیت فێر بیت کە چۆن دەتوانیت هاوکارمان بیت لە ڕووی داراییەوە و یا بۆ بەشداربون لە نوێژدا لەڕێگەی ئەم لینکەوە:

betransformedministries.com

facebook.com/betransformedministries

Email us at: betransformed@betransformedministries.com

Snail mail is P.O. Box 597, Grover Beach, CA 93458

Thank you

Translator’s Email : MIRZAHAMID.MUKRI@GMAIL.COM

I0529257

This book is generously gifted to

_____

By

_____

CONTENTS

Acknowledgments xi

CHAPTER 1: New Wine In An Old Vessel 1
CHAPTER 2: Introduction 18
CHAPTER 3: In The Crosshairs 28
CHAPTER 4: A Shadow Of The Past 36
CHAPTER 5: A House Divided 44
CHAPTER 6: Amnestic History 58
CHAPTER 7: Why America? (the roots begin) 76
CHAPTER 8: The Serpent's Head 92
CHAPTER 9: Bitter Truth 104
CHAPTER 10: Ideal Birth 112
CHAPTER 11: The Trunk Of Which We Support 122
CHAPTER 12: Freedom Requires Virtue 138
CHAPTER 13: Virtue Requires Faith 150
CHAPTER 14: Faith Requires Freedom 162
CHAPTER 15: The Watchman 172
CHAPTER 16: The Branches Upon Which We Balance 182
CHAPTER 17: The Executive Branch 192
CHAPTER 18: The Legislative Branch 202
CHAPTER 19: The Judicial Branch 210
CHAPTER 20: A Balanced Justice 216
CHAPTER 21: Intergenerational 226
CHAPTER 22: The Fruit Which We Permit 236
CHAPTER 23: Republic Or Democracy 246
CHAPTER 24: America 258

Bibliography 266
About the Author 293
Also by Josh C. Jones 296
Special Note 298

ACKNOWLEDGMENTS

"Simply put, the Bible is the most influential book ever written."[1]

Time Magazine, March 22, 2007

I would like to begin by thanking God for leading me to this unexpected journey. I never thought I would ever be a writer, let alone write more than one book or have any of my books picked up and published by a publishing company, but God knew. And I thank God for leading me to this very topic; I truly believe he helped me write this book for this very time. I just hope I did a good enough job to please him and to help both entertain you, the reader, and encourage you to seek the truth.

I would like to thank my family for sticking with me through all my disappearances and absences — absent-mindedness included. I was working hard — sometimes — reading and researching, remembering, writing, and editing. You graciously put up with me through not just this process but each of my books and writings, and for that I am deeply thankful. You were patient with me, and you helped with your honest critiques of the drafts I subjected you to, err... I mean, I asked you to listen to, which you lovingly agreed to and gave your honest feedback on. I love you and thank you very much.

I would like to thank all those who came before me — from the earliest martyrs to the earliest settlers to our Founders to our servicemen and women and all those who gave up everything they had, even their lives, for me to have the opportunity to live in the freest, most generous, most blessed, liberty-embracing, and God-given country in the world. I hope my work here, although short, has done them honor for all their sacrifices.

I love my country — the United States of America; I love my God — Yahweh; I love my Savior — Jesus; and I love the opportunity and duty that I have been given to share the gospel, truth, and history with you.

I would also like to thank you, the reader, for investing your valuable time in taking a chance on me and this book, and I hope that you find encouragement, further understanding, and an increased sense of love for the freedoms we still do have here in these great United States of America.

As I have heard it stated, and rightly so, God grants us our rights, but we are expected to defend them.

CHAPTER 1

New Wine In An Old Vessel

"Some politician some years ago said that bad officials are elected by good voters who do not vote."[1]

Dwight D. Eisenhower

The sky was a mixture of blue and grey puffs as the clouds rolled through it like a mirrored image of the waves beneath.

There was a small vessel floating in the vast expanse of water below; unlike other vessels up to this time, this one was not moved solely by the winds of the day but by a force that was more reliable, more truthful, and more consistent in its operation and power and capable of transporting this vessel and all those on board to freedom. This vessel, however, was overloaded with people, diverse in nature, and yet, full of hope and inspired. The environment upon this vessel was unique, unlike any seen upon vessels of its time or before.

This vessel was full of a ragtag bunch of people who, if not for their search for autonomy for their own lives and their pursuit of a strong kinship with a father figure, would not be traversing this dangerous and unknown world and undertaking this unpredictable journey, leaving their friends, family, and home countries behind, risking everything.

Although those on this vessel may be in pursuit of a similar goal — the liberty to live and adore — they certainly were not always on the same page in their story. Some did not believe in or fully understand the real and true intention, values, ideals, or context of this vessel and, thus, some began to even doubt the documents written by which this vessel became the very unique beacon for life, liberty, and freedom that these passengers and crewmen were seeking. Maybe they never understood the importance of such a journey or vessel. Maybe they never cared, only thinking of their own current lusts and selfish desires. Maybe they forgot the true reason for this costly journey and the unprecedented vessel upon which they called their home. Maybe, after such a long journey, they began to long for the slavery of perceived safety from which they fled more than the hopeful promise of freedom, of a right to life, liberty, and the accountability and responsibility to pursue their own happiness. For reasons that were still left unknown, many no longer knew what the true values and ideals were, the sacrifices that were made, or the intention of the journey to the creation of this vessel and adventure they were now a part of.

Some of the passengers and crewmen on this vessel could not read or write, and many, for reasons of their own, no longer cared to read. Either way, the writings had been stored in the captain's quarters for safekeeping, and as the journey grew long, the only reminders of such history, sacrifice, and truth were passed by word of mouth from those commissioned to lead and safekeep the agreed-upon and all-important documents to the truth, freedom, and liberty that those on this vessel first began to seek. Safe-keeping these documents was important, as all on board originally agreed, but the control implemented to ensure their safety resulted in a growing apathy and ignorance of the people and total control over the need-to-know flow of information and truth allowed to be taught and shared.

More importantly, being such a ragtag bunch, most of the people on this vessel were not qualified to be crew, as one would think; only about one percent even volunteered to serve this vessel and protect it and those on board from the dangers that surround them; the majority of the people were not nautical; some, surprisingly, even refuted their pledge, and others, well, they just did not want to work, feeling entitled to the benefits of the hard labor of others, even though work upon its first sailing was one requirement for passage — each person must work, learn and understand, trust, assimilate, and pull their weight for this unique vessel to stay afloat.

In fact, there were few prequalifications or vetting by the captain on who could come aboard, with the exception of verbally promising to adhere to the agreed-upon documents drawn up by the sacrifices of the first sailors on board, which were inspired by truth, required assimilation, and by which all were seeking a similar goal — equality, freedom of worship, life, liberty, and the pursuit of happiness.

These fundamental concepts of freedom and truth, by which many claimed to seek for themselves and future generations, were the reason for the overcrowded and inexperienced crew of diverse people.

It only took a few months living on this vessel in the stormy seas for some of the people to become jealous of their fellow men and begin to feel resentment and grow increasingly entitled. In fact, the position of Captain was seized by the current residing Captain in what he called his "divine and equal right" — and litigation from a lawsuit, judged by those whom he shared quarters with, and without evidence; it was an affirmative action (it didn't change the intent or meaning or text of the original documents, but it already compromised the original foundation and began to lead to more chaos and division on this already crowded and diverse vessel).

Even with an inexperienced captain, and one who seized this position unjustly, most of the people on board seemed to be indifferent and appeared to get along just fine while the seas were calm and the products were plentiful — especially if and when any deviation from their oath or falter in their founding did not directly affect them personally. There were plenty of people to step up, work, and ensure this vessel ran correctly and stayed afloat in the good seasons. The opportunities to work and learn were plentiful, though the titled positions higher than passenger or crewman were few. However, the longer the people lived on this vessel, the more complacent some became, and the less they remembered the documents of which they were inspired by and promised to uphold. Some even began to feel resentment for not having their personal desires fully met, and they cultivated in themselves a self-seeking anger toward those in a higher position and with a perceived higher quality of travel for not contributing what they believed was their "fair share" of rations to those below them. The longer this occurred, the less some chose to grasp the opportunity to learn and to work, resulting in a form of anosognosia — in this case, they received a slightly higher intellect from experience on the seas and learning from others, but there was little change in their ignorance of their spiritual famine and soul's selfishness, resulting in an apathetic ignorance of the original inspiration and intention of this vessel and their own shaking and crumbling foundation.

After some time, the products did begin to run low; some products were even exhausted, and those learning and working began to resent those who did nothing and, yet, still received an "equal" and "fair share" of rations. This resulted in more crewmen and passengers choosing to stop working, and, with certain jobs not being performed and performed correctly, the vessel began to veer off course. Soon, the products dwindled and eventually ran out completely.

The vessel continued to veer off course.

Angry, many people on board began to change. Fear was gripping their consciousness, strangling what hope and love might have remained — fear of going without, fear of losing what little one had, fear of missed opportunities and a perception of an equal outcome regardless of sacrifice, fear of truth. This helped cause fighting, hoarding, and even further factions amongst the already mixed experience crew and passengers.

The small vessel floating in the waters was no longer being steered and driven by a crew following the inspired documents and path toward freedom, life, and liberty, and, due to an erosion inside, this vessel was now being moved by the winds in whichever direction the winds blew, and it was veering way off course.

The lack of attention, apathy, and winds helped slowly steer this vessel right into a squall, which was now raging all around.

No vessel can always depend on the winds of the day; it requires an unchanging and dependable force and those attentive, truth-seeking, and willing to serve to defend and secure liberty in a sea of storms and danger. The squall's mighty wind blew with such a force that the sails of this small and overcrowded vessel were reaching their snapping point.

"Hoist the mainsail!" shouted the captain as loud as he could to penetrate through the howling wind and pounding of the waves against this vessel.

If something was not done soon, this vessel might very well go down, sinking beneath the waves of time, taking with it all who resided within its borders.

A few of the crew slipped and slid and ran all about the deck, bumping into one another, cursing one another, and fighting one another as they worked to try, in their own perception based on their own "truth," to do the right thing and save their vessel from sinking. Most, however, hunkered down in their own little space, clutching what meager possessions they had left, in one of two states of mind: denial of the reality around them, or comfortable in their own problem, perceiving that the combination of ignorance and this storm would tear down what they now viewed as an unequal, inequitable, supremacist vessel — they thought it was better to not fight against the destruction to come because it would bring everyone down so that finally everyone, regardless of work, sacrifice, or liberty, would appear equal, even when that meant all would be swallowed by the seas. The vessel ferociously rocked back and forth, up and down, and the waves crashed over the sides like water breaking free from its prison behind a dam.

Soaking wet, breathing heavy, consumed with anger

for one another, fearing the wrath of the storm, not thinking, acting purely on emotion, and doing exactly as told by the person in charge without a thought or question, without rational or critical thought, three crewmen began to raise the mainsail just as commanded.

Then, another crewman, who was standing alone and watching his three fellow crewmen, thought about what they were doing, and he dared to stand alone, question the so-called wisdom of authority, and speak the truth in the midst of turmoil and demagoguery, as he shouted back to the captain, "If we raise the mainsail like you commanded, the wind will surely destroy it, and possibly even our mast too! It could potentially sink us! It would lead to the destruction of this vessel."

"Hoist the mainsail!" shouted the captain again, even louder.

The other three crewmen did as commanded and hoisted the mainsail.

"It is hoisted, just as you commanded. But I advise against this!" replied the lone crewman.

"Who ye be questioning me orders!?" screamed the captain over the sounds of the storm.

"We need to lower the sails and ease the tension!" shouted the lone crewman to the captain and his fellow crewmen.

"I be ye Captain. I be in charge. "Ye do what I command and do not question me orders!" shouted the captain in reply.

"You don't want to damage the sail or mast, do you, sir?! Are you trying to sink this vessel?!" asked the lone crewman as he shouted over the wind and waves.

"That would look bad on me, ye Captain, would it not?" asked the captain.

"Then I advise you to lower the mainsail!" shouted the lone crewman.

"Aye. Ye do that, then," shouted the captain. Then he whispered to himself, "Ye do as ye Captain wisely mandates."

Then the captain shouted at the three crewmen who raised the mainsail, "Why did ye raise the mainsail in a storm like this? Ye must be reeducated; ye must be scallywags! Now lower the mainsail!"

One of the three crewmen yelled back, "We did as you commanded!"

"What difference does it make? Ye all raised it!" screamed the captain.

Just then, the powerful winds caught the sail as it was at its highest point, convexing the polyester sail, jerking the vessel forward like it was a vehicle rear-ended at an incredible speed, and snapping the mast in half like a twig in the hands of a giant.

BOOM!

The top half of the mast crashed onto the deck, splintering the wooden planks. Miraculously, the deck still held firm, and the mast did not smash clear through and fracture the hull.

The sail, however, came down on part of the crew and passengers, and, mixed with the rain and wind and waves, it covered them like an iron blanket.

The captain shouted, "Mutinous and treasonous dogs! All of ye! Questioning and sabotaging ye Captain!" He turned toward those now lost beneath the drenched shroud and yelled, "Ye lazy, stingy, bilge-sucking lot. All of ye. Lying down on the job!"

Then a mighty wave engulfed the vessel with the force of an oversized hand slapping a newborn baby across the face. Crewmen were knocked off their feet and scattered all across the vessel. One unlucky crewman was clutched in the grip of this mighty wave and carried overboard into the angry waters.

"Man overboard!" shouted one of the crewmen.

"Who ye be!?" asked the captain.

"Does it matter who? It's a man overboard!" screamed back the crewman.

"Aye, it does!" screamed back the captain. "We be not assuming on this here vessel! Now who ye be?!" demanded the captain.

"Who was it?" shouted the crewmen down the line.

"I think it was Paul!" shouted another crewman while doing his best to squint through the waves and rain and wind into the deep waters to verify this odd request.

"Aye. Ask ye Paul how ye feels today!" shouted the captain to the crewman.

"He's drowning! How do you think he feels?" screamed back the crewman.

"This ye storm be a pervasive and oppressive white squall," said the captain.

"What?!" shouted another crewman.

"What about Paul?" screamed the crewman watching his fellow mate struggle for his life in the savage waters.

"Aye. I remember Paul. Ye was correct. It be ye man overboard!" replied the captain.

"Get a line and toss it out to him!" shouted the lone crewman.

"Aye. Anchors away!" shouted the captain.

The same three crewmen who previously hoisted the mainsail, soaking wet, breathing heavy, fearing the wrath of the storm, not thinking, and acting as told, once again without logical or critical thought, scuttled to the anchor.

"Heave-ho!" they shouted in unison as they lifted the anchor and threw it overboard toward their fellow crewman caught in the grips of the angry waters.

"Why did you do that?!" screamed the lone crewman who reasoned that hoisting the mainsail was a foolish idea.

The three crewmen looked at each other, shrugged, and said, "We did what we were told to do."

"Aye. They be following their captain's mandate. Trust the knowledge. But ye be questioning me again! Dissenter, ye be!" screamed the captain.

The crewman caught in the grips of the angry waters and now half unconscious from the blow to the head that he took from the anchor being tossed on him let out a weak scream as the chain from the anchor caught his foot and dragged him down to Davey Jones' Locker.

The lone crewman angrily screamed, "I said get a line, not the anchor!"

"Aye. An anchor be a line," replied the captain.

"You've got to be kidding me!" replied the lone crewman, who was now very angry.

The captain, angry, screamed, "Ye be a knowledge-denier!"

"You can't be serious?!" the lone crewman asked, puzzled.

"Mutiny!" cried the captain.

"A line can be an anchor, but who in their right mind would throw an anchor as a line to someone overboard! Do you even know what you are doing?!" questioned the lone crewman.

The captain said, "Aye. Ye be right. Treason and insurrection. If we be surviving this storm, I will hang those three men!"

CHAPTER 2

Introduction

"Ethnicity divides us. Politics divide us. Economics divide us. But with a Bible in nearly every home, it is perhaps, the one document that unifies us."[1]

There are many, many reasons for the foundation and implementation of such documents and materials for the proper and safest way to enjoy the opportunity of freedom, Life, Liberty and your pursuit of Happiness while providing safeguards for your life. Just as in boating (to piggyback off the story in the previous chapter, obviously), there are certain terms that each person should know and understand the meaning of before venturing out on the waters. The true intentions of the formation of the words and reasons for them may remain the same, but each word and term can have its own meaning pertaining to the culture and education of that appointed time. Most nautical terms were coined hundreds, if not thousands, of years ago; some still hold the same meanings today, and others have had their meanings changed. In order to ensure the safety of those legally residing in a location — nation — and under that place's jurisdiction (in the case of the story in the previous chapter, that would be the vessel upon which each person willingly chose to currently reside), each person should and must be taught about and assimilate to the documents created and agreed upon and legally implemented for the foundation of that jurisdiction, and the captain, or person in charge, must also understand the same.

Without the truth of history and proper context for that jurisdiction, along with the freedom and liberty and will to logically and critically think for oneself, judicial tyranny will take root, liberties will be misused and stripped, unalienable rights and freedom will be regulated, opportunities will be missed, happiness will be dissolved, and lives could very well be lost. This quote captures the meaning of America's first President of the United States in a 1783 speech very well: "If the freedom of speech is taken away then dumb and silent we may be led, like sheep to the slaughter."[2]

A governmental foundation, unless implemented similarly to that of ancient Egypt and the ancient Hebrews (Israel thousands of years ago), and how China and Tibet were in past history, and how various ancient and modern Islamic countries are, such as Saudi Arabia, Iran, and others, will be heavily influenced by the values, principles, standards, and teachings of one type of religious belief but will also have compromises to its implementation of such a foundation — it will, to the best of human ability and human nature, attempt to work with all peoples of all religious beliefs and ethnicities but still build from and try to hold to one foundation. This is similar to modern Israel and the United States of America. In Israel, all people living there legally are allowed full social and political equality, no matter the person's religious affiliation. In America

> *America was the only country deeply shaped and founded by the Christian faith and moral truths of the Bible.*

(the U.S.A.), all people living there legally are allowed the same; in America, it is the people's God-given, unalienable right.

When a government is controlled by a religion — that is, when a religious belief is the official state religion, thus leading to the church being controlled by the government — it often leads to religious persecution, minority suppression, and a strong-arm police force. Many Middle Eastern and Northern African countries are examples of this. "In Afghanistan, for example... Political parties' charters must not run contrary to the principles of Islam."[3] You cannot have a political party that does not fully support the causes, issues, and policies of Islam. If this sounds familiar, it is because many religions have held similar power and control in past history, and it is similar to what occurred in Europe with the Catholic Church in past centuries, which helped spur those in their search for a land of religious freedom. I know this concept might sound hostile to some, but America was the only country deeply shaped and founded by the Christian faith and moral truths of the Bible. It is true, however, that America did not have a pure and absolute founding in Christianity, which was evident by both its non-theocratic type of government and its acceptance of all people of all religious beliefs to worship freely. The Republic that our Founders established was one that was hospitable to all religions. I know this sounds like common sense, but all nations, all civilizations, require a foundational document for a social contract with those people living together in that society. In order to find what foundation heavily influenced the creation and formation of a nation and its government, one need look no further than the very writings of those who formed said nation or government.

Politically Incorrect Moment! I know this might sound harsh, but after writing multiple books and hosting my own podcast and receiving some negative criticism about how I do not give the reader or listener all the information they might need on one subject and how I do not tell them directly how to think (I know; I was at a loss for words when I was first criticized for this, too), I believe it must be stated: I am one person; I hope to be helpful in providing honest and thoughtful information, but I am not your library of all information for all things, a sort of "be all and end all." Neither am I, nor any educator for that matter — school, politician, political party, news anchor, or media source, etc. — here to do all the research for anyone; that is why I repeat in my podcast (*From My Standpoint*): Do Your Own Independent Research.

Remember, as I say in another book, "Without due diligence and independent research, you can only know and you can only parrot what you were told to know and what the teller wants you to parrot."[4]

So, know this and repeat this... I'm just kidding. You can laugh.

But for those interested in further learning, this, I believe, will be a good, educational, and motivational read for you. I hope it opens your mind to new information and encourages you to continue in your search for answers and understanding.

Anyway, in this book we will talk about some history regarding why America was settled, take a brief look at what some of our Founding Fathers and great American historical figures have stated about our government and founding; we will discuss the important and vital Triangle required for a nation to live up to what truly inspired and influenced its creation, and to fully grasp what it boldly claims in its all-important and foundational structure of a document that led to the greatest nation on earth and one in which aspired to what we see that "every man was created equal," and the only nation that truly allowed Life, Liberty and the pursuit of Happiness; and we will see if what we were handed by our Founders was truly a Republic or a Democracy. In the end, I do believe that you will be more knowledgeable, better understanding, and better equipped to decide if you can keep it.

Furthermore, throughout this book, we will take a brief look at some historical truths about America, the founding and implementation of the United States of

America, and the context in which all this occurred as well as the workings of our government.

I really enjoyed researching and writing this book. And I really do think you will enjoy reading it and all the great information in it as well. I hope I can show you something new, or forgotten, in the truth of our history — you know, change the perspective for a better understanding.

This book, I pray, will encourage each of you to open your eyes to a differing perspective than the purely negative and, often, altered one that is (at the time of this writing) currently being taught and spread across this great nation; open your eyes to a perspective of truth and logical reasoning.

If you have taken an American history class in recent years, or if you have watched the news in the current era of this writing, or if you have listened to certain politicians and political parties talk, or if you have been on social media — really, if you haven't been living under a rock with your eyes closed to the world around you — then you might have very well seen or heard the rewrite of the past. Oftentimes, the powers that be will distort and rewrite certain parts of history in order to make

> ***"Without due diligence and independent research, you can only know and you can only parrot what you were told to know and what the teller wants you to parrot."***

themselves and their causes, regardless of intent, outcome, or truth, to appear more noble, righteous, and worthy. It makes me think of the wise saying often attributed to Winston Churchill, "History is written by the victors."[5] In reality, history is what truly was, but what we are told of history is often regulated, edited, and rewritten by those in authority to teach the next generation who are labeled intelligent if and only if they can repeat what they are told to repeat, like a parrot.

In this, we often ignore context (historical, cultural, individual, religious, etc.) and, instead, we focus on our current understanding, our current accepted morals and ethics, and our current version of right versus wrong; we often ignore the very words and actions by those historical figures and, instead, add to and subtract from their very words and actions, allowing us the opportunity and self-justification to presupposing their intentions; we often ignore the first-hand accounts recorded and the documents and records during and even a few years after such events and happenings and, instead, replace them with best-guesstimates using our current and modern understanding and perception of their intent, will, character, and reasoning. We use our current culture, our current laws, our current world, our compiled knowledge, and our current reasoning to cover all of history with a one-size-fits-all stamp, completely ignoring the true intentions, reasons, and history itself. In doing so, we choose to pretend that we know without ever understanding. We rewrite timelines, we forge narratives and documents to supersede our idealistic perceptions, we elevate ourselves to positions of omniscience with prejudice, and we warp context to our current bias — in other words, we lie in order to justify.

So, with that said, let us get into my best-guesstimate...

I hope you laughed there. Remember, it is okay to laugh.

"Always take your job seriously, never yourself."[6]

CHAPTER 3

In The Crosshairs

"When one side only of a story is heard and often repeated, the human mind becomes impressed with it insensibly."[1]

Freedom and liberty, life and God-given rights, free markets and ownership, religious freedom, and a free press — these things have always been the ideals of America, and these things have always been in the crosshairs. The Barbary Pirates, radical Islam, King George III, communism, socialism, fascism — the list could go on. As they say, "Freedom is not free," and complete "safety" means no liberty. Those who seek power and control could never reach their ambitious goal so long as these things are in place, and when they all exist in one nation, their goal becomes no more than a pipe dream. A nation like that would be a blessing for the world.

America: "Whatever America hopes to bring to pass in the world must first come to pass in the heart of America."[2]

There is such a great divide in America; then again, it seems as though there has always been a divide, even if just a slight divide in our ideas and opinions and beliefs, since America's inception. If not, then all men would have been treated equally from the start of America's founding. In fact, the very concept of race is non-existent in the U.S. Constitution. Our Declaration of Independence does, however, claim "that all men are created equal." As I've correctly heard it stated, "our founding principles are colorblind"[3] — they are religiously blind too in the sense that America allows the freedom of worship no matter your religion.

Even so, there is such a great divide in America. I mean, as Sun Tzu states, "The supreme art of war is to subdue the enemy without fighting."[4] And the best way to accomplish this is to get your enemy to fight themselves. Turn your enemy against each other through economic, social, and class systems; through gender, race, and political ideologies; through comparison; and by redefining social and universal concepts like tolerance, charity, and love. Make your enemy see themselves not as unified in their heritage, not as unified in self-evident values, not as unified in rights, but so far as materialistic possessions and skin-deep.

Former American President Dwight D. Eisenhower might have been on to something astute when, in 1955, when speaking at the Annual Washington Conference of the Advertising Council, he said, "Today there is a great ideological struggle going on in the world. One side upholds what it calls the materialistic dialectic. Denying the existence of spiritual values, it maintains that man responds only to materialistic influences and consequently he is nothing. He is an educated animal and is useful only as he serves the ambitions — desires — of a ruling clique; though they try to make this finer-sounding than that, because they say their dictatorship is that of

> *America has always been in the crosshairs of certain ideologies and belief systems...*

the proletariat, meaning that they rule in the people's name — for the people. Now, on our side, we recognize right away that man is not merely an animal, that his life and his ambitions have at the bottom a foundation of spiritual values."[5]

America has always been in the crosshairs of certain ideologies and belief systems that, from the beginning, knew we were inspired by the Bible and a nation whose stance would be for life, liberty, individual freedom, and prosperity — a very abstract concept of the world, in that time, which most were against, and strangely many, even in America, still are against today.

America's history is a convoluted one, especially if one only bases their understanding and gained knowledge on what has been redacted and altered by the very powers in charge of the land's government and dictated as the common and only source of proper and standard educational learning and news as the "be all and end all" and the only need-to-know truth of history's past. But what about if we looked at the very lives of our ancestors, those who lived before, during, and briefly after that most challenging and sacrificial time that birthed this great nation? And what about if we read their very writings for ourselves? If we took the time to research what they said, what they

> *Let us not remain weak or timid; let us not be the weak who create the hard times for the next generation; let us not remain ignorant of our past.*

wrote, how they lived, and if we set aside our own bias, closed-minded opinions, and "enlightened" judgmental attitudes, could we, maybe, open any blackout curtains behind our eyes and see a light, make an attempt to understand a reality of the past, and see things from a new perspective? It is never an easy thing to do, but I think that we can. I think that we must. I think that Eisenhower was correct when he said, "For history does not long entrust the care of freedom to the weak or the timid."[6] And our ancestors did not fight a major war, sacrificing everything — their homes, land, wealth, families, and very lives — as weak or timid men; and, to me, it was their strength and boldness that helped in their noble fight for liberty and freedom. "Hard times create strong men. Strong men create good times. Good times create weak men. And, weak men create hard times."[7] So, let us not remain weak or timid; let us not be the weak who create the hard times for the next generation; let us not remain ignorant of our past. As Martin Luther King, Jr. said, "Nothing in all the world is more dangerous than sincere ignorance and conscientious stupidity."[8]

Wait? That sounds harsh. But is it, really? We all fall into those categories of sincere ignorance and conscientious stupidity in some areas throughout life. We could never fully know or understand everything in all areas. But we also, if we feel it is important to us, do not have to remain in ignorance either. That means we are all in the same boat, just feeling the impact of different waves of information. "It takes considerable knowledge just to realize the extent of your own ignorance."[9] I think it takes courage, too, to set aside pride, selfish ambitions, and judgmental opinions to admit a lack of knowledge (which is all ignorance means — a lack of knowledge or information) and to seek further truth.

I believe you and I are courageous, strong, and bold. And with that, let us continue this journey of gathering much-needed and important information together.

CHAPTER 4

A Shadow Of The Past

"All societies of men must be governed in some way or the other. The less they may have a stringent state government, the more they must have of individual self-government. The less they rely on public law or physical force, the more they must rely on private moral restraint. Men, in a word, must necessarily be controlled either by a power within them, or by a power without them; either by the word of God, or by the strong arm of man; either by the Bible or the bayonet."[1]

Robert C. Winthrop

It has been said that from the 1600s, when the first Puritans and Separatists arrived in America, until the mid to late 1800s, it was not the government or public schools that taught the children but parents, tutors, and pastors; and true history has shown that the Bible was the primary book for instruction on life and behavior. "We cannot read the history of our rise and development as a nation without reckoning with the place the Bible has occupied in shaping the advances of the Republic."[2]

In fact, the U.S. Department of Education did not really exist until 1979. Congress declared its purpose is to supplement and complement the efforts of states, not to supersede them, improve the quality of education, improve the efficiency of federal education, including the reduction of unnecessary and duplicative burdens, which include such things as paperwork, and to establish policy for most federal assistance to education. "Although the Department is a relative newcomer among Cabinet-level agencies, its origins go back to 1867, when President Andrew Johnson signed legislation creating the first Department of Education. Its main purpose was to collect information and statistics about the nation's schools. However, due to concern that the Department would exercise too much control over local schools, the new Department was demoted to an Office of Education in 1868."[3] It existed in small parts in various areas of government, but it was not officially created until Congress did so in 1979, but it wasn't until 1980 that the Department of Education began operations.

I know this topic sounds like a political argument, and for some that is all it is, but history, believe it or not, speaks otherwise. History, true history, speaks volumes about the truth of America and its growth in American ideals, prosperity, and, sometimes to its detriment, diversity and government.

Interestingly, a huge majority of the ideas, concepts, and values that our founders and those who stood with them during that time held to came from the pulpits; it was values of life and the equality of men, concepts of liberty and unalienable rights, and ideas of freedom that were preached from the pulpits for about one hundred plus years prior to America's War for Independence that resonated into our independence and concepts of liberty, life, and equality, although it would take some time after before those concepts and values and ideals would be accepted and implemented by the rest of society as a whole.

> The pulpit, unlike our traditional media and social media nowadays, was the most influential voice.

During that time of the Colonial Era of American history, "American ministers delivered approximately eight million sermons, each lasting one to one-and-a-half hours. The average 70-year-old colonial churchgoer would have listened to some 7,000 sermons in his or her lifetime, totaling nearly 10,000 hours of concentrated listening. This is the number of classroom hours it would take to receive ten separate undergraduate degrees in a modern university, without ever repeating the same course!"[4] The pulpit, unlike our traditional media and social media nowadays, was the most influential voice. Preachers delivered sermons on many public occasions, which included "The annual 'Election Sermon' — a perpetual memorial that continued down through the generations from century to century — still bears witness [1860] that our forefathers ever began their civil year and its responsibilities with an appeal to Heaven, and recognized Christian morality as the only basis of good laws."[5]

It only took a few generations, though, for comfortable complacency, apathy, and ignorance to seep into the roots of the American mind and for the sands of time to bury history like the lost tombs in Egypt. But just like those tombs, we can choose to dig through the sands and find that which has been buried.

Wisdom tells us that the more God is man, the more man is free, but the more man is god, the more man is a slave. Our Founders understood this concept, as we will read further in this book. "Without God, there could be no American form of Government, nor an American way of life. Recognition of the Supreme

Being is the first — the most basic — expression of Americanism. Thus the Founding Fathers saw it, and thus, with God's help, it will continue to be."[6] But not everyone will agree with former President Dwight D. Eisenhower, nor with our Founding Fathers, nor with those of our Revolutionary Era, nor with history, and that is okay, because that is what our Founders wanted: not ignorance or division but the individual freedom to worship, to think, to speak, to live, and to believe what one chooses, even if that freedom, that choice, comes at the expense of truth and reality. That is American freedom. But, "Perhaps you and I have lived too long with this miracle to properly be appreciative. Freedom is a fragile thing and it's never more than one generation away from extinction. It is not ours by way of inheritance; it must be fought for and defended constantly by each generation, for it comes only once to a people. And those in world history who have known freedom and then lost it have never known it again."[7] For "a people that values its privileges above its principles soon loses both."[8]

Have we become too complacent in our privileges that we all in America have been blessed to receive? Have we become apathetic in our fight for freedom? Have we become so entitled to the fruit of another's labor that moral and ethical principles are only important so far as our ends justify the means to ensure our warped version of "equity"?

In the United States of America, everyone has the same opportunities to work hard, sacrifice, learn, save, invest, and apply their knowledge and skills and abilities to earn wealth, even with the lopsided scales of affirmative equality, "iron man" empowerment, and off-the-record person appropriation. Have we, as the teachers of the next generation, become so blind to the light of truth that even in our darkness our pupils shrink? We certainly have been a privileged generation, the last few generations for sure. And as we have been witnessing, it would seem as if we, too, have become a people who value our privileges — those of freedom of identification, of reparation, of entitlement, and of feelings — above any absolute or idealistic values and principles.

> It only took a few generations, though, for comfortable complacency, apathy, and ignorance to seep into the roots of the American mind.

It is the truth of history that will help us keep freedom alive. "Truth, like gold, is to be obtained not by its growth, but by washing away from it all that is not gold."[9] As we continue this journey together, we will begin to learn new bits of information, see things from a new perspective, and, hopefully, better understand the American ideals, valuing our principles, and sparking that fire for further learning and... here comes the part some people don't like... continue our own research, cutting through the weeds and muck, and shining more light on American history so we can be more than just a shadow of our past.

CHAPTER 5

A House Divided

"A house divided against itself can not stand."[1]

Like a farmer planting the seeds of his crop, the harvest does not happen overnight, and so is the destruction of most societies, nations, and countries. "The seeds of their destruction are sown deep within their political institutions."[2] When most countries and societies fail, they do so by stripping freedom and liberty and bringing poverty upon their citizens through many weeds sown over many years, decades even: liberty is traded for a perceived safety, incentives are replaced with false equality, values are degraded for appeasement, and fiction is expounded as ignorance is intelligence. As I have correctly heard it stated, "Freedom is lost gradually from uninterested, uninformed, and uninvolved people."

Have you ever wondered why we are conditioned from an early age to avoid discussions with people who do not already hold the very same beliefs, opinions, or biases as we do about religion and politics? Why do our politicians, media, and leaders keep reminding us to see color instead of character and to put race in front of our unified nationality? No longer are we American first and foremost, but we are now American last. Why did the Church of England not allow its citizens and congregation to read the Bible for themselves or to have a personal relationship with God outside of the hierarchy of the state-sanctioned church?

"In Europe, charters of liberty have been granted by power. America has set the example ... of charters of power granted by liberty. This revolution in the practice of the world, may, with an honest praise, be pronounced the most triumphant epoch of its history, and the most consoling presage of its happiness."[3]

Why do some countries, even today, still heavily regulate religion, if they are not completely hostile to it, and are against political parties or even their own politicians holding differing views or beliefs other than that of the state-sanctioned religion and/ or political ideology (such as most Middle Eastern and North African regions, or Cuba, North Korea, Vietnam, China, etc.)? "What's tragic is that this failure is by design… These institutions are not in place by mistake… They're there for the benefit of elites…"[4] Have you ever questioned why those who are supposed to serve us are so wealthy and at the same time declare that the wealthy (obviously not them or the wealthy stars and business people who support them) are the sole source of the average person's financial struggles? Makes you wonder why some elites are pushing so hard for a one-world government, doesn't it?

"Without sovereignty, a nation cannot exist. Without borders, it can't be defined or protected."[5]

And if a nation is not a sovereign nation, then its Declaration and Constitution by which its government is established, including its history, become irrelevant and obsolete, thus relinquishing its sovereignty —

which includes its freedoms and liberties — to the new and expanded "nation," often without regard to the average citizen. Without sovereignty, Liberty as we know it would soon evolve. "Whoever would overthrow the liberty of a nation must begin by subduing the freeness of speech."[6]

> *No longer are we American first and foremost, but we are now American last.*

"Without liberty, law loses its nature and its name, and becomes oppression. Without law, liberty also loses its nature and its name, and becomes licentiousness."[7]

And where does America's liberty derive from?

"Liberty must at all hazards be supported. We have a right to it, derived from our Maker."[8]

That is our God-given right. But even for those who would see our history rewritten and God erased, common sense and logic would agree that without God, there is no God-given anything. So why must even those holding to this unfactual case still support our Liberty?

Because even if we had not been given our right to liberty from our Maker, "our fathers have earned and bought it for us, at the expense of their ease, their estates, their pleasure, and their blood."[9]

God-given is irrelevant to those who don't believe in God. And rights derived from man are not unalienable.

"Nations rise, they flourish for a time, and then they decline. Eventually every empire comes to an end; not even the greatest can last forever."[10]

Can freedom and liberty survive in a land of division?

Thomas Jefferson wrote, "Men by their constitutions are naturally divided into two parties...those who fear and distrust the people, and wish to draw all powers from them into the hands of the higher classes... those who identify themselves with the people, have confidence in them..."[11] Even though he was speaking in terms of politics, it still holds a profound insight. Humans, by our basic principles and customs, are naturally drawn to division: left versus right, democrat versus republican, capitalism vs socialism, black versus white, Godly versus worldly, good versus evil, selfish versus selfless, historical versus political, etc. There is always a battle between good and evil, between truth and fiction, between spirit and soul.

And yet, America, even with this natural constitution and when fighting what should have been an unwinnable war for independence and an internal bloody Civil War with itself, has stood tall and held, albeit sometimes very loosely and not without sacrifice, to its convictions and values and ideals throughout time — granted, it sometimes took us decades and generations before we fully realized the values and ideals of which our Founding Fathers wrote in our founding documents and stomped out the cultural evils that our compromise allowed to become atrocities that may have been the norm for that time but were anti our founding documents, values, and intent. And even some of those convictions are still being worked on today (we still self-segregate and continue to view ourselves by class and race rather than by our unified heritage and lineage and oath of American). "There is no compromise when it comes to corruption. You have to fight it."[12] Unfortunately, freedom for all legal individual citizens in a nation in this world means compromise. Although we should never compromise with evil, it is easier said and done for the individual in their own way of living their personal life, but it is easier said than done when it comes to a nation seeking the liberty and freedom for all to worship, live, believe, and speak as they wish; compromise is, as the saying goes, a necessary evil. But when you compromise with the evils of the world, you get cracks. Or as Edi Rama said, "Compromise in colors is grey."[13] To me, this says that with grey, there is no universal absolute. Morality, ethics, and truth all become a pluralistic blend. But we can hold onto this truth: "The light shines in the darkness, and the darkness has not overcome it."[14]

Americans have always been, and I hope we still are, an innovative, proud, tough, valiant, blessed, generous, and, at times, patriotic people, but we are sometimes slow to fully comprehend the truth of our founding principles, understanding that America's founding ideals and documents were God-inspired, and living up to our commission as written in the Constitution and given by God: a land of freedom, life, and liberty, and that all men are created equal.

We (the United States of America) might very well be the most blessed Gentile nation in history, and second only to God's promised land for His chosen people of Israel; however, blessings, just like freedoms and liberties, always come at a cost — a price must be paid by each generation in order to secure these natural and unalienable rights not granted by men but which some men do seek to steal, and then rule with control over other men like a god. This is not to say that governments should not exist or that man should not be placed into positions of great power and authority or that citizens should not incorporate laws by which society adheres to for a sense of temporary security, protection, and/or "peace" to live their lives in freedom and with liberty; these are necessary so that all those living under such can feel a sense of earthly safety and to help control the sinful nature of man within that society. "Men by their constitutions are naturally

> ***We must... have a bit of a true understanding of the roots to comprehend... the importance... of the trunk... and how we balance upon the branches, and can... properly test and verify the fruit being produced.***

divided…"[15] and as such, men require a social covenant to help subdue their sin nature, especially when living among such diverse groups, beliefs, and religions. But these rules and laws put in place by governmental powers can only be effective and just if implemented in the vine of morality. This vine of morality must be rooted in a foundation of truth — an everlasting, absolute truth — or the fruit of this vine will begin to rot through malnutrition, ignorance, illegitimate small compromises, and a faulty and fluctuating foundation blown in every direction (the winds of that day, of that generation, will direct the course and vibrancy of the roots, not the sustenance of absolute truth or true morality).

I think I must add another disclaimer here: Before we go any further, I want you to know that this is not necessarily a religious book, even though God and some religious history and information are mentioned throughout; this book is about America, with a brief insight into the American government, its founding and reasoning, and the all-important but little-known formula that makes up the structure of this inspired, blessed, prosperous, and most free nation in history.

We must, even if just slightly, have a bit of a true understanding of the roots to comprehend and appreciate the importance and strength of the trunk, so we might then better understand the power we have and how we balance upon the branches and can, then, properly test and verify the fruit being produced. All of this also requires a little history of true beginnings and faith — that overused, misunderstood, often generalized, and falsified word, which is often used in this world to manipulate and deceive: Faith.

So, let us take a brief moment to discuss this concept of "faith" a little further, since it is an important thing to understand and since we hear it all the time in political debates in this country.

Faith is trust; it is confidence. Faith is confidence and complete trust in someone or something. Some people put their faith in a political party; some people put their faith in a religious tradition of man; some people put their faith in faulty humans; some people put their faith in science, which simply means knowledge — an ever-expanding, ever-correcting itself, ever-changing compilation of knowledge; some people put their faith in governments. True faith, as I see it, is sole and complete trust and confidence, and it is where our hope lies; true faith in man is already doomed, for man will fail; man is not faultless.

In the religious sense, true faith is when you put your full and complete trust in God and you are confident in His Word — that He will do what He says. For Christians, faith is also believing in Jesus Christ as Lord and Savior. Without faith in Jesus (complete trust in Jesus to atone for your sins and confidence in His sacrifice to save you), you are not a child of God; you are still a child of this world, a child of Satan.

In the worldly sense (when I say worldly, I mean apart from God, not believing in or abiding by Him or His Word — the Bible), faith is a belief in something when there is no proof; it is holding to one's promises, to their word; it is to state that one claims to be a person of any number of religious convictions, whether that religion be true or those convictions be sincere is most often irrelevant in this claim of "faith" — to claim to have faith is all that matters in the sense of political manipulation.

It takes faith to hold to absolute, unchanging truth in morality. Morality, as I state in my book *Destiny: Rich or Poor, Life or Death, Choose Your Destiny*, "...is the doctrine by which we conform our life, our ideals, our beliefs, our ideas of what is actually right or wrong." Morals, as we have been taught, are what we think is right and wrong, individually. This morality requires virtue, which is "the way in which we behave when it comes to our view of what is right and what is wrong."[16] Our virtue requires us to have the freedom to choose to live out such a life.

Freedom is the root, virtue is the fruit, and faith is the nutrient.

Stay with me, and all this will begin to fit together and make sense.

Remember, we write and we read for both entertainment and knowledge. And "The goal of education is the advancement of knowledge and the dissemination of truth."[17]

This book, I pray and hope, will help open your eyes to a new perspective, one of truth, one of facts, one of faith, and one of a better understanding of our great Republic and to the inspired formula of which our Constitutional Republic was also built upon.

> *Freedom is the root, virtue is the fruit, and faith is the nutrient.*

"If a nation expects to be ignorant and free, in a state of civilization, it expects what never was and never will be."[18]

I also hope this book inspires you to further your own research and learning into our fascinating founding, operation, and true process. I greatly do hope that your research and learning do not stop here. I know I repeat this, but I feel this must be repeated because it is absolutely important. I hope you continue to research, read, and learn to help rightly teach the next generation as well.

"America's future will be determined by the home and the school. The child becomes largely what he is taught; hence we must watch what we teach, and how we live."[19]

I encourage you to read more, find more, learn more, speak more, write more, and teach more than I have or ever could. We build upon each other. As the saying goes: you don't always need to reinvent the wheel; sometimes you just need to stand on the shoulders of giants.

We have a common thread by which we can stitch our great nation back together, but we must first all embrace our unified heritage and be proud to be American first.

CHAPTER 6

Amnestic History

"Religion, morality, and knowledge, being necessary to a good government and the happiness of mankind, schools and the means of education shall be forever encouraged."[1]

The Northwest Ordinance, signed by many Founding Fathers, including George Washington.

History never interested me as a child. I was like most kids, interested only in fun — games, sports, and other classes that interested me, like electives and the arts; but history did not seem that important. I mean, it was in the past, and we live in the present while looking forward to the future. Why look back? Little did I understand how important history truly was and is.

Without some truthful knowledge of the past, our current understanding is flawed and can become ignorantly destructive. Remember the time from the years of 2020 to 2022 when a certain group that was known as "mostly peaceful" destroyed public, governmental, and private property, and some of it was built by and in honor of the very thing that the group stated it supported. That is dangerously ignorant, destructive behavior. As I write in another book of mine, "...there is the thesis, antithesis, and the synthesis. The thesis is, as they called it, 'what/how it is now'; the antithesis is 'what they (someone or something else) want it to be'; and the synthesis is 'the change.' In other words, there is a small, seemingly inconsequential or very minor compromise between what/how it is (the thesis) and what they want it to be (the antithesis) which then becomes the synthesis — the change, the soon to be accepted as 'new normal.' Then the process begins again: the 'new normal' is now the thesis, there is another small compromise with the antithesis, which is now another synthesis, and, again, the soon to be accepted as 'new normal.' Then the process repeats, again. Soon, people do not even remember or know what the established thesis was nor do they seem to care, so long as they are conformable with the 'new normal.' Do these enough times (thesis compromising with antithesis producing synthesis) through enough generations and the antithesis is now fully the thesis and what was once the thesis is buried six-feet under."[2]

My father and brother, however, were big history buffs. I did not become interested in learning about history, even American history, until adulthood, after I began voting in our elections, having a say in the future of my country, and seeing the indisputable proof of the decline of what American values and morals were from even when I was young through adulthood.

It is amazing how many freedoms we have traded for a false sense of security from the very "brother" helping to cause some of the same need for this feeling of security. Generations before me traded liberty for safety, and even more since then have been disappearing.

I, like most people on many subjects, just learned what I was told to learn to pass a certain subject, move up to the next grade, and pass school, and to appear intelligent according to national and state standards, without ever truly questioning anything or thinking critically about the subjects being taught. Don't get me wrong; school is very important, but there is too much history for the very short time available to teach about it; therefore, whoever or whatever organization that is in charge of determining what is important to know picks what will be taught, how much of it will be taught, and the moral or ethical lesson to be learned from what is taught. Talk about swaying opinions and dictating control over the next generation. Then again, someone has to do it, right?

For example, did you know that Apollo 11 was not the first space mission to orbit the moon? It was the first lunar mission to land on the moon, and it was a great feat for America to beat every other country in the world to be the first nation to land on the moon, but even Apollo 11 has an interesting bit of American history that, for political reasons, was never publicly aired, and it was not entered into American history books by "the powers that be" in charge of creating the standards by which we define educational intelligence in the children and what is important in order to understand the American ideals and values in the public schools. So, what is that part of American history that was censored and thus

> *The very thing that allowed this great nation to be sought out and the foundation for the freest, most prosperous, most sought-after land... was now being silenced.*

eliminated from the public's knowledge?

Apollo 8 was the first American lunar mission to orbit the moon. But have you ever been taught about what NASA and these brave astronauts did while in orbit? Being such a momentous occasion in history, especially for scientific advancement, you would think it would at least be mentioned in education. So, we will learn a bit about it here. I think it is important and speaks volumes about the America that was when liberty and freedom were highly cherished.

This mission — Apollo 8 — took place during the Christmas season of 1968. NASA, along with the support of the astronauts on Apollo 8 — William Anders, Jim Lovell, and Frank Borman — did a live broadcast showing video of the Earth and the moon while they read from the first ten verses of the book of Genesis, chapter 1, from the Holy Bible. This was broadcasted to the entire world, where it was estimated that about one billion people watched and heard the Scriptures being read. I have even read, and it has been confirmed, that the United States Post Office even created a commemorative stamp of this occasion with "In the beginning God," the first four words of Genesis chapter 1, written on the stamp. Of course, like clockwork in recent decades, one person took offense to this, the mention of God, and like we have seen many times in recent years, "screamed the loudest" and made this true part of American history disappear. Although the Supreme Court ruled against this person's case, the political damage was done, and NASA, not wanting any further negative news, even though NASA was completely and constitutionally in the right with what they did, decided to not broadcast part of the next major event of American history when it came to space exploration and travel. As we have discussed and you can easily find through research, the very thing that allowed this great nation to be sought out and the foundation for the freest, most prosperous, most sought-after land of Life, Liberty, and the pursuit of Happiness was now being silenced.

Anyway, when Apollo 11 reached the moon, just after the Eagle lunar lander touched down, Buzz Aldrin, with the permission of NASA, took a solemn moment to speak to the world — although this part of the transmission was not publicly broadcasted due to the aforementioned reason — and read from John 15:5 from the Holy Bible: "As Jesus said: 'I am the vine, you are the branches. Whoever remains in me, and I in Him, will bear much fruit; for you can do nothing without me.'" He then took communion, also known as the Holy Communion or the Lord's Supper. In an interview many years later, Aldrin said, "It was interesting to think that the very first liquid ever poured on the moon, and the first food eaten there, were communion elements." The very first thing done on the moon was a celebration to God and an expression of God's love for His people. The broken body of Jesus (the bread) and the blood of Jesus (the cup of wine or juice), which represents his shed blood for our sins — those who accept Jesus as Lord and Savior are therefore a part of "His People." When Apollo 11 was heading back home after the mission, Buzz Aldrin read another verse from the Holy Bible, Psalm 8:3-4, which read, "When I consider thy heavens, the work of thy fingers, the moon and the stars, which thou has ordained; What is man that thou are mindful of him? And the Son of Man, that thou visitest Him?" Truly historic moments in American history that were, sadly and unconstitutionally canceled due to political (the O'Hair lawsuit) and other reasons.[3,4,5]

History is important. As the saying goes, "A nation that forgets its past can function no better than an individual with amnesia."[6]

When the citizens of a nation are tricked and/or encouraged to forget their history, they then raise an ignorant and apathetic generation whose knowledge is lacking, understanding is minimal, and views are more atheistic and whose concern lies more in feelings than reality and a perceived safety of personal materialistic things rather than in a character of morality and any sense of absolute moral views. Truth then becomes pluralistic, entitlement is the new equity, and confusion hides anxiety's root. Then those who seek destruction can more easily indoctrinate the youth into tearing down their own forgotten history, embracing the very things their ancestors fought against, which stranglehold liberty, and live licentiously, so long as the ends justify the means. It can happen to us all; it has happened in the past; it currently occurs in the present.

History is chock-full of wicked people, evil hearts, power-hungry, ambitious dictators, tyrants, despots, and pure wicked rulers getting rich off the backs of those they are commissioned to serve, bringing both physical and spiritual revolutions upon themselves and thus losing some, if not all, of their grip on power and control. They are truly their own worst enemy. History, thank goodness, is also full of good, valiant, righteous, just, kind, and selfless people willing to sacrifice their own wealth, be vilified, and give their very lives while seeking freedom and ways to help those in need. History eventually reveals the true integrity of people — integrity is most often known as doing the right thing even when no one is watching. History will eventually reveal the true reasons for the stripping of freedoms and liberty: control and power.

Control has always been the goal of the wicked; control has always been the goal of kings; control has always been the goal of governments; control is a part of human nature. We can read of countless times when a party, person, or group of people took over, especially in seizing the power over a government and went rogue, oppressing citizens' rights, subverting the laws (usually because those in power viewed themselves as above the law — "rules for thee, not for me" type thinking), and, eventually, bringing their "empire" and the nation they were to serve down. Through these times, we can see that those civilizations became ruled over through judicial tyranny, as we would know it today. It's been more rampant in recent times in even the freest nation in history. Most citizens living in America, I think, would agree, but for differing reasons and through different lenses: political and ideological. Some believe that the path we have taken is a correction to the oppressive, inherently racist and supremacist, anti-liberty, and anti-free plutocracy of a nation that our "racist" ancestors forced upon the world. This is often a justification for the removal of individual liberty and freedoms. As I say in my award-winning poem book *AMERICA Then and Now: a poem by Josh C. Jones*, "Because God-given is null if God there not be."[7] Without the concept of God, then unalienable rights become privileges granted by man — government. Some believe that the path we have taken has been slowly forged through decades of corruption (that is, amoral, unconstitutional, communistic, and socialistic ideologies) seeping into our governments and institutions and eroding the truth of American history through erasure, cancelation, indoctrination, propaganda, and entitled greed. Still, there are others who might not care, so long as they feel as if they are

> *The games may have changed, but the stadiums remain.*

left alone, like King Hezekiah, who showed a complete lack of concern or care for the future generations of his people or the future of his nation so long as he had what he perceived as peace and security for himself during his lifetime.[8]

In fact, real-life history can sometimes read like a fictional story of trial, tribulation, evil, oppression, awakening, revival, and a hero arriving while we are on the edge of our seats just about to give up. It is sometimes fascinating to read. Real-life history can sometimes also read like a perpetual cycle. Question the truth; justify the means to the gain; "acquit the guilty and condemn the innocent";[9] tear down and rewrite history; entertain the masses: "Give them bread and circuses and they will never revolt."[10] The games may have changed, but the stadiums remain.

I read a blog that stated a great point about the cycle of civilizations and how the wicked tend to seep into the system and tear it down from the inside. Much like what I wrote above, they begin with questioning the truth, which is soon forgotten, kind of like what I mention in another book with the "new normal" and death by a thousand cuts. This blog, however, broke down the cycles of the rise and fall of civilizations this way, and I think, based on research and history, that it sums up the American nation well: Bondage to spiritual growth, spiritual growth to great courage, courage to liberty, liberty to abundance, abundance to complacency, complacency to apathy, apathy to dependence, dependence to bondage.[11] We began fleeing bondage and seeking a land of religious freedom to read the Bible and to know God (personal spiritual growth). We developed great courage to sacrifice all — wealth, family, our very lives — for this idea of Liberty. Through the American ideals, the foundation of religion, and the courage to sacrifice, we became a land of abundance. Eventually we grew entitled, believing with this abundance no work or sacrifice was required to preserve freedom and Liberty — they became foreign to us. Our apathy for truth and reality grew as the very threats we sacrificed to defeat crept back in.

> *We are prideful of our intellectual status; we are deceitful in "our truth"; we are our own false idols and we have become our own gods.*

We then became dependent upon the big government that became the very concern of threat espoused by our Founders. And now, we live in subservience and dependence on those who were supposed to serve us, and we are enslaved to the very institution that was intended to serve us, but instead, it has turned us back into the slaves we once tried to free.

The times, technology, and meanings (or understanding) of words may change, but the methods are often repeated, especially when it comes to governments, civilizations, and good versus evil.

This is often why it can, sometimes, be so easy

to fall into the snares of the enemy: we have seen it before, and, sometimes, we arrogantly will not believe that it could very well happen again. In the information age, we are the most enlightened and brilliant people, or so we pridefully believe. We can look up any bit of information at almost any moment, but what do we actually learn? What do we actually believe? What do we truly know? We are, as I say in "Episode 002: Focused or Blinded (who is the enemy?)," in my podcast *From My Standpoint,* "We are [too] vigilant, we are [too] intelligent, we are [too] smart and too cunning to be duped." In fact, in our modern age, "... all of us...live in the digital age where we have all the information known to mankind at our fingertips at any given moment. We are the most informed generation to date. We know all the tricks, and we would see the enemy coming from miles away."[12] We are prideful of our intellectual status; we are deceitful in "our truth"; we are our own false idols, and we have become our own gods. "It could never happen on my watch, in my little world, and while I'm so intellectually educated," is what we often think and tell ourselves. As I say, "'death by a thousand cuts'; in this, liberties and freedoms are eroded slowly over a long, long period of time, and this is often done with intent."[13]

"He who learns but does not think is lost! He who thinks but does not learn is in great danger."[14]

Have you ever wondered why we are often taught

to repeat but not to question, and to learn "what" but not "why" or "how," with so many historical moments and political issues? Have you wondered why we are being conditioned to think about what we are told ("to have in the mind," "to meditate on"[15]) but not to truly learn why we are being told?

I have heard it put this way: knowledge is knowing something like the Holocaust has happened; education is knowing why it happened.

As quoted from the documentary *The Last Days*, "People wonder how is it that we didn't do something. We didn't run away. We didn't hide. Well, things didn't happen at once. Things happened very slowly. So, each time a new law came out, or a restriction, we said, 'Well, just another thing. It'll blow over.'"[16]

As we have learned, the Jews and those witnessing and living through the horrors of what happened by the Nazis (Jewish people, Christians, Germans, Masons) and those who went along to get along in Germany and elsewhere were not all ignorant of what was occurring; some were also slaves to their need for self-preservation. It was a conspiracy theory about babies being torn apart, their own leaders and media spreading misinformation and propaganda, political powers literally and figuratively assassinating their political opponents, their government tracking and murdering Jews, until the same government held enough power to force them to wear the yellow stars and show papers to travel or do business, then their façade of justification for self-preservation began to lift.

The problem is not always the people, though "we the people" are often the ones obliging this wickedness, this problem, through ignorance, small compromises, apathy, and political and selfish justifications — sometimes the "W" overshadows all, and sometimes we hold onto the "if it doesn't personally affect me, then I don't care" attitude. The problem, I think, most often is those who choose to be wicked and corrupt and who seek that power and control. In all situations, we may not always be aware of their true intentions, and we might very well be manipulated and tricked into handing some power over to them, and sometimes we might be fooled by them enough to justify sinking our own vessel; but we always have a choice to remain obedient, even when we know something is wrong, and we have a choice to exercise our freedom and liberty to ask questions, preach the Truth, and stand firm in what we know is right. However, the latter would require a break in the chains of fear, ignorance and bondage in knowledge, wisdom, and understanding. The root of judicial tyranny are the hearts of those seeking domination (power and control), and the nutrient is

> ***The real battle for the average citizen is the battle between truth and lies.***

both the false ideologies they have given their hearts to and the people who continue to willingly, blindly, and/or selfishly, hand them that opportunity and power. Ignorance, apathy, hate, confusion, laziness, self-preservation, are all examples of how and why we can continue to compromise and strengthen evil. "The function of wisdom is to discriminate between good and evil."[17] But the real battle for the average citizen is the battle between truth and lies.

To those seeking ultimate power, a religious belief in one who is the King of kings (that is, one who rules over even the kings of the earth) is a threat. As I said, "God-given is null if God there not be."[18] Thus, this is a big and logical reason, I believe, for the historical persecution of the Church and religious believers and the need to erase, tear down, rewrite, and indoctrinate for the corruption of truth and history. Samuel Butler says it well: "God cannot alter the past, though historians can."[19]

As history will and does reveal, America's Founding Fathers' beliefs and values for the sacredness of human life, freedom and liberty for the captives, and understanding that freedom is not free were influenced by the Bible. Without God, man rules, and when man rules, absolutes such as unalienable natural rights to Life and Liberty become temporary as granted by the new god — man.

The documents protect citizens rights divinely;

Man cannot revoke these rights bestowed thee.

For if given from God, then not humanly;

If from God, then no man can revoke thee;

But if from government, then subserviently,

The people would no longer be free.[20]

This is not to single out one religion or religious' sect of people over another, for we can see different levels and types of persecution amongst all religions and religious sects at different points in world history — "the heart is deceitful [wicked] above all things and beyond cure."[21] Man can be cruel, and religion can easily be used to control and gain power. As Scott Derrickson said, "If you look at life with any honesty and intelligence, it's clear that human nature is dark, vile, selfish, and despondent." But there is hope, because there is relationship, not religion, that can change everything. Scott Derrickson finishes his quote: "But I also see a force in human nature, namely grace, that sometimes works against our natural moral entropy."[22]

However, for the purposes of this book, being that it is about America — the United States of America, specifically — we will focus on the religion and religious sect that made the settling of this continent a necessity for religious freedom and the founding of this country based on such religious beliefs. Their search for the freedom to worship apart from the rules and traditions of man, their belief that all have the right to read the Bible and have that personal relationship with God, and their desire to find a land of true liberty without political, governmental, and religious persecution (this included atheistic and agnostic beliefs, which are themselves a form of religious belief), was a leading cause in the separation from the Catholic church and the oppression of Christians around the world to first seek such a land of liberty and to traverse this dangerous and unknown world, undertaking an unpredictable journey, leaving their friends, family, and home country's behind, being so bold and courageous to risk everything.

But to understand why such a journey was required, let us go back a little further in history to, hopefully, better understand the movement that led to our ancestors seeking our great land and the beginning of our governmental documents, those founding documents of America. As Thomas Jefferson asked, "…can the liberties of a nation be thought secure when we have removed their only firm basis, a conviction in the minds of the people that these liberties are the gift of God?"[23]

CHAPTER 7

Why America? (the roots begin)

"A simple way to take measure of a country is to look at how many want in.. and how many want out."[1,2]

I f we remember the teachings that should have occurred from our history classes — or independent learning if the prior dropped the ball — the Roman Empire was the government in control at the time of Jesus' teachings, and it was during this empire's reign that the newly formed title of "Christian" saw its beginning and its followers saw their first persecution as Christians. As it states in John 15:18, "If the world hates you, keep in mind that it hated me first."[3] Remember, Herod, the king in power when Jesus was born, hated Him even while Jesus was still in the womb, and, when he heard of a King being born, he gave the mandate (order) for the mass murder of all children two years old and younger in an attempt to cancel culture — in this case, Jesus; Christianity. But why? Fear of losing control and power. As we discussed in the previous chapter, control has always been the goal of the wicked; control has always been the goal of kings of this earth.

During these times, the Roman Empire, much like the current United States of America, did allow all peoples of all religions, within their borders, the freedom to worship as they chose (freedom of religion); however, there was one exception (unlike in America, where its founding was on liberty and its supreme Law of the Land, which restricted government from infringing, encroaching, or suppressing religion): in the Roman Empire, all peoples, regardless of religious affiliation, were required to also show worship to their earthly ruler — the self-proclaimed deity of Caesar. Here we once again see God removed and man take the place of God.

The word "worship," in case someone might not understand it (at least as far as I understand it), means more than to "regard with great...respect, honor, or devotion,"[4] and more than "ceremonies, prayers, or other religious forms by which this love is expressed." The word worship comes from the Hebrew word "shachah,"[5] which means so much more. It is often difficult, time-consuming, and, sometimes, a little confusing to research the original words and their meanings in order to find the truth in their intentions (or, in this case, their definitions), but it helps to better understand the cultures of the past. I have found that the definitions and meanings of words sometimes change as governments grow and political influence dictates. It is sometimes difficult, time-consuming, and confusing to research context, which is another reason so many have a false idea of our founding and of history itself. But when we do research, we can see the reason for Christians, also known as "believers," and Jews to not worship idols (that is, anything one puts above God) — that is, to not worship anything or anyone other than God: Yahweh (the Hebrew spelling is YHWH).

For most people, this act of worship toward a

human being as a god or god-like figure (the bowing down and worshiping of Caesar) seemed to be an acceptable compromise because they either were not true believers of their chosen religion or they were so accustomed to the accepting of all "truths" and all gods that no one truth was truly truth, and this was just another formality in their daily life in order to live, work, participate in commerce, or anything in that culture and in that society. Appease the crocodile. However, "...every lesson in history tells us that the greater risk lies in appeasement..."[6] for "appeasement only makes the aggressor more aggressive."[7]

To the Christians, this was detestable to God; that is, making sacrifices to false gods and worshiping idols, of which Caesar had made himself.

> *God needed to be eradicated and replaced.*

"You see this in the worst of dictators...they set themselves up to be idols. They want more than power; they want to be worshiped."[8]

As time and persecution went on, tyrants became more and more outraged and obsessed with those that would not kneel before them or their cause and hostile toward those that would not just obey but would, instead, stand firm against persecution, judicial tyranny, and wickedness.

A man named Nero eventually became Emperor of Rome, and, during this time, he quickly and falsely blamed the Christians for the Great Fire of Rome, which is said to be the beginning of centuries of persecution for the Christians (though we know the persecution started before that). The fire was real, but the blame was a hoax perfectly timed for political assassination of spiritual and earthly opposition. The Christians, due to their beliefs, became such an opposition to the control and power that man held over other men that the Christians and the message of The Good News became a target and needed to be disposed of — God needed to be eradicated and replaced. Nero went so far as to stamp out Christians, those that stood in the way of his tyranny, that he even had them torn to pieces by animals. He did not stop there, though. He found even more inhumane and torturous ways to silence and eliminate these "radicals" from the potential threat to his power and control. Nero even had Christians burned alive, using them as screaming torches in the night.[9]

Then there was another man, named Pliny the Younger, who, upon first meeting Christians, was said to be unsure about them, but like all oppressors, wicked rulers, and tyrants, he was not shy about silencing his opposition — in this case, the Christian — to hold on to his power and to appease the customs of the world at that time.

In his famous letter to Trajan, he asked for guidance on how to handle the Christians. This seemed like a political and goodwill gesture of unity through the desire for understanding, on the surface at least. Pliny the Younger, however, seemed content to execute any believer who did not deny Jesus Christ, offer worship to Caesar, and accept the gods of the world. As he writes in this letter, "...in the case of those who were denounced to me as Christians, I have observed the following procedure: I interrogated these as to whether they were Christians; those who confessed I interrogated a second and a third time, threatening them with punishment; those who persisted I ordered executed... Those who denied that they were or had been Christians, when they invoked the gods in words dictated by me, offered prayer with incense and wine to your image, which I had ordered to be brought for this purpose together with statues of the gods, and moreover cursed Christ — none of which those who are really Christians, it is said, can be forced to do — these I thought should be discharged. Others... declared that they were Christians, but then denied it... They all worshiped your image and the statues of the gods, and cursed Christ. They asserted... their fault or error had been...to meet on a fixed day... sing... a hymn to Christ as to a god, and... by oath... not to commit fraud, theft, or adultery, not falsify their trust... even this, they affirmed, they had ceased to do after my edict...in accordance with your instructions... For the contagion of this superstition has spread... But it seems possible to check and cure it."[10]

Christianity was a contagion spreading across the empire and threatening the power and control of man. Its etiology was Jesus Christ. Etiology is just a fancy word meaning the cause or origin of a disease. To secure power and control, to secure the reign of man on this earth, to secure the deifying of man, the disease of Christianity needed to be contained and its origin needed to be eradicated.

This was the beginning of Christianity. Fast forward, and we see many similar rulings throughout history.

It was through such oppressive, persecutive times from anti-religious, anti-freedom, tyrannical rulers and governments that Christians (a later sect became also known as Puritans and Separatists in history) searched for a land of freedom and liberty and truly began to form the ideas for a form of government that would allow them, and all people, the freedom to read and preach the Bible, worship God, and teach biblical principles — one being the divine right by God to life and liberty. Their desire may have been toward freedom to understand and build a personal relationship with God apart from persecution and the mandates of the government-run religion, but it also applied to all peoples and all religions.

The ruling powers — kings, monarchs, and governments — used to, and in some countries they still do today, rule over the Church, thus eliminating any true semblance of freedom of religion, of liberty, or true obedience or devotion to God. Some even still go so far as to ban certain religions and religious practices through force and threats of severe punishment, imprisonment, and even death. Often, these tyrannical people and governments do this under the guise of "it's not personal" and "it's for the greater good," but in reality, it is most often done to keep control and power.

One of the best sayings on this topic that I heard over the years was this: Unchecked, tyranny spreads, power corrupts, and absolute power corrupts absolutely.

Throughout history, political tyrants and corrupted people gained and held power over their citizens, not by "divine right" or true leadership, but by keeping people ignorant of the Bible, ignorant of their own civil laws and policies, through fear, and through tyranny — using fear and ignorance to control the Church through wicked and tyrannical means, thus controlling the people. They used their governments to take power and suppress God and the people. Religion was corrupted through the politics of government. No longer was man to have a personal relationship with God; man was only "good" insofar as he adhered to the religion of man as dictated

The church became just another extension... of man.

by a human pontiff or group of people acting as the religious governing force.

They intended, knowingly or unknowingly, to break the bond between God and man.

"We hold these truths to be self-evident, that all men are created equal, that they are endowed by their Creator with certain unalienable Rights, that among these are Life, Liberty and the pursuit of Happiness."[11]

God-given rights of Life, Liberty, and the pursuit of Happiness, and the God-given teaching and belief that all men are created equal. Remember, "God-given is null if God there not be."[12]

As I will mention in a later chapter as well, liberty is the responsible use of freedom. Thomas Jefferson said, "Rightful liberty is unobstructed action according to our will within limits drawn around us by the equal rights of others. I do not add 'within the limits of the law' because law is often but the tyrant's will, and always so when it violates the rights of the individual."[13]

For example, the Church of England was a creation of the state, the ruling powers in their government at that time, and as such, determined that the Church existed by the permission of the government. Through judicial tyranny, by the corrupt in power, tolerated by ignorance, apathy, and fear from the people, the church became just another extension of an overreaching, politically corrupt government of man. Through this corruption of religion, by what we would call political elites, rules and laws were established that not only restricted religious practices but would punish any citizen caught with a Bible or building that personal relationship with God outside of the sanctioned mediator that was the government-controlled Church.

By controlling the education of the people, both academically and spiritually, they were able to subjugate the people through biblical ignorance and a complete lack of knowledge of Jesus, God's grace, and the people's natural and divine right to life and liberty, not to mention the comprehension and understanding of any civics of the land. In other words, they kept the people, as the saying goes, "educated just enough to believe what they were taught, but uneducated enough to not question what they were taught." Ignorance is bliss, until you need that information to live a Godly life, and one in which freedom and liberty are to be cherished. These dictators, these tyrants (some who could also be known as false shepherds), willfully and knowingly kept the people under them educated just enough to accept subjugation and to obey the sound of a false gospel of "divine rights," servitude, and religious rules of salvation and submission, yet ignorant of the truth and the true nature of their identity — that there was no "divine right of kings" but all were created in the image of God, and all are equal in God's eyes, even though we all have the right to make that personal choice and not everyone will be a part of "His people."

In the mid-1500s, Queen Elizabeth established the Act of Uniformity, which required every citizen to attend the prescribed church of the state (the Church of England, which she controlled); the people were forced, by mandate, to attend under penalty of a large fine. This Act also established a prescribed order of prayer that the Church and the people had to follow. Years later, Queen Elizabeth passed a law that not just fined people but made it a treasonable offense to worship anywhere except through the forced attendance at the prescribed government church.[14]

I have read that she claimed, "I never had any meaning or intent that subjects should be troubled or molested by examination or inquisition in any matter either of their faith or for that matters of ceremonies, as long as they shall in their outward conversation show themselves quiet and not manifestly repugnant to the laws of the realm."[15]

Some historians claim that this and her actions showed her support for tolerance and religious freedoms; however, many historians, and I agree with them, believe that, based on historical evidence and reasoning, and her actions and rules, this was only partially true — yes, she was tolerant of the Puritans and Church and religious peoples and sects, but only so long as they obeyed her rulings, opinions, and mandates of what she thought would keep holiness and control in the Church and people. This sounded familiar to the religious "tolerance" of Rome. And, as I say in my book *Volume II: Your Foundation In Action*, "It is true that the truth is true, but truth that true is not always truth."[16] I speak more on tolerance and truth in that book as well.

In 1593, under Queen Elizabeth, Parliament passed the Act Against Puritans, which forced people — most importantly, this Act was aimed at the Puritans who were seeking religious freedom — to conform to her state/government-sanctioned Church (the Church of England), or they would be forced to forfeit their property and any wealth they may have held, and they would face either banishment, imprisonment, or death.[17]

These same tyrannical dictates came from other rulers and other governmental systems that the Puritans fled to, such as the rule under King James of Scotland.

Ultimately, these tribulations — long battles with tyranny and corrupt powers — helped fuel the Puritans search for a new land where they could be free to worship God, read and preach the Word, and live free from political tyranny; a land where they could find freedom to Life, Liberty and the pursuit of Happiness.

As David Barton writes in *The Founders' Bible*, "Think of this: all your life you have been told by others what the Lord said, and yet countless atrocities had been perpetrated in His Name. Now you have the chance to know Him for yourself, to read His very Word as if it was a fresh love letter written directly to you."[18] The very same can be said about the Constitution and our God-given natural rights: All your life you have been told by the government and their officials and educators what the Constitution said and what your rights were and were not, and yet countless atrocities had been perpetrated in the name of the "public good" and "political correctness" and political elitism and perceived safety.

History is evident with the people being conditioned through this type of propaganda by an overreaching, tyrannical-type government, or governmental head, and through the silencing of any voice or information of opposition to their grasp of power and control. The citizens of any nation must unite in their voice for freedom, even if that voice of information is in opposition to yours. That is the truth of the reasoning of freedom of speech; anything less is not much more than an act of feeling and the fear of losing power

> *Tyranny kept the subjects ignorant and controlled and divided... in the past; apathy keeps us ignorant and controlled and divided now.*

and control. In fact, even the vilest of men can still speak a true statement every now and then, as Adolf Hitler, whose own political intellect, coupled with his closest advisors and funneled through the media (mainstream news, film, and radio), greatly influenced the feelings, thoughts, actions, and political support of the individual as a mass to support his "fundamental change" to his country and his and his party's ability to gain power and remain in control, did in his book *Mein Kampf* when he wrote, "All propaganda must be popular and its intellectual level must be adjusted to the most limited intelligence among those it is addressed to... The art of propaganda lies in understanding the emotional ideas of the great masses... The fact that our bright boys do not understand this merely shows how mentally lazy and conceited they are.... The receptivity of the great masses is very limited, their intelligence is small, but their power of forgetting is enormous. In consequence of these facts, all effective propaganda must be limited to a very few points... for the crowd can neither digest nor retain the material offered.... The function of propaganda is, for example, not to weigh and ponder the rights of different people, but exclusively to emphasize the one right which it has set out to argue for. Its task is not to make an objective study of the truth... its task is to serve our own right, always and unflinchingly." In other words, "propaganda must appeal to the feelings of the public rather than to their reasoning power."[19]

And Harry Truman rightly stated, "Once a government is committed to the principle of silencing the voice of opposition, it has only one way to go, and that is down the path of increasingly repressive measures, until it becomes a source of terror to all its citizens and creates a country where everyone lives in fear."[20]

You have the right and the opportunity to do your own research and reading of the Constitution, and if you are a legal citizen of the United States of America, it is your duty to read and research the Constitution in order to help uphold freedom and ensure liberty remains in your lifetime and for the next generation; yet, it would seem most have never read it, many care not about it, and even less study it.

Tyranny kept the subjects ignorant and controlled and divided in America in the past; apathy keeps us ignorant and controlled and divided now. If you do not know your rights, then they are easy to take, and those that take your freedom, most often, will not willingly return them.

CHAPTER 8

The Serpent's Head

"The foundation of our Empire was not laid in the gloomy age of Ignorance and Superstition, but at an Epocha when the rights of mankind were better understood and more clearly defined...and above all, the pure and benign light of Revelation [the Bible], have had ameliorating influence on mankind and increased the blessings of Society. At this auspicious period, the United States came into existence as a Nation, and if their Citizens should not be completely free and happy, the fault will be intirely their own."[1,2]

Among the most significant contributions to the founding of the United States of America (America for short) and to what is known as the American experience was, as George Washington, America's first president and revolutionary war hero, identified, the Bible. It is a fact that the colonists who became the biggest champions for independence before and during the Revolutionary Era were educated and well-versed in Scripture and that the Bible was still a forbidden book to be printed in the new colonies.

Before the Revolutionary War, it was forbidden by the king of Great Britain for the Holy Bible to be published in America (that is, in the British colonies as they were known). It was not until after America won its independence (the very same freedom, Life, Liberty and pursuit of Happiness, both religiously and politically, that the Separatists and Puritans and most settlers were seeking) that the first Bible was published in America. In 1782, one of the first acts of the first Congress was the commission of publishing the Holy Bible in these new and free colonies with the intention and purpose that all the people, all the citizens, could have free access to the Word of God — the religious freedom they sought for centuries. Our sixth president, John Quincy Adams, said, "The first and almost only book deserving of universal attention is the Bible. I speak as a man of the world...and I say to you, 'Search the Scriptures.'"[3]

To live a life worthy unto the Lord, you must first know the Lord and His commands (His teachings); to do this, it is best to develop a personal relationship with Him; this requires individual liberty, the freedom to choose for oneself, and a willingness to seek the truth — "seek and you will find."[4] And to live a life, you must first be allowed the opportunity to be born and live that life. And to have a place where we and our children can live with freedom, liberty, and the pursuit of happiness, we must first know why those values and ideals are so important and what the documents that allow us to live with such say about it.

Corrupt people were keeping their citizens in the dark, withholding biblical, civic, and proper academic education from them, keeping their subjects ignorant of their God-given natural rights of life and liberty, indoctrinated into the system that would allow those in power to continue to hold that power and control, and impoverished to the point of relying on the powers that be for sustenance, for life. Earthly kings and governments were the people's gods and saviors. They held the power to extinguish one's life on this earth or to save their earthly life, depending on that life's level of worth and worship toward them.

The people depended on the will of man to be the god of which grants them Life, Liberty, and the pursuit of Happiness as deemed and portioned by man — unnatural, transitory, and government-given. This is not freedom; this is not liberty; this is not the United States of America the Founders dreamed of, fought and sacrificed for, and built.

"Of all the dispositions and habits which lead to political prosperity, religion and morality are indispensable supports. In vain would that man claim the tribute of patriotism who should labor to subvert these great pillars of human happiness — these firmest props of the duties of men and citizens... Let it simply be asked, 'where is the security for property, for reputation, for life, if the sense of religious obligation desert the oaths which are the instruments of investigation in the courts of justice?' And let us with caution indulge the supposition that morality can be maintained without religion. Whatever may be conceded to the influence of refined education on minds of peculiar structure, reason and experience both forbid us to expect that national morality can prevail in exclusion of religious principle. It is substantially true that virtue or morality is a necessary spring of popular government. The rule indeed extends with more or less force to every species of free government. Who this is a sincere friend to it can look with indifference upon attempts to shake the foundation of the fabric?"[5]

"In vain would that man claim the tribute of patriotism who should labor to subvert these great pillars of human happiness…"

And the word patriotism, as it is known today, is defined as "love for or devotion to one's country." That's it. Just love or devotion for one's country. It doesn't define it much further than that anymore. It leaves it open for interpretation. This new definition is very inclusive. Those who love and are devoted to their country can be everyone: those who wish to see its founding remembered and its documents revered and America's founding ideals and values preserved, and those who do not like its founding and view its documents as outdated and in need of an overhaul and would "labor to subvert these great pillars of human happiness."

However, this word, patriotism, until recent decades, used to be clearly defined before it was changed to be more interpretive and inclusive. In 1828 and beyond, it was defined as "Love of one's country" — sounds familiar so far, but it continues — "the passion which aims to serve one's country, either in defending it from invasion, or protecting its rights and maintaining its laws and institutions in vigor and purity. Patriotism is the characteristic of a good citizen, the noblest passion that animates a man in the character of a citizen."

Patriotism used to be an action, not just a feeling or word, and it was an action to preserve the original founding documents (that is, the purity of the law of the land and the American values) and the ideals thereof. In other words, if one opposed or subverted those great pillars of human happiness, the founding ideals and values and documents — the true founding and the original documents — then that one would not be considered a patriot or holding any type of true patriotism.[6]

Judicial tyranny abounds where a person, or group of persons, sometimes unelected, takes the position of supreme judge over the land, over the people — when this happens, true liberty and freedom of religion will begin to erode. We will discuss this a little more later in this book, but the U.S. government was, in part, inspired and modeled after the wisdom granted to Jethro, Moses' father-in-law, as stated in Exodus 18:13-26 of the Holy Bible. Harry S. Truman, America's thirty-third President, stated, "The fundamental basis of this nation's laws was given to Moses on the Mount. The fundamental basis of our Bill of Rights comes from the teachings we get from Exodus and Saint Matthew, from Isaiah and Saint Paul...If we don't have a proper fundamental moral background, we will finally end up with a totalitarian government which does not believe in rights for anybody except the State!"[7]

> *Judicial tyranny was the serpent's head that sank its fangs deep into the lands, infecting the Church, poisoning religion, and swallowing the people whole.*

Judicial tyranny was the serpent's head that sank

its fangs deep into the lands, infecting the Church, poisoning religion, and swallowing the people whole; and it is this ugly beast that will, and is, rearing its evil head again.

John Adams, America's second president, stated that, "Our Constitution was made only for a moral and religious People."[8]

America's Founders believed that in order for a people, for a nation, to be governed justly and for liberty to prevail, it must be by the people, for the people, and the people must have their roots — a foundation — in an absolute. No absolute can or has ever come from man; an absolute moral foundation can only come from something or someone that never changes, that is eternal: God.

It takes virtue to have freedom, and it takes faith to have virtue, and it takes freedom to have faith.

Judicial tyranny is the wrecking ball to the Golden Triangle of Freedom upon which this great nation's (the United States of America) framework was established, and without this Golden Triangle, the whole Constitutional Republic crumbles.

The settlers understood this, and upon their arrival, they created something that "was unique in the history of the world" with the Mayflower Compact, which "founded a government on a covenant rather than by hereditary title. They created a limited, representative government, accountable to the rule of law and the people."[9] They, unknowingly, planted the seeds of freedom, Life, Liberty, and the pursuit of Happiness that would become the most inspired declaration and Constitution for the most unique nation in the world.

The Constitution of the United States of America is the social compact covenant that is the supreme Law of the Land. A social compact covenant, or law, as David Barton states, "are the laws governing a society that fall below the level of the Moral Law. The Moral Law is God's declaration of what is absolutely right and wrong [and the unalienable rights granted by God], but the Social Compact Law [covenant] is merely society's agreement upon what is relatively right and wrong... is what the Declaration of Independence recognizes as being enacted by 'the consent of the governed,' ... can only regulate those things that are not touched by any Moral Law."[10] Man, no matter how noble, cannot create a moral law, and it is even more difficult to justify any moral law by man when the same creator of that moral law adheres to a philosophy and belief of a pluralistic truth.

As it pertains to America, Thomas Jefferson stated in his letter to Abigail Adams, "Nothing in the Constitution has given them [the federal judges] a right to decide for the Executive more than the Executive to decide for them...The opinion which gives to the judges the right to decide what laws are constitutional and what not, not only for themselves, in their own sphere of action, but for the Legislature and Executive also in their spheres, would make the Judiciary a despotic branch."[11]

Our Constitution has strict clauses to provide checks and balances to help keep tyranny (especially judicial tyranny) from occurring; however, we have stepped far away from our founding documents and the inspired wisdom behind them, and we have allowed the very thing our Founders believed to be one of our biggest threats to the Republic they established and left in our hands to take root, which will choke the life out of this great Republic from the inside out.

We are letting pass through our hands the most bold, inspired and equal government of man.

Andrew Jackson, who was America's seventh president, said in his farewell address, "But you must remember, my fellow citizens, that eternal vigilance by the people is the price of liberty, and that you must pay the price if you wish to secure the blessing."[12] Freedom, Life, Liberty and the pursuit of Happiness are all blessings granted by God; they are some of the unalienable rights that man cannot take away…unless we the people reject God, His blessings, and willingly hand them over.

Due to our failings to hold on to such a gift, we are letting pass through our hands the most bold, inspired, and equal government of man, or, as documented by James McHenry, the famous quote from Benjamin Franklin, "a Republic, if you can keep it."

CHAPTER 9

Bitter Truth

"If American democracy is to remain the greatest hope of humanity, it must continue abundantly in the faith of the Bible."[1]

President Calvin Coolidge

It is hard to claim equality when people and groups are given special privileges, not because of exceptional work done or righteous and just achievements, but solely because of their class, race, gender, or political affiliation. We have had individuals in our past who attacked and treated others with little dignity, solely because of race, color, or gender, not character; we still now have individuals attacking and treating others with little dignity, solely because of race, color, or gender, not character. In each case, they got, and some still are getting, away with injustices because of their race, color, or gender. White attacks Black; Black attacks White; White attacks White; Black attacks Black; race attacks race; gender attacks gender; American attacks American; the list could go on. Granted, as I say in my book *From Blueprint to Reality: Hypothetical Foundations in Action*, "Privilege exists in all forms and for the benefit of all races…" and "our idea of privilege being right or wrong…is largely based on our foundation…and our perception of the truth."[2]

Have you ever wondered why we are encouraged to put some other name, any name, relating to our potential differences in front of our unified heritage of American?

Anyway, it is hard to claim what one is not walking in. Our founding documents, along with most of our Founding Fathers, are, and were, against such division, such tyranny, such oppression, such wickedness, and such destructive "-isms." Our founding documents were written based on the knowledge of biblical teachings and certain beliefs and experiences and historical knowledge (religious and political): the Bible, common law, the Enlightenment, and classical republicanism. Yet, compromise crept in with the hope of attaining "peace" (which was always to be temporary and conditional) and to keep the colonies together, to keep a union, to ease fears and tensions of further financial destruction beyond the economic damage incurred by the wars. Instead of standing firm, a middle ground was found, and compromise became the norm. Though people are flawed, and some, as history has shown, do choose wickedness over good, our founding documents state the inspired values and ideals found in biblical teachings and in the best of men, although they have not always been kept and lived up to by mankind.

The bitter truth is that some of these atrocities, not to excuse them, but the truth is sometimes bitter to taste when it is not our preferred pill to swallow, have existed long before, and some still do exist in parts of the world even today. America fought a long and costly battle to right a horrible wrong, but our amnestic teachings have cost us generations of understanding and have helped cut the strings of unity.

Before America won its independence, the colonies and their people were still under the control of King

George III — these were the British Colonies. Some people believe that the United States of America was founded when the first African slaves were brought to these lands, but believe it or not, there was no United States of America then, and slavery was already in existence in the world and even in these lands among the natives long before the first settlers arrived. In the early 1600s, slaves began being imported into the British Colonies. It is reported that during the 1600s, more than five hundred thousand Irish slaves were sold throughout the Indies and the British colonies. They arrived before the first African slaves. Sadly, just as with all the slaves, these people continued as slaves into the 1800s, although most were not as prominent as the African slave trade. During these times there were many other groups of people being bought and sold as slaves, such as the Scottish and the Chinese.

Even in a land whose documents were inspired by the teachings of life, love, liberty, and freedom, human nature still crept in. The human soul, a selfish beast in and of itself, argued and fought the spirit of love and won a piece of its ambition. In the compromise, people chose hypocrisy for earthly unity, power over true liberty, bondage over freedom, and tolerance for salvation. These compromises would haunt this great nation for generations and demand a Civil War for its failure to stand firm in the truth and in the virtue of its own founding documents.

America is a land of great and equal opportunity for all who wish to take risks, work hard, sacrifice, serve, and search, but a land of great inequality and disparaging opportunity for all who wish to hold tight-fisted, be slothful, appropriate, deceive, manipulate, side with wickedness, and ignore our founding documents and history's true context. Then again, it could be the other way around, depending on the character of the person and their foundation. Even though it took generations before people learned the error of compromise in the inspirational truths of our founding documents, and we are seeing some of the same errors on a different scale now, there still has never been another country that has offered the equality and opportunity to all, nor has there been another country that has provided the opportunity to help raise more people out of poverty than this great experiment of a Constitutional Republic, nor has there been a founding document that has lasted the test of time, even when sometimes ignored and its meanings twisted, like the Constitution of the United States of America.

> *Freedom and Liberty are never free.*

I know some people believe differently, and that is another great thing about the great United States of America: the freedom and liberty to hold differing opinions, views, and beliefs without fear and the heavy hand of tyranny or oppression. However, those freedoms and liberties mean nothing if not held to the supreme Law of the Land — the Constitution and our founding documents. It can be thought of differently, and it can be argued, but no one can factually or justly deny the truth, even if they choose to believe differently. But these freedoms — liberty, the truth, and even life — are never without a fight. There will always be those who will try to subvert the Constitution, rewrite history, deal oppression and fear until the people trade their freedom for "safety" from the very same hands creating the false need, view life as a burden or parasite and no longer intrinsic, and see that liberty is submerged beneath the constraints of dependency until power is grasped. Freedom and liberty are never free. As Ronald Reagan said, "Freedom is never more than one generation away from extinction. We didn't pass it to our children in the bloodstream. It must be fought for, protected, and handed on for them to do the same, or one day we will spend our sunset years telling our children and our children's children what it was once like in the United States where men were free."[3]

CHAPTER 10

Ideal Birth

"[The Bible] has exerted an unrivaled influence on American culture, politics and social life. Now historians are discovering that the Bible, perhaps even more than the Constitution, is our founding document: the source of the powerful myth of the United States as a special, sacred nation, a people called by God to establish a model society, a beacon to the world."[1]

Newsweek (1983)

Contrary to some ideas, the United States of America was founded in 1776 with the creation of the Declaration of Independence and became official with the conclusion of the Revolutionary War in 1783, when the king of Great Britain finally admitted defeat. Prior to that, it was known as a different America and was a part of the British crown; it was an extension of England; it was known as the British colonies.

The idea of America as a free and independent nation was just that, an idea until that time, and it was an idea worth fighting for. America was not seen as an independent and sovereign nation by many until 1776. Even then, there were those who still would not recognize the United States of America as a sovereign nation until the end of the Revolutionary War in 1783 with the signing of the Treaty of Paris. This was when other nations, such as England, finally officially recognized the United States as the United States of America and granted the United States its full independence (even though America had already declared its independence and won it with the Revolutionary War) by Great Britain, France, and Spain, and the United States borders were officially recognized.

Now, the name "America," as my understanding goes, was established by Waldseemuller, a world map maker. Waldseemuller gave this newly discovered land its name after Christopher Columbus "discovered" it in 1492 — you remember the rhyme, "In 1492, Columbus sailed the ocean blue." There are many alternative "facts" taught about Columbus, some of which truly do live up to what we mentioned previously on forging narratives, just as there are for many aspects of America and many portions of history. Anyway, the name given to these lands was America, and it was to honor another mapmaker named Amerigo Vespucci, who, in 1507, helped create the first known "world" map. Prior to this, the world was thought to only include Asia, Europe, and Africa. Although Amerigo ends with an "O," in the times of which this newly discovered land was named, things were always given a woman's (feminine) name; thus, the name was changed from Americus to the more feminine spelling of America.

This new land included both North and South America. The official name of the United States of America came about after the colonies won their independence from Britain, and then the short term "America" that we use today became synonymous with the United States of America. Each colony was its own state, and each state had its own type of government (although each was expected to follow the rules of the king before America won its independence), but to unify the colonies and help protect this newly formed nation, they were "unified" under the union of the title of the United States of America.

The Declaration of Independence was America's declaration for why separation from the king of Great Britain and the political and religious rule of England was necessary and must be declared. The Declaration of Independence has three main parts: First, it explains why the colonies (America) must be their own independent nation and the beliefs and ideals the people and this nation were founded on and wish to live by. Secondly, it lists the grievances that the colonies had with the king of Great Britain and the royal autocracy and the rule they were forced to live under and what the colonies saw as the "sins" of the king of Great Britain. Thirdly, it declared our independence and that all connections, politically, between the colonies (this nation) and Britain were to be dissolved — this was a must in order for America to form its own government under its own ideals.

Thomas Jefferson wrote these words that are now a vital part of our Declaration of Independence (that vital and important document for the founding of the greatest, freest, most tolerant, and most generous country in the world) and the ideals of America: "We hold these truths to be self-evident, that all men are created equal, that they are endowed by their Creator with certain unalienable Rights, that among these are Life, Liberty and the pursuit of Happiness. That to secure these rights, Governments are instituted among

Men, deriving their just powers from the consent of the governed."[2]

"**We hold these truths to be self-evident** [these truths are obvious and do not need any further explanation; it assumed that everyone had common sense to figure this out, but history and life have shown that common sense is not so common], **that all men are created equal** [too many people judge the past by the current culture, ignoring context and important distinctions, such as, a patriarchal society (as was most of history, and some parts of the world today still are a culture of patriarchy), living conditions (most of our human history was about survival, not comfort like we enjoy and understand today), communication barriers, cultural beliefs (such as differing gods and sacrifices to those gods, and extermination of rival tribes and infidels), the meaning and interpretation of words, and many, many other variants, but the ideals are evident], **that they are endowed by their Creator with certain unalienable Rights** [All people were created by a supernatural being — God — and their lives have value, and in the United States of America, each person (legal citizen) has certain rights that cannot be given nor taken by man or government], **that among these Rights are Life, Liberty and the pursuit of Happiness** [all life has intrinsic value, and all people under this jurisdiction — legal citizens, assimilating to the culture of America and swearing to uphold its founding documents, ideals, and values — have freedom from tyranny, oppression, etc., and all people under this jurisdiction have equal opportunity to pursue their desired happiness]. **That to secure these rights, Governments are instituted among Men, deriving their just powers from the consent of the governed** [the government is operated by and run by the people of this jurisdiction of which the people, the legal citizens of this nation, have the power to give or take away the powers of said government]."

America's thirty-second President, Franklin Delano Roosevelt, also known as FDR, understood the ideal and true birth of this nation, as did our Founders and an innumerable number of our leaders and prominent figures (as you can tell by reading their writings and researching their lives). FDR said, "In the formative days of the Republic, the directing influence of the Bible exercised upon the fathers of the nation is conspicuously evident... this book continues to hold its unchallenged place as the most loved, the most quoted, and the most universally read and pondered of all the volumes which our libraries contain...we cannot read the history of our rise and development as a nation without reckoning with the place the Bible has occupied in shaping the advances of the Republic. I suggest a nationwide

> *The nature of man will always try to subvert the freedom endowed by our Creator and keep their fellow man in slavery.*

reading of the Holy Scriptures...for a renewed and strengthening contact with those eternal truths and majestic principles which have inspired such measure of true greatness as this nation has achieved."[3]

Freedom is not free; the nature of man will always try to subvert the freedom endowed by our Creator and keep their fellow man in slavery. Man, as we have seen, will attempt to silence his opposition to power and control; the voice of freedom, the right to free speech, will be stripped from the mouth of every citizen if freedom and liberty are not secured by an absolute, and eventually the truth will become no more than a whisper in a room of raucous white noise.

"Our history is not a story of perfection. It's a story of imperfect people working toward great ideals. This flawed nation is also a really good nation, and the principles we hold are the hope of all mankind. When children are given the real history of America, they will also learn to love America."[4] When we teach the next generation the truth, not a pluralistic wish list, then they will learn to not only love the truth but to love America also.

Virtue is required for there to be freedom, true freedom. But virtue cannot exist if there is no faith.

Benjamin Franklin, while addressing the Constitutional Convention, said, "I have lived, Sir, a long time and the longer I live, the more convincing proofs I see of this truth — that God governs in the affairs of men... I also believe that without his [God] concurring aid we shall succeed in this political building no better than the Builders of Babel."[5]

The man considered to be the "Father of Public Schools," Benjamin Rush, said, "The Bible, above all other books, favors that equality among mankind, that respect for just laws, and those sober and frugal virtues which constitute the soul of republicanism."[6]

But to have faith, this type of true faith, you must have the freedom to hold and voice such a faith.

"Sir, my concern is not whether God is on our side; my greatest concern is to be on God's side, for God is always right."[7]

CHAPTER 11

The Trunk Of Which We Support

"The foundations of our society and government rest so much on the teachings of the Bible that it would be difficult to support them if faith in these teachings would cease to be practically universal in our country."[1]

President Calvin Coolidge, 1923

The roots of a plant are the most important part of that plant's existence. Without a firm standing upon and grasp of the roots, the plant might very well die from a lack of the nutrients the plant requires to sustain its existence. The roots act as the life source of the plant; without a firm foundation, the roots will not be able to keep the plant alive, and the plant will have no structure to exist as the plant was designed. The same goes for any building. Without an understanding of the foundation of the building upon which the structure is built, the building will not function as intended, nor will it be able to stand. It will weaken, crack, fracture, and begin to crumble.

Every nation, every civilization, has roots from which its sustainability receives its life, and the roots grow and develop from the foundation they were planted in. Every nation, every civilization, has a differing foundation and roots. The same can be said about every ideology, every government, and every religion. There is a cornerstone upon which all foundations begin, but this cornerstone is not the same for all. For this cornerstone is the most important part of all beginnings. From this cornerstone, the entire position and stability of the structure will stand. In religion, that cornerstone is the person responsible for such a belief. In Islam, the cornerstone was a man named Muhammad, who wrote their sacred text after he received his message from an "angel of light" in the 7th century. In the Mormon religion, the cornerstone was a man named Joseph Smith who put together their sacred text after he received his message from an "angel of light" in the early 1800s. I find both of these accounts very interesting for many reasons, especially when reading 2 Corinthians 11:14 from the Holy Bible. In Buddhism, the cornerstone is the teachings of Siddhartha Gautama, also known as The Buddha. In Christianity, the cornerstone is Jesus Christ — the Son of God.

Interestingly, Christianity is tied in with Judaism in the fact that Judaism is of the Old Testament, also translated as "old covenant," and Christianity is of the New Testament, the "new covenant." Both worship the same God and follow the same teachings (although the New Covenant does not consist of the old ways of man; this is something for your own continued research), and they both form the same Holy Bible.

Islam claims to be of the same lineage and teachings as that of Judaism; however, some people who follow the Islamic teachings believe that Ishmael, Abraham's first son born of a slave woman, was God's true promise to Abraham about making a great nation out of him. However, according to the Scriptures (the Holy Bible, or Bible for short) and historical writings found of that time, Isaac, Abraham's second child born of his wife Sarah, whom God promised would become pregnant and bear the son of whom God's promise would be fulfilled, was the true heir of God's promise. In any case, Islam and Judaism share the same lineage up to Ishmael and Isaac. It is interesting to look at the many similarities of the rituals that Islam has when compared to Judaism. I have also found it interesting that every religion has rules and teachings that you follow in order to reach their god and earn god's love, but Christianity only requires of you to believe (have faith) and says that God came to you and that you are already loved. To me, it is interesting that all other religions say you must earn your salvation, but Christianity says that salvation is a gift from God. And only one God, out of all the possible religions and gods in the world, came down to earth and died for man. Anyway, the foundation upon which the roots are secured and the cornerstone upon which the structure is built must be strong, firm, and moral for the structure to stand and for those whose very Life, Liberty, and pursuit of Happiness depend to remain free.

There is an important element that sprouted from America's roots, which supports the rest of America's creation; this element is the trunk that grew from the roots of America's pursuit of freedom, life, liberty, and God.

In this chapter we will discuss the all-important, oftentimes unheard of, and, sadly, but rarely, if ever, taught in our education system, element that is our trunk, our base upon which the branches grew and our Republic balances: the Triangle in which we reside.

Most people have never heard of this Triangle, and even less understand it, and, regrettably, it shows. Don't feel bad, because for a long time I was unaware of this important element, too. With this triangle, this all-important trunk to uphold and sustain our tree of Life, Liberty, and the pursuit of Happiness, comes the necessity to be one of the brave, the strong, and the freedom-obsessed, and to possess the wisdom to understand the true meaning of freedom and the character to live by it.

"When the world around us is collapsing, when our stresses and concerns are at capacity, and when we find ourselves under pressure, those are the times when our true character will reveal itself."[2]

We have found ourselves fighting and clawing our way to the pedestal of fame, wealth, and comfort rather than that of value, substance, and character. And this has become evident in a society that has allowed termites to eat away at the tree and disseminate tree-root poison, effectively killing the morality and virtue that was once rooted so deep.

"It is important to note that to be a person of good character does not mean we... never make a mistake. Mistakes happen, errors in our judgment occur, and, sometimes, our awareness is lacking... Rather, to be a person of good character means we have built and understand our foundation, we work at and strive to make the right ethical and moral choices, and when we fail at this, we discern our faults and work toward correcting them and getting back on the right path toward the person we want to become."[3]

But, once again, what is ethical and what is moral without that absolute to stand firm on?

To stand by and uphold this Triangle, one must not sell out to tyranny or oppression to appease an entitlement for handouts, nor demand suppression of others to soothe one's ego or feelings. Unfortunately, that is what we have been seeing in even the so-called freest nation in the world — the thin-skinned are offended by any idea that is not theirs, fear has gripped the very souls of those who once faced insurmountable odds to make this nation the most innovative, prosperous, and liberty-embracing one, feeble-minded men lead the masses, and eleutherophobia is taking hold of many (freedom requires accountability, and liberty requires responsibility). But our tree is not dead; our branches can still produce good fruit, our trunk has not yet been cut down, and our roots have not yet been completely eaten away.

> *We have found ourselves fighting and clawing our way to the pedestal of fame, wealth, and comfort rather than that of value, substance, and character.*

We still have that Triangle from which we can learn, grow, and help support the very life that was and is the American ideal.

The Triangle that grew out of our beginning roots and the trunk strong enough to support the branches of our tree of Life, Liberty, and pursuit of Happiness is the Golden Triangle of Freedom.

The Golden Triangle of Freedom, as I understand it, was first described in the book *A Free People's Suicide*, where author Os Guinness writes, "The founders gave no name to their vision of sustainable freedom...I call it 'the golden triangle of freedom.'"[4]

Even though our nation was heavily influenced by the Scriptures and greatly founded upon the very ideas and ideals of the Christian belief and the Bible, our Founders had the foresight to know that a theocracy would always be a counterpart to true liberty and freedom for all people in this world. However, they also wisely understood that without religion, man has no foundation of morality, and without this foundation for morality, man will do what is right in his own eyes (man will do what feels good in the moment for the individual), and, eventually, all man's opinions, which we know today as pluralistic "truths," become accepted as the truth — there is no absolute but pluralistic morality. Any nation built upon this idea and any government or laws built on this would soon crumble. As Patrick Henry stated, "The great pillars of all government and of social life [are] virtue, morality, and religion. This is the armor, my friend, and this alone, that renders us invincible."[5] Thomas Jefferson stated, "The practice of morality being necessary for the well-being of society..."[6] And John Adams stated, "We have no government armed with power capable of contending with human passions unbridled by morality and religion...Our Constitution was made only for a moral and religious people. It is wholly inadequate to the government of any other."[7]

Without an absolute, what is moral? Can the ever-changing culture of a worldly society dictate what is and is not moral for all times? Does it have the power to enforce its current morality upon the past, thus erasing history, rewriting narratives, and dictating what is "truth" based on their fluctuating, self-justified, and prejudiced current philosophy of morality? Should they be treated with the same contempt by future generations? If morality is in flux, that is, if it has no absolute, then can that Golden Triangle of Freedom stand the test of time?

It is this Golden Triangle of Freedom that allows a nation, or any society, to truly have Life, Liberty, and the pursuit of Happiness that we so proudly confess in the United States of America. Without it, everything our forefathers fought for — the Separatists, Puritans, our founders, immigrants of all nations seeking liberty, our admired members of the Greatest Generation, and all our family's servicemen and women — would all be for naught.

Guinness writes, "Americans today speak endlessly about sustainable growth...a sustainable future and the 'conservation' or 'ecology' of this, that and the other...But amazingly few pay serious attention to notions such as sustainable freedom, the ecology and conservation of liberty, the infrastructure of America's foundations of freedom — or to the idea that freedom itself requires a living system of immunity if it is to stay healthy. This carelessness may prove to be lethal."[8]

The Golden Triangle of Freedom that is our trunk, our base, is not something that exists without effort, without sacrifice, without commitment, without faith, or without God; it is tied to the very saying, "freedom is not free." If we do not even attempt to understand this concept, then we will have a very difficult time comprehending or even believing not just why the search for a free land was so important and why our system of government was established, but we will very

> *Without freedom, one cannot rightly choose; without virtue, one cannot rightly stand; without faith, one cannot rightly believe.*

likely be quick to dismiss even the very words of our founders — this could very well lead to an accepted destruction and rewrite of our history, and "this carelessness may prove to be lethal."

So, what exactly is this Golden Triangle of Freedom? What does it speak of?

The Golden Triangle of Freedom states that, "Freedom requires virtue, which requires faith, which requires freedom."[9]

Without freedom, one cannot rightly choose; without virtue, one cannot rightly stand; without faith, one cannot rightly believe.

If you are wondering what virtue might be, I discuss it in my book *Destiny: Rich or Poor, Life or Death, Choose Your Destiny* when I say, "By virtue, I mean the way in which we behave when it comes to our view of what is right and what is wrong."[10]

Virtue is a part of character, and character is part of a value system, and one's values help define their integrity. It takes a person of good character to live with virtue. Virtue, however, requires a just and absolute value system.

This, as stated in that same book, "is what we choose as our moral compass."[11]

One cannot have a character of integrity and be virtuous if one's values are in constant flux and always subject to the whims of the majority, which change with each generation and, sometimes, with each passing day.

In other words, the Golden Triangle of Freedom,

as I understand it, can only be sustained by a people who choose to plant their roots in an unchanging value system or a foundational document inspired by such values — a faith in an absolute.

Benjamin Franklin said, "Only a virtuous people are capable of freedom. As nations become corrupt and vicious, they have more need of masters."[12] If we are not virtuous in a firm idea of morality — this includes being virtuous in our social compact and in our Constitution, the supreme Law of the Land — then we, instead, become wicked and immoral, and we, then, begin corrupting that which we should be adhering to.

Put simply: To have freedom, you must have virtue, and to have virtue, you must have faith, and to have faith, you must have freedom.

"Faith is the substance of things hoped for, the evidence of things not yet seen."[13]

As we read in a previous chapter: faith is confidence and complete trust.

"Our Constitution," as John Adams said, "was made only for a moral and religious people. It is wholly inadequate to the government of any other."[14]

Our Founding Fathers understood and believed that in order to have freedom, to have liberty as described in the Declaration of Independence, there must be virtue; however, they also understood that one could not be virtuous without a solid foundation, without the right cornerstone.

Our values will come from the foundation we choose for our life. As I say in my book, *Building Your Life Blueprint: Foundations for Lasting Success*, "What is most important is not today's chosen or approved moral code, but the foundation upon which that moral code, the concept of right and wrong... is planted in and built upon. This moral code is planted in the soil we foster, and it is built upon the foundation we have laid; it will stand or fall with that foundation."[15] If we can relearn that which was taken out of our education — i.e., the truth — then we might be able to sustain the truth (values) held so dear by our founders. As George Washington said, "A primary object... should be the education of our youth in the science of government. In a republic, what species of knowledge can be equally important? And what duty more pressing...than communicating it to those who are to be the future guardians of the liberties of the country?"[16] Because with a firm foundation, if one is raised with the right foundation, one might be tricked, one might still stumble, but as Thomas Jefferson said, "The good sense of the

> *Without an agreed-upon, unchanging foundation, how would we (as a society) be able to say with certainty and conviction what is virtuous or moral?*

people will always be found to be the best army. They may be led astray for a moment, but will soon correct themselves."[17] But without that foundation, that current teaching of truth, that carelessness by the older and current generation may very well prove to be lethal in the next generation.

The Golden Triangle of Freedom, America's founding values, and the branches of this tree will all stand firm upon a solid foundation, or it will collapse with the ignorance of the majority. Or, as Guinness puts it (bold emphasis added), "...in the end **the ultimate threat to the American republic will be** Americans. The problem is not wolves at the door but **termites in the floor**."[18] Because without a solid foundation — a firm and absolute foundation — the ground upon which you plant and water your virtue will begin to crack and corrode and produce a rotten and duplicitous character. Also, without an agreed-upon, unchanging foundation, how would we (as a society) be able to say with certainty and conviction what is virtuous or moral?

Our Constitution was written with the wisdom of the absolute foundation of God's Word in mind; it was written, also, with the lived experiences of those fighting for the very freedoms — Life, Liberty, and the pursuit of Happiness — that we take for granted today.

The Golden Triangle of Freedom (you really should research and read about this, and maybe read Os' book *A Free People's Suicide*) states: "Freedom requires virtue, which requires faith, which requires freedom."[19]

Yes, this is truly worth repeating.

Freedom requires virtue, which requires faith, which requires freedom. Full circle.

CHAPTER 12

Freedom Requires Virtue

"Statesmen, my dear Sir, may plan and speculate for liberty, but it is religion and morality alone, which can establish the principles upon which freedom can securely stand."[1]

John Adams

The first side of this Golden Triangle of Freedom is freedom. Remember, freedom is not free. As I have heard it attributed to John Adams: "You will never know how much it has cost my generation to preserve your freedom. I hope you will make a good use of it."[2]

It is true that we will never truly know to the full extent how much it cost those in the Revolutionary Era to gain the freedom we enjoy today, and we may never be able to fully understand or comprehend how much it cost for others to preserve the freedom we take for granted today, but we can know if we are honoring them and making good use of it. As it has been said, "A state is nothing more than a reflection of its citizens; the more decent the citizens, the more decent the state."[3] And those Americans of the past lived as best they could with virtue while understanding that without virtue it is foolhardy "to suppose that any form of government will secure liberty or happiness without any virtue in the people..."[4] Because, as Samuel Williams so rightly put it, "[A] free government . . . cannot be supported without Virtue."[5] We have been blessed in the United States of America to live in a land of opportunity, a land of liberty, a land of freedom, a land of life, and the God-given, unalienable rights to pursue happiness. But can there exist freedom if there is no virtue in the people? If there is no virtue in those who serve in public office? If there is no virtue in the citizens of a nation?

John Adams stated that "Liberty can no more exist without virtue and independence than the body can live and move without a soul."[6]

Freedom is not free.

Therefore, this side of the Golden Triangle of Freedom is not free either; it is something that must be fought for in this fallen world, maintained through the diligence of proper and honest education — especially about the history of the nation seeking to hold on to the freedom granted to it by the sacrifices of those who came before — and something that can only truly be grasped by a nation whose citizens do their best to hold to and value virtue.

So, what does it mean that freedom requires virtue?

Freedom is "to [choose] to do what you want to," "the ability to move or act freely," and "not being a slave, prisoner, etc."[7] But without virtue, without an absolute foundation for morality, one cannot have freedom, nor can one properly wield such freedom.

Think about this: has there been a time, that you can remember, in America where the citizens were stripped of their ability to move or act freely (without violating the moral laws or infringing on another's rights of life and liberty)? Was there a time when the government of this nation ruled the people with an iron fist, through force, through fear, through coercion, through propaganda? Were the citizens always free to move (travel, go to work, go to worship services, go to the stores of their choosing, etc.)? Was there a time when the citizens were isolated and bound inside their walls as a slave or prisoner (that is, one who would be punished for violating the orders to stay within the confines of the state-prescribed dwelling)? Were those unalienable, God-given rights if they could be taken away without due process? Was that freedom? Was that right? Was there a time when the American individual's rights were compromised and taken away by the majority, or even the minority? As C.S. Lewis wrote, "Of all tyrannies a tyranny sincerely exercised for the good of its victims may be the most oppressive."[8] Where there is tyranny, freedom is absent.

> *Ignorance does not make one stupid, just susceptible to foolishness; and foolishness makes one susceptible to tyranny.*

John Adams stated that "[I]t is religion and morality alone which can establish the principles upon which freedom can securely stand."[9]

If a citizenry is not solidified in its foundation and understanding of virtue — "...will you have the discipline, strength, and courage to stand by your values and be virtuous?"[10] — if a citizenry is not virtuous, then there cannot be liberty. Without virtue (without a solid foundational base, without character), a citizenry would require immense laws and submission to achieve a false image of freedom; it would be submission to fallacy, submission to tyranny — a trading of liberty for a temporary and false security.

"Laws without morals are in vain."[11] Benjamin Franklin was spot on when he stated this. Without morals (that is, without a lasting foundation upon which you can choose what is right or wrong), then any law that is made is made in vain. It will be ignored as immoral by many; it will soon change to reflect the new cultural morality. Interestingly, to me at least, what Benjamin Franklin stated is also the motto of the University of Pennsylvania.

Alexis de Tocqueville, in 1835, after spending about nine months on a mission trip to the United States in order to study the American prisons, wrote in his book, *Democracy in America*, about what he discovered about Americans and America: "Liberty regards religion as its companion in all its battles and its triumphs, as the cradle of its infancy and the divine source of its claims. It considers religion as the safeguard of morality and morality as the best security of law and the surest pledge of the duration of freedom."[12] America did, according to him, show the best example of equality; however, he did show concern for American individualism, which he thought could, without the social structures of hierarchy like in England or France, lead to a time when the American individual's rights were compromised and taken away by the majority, or even the minority.[13] Yet, liberty and religion were companions to the freedom of this great nation. And without these, freedom would not exist as we knew it, nor would the individual's rights be fully preserved.

As George Washington stated to the Constitutional Convention delegates, "If, to please the people, we offer what we ourselves disapprove, how can we afterwards defend our work? Let us raise a standard to which the wise and honest can repair. The event is in the hand of God."[14]

To me, this speaks volumes about the true ideals and values of America, its documents, and its Founders, even in regards to the very tough and unhappy sacrifice of compromise with evil to secure the independence desired for this new nation and people, offering the opportunity for future generations of "wise and honest" men to repair the ills of the unfortunate required sacrifice of the time.

What is in the Constitution and our founding documents is what they approve: equality, freedom, Life, Liberty and the pursuit of Happiness.

America's Founders put in writing and set in motion an ideal that, through their faith in God, Scripture, education, and the spiritual beings of future generations, they believed would be fully understood, grasped, and revealed by future generations — the full level of freedom and liberty through the virtues written in our documents, which they either could not fully accomplish in their time or did not envision.

Ignorance is often the culprit of citizens of a free nation evolving from the protectors and defenders of freedom, Life, Liberty and the pursuit of Happiness, into what Guinness called "termites in the floor."[15] As we know, ignorance is "a lack of knowledge, education, or awareness."[16] I would also add understanding; however, education, as we know, is a tool that, if not wielded correctly, applied justly, and not allowed to flourish with truth, does not eradicate ignorance but expands on it through manipulation, propagation, indoctrination, and indignation. So, ignorance does not make one stupid, just susceptible to foolishness, and foolishness makes one susceptible to tyranny.

> *Rules and warnings are often required because common sense and virtue are absent.*

Freedom requires virtue, and without virtuous citizens and virtuous leaders, the requirement would be tyranny through fear and forced submission through cancelation and suppression in order to obtain any resemblance or claim of "freedom" and a false virtue for society.

Do not misunderstand me here; rules are important

when you are dealing with a vast and diverse group of cultures and peoples, but rules and warnings are often required because common sense and virtue are absent. When the Law of the Land — those founding documents — is doubted, ignored, twisted, or even outright rejected and destroyed, then disbelief can be sown, and the virtue and balance within those documents, within the Law of the Land, will be doubted and replaced with an unbalanced, fluctuating, and unstable majority rule (sometimes even from the minority if a fight for freedom is lacking) and from the caprices of ideologies from outside forces entering and eroding from the inside. Culture and society, apart from an absolute, fluctuate in their ideas on morality, ethics and their misconception of justice — it is often based on feelings and temporary selfish emotions. As A.A. Milne said, "The third-rate mind is only happy when it is thinking with the majority. The second-rate mind is only happy when it is thinking with the minority. The first-rate mind is only happy when it is thinking."[17]

There will always be those absent of one or the other, and some of both, and it is not required to have one hundred percent of all peoples holding either, but a majority of people with virtue is vital for liberty and true freedom to be fully present. And these same people must be willing to act upon this virtue, because, as we have said, freedom requires virtue, but freedom is not free.

I think Rick Joyner says it well in his book *The Second American Revolution/Civil War* when he writes, "Both Jesus and the apostles described it as being deceived and prone to deception, because they can only hear what makes them feel good. That is the nature of an immature, spoiled child, which biblical prophecies declare will result in them becoming 'disrespectful, irreconcilable, selfish, haters of good and lovers of evil.'"[18]

Robert Charles Winthrop (1809-1894), commenting on what he learned from America's Founders, stated, "Men, in a word, must necessarily be controlled either by a power within them or by a power without them, either by the Word of God or by the strong arm of man, either by the Bible or by the bayonet."[19]

Religion — more specifically, Jesus, God, and the Holy Bible — was an important pillar for America's Founders. As George Washington put it so well, "Let us with caution indulge the supposition that morality can be maintained without religion. Whatever may be conceded to the influence of refined education... reason and experience both forging us to expect that national morality can prevail in exclusion of religious principle."[20]

And as I mentioned in my podcast "Episode 024: The Reality of Prayer,"[21] Benjamin Franklin called for prayer in Congress.

Although he (Benjamin Franklin) was firm that he would not wear the title of Christian and he was considered more non-religious (remember, relationship and religion are two different things), his thoughts on religion were interesting. As he wrote, "As to Jesus of Nazareth ... I think the system of morals and his religion, as he left them to us, the best the world ever saw or is likely to see."[22]

Christianity was not only prominent during the settlers and forefathers' day, but it was vital to the planning and creation of the ideals and documents that founded this country: The United States of America. "The Holy Spirit is the Helper, not the Doer."[23]

In the Golden Triangle of Freedom: Freedom requires virtue.

CHAPTER 13

Virtue Requires Faith

"Only a virtuous people are capable of freedom. As nations become more corrupt and vicious, they have more need of masters."[1]

Benjamin Franklin

Thomas Jefferson stated, "It is in the manners and spirit of a people which preserve a republic in vigour. . . . degeneracy in these is a canker which soon eats into the heart of its laws and constitution."[2] Degeneracy in society when crime is justified, murder is a choice, violence is labeled as peaceful, and idiocy is celebrated.

"When virtue is banished, ambition invades the minds of those who are disposed to receive it, and avarice possesses the whole community."[3] In that instance, citizens could be witness to the degeneracy of the 20/20 vision of the "summer of love."

Virtue is a key side to the Golden Triangle of Freedom. Without virtue, there can be no freedom, but virtue requires a key component itself if it is to be evident in a person, and that component is faith. If one does not have virtue, or if one is not at least trying to adhere to virtue, then, as Montesquieu stated, selfish ambition will become the standard of the individual, and avarice (extreme greed) will take hold of the person or groups of people. Without virtue and faith, entitlement will grow, hatred could very well fester, and mobs could begin to try to seize the fruit of another's labor; when this happens, societies can turn into rioting mobs, thieves, arsonists, and destructionists, all while justifying evil for good.

In his book *Spirit of Laws*, Montesquieu states, "[In

a republic] 'virtue may be defined as the love of the laws and of our country. As such love requires a constant preference of public to private interest, it is the source of all private virtue; for they are nothing more than this very preference itself... Now a government is like everything else: to preserve it we must love it... Everything, therefore, depends on establishing this love in a republic; and to inspire it ought to be the principal business of education; but the surest way of instilling it into children is for parents to set them an example.'"[3]

Oh, great! Does that imply that parents should set a good, moral, right, and educated example for their children? Well, that should be obvious. And is there another thing to research and try to figure out? What is love?

"Love is the most precious gift we have on this earth. Love is complete trust and faith; it is the choice and willingness to give your life and all you have for another."[4] Love is like faith — trust. Love is also a choice.

However, as I state in another writing, "Without the truth, we are left with 'truths,' plural, which means that all 'truths' are 'truth.'... Only love matters... but not any love, only the... love that is affirming... of all 'truths,' all choices... therefore... there would be no absolute except the absolute that love is love [but even that is not absolute because not all 'truths' are affirmed]... and that is 'their truth.'"

Anyway, what does it mean that virtue requires faith?

Well, as we have read, faith is to have complete trust and confidence in someone or something, and virtue requires a solid and just foundation for morality. In order to have virtue, one must first have faith in their morality by which they can live with virtue. But how can one live a life with virtue if their foundation for morality is constantly in flux? How can one claim to be moral when their ideals for morality are constantly changing — right is wrong, wrong is right, good is evil, evil is good? It takes faith in something "the same yesterday and today and forever" in order to even truly try to live a life with virtue. Yes, one can be virtuous in their changing ideals for morality — that is, one can behave in line with their ideals for morality and forever be changing their behavior to live by their new and ever-changing ideals of right and wrong, good and evil — and claim to live with virtue but never truly live with virtue because there never truly was a foundational concept of right or wrong, good or evil for them; thus, they are forever contradicting their own behavior and their own idea of virtue. Their life would be characterized by this

> *To live up to a standard in your life, to even attempt to try and live with virtue, you must first have faith.*

continuous flip-flopping. Change is good, growth is better, but absolute is best.

To live up to a standard in your life, to even attempt to try and live with virtue, you must first have faith.

Our founders were well versed in the Scriptures, and, according to historical documents and their very own writings, contributions, and lives, were thought to be believers in God (even if not complete followers as we would view it today) and the Judeo-Christian belief with a great knowledge of the Bible; however, most, we have been taught, without much source, and are also told to believe without question, were deists (I know I was taught this in school). By this term deist, they mean that they believed in God, or a god, but also believed that this god or God did not intervene in the affairs of humankind, that there was and is no Providence. In my journey continuing my own education with the desire for further learning through other sources and independent research, outside of just the government public schools and the standard education, I have found this teaching to be inaccurate; it was an inaccuracy I once believed out of my own apathy and ignorance. But they (America's Founders) understood the importance God and the Bible had on faith, and that this faith leads to virtue, and that this virtue leads to freedom; and combined they lead to Life, Liberty, and the pursuit of Happiness.

America's thirtieth President, Calvin Coolidge, said, "The foundations of our society and our government rest so much on the teachings of the Bible that it would be difficult to support them if faith in these teachings would cease to be practically universal in our country."[5]

It would be difficult to support a government or hold a society of morality or virtue if we removed the fundamental teachings that upheld liberty and freedom and were the key source for the birth of this nation — the United States of America.

Virtue in absolute and just morality requires a faith in an absolute foundation. A foundation for morality built upon fluctuating and ever-changing ideals is not true faith; you cannot have true faith if what you put your complete trust and confidence and hope in is malleable, flip-flops, and sails with the winds of the majority (or even the loudest minority voice of hurt offenses) at any given moment.

We have heard it stated, though, that most of the Founders were not believers, did not even believe in God or His help, and that they did not revere the Bible; thus, according to the people who make this claim, America did not have any type of a Christian or biblical base for its founding nor any reason for faith; those stating this call most of our founders deists. However, I highly suggest that you do your own reading of their original writings, because then you will be better equipped to find the truth. And, in my research, I have found that the truth lines more accurately with Mark David Hall's statement that, "obviously bad social science and bad history to generalize the views of the founders as a whole from the views of a few unrepresentative elites" are what some people try to use to distort the truth. In other words, they use misinterpretations and manipulation of intent and the history of a handful to make the claim that the majority followed suit. To be a deist, however, one must subscribe to the idea and belief that there is a God or god but that he does not interfere with the workings of humanity or the world. That the idea of Providence is laughable, a ridiculous myth. As Hall put it, "...deism includes the idea that 'God set the world in motion and then abstained from human affairs.'" But for this to be the case, for America's founders to have been deists, they too must have subscribed to such a belief. However, "With the exception of [Ethan] Allen, all the founders regularly called deists are clearly on record speaking or writing about God's intervention in the affairs of men and nations." To this claim, that deism was the main "faith" of America's founders, I think Hall states it the best: "Scholars and activists who contend that... should either find additional evidence to support such assertions or show that Franklin, Washington, Adams, Jefferson, Madison, Hamilton, Allen, and Paine" — these are the eight men who are regularly cited as the evidence for such a claim on the majority — "represent the views of their fellow founders. If they cannot, they should limit their claims to these men... Moreover, if by 'deism' they include the idea that God is a 'Creator or First Cause who subsequently stood aside from his creation to allow it to run according to its own rules,' they must acknowledge that the number of civic leaders in the founding era who were deists may be only one — Ethan Allen."[6]

Benjamin Franklin stated, "I have so much faith in the general government of the world by Providence, that I can hardly conceive a transaction of such momentous importance to the welfare of millions... should be suffered to pass without being in some degree influenced, guided and governed by that omnipotent, omnipresent and beneficent Ruler."[7]

He could hardly understand "...a transaction of such momentous importance..." without the help of Providence. He was talking about the framing of the Constitution of the United States of America and our victory and founding.

So many — almost all, really — make mention of the Providence, which is "divine guidance or care," and "God... sustaining and guiding human destiny."[8] If God did not have a hand in the freeing and founding of this great nation (the United States of America), if God and His Word were not a big inspiration in the creation of America's ideals, values, and documents, then why would almost all of America's founders and those leading this nation through its birth and creation give mention to the Providence of God, that great omnipotent, omnipresent, and beneficent Ruler, Creator, Nature's God, Supreme Judge? Probably the best way I have seen this put was in an article from the *Journal of the American Revolution*, "The Declaration of Independence and the United States Constitution do not therefore represent competing views of the existence of a Supreme Being or its role in American political life. They are two sides of the same coin. When read together, the Declaration and Constitution tell us that the people's rights are divine in origin, sacred and unalienable, while governments are human in origin, answerable to the people and dependent entirely on their consent."[9]

Freedom requires virtue, and virtue requires faith, and faith requires freedom.

Consent of the governed: The legitimacy of the power a government holds is dependent upon the consent given to that government by those who are to be governed. In other words, rights are not from government but from God, and "that governments are instituted among me, deriving their just powers from the consent of the governed."[10]

A government's power is only legitimate if the people it governs consent to it. If you have ever questioned the importance of voting or even if your vote matters, you now know why it does and why voting in the Constitutional Republic that is the United States of America (which is reserved for its legal citizens only) is one of the very lifelines to this very concept.

Freedom requires virtue, and virtue requires faith, and faith requires freedom.

CHAPTER 14

Faith Requires Freedom

"Bad men cannot make good citizens. It is when a people forget God that tyrants forge their chains. A vitiated state of morals, a corrupted public conscience, is incompatible with freedom. No free government, or the blessings of liberty, can be preserved to any people but by a firm adherence to justice, moderation, temperance, frugality, and virtue; and by a frequent recurrence to fundamental principles."[1]

Patrick Henry

Alexis de Tocqueville stated that, "[Liberty] considers religion as the safeguard of morality, and morality as the best security of law and the surest pledge of the duration of freedom."[2]

What does it mean that faith requires freedom?

As we know, freedom is defined as "the power to do what you want to do: the ability to move or act freely," and "the state of not being a slave or prisoner," and "the absence of subjection to foreign domination [meaning there must be a defined border and rules for becoming a legal citizen of a nation] or despotic government."[3]

A tyrant or a totalitarian regime can offer one a perception of freedom (that is, you are free to do what they tell you they will allow you to do, when they tell you that you are allowed to do it) and be void of virtue and faith, but they cannot have Life, Liberty, and the pursuit of Happiness. In this type of land, the Golden Triangle of Freedom is shattered.

In this type of governmental system, judicial tyranny will be the norm because one branch, one party, one corrupt individual, or a corrupted group will not just take control, but they will mandate and demand and force their control and belief (ideology) on the citizens through illegitimate means, often describing their "divine right" or just intent for a perceived safety or the "greater good." Through suppression, oppression, cancelation, and threats of violence and loss of freedoms and rights — the same rights granted by God that are unalienable — they will show no faith; they will show no trust in the citizens or their ability to choose virtue and what is best for themselves, nor will they have any trust in the citizens' ability or rights to self-government; they will view themselves as enlightened kings and queens who hold more knowledge and wisdom than the citizens and who know what is best for each person, which, as history has shown, usually means what is best for themselves.

A totalitarian regime can, believe it or not, have faith — faith in what, though, is the real question — and be void of virtue and thus strip its citizens of their freedom, but they cannot have Life, Liberty, and the pursuit of Happiness.

In this type of governmental system, judicial tyranny will be the new norm. Virtue, remember, is "the discipline, strength, and courage to stand by your values." One can try to be virtuous in this sense but never truly achieve virtue if their values are corrupted.

Noah Webster stated: "In selecting men for office, let principle be your guide. Regard not the particular sect or denomination of the candidate — look at his character. It is alleged by men of loose principles, or defective views of the subject, that religion and morality are not necessary or important qualifications for political stations. But the scriptures teach a different doctrine. They direct that rulers should be men who rule in the fear of God, men of truth, hating covetousness. It is to the neglect of this rule that we must ascribe the multiplied frauds, breaches of trust, speculations and embezzlements of public property which astonish even ourselves; which tarnish the character of our country and which disgrace our government. When a citizen gives his vote to a man of known immorality, he abuses his civic responsibility; he not only sacrifices his own responsibility; he sacrifices not only his own interest, but that of his neighbor; he betrays the interest of his country."[4]

As I state in my book *Destiny: Rich or Poor, Life or Death, Choose Your Destiny*, "A person can… live with virtue but have a warped, or bad, or wicked (you choose the word), or shaky value system and thus lack true character."[5] By this I mean a governmental system can try to claim to be virtuous in its ability to adhere to its ideologies that sprout from its foundational base, its values, and its chosen ideals, but destroy true freedom if its values are corrupted or destructive to the original founding documents, and thus lack faith in such

> *Without true virtue… without true faith… how can one claim to properly and responsibly use freedom through virtue?*

documents and the citizens, and rule through other forms of tyranny, other "-isms" (and, oftentimes, in pure and open hypocrisy).

Just look at history and the Church of England, or the Middle East, or Communist history, or the Crusades (the true history of the Crusades), or the Barbary Pirates, who were made up of five Islamic nations and "began making indiscriminate, ferocious attacks against the property and interest of what they claimed were Christian nations,"[6] of which the newly formed United States of America was one of those they claimed were a Christian nation, and many other examples throughout world history.

A totalitarian regime can claim to have virtue and be void of faith and freedom, but they cannot have Life, Liberty, and the pursuit of Happiness.

Just look at communist and socialist history, Nazi Germany, and other examples during your independent research.

One can claim to have two, be missing the third, and still not have Life, Liberty, and the pursuit of Happiness. Such as: Freedom and Virtue and still not have Life, Liberty, and the pursuit of Happiness.

Freedom is not liberty. Freedom is the absence of coercion and restraint on your choice; it is being free from a tyrannical and despotic ruling government or a philosophy that results in such; it is actually unrestrained. Liberty is the responsible use of freedom through virtue. Without true virtue, without an absolute foundation in morality, without true faith in the absolute, how can one claim to properly and responsibly use freedom through virtue?

Thus, the Golden Triangle of Freedom, and as we call it in America, our Declaration of Independence, Bill of Rights, Constitution, and God-given unalienable rights to Life, Liberty, and the pursuit of Happiness.

If you break one side of the triangle, it will all begin to collapse.

A suppression of faith by the way of religious or political persecution, whether open and fierce like in Communist China or North Korea, like a zealot caliphate in the Middle East, or by overt and subtle ways like political identity politics, DEI, and cancel culture, or by hypocritical leaders with no foundation upon which to support virtue, is done through judicial tyranny, and it will weaken and begin to break the support of the Golden Triangle.

The fundamental pillar in America to the judicial tyranny of the free exercise of religion and the suppression of faith, which begins to dissolve virtue and eliminate freedom, is the claim of "separation of church and state." I urge you to search for this in America's founding documents; I was unable to find it, and I am sure you will be unable to as well. This statement came from a misinterpretation of a phrase in a letter that Thomas Jefferson wrote to the Danbury Baptist Association of Danbury in response to their letter to him expressing their concern that protection for religion be prominent in the Constitution and that leaders might someday try to, and believe they have the right to, regulate or even remove religion from the public squares or the public life. Jefferson wrote them back telling them that they need not

> *Without freedom, faith in God will soon be pushed out and virtue will disappear.*

worry because the government has no powers granted to it to interfere with the church or religion. He assured them that the Constitution clearly protected public and private religious activities. He wrote (emphasis added), "Believing with you that religion is a matter which lies solely between man and his God... I contemplate with sovereign reverence that act of the whole American people which declared that their legislature should 'make no law respecting an establishment of religion or prohibiting the free exercise thereof,' thus building a wall of *separation between Church and State*." As David Barton clearly defines in his book, "...Jefferson made clear that the 'wall of separation' was erected not to limit public religious expressions but rather to provide security against governmental interference with those expressions, whether private or public."[7]

Think about what we discussed in Chapter Seven with the Church of England, Queen Elizabeth, and even the Roman Empire with the forced mandated worship by the State.

A suppression of freedom will all but eliminate Liberty all by itself. Liberty is the responsible use of freedom. Without freedom, faith in God will soon be pushed out, and virtue will disappear. As I say in other writings, "unalienable and God-given be void if God there not be." Thomas Jefferson understood this very well when he said, "The God who gave us life gave us liberty at the same time."[8] And Reverend William Smith said in his sermon in 1775, "Religion and liberty must flourish or fall together in America. We pray that both may be perpetual."[9]

A suppression of virtue will lead to restrictions on freedom due to a lack of responsible citizens to properly exercise their liberty, and it would soon evaporate faith.

A suppression of faith will lead to restrictions on freedom due to a lack of responsible citizens to properly exercise their liberty, and it would soon evaporate virtue.

It is interesting how these two — faith and virtue — are intertwined to secure freedom, isn't it?

Character requires virtue and faith, and it requires

the freedom to properly be lived through liberty.

For, as I say in my book *Destiny: Rich or Poor, Life or Death, Choose Your Destiny*, "Character… is a blend of… values… virtues… and… integrity…"[10]

Thus, we have the Golden Triangle upon which our religious beginnings greatly influenced the creation of our Constitution, Declaration of Independence, Bill of Rights, and all our founding documents, and in which this great country, the United States of America, resided.

Can we keep this triangle intact?

Can we hold on to what made America great?

Can we live up to those great words stated by America's 40th President, Ronald Reagan, and remain "…a shining city upon a hill whose beacon light guides freedom-loving people everywhere"?

Or will we be haunted by the negative "what ifs," manipulated by false doctrine, and become the very termites that eat away the foundation, collapsing the Golden Triangle of Freedom, and fail to comprehend the phrase, "…if you can keep it…"?

CHAPTER 15

The Watchman

"Government is like a baby. An alimentary canal with a big appetite at one end and no sense of responsibility at the other."[1]

There once was a large piece of land, which was loaded with enough material goods to financially sustain a small country for many, many years. This land, or property, had sat unused for a while, and it captured the eye of the government. After some time, one branch of the government could no longer contain its desire to showcase its self-proclaimed enlightenment and wisdom and, under the weight of its own pressure for power and control, snapped and decided to acquire it.

The Speaker stated, "The people who owned this property and goods are just not informed well enough to know the proper thing to do for their own sake, let alone for the sake of others. It's going to waste. They need us. That is why we must take control for them, to invest in this opportunity and increase its income for all."

Then, the self-proclaimed eminent branch of government took domain of this property. After the property was acquired, this branch held another meeting.

"This was a bargain of a deal!" exclaimed the Speaker.

It wasn't long, though, before the very same Congress that knew best and "acquired" this property began to worry about someone thinking about the same opportunity and doing the same thing they had done. This property and its potential now belonged to the government — it was Congress' responsibility. This Congress did not want anyone, especially the people, to reclaim, or in their mind, to steal, these material goods, this bargain of a deal.

So, together, in their combined self-proclaimed wisdom, Congress voted on and created a new position in order to guard their new potential investment: A Watchman. This Watchman would stand guard over these items at this location and protect them.

PROBLEM SOLVED.

The members of Congress cheered at their intellectual insight to perceive a problem, create a solution, and save the taxpayers any more cost, outside of the lost property and items, and the new taxes in order to pay for this new position of Watchman that the government now "created."

Then, someone in Congress asked, "How does this Watchman do his job if he does not have instructions on how to do so properly?"

Other members of Congress jumped into the conversation to display their newfound care, concern, and wisdom with this newly perceived situation: "How does he guard these items?" "What rules should he follow?" "What procedural steps should he take to do this job properly?"

"What is 'properly' when it comes to doing this job?" asked one member.

"You mean ours or the Watchman's?" another member retorted.

The room erupted in laughter.

In their wisdom, they decided to find an answer to this new dilemma created by the Watchman.

Congress decided that they needed to create a new committee, a committee to plan the job of the Watchman. They named this committee the Planning Department. Thus, a planning department was established.

Congress then hired two people for this new department: one person to write the instructions for the Watchman and one person to supervise the process of writing the instructions for the Watchman.

Congress cheered at their intellectual insight to perceive a problem, create a solution, and save the taxpayers any more cost, outside of the lost property and items, and the increase in new taxes for the Watchman, the Planning Department, and its two new employees.

Then, someone in Congress asked, "Wait! How will we know for sure if the Watchman is performing his duties correctly? If someone serving in a position, paid or unpaid, is not held accountable, then performance, morale, and work could suffer, selfish agendas and greed could infiltrate their ability to serve justly, and this could cause pain and distress upon another, right?"

A member in the back shouted, "Accountable! That's a good one."

The room erupted in laughter.

Then, Congress, with their brilliance and wisdom, created a new committee, which they then called the Quality Control Department.

They then hired two more people: one person to study the Watchman's instructions and make sure the Watchman was doing his job correctly and one person to write the report.

Congress cheered at their intellectual insight to perceive a problem, create a solution, and save the taxpayers any more cost, outside of the lost property and items, the further increase in new taxes for the Watchman, the Planning Department and its two new employees, and the Quality Control Department and its two new employees.

Then, someone else in Congress spoke up and said, "Wait. What about payment? We made promises to these people. We promised the new employees money. How are we going to ensure that all these people actually get paid? I think we might actually need to do something here."

"Well, if we're going to do work, then we should raise taxes to pay for that work; this way we are not taking from the savings we procured for the people with the property and goods we acquired," said another member.

"Yeah," shouted another member, "Good idea. And if we are going to do work, then I could use a raise!"

The room erupted in laughter.

Congress, once again, with their enlightenment and wisdom, created a new committee, which they then called the Human Resources Department.

For this new department, they hired two people: one person to keep time and the second person to be the payroll officer.

Congress cheered at their intellectual insight to perceive a problem, create a solution, and save the taxpayers any more cost, outside of the lost property and items, the further increase in new taxes for the Watchman, the Planning Department and its two new employees, the Quality Control Department and its two new employees, the Human Resources Department and its two new employees, and a raise for a job well done.

Then, one brave Congress member had the guts to stand up to the rest of them and shouted, "Stop! What have we done! Are we all fools! How can we just create new departments and create new positions for those departments without thinking of the most important thing? With all these new departments and people, who will be held accountable for the cost and for them and their job performance? Not us, I hope!"

"Yeah," shouted another member, "We just solve problems; we're not responsible for them."

The room erupted in laughter.

Congress then created a new committee, which they called the Administrative Department.

They hired three people for this new department: one was the administrative officer, one was an assistant to help the administrative officer, and one was the legal secretary.

Congress cheered at their intellectual insight to perceive a problem, create a solution, and save the taxpayers any more cost, outside of the lost property and items, the further increase in new taxes for the Watchman, the Planning Department and its two new employees, the Quality Control Department and its two new employees, the Human Resources Department and its two new employees, the Administrative Department and its three new employees, and another raise for a job well done.

Finally, one seemingly smart person in Congress spoke up and said, "Hold on! I see a major problem here! Somehow, we are extremely over budget. We must be good examples and show fiscal responsibility. This reckless spending and greed for wealth and power cannot stand. Someone will and must be held accountable for this debt. We must fix this budget problem and cut back costs somewhere."

Congress discussed and debated this for some time. Finally, they came to a unanimous decision.

Congress cheered at their intellectual insight to perceive a problem, create a solution, and save the taxpayers any more costs.

They fired the Watchman.[2]

CHAPTER 16

The Branches Upon Which We

Balance

"Public utility pleads most forcibly for the general distribution of the Holy Scriptures...In vain, without the Bible, we increase penal laws and draw entrenchments around our institutions. Bibles are strong entrenchments. Where they abound, men cannot pursue wicked courses, and at the same time enjoy quiet conscience."[1]

James McHenry

America's government (the United States of America) was originally set up with a system of checks and balances to help guide us — the legal citizens — in a better, freer, and more prosperous world. That is what our founding documents were written for — to keep the reins on a smaller, less intrusive government that served the people (the legal citizens).

In the *Federalist No. 47*, James Madison wrote that "The accumulation of all powers, legislative, executive, and judiciary, in the same hands, whether of one, a few, or many ... may justly be pronounced the very definition of tyranny."[2] And when the three branches upon which we balance are all in the hands of one — individual, outside ideology, or political party — if that one has broken the Triangle of Freedom, tyranny will then have an open vessel to fully begin to seep into the land and wither away at freedom until the "new normal" dances on the grave of Liberty where the trunk once stood strong and tall. Most times this poison, this erosion, will be slow as the values once held dear are chipped away one at a time: the right to life will become a choice; the right to freedom and liberty will begin to be restrained for "public health" and "public good"; freedoms of speech and press will become silenced as misinformation toward the State's information; and the right to liberty will be deemed negative as it could build distrust toward those in power with the combined "wisdom" to perceive a problem and provide all solutions to all "public good." "Soon, the people do not even remember or know what the established thesis [the founding of freedom, liberty, values, and ideals] was, nor do they seem to care, so long as they are conformable with the 'new normal.'"[3] That I believe may very well have been a major reason for the separation of powers amongst our elected officials and our limited government.

America's Founders had a unique opportunity to create a government that was unlike any in the world at that time or that the world had yet seen. They created a federal government, limited in its size and power, that derived its power and any lawmaking ability from the people through those whom the people elected to serve them while preserving the sovereignty and the autonomy (the right of self-government) of the States. "Elected to serve" is a public office, and this was a service meant to serve the public, not one's own benefit. As Thomas Jefferson stated, "When a man assumes a public trust, he should consider himself as public property."[4] The Foundation For Ethical Behavior Executive Order 12674 (we will discuss executive orders later) was an order issued in 1989 (modified with Executive Order 12731) that directly stated principles defining the proper conduct of those in public office (which should have been self-evident), more specifically, those of the executive branch. It states, among many of its conditions of public service, the requirement "to place loyalty to the Constitution, the laws, and ethical principle above private gain," and "... not use your public office for gain." Essentially it told public service employees to put ethical behavior above their personal benefit.[5] This should help in maintaining a smaller, less intrusive government that serves the people. These self-evident principles of public service should help curtail tyranny. Our government, as declared in the Fifth Amendment, cannot deprive the citizens of life, liberty, or property without due process of law. To do so would be to overstep the government's limited bounds, violate the Constitution, and bring a sense of tyranny and oppression to the very people the government was established to help protect.

> *When governments grow too big, a form of tyranny is soon to follow.*

Ronald Reagan said, "We are a nation that has a government — not the other way around. And this makes us special among the nations of the Earth. Our government has no power except that granted it by the people. It is time to check and reverse the growth of government, which shows signs of having grown beyond the consent of the governed."[6] How right time has proven these words.

As we have all heard before in some variation, "If your government is big enough to give you everything you want, then it is also big enough to take away everything you have." When governments grow too big, a form of tyranny is soon to follow. Alexander Hamilton is quoted as stating, "It's not tyranny we desire; it's a just, limited, federal government."[7]

The purpose of government (the U.S. government specifically) was for foreign policy, while the states were to handle the domestic policy. Our government was also to secure the natural rights — those unalienable, God-given rights — of the legal citizens living under such a government.

As we all should know, there are three equal but separate branches [four if you include "we the people"] that make up the branches in our tree of Life, Liberty, and the pursuit of Happiness. Each branch is to have its own specific role in helping run the government and handling certain items or issues. This was to help ensure our small government was strong but fair, small but able to protect from invaders, and to keep the small government and those serving in it from abusing its power, hopefully avoiding any religious, political, individual, or judicial tyranny, and to protect the individual, God-given, unalienable rights and freedoms of the people and the States.

We discussed the Golden Triangle in which we reside; without it, America would not have been able to achieve something the world had never before seen and become the superpower it is or the land of Life, Liberty, and the pursuit of Happiness that it is — America would not have been the "shining city upon a hill whose beacon light guides freedom-loving people everywhere." The United States of America, even with its current problems and rot, is still the country oppressed people flee to; it is still the land sought for the freedoms it has left; it is still the land targeted for destruction by those forces that oppose freedom, liberty, God, and the founding heritage of this great nation.

Without faith, virtue, and freedom, America would not have been as highly blessed as it was and still can be.

From this trunk — the Golden Triangle of Freedom — grows the branches upon which we balance.

The branches upon which we balance are called the Legislative, Judicial, and Executive. Once again, we see the triangle in effect. Without these three points, these three pillars, our government, as it was established and intended to be governed, would surely collapse into the rubble of tyranny and oppression and a type of monarchy or single-party system.

America's government was established with the intent to not be like the world where kings and monarchs and corrupt and powerful governments ruled but, instead, to be a light to the world, a beacon of hope where WE THE PEOPLE are in charge of our government; the government is not in charge of WE THE PEOPLE.

If you have paid attention to politics throughout the last few decades (even from the first draft writing of this book in 2021 to the present time) and some time before (from mayors to governors to senators to the highest office in the land), then you have no doubt seen a fracture in the balance of these branches and, with that snapping, a sap of a judicial-type tyranny has been seeping out onto us, we the people.

Without a proper balance of power, one person, group, or party could easily impose their will by pruning what they deem as unwanted, undesirable, deplorable, freedom-obsessed, and a disease from the tree on which these branches balance, thus suppressing, canceling, and, the ultimate end goal, eliminating such imbalance from their perception and agenda of power and control. When we allow this to happen, whether it be through fear, ignorance, greed, apathy, or any other vice, we then find ourselves a living example of this saying: "Civilizations die from suicide, not by murder."[8] Then the people, some knowingly and others unknowingly, join in replacing their country from first to last. Just as when one point, or side, of the triangle is removed and

> ***It is through these branches that the self-governed get to... eat of the fruit of their choices and virtues.***

the whole structure collapses, so does the government that was set up by our Founding Fathers, and the freedoms and rights guaranteed by our Creator and established in the Constitution, when a branch is removed or rotted and the balance is skewed. We are not the vine; we are the branches, and we too can be cut from the vine of freedom, Life, Liberty, and the pursuit of Happiness if we are negligent in our duty to understand that freedom is not free and that ignorance is not bliss.

It is through these branches that the self-governed — we the people — get to see and eat of the fruit of their choices and virtues. The apple of the knowledge of good and evil has already been digested by humanity. It is now the fruit from the branches of the American tree that tells us, in the United States of America, if we have allowed the seeds of good to sprout from our inspired, God-given, unalienable rights and the Constitution we claim to uphold, or if we have instead voted in evil and corruption into our tree, poisoning our fruit, seeping the sap of tyranny, and extinguishing our light.

America's Constitution is that inspiration and supreme Law of the Land that keeps these branches healthy and providing good fruit for its citizens, but it is up to the citizens to learn, have faith in, and apply this vital nutrient. There will always be creatures, hidden in the shadows, and burrowing beneath, eating away at the roots of this great nation; some may even be brave enough to step out in front and, in our surprise (often wondering how they got there), cause us to swerve and slam down hard on our brakes in our drive to protect this tree, and that is why it is so important to fight for freedom, to try to live our lives as best we can with moral virtue, and to hold tight to faith in God.

The next three chapters will only be highlights of what I think are key aspects for each branch upon which we balance, some because of what we have experienced during the writing of this book and might not fully know, but there is much more to learn and understand. I encourage you to seek out the truth and to research our great Republic. I am still learning, and what I have found is inspiring and intriguing, but there is still so much more to learn. For more information, you should research and read our founding documents for yourself. Also, while you're at it, you should read the history of our founding and of our founders and their original writings as much as you can. I think you will be pleasantly surprised by what you find.

The next three chapters might be considered the boring part, but they are absolutely vital to understand, and not just what I have written here, but the whole, for we cannot protect that of which we know not. So, we will keep it as brief and to the point as possible. But please, do not skip them.

CHAPTER 17

The Executive Branch

"The goal to strive for is a poor government but a rich people."[1]

The executive branch of the United States of America's government is considered the most powerful branch in the world. On this branch rests what is known as "the leader of the free world," because America has had the largest and most prosperous economy, allowing the person residing on this branch to wield much power in the political sphere across the globe.

The executive branch is headed by the elected president of the United States of America.

Within this branch, the President holds the power to either accept and sign a law into effect or to reject a proposed law and veto it. (These proposed laws will be discussed a little further on.)

Here, the President, also, is responsible for appointing their chosen pool of nominees for their Cabinet and for the Supreme Court, should a position and opportunity present itself during their term in office.

Now, the President, by the addition of the Twenty-Second Amendment, is limited to only two [elected] terms in office. After those two terms are completed, this person cannot run for the office of presidency again. Interestingly, this was not established until 1951, and this was after Franklin Delano Roosevelt served three full terms and a small bit of a fourth term in office before he died — he was the only president to serve more than two terms. George Washington understood the importance of not serving in office for too long, as it is said that he admired Cincinnatus, a conquering Roman general who the people loved and wanted to rule Rome, but instead chose to retire, and the idea that Washington believed in the republican values, which include the idea of not allowing one person to hold onto too much power for too long. A public servant, he understood, serving too long with too much power would negate the republican values upon which this great country was influenced by and held so dear. The Twenty-Second Amendment, Section 1, states, "No person shall be elected to the office of the President more than twice, and no person who has held the office of President, or acted as President, for more than two years of a term to which some other person was elected President shall be elected to the office of President more than once..."[2]

Under this title, and resting upon this branch, are the various leaves that sprout from the elected President, of the U.S., which are, as was already mentioned, the Cabinet, the Vice President — this is the person whom the President-elect chose to be their running mate before the elections — and if there is an opening, a seat on the Supreme Court, and a list of various other officials, most of whom are rarely discussed or cared to know much about by the people, but they are important.

Interestingly, the Vice President was not always the running mate, as stated in the Twelfth Amendment, which was ratified in 1804, that the person with the most votes would become the President, as they would be considered the "most qualified for the job," and the person with the second most votes would then become the Vice President, as they were considered the "second most qualified." As far as my research and understanding go, it was intended that the candidate running for the office of president did not pick a vice presidential running mate, because when they do, as we are accustomed to now with the "new normal," they choose someone from their political party who holds very similar political views. The Founders and those of early America knew that this type of working would be antithetical to America's prosperity and freedom in the long term. This was because they understood that political parties and political alliances for political agendas, of which anti-American, anti-God, and anti-Constitutional ideologies would eventually infiltrate, would, in the long term, weaken America and then begin to erode its freedom, diminishing its prosperity, corrupting its values and principles, and suffocating the very God-given, unalienable rights, such as those to Life, Liberty, and the pursuit of Happiness. They

> It did not take long for the political parties to become the leech sucking the vitality of the American principles and values from the bloodline that helped establish and secure freedom and liberty.

were against political parties, especially the two-party system we have today. Although it did not take long for the political parties to become the leech sucking the vitality of the American principles and values from the bloodline that helped establish and secure freedom and liberty.

The Twelfth Amendment meant that a clear vote must be taken, which would result in the president and vice president, not the vice president riding the coat-tails, so to speak, of the presidential candidate. It did not create the Electoral College, which was already set in the Constitution by the Founders, who knew this was the best way to ensure a fair vote, but the election of 1800 between John Adams and Thomas Jefferson did reveal a problem that required a fix, known as the Twelfth Amendment.

Also, the people would not vote for the persons as potential candidates for either president or vice president but for the candidates they believed to be the most qualified to become president.

The Twelfth Amendment helped solve a problem with a candidate not receiving the majority vote or if there was a tie. With the Twelfth Amendment, the House of Representatives would then choose who would be the president out of the three candidates who received the most votes, and the Senate would then choose who would be the vice president out of the remaining two candidates.

The executive branch has also been granted the authority to make laws official; they do not, however, write the laws. The President, as given authority to do so while presiding in this branch, can issue what is known as an executive order. The executive order is a directive that comes directly from the president, and it can hold similar power under this branch's legal authority as a federal law; however, an executive order is still required to be made official through the constitutional process if it is to be cemented as law. Remember, the President (the executive branch) does not have the authority to write and pass their own laws arbitrarily and without proper constitutional process. If done so, then those laws, or executive orders, are unconstitutional and must, according to our founding documents, be struck down. As it states in Article II of The Constitution, the President "shall take care that the laws be faithfully executed."[3] In other words, the President cannot just make a law because he wants to, nor can he just make a law because he feels that Congress will not do what he wants; the President is there to ensure the laws are faithfully executed. The power granted to the President in the form of an executive order is so that the President can execute a power, or law, that is and has already been given to the President. In other words, an executive order can only, as I have seen it stated many times, "carry the weight of law" if: one, it falls under the authority granted to the President in the Constitution, and it is directed to a department or government entity; two, it does not violate what is written in the Constitution or any state, federal, or local statute (a law enacted by the legislative branch) that is authorized by the Constitution.

What are these powers, and how does the President obtain them?

These powers are granted to the President by way of it already being stated in the Constitution, Congress agreeing to and passing a law that abides by the Constitution and their purpose according to their authority, or, quite possibly, but rarely, an amendment being passed that then grants a power to the President in that certain area or law. In other words, if a law has not already been passed by Congress or if it is not already written in the Constitution and the Constitution has not expressively given the President the power to do such, then it would be unconstitutional and unlawful for the President to make such an executive order.

Are executive orders permanent?

An executive order is never permanent. To be cemented as law, it must first be accepted, debated, voted on, and passed in Congress, then sent back to the President to sign it and make it an officially stated federal law. Executive orders are quite unique in that each, if not solidified (even that is not permanent) by Congress, can be rescinded by the next or another future president. Article II, Section 3, Clause 5, does not grant the President — the executive branch — the authority or power to create law.[4]

If this authority were to be corrupted and the power to make law usurped by the executive branch, then there would no longer be any need for the other two branches because the balance of power would collapse. This type of judicial tyranny would create an autocracy in which one dictator would rule, and their mandates would immediately become law. Under this type of government, the Golden Triangle of Freedom would be torn down, and the citizens would not truly live with freedom, Life, Liberty or the pursuit of Happiness. There would no longer be a safeguard for freedom; the values by which one would live would be shown to be corrupted, usurped by overreach, and faith would all but eventually be lost.

CHAPTER 18

The Legislative Branch

"When the legislative and executive powers are united in the same person, or in the same body of magistrates, there can be no liberty; because apprehensions may arise, lest the same monarch or senate should enact tyrannical laws, to execute them in a tyrannical manner."[1]

In the United States of America, the legislative branch is considered the "People's House" because it consists of representatives chosen by the people.

The legislative branch is the branch on which Congress resides.

Congress is the title given to this branch, which forks into the Senate and the House of Representatives.

Congress, as a whole, writes, debates, votes on, and passes a law, which is then sent to the president who can either sign it to be official or veto it and send it back to Congress for more debates and edits, or the proposed law could just be killed on the spot. Congress is also the place where the federal budget is set, and funds are allocated to operate the federal government and to provide any needed assistance to the states. If a federal budget is not passed, it is Congress as a whole who failed to do so. Unfortunately, this is also the branch that has the authority to decide if the federal debt ceiling should be raised or not.

The debt ceiling is the limit on the amount of debt the national government (the federal government) can incur as a nation. Each time Congress raises the debt ceiling, the national debt also increases — this would be similar to an individual getting a raise on their credit limit with their credit card and continuing to max it out. They are not paying off debt by doing this; they are just incurring more debt and kicking the proverbial can down the road. This is where we hear the phrase "we are robbing our children of their future" — well, unless our children learn from our choices and character and repeat this same fiscally irresponsible thing; either way, when we do this, we are robbing from a future generation.

Article I of the U.S. Constitution establishes the legislative branch, and it grants all legislative powers to Congress (the House and the Senate).

The Senate is established by Article I, Section 3 of The Constitution, which states, "The Senate of the United States shall be composed of two Senators from each state, chosen by the legislature thereof for six years."[2] Each state in the Union receives two Senate seats to be filled by the people of that state through a legal system of voting. Unfortunately, as of the writing of this book, unlike the office of the Presidency, there is no limit to how many terms a person can serve as a Senator.

The Senate's job is to approve the nominations, or not approve the nominations, made by the President. They are the half of Congress that considers the bills and laws that are written and approved by the members of the House through a majority vote.

Interestingly, when it comes to the courts and trial for a possible impeachment of a president, the Senate is authorized to act as the court of an impeachment trial. For this process, there is to be a part of this branch that does the investigation, questioning, and prepares all documents to be heard by the other part of this branch in a non-partial type of court, which is the Senate. During this process, the Senate is not supposed to provide any further investigation or perceived evidence; to do so could cause them to be biased during the trial and therefore unable to justly and lawfully do their duty as the court. If done so, it could very well be like a judge or jury stepping into the role of defender or prosecutor, speaking their mind, presenting their facts, calling their own witnesses, and presenting evidence all in an attempt to prove their own predetermined standing on the case — it would be an impartial jury.

> *Impeachment is the initiation of the process of investigation and court of an accusation; it is not conviction; an accusation is not a conviction.*

The House is established by Article I, Section 2 of The Constitution, which states, "The House of Representatives shall be composed of Members chosen every second Year by the People of the several States, and the Electors in each state shall have the Qualifications requisite for Electors of the most numerous Branch of the State Legislature... The number of Representatives shall not exceed one for every thirty Thousand..."[3]

Each state in the Union receives a certain number of seats in the House based on their population. The population of each state is counted by the census, which is required to ask that each legal citizen account for themselves and their families. Each legal citizen is to be counted one time. This begs the question as to why certain politicians and political parties are widely against the citizenship question being answerable on the census and why proving one is a legal citizen in order to vote is even in debate, let alone a heated debate among the two-party system. When there is no safeguard to the reliability of only legal citizens voting in local, state, and federal elections, then non-citizens, especially unassimilated non-citizens, can and will cast votes as well as increase the number of representatives in the House, thus skewing the balance of power, eliminating the sacred voice of legal citizens, and opening the door to interference, corruption of power, and the infiltration of political "isms" and agendas contrary to the established foundation of American principles and values.

> *The Constitution and the benefits... are only legally and morally enforced... for the legal citizens of this nation. If not... then our obligation and duty would... be to enforce and enact... our laws, and our way of life on every person and every nation; there would be no individual nations or cultures, no sovereignty, but one global world order.*

In recent years (before and since when the first

draft of this book was written in 2021 and the final published draft in 2025), there has been a motion to remove the required question asking if you are a legal citizen and to allow all people, regardless of citizenship or legal status, to fill out the census forms and be counted. This, however, is a direct violation of the Constitution because it distorts the number of delegates each state is allowed to have in the House, and it allows non-citizens, including illegal immigrants, to be counted, represented, and, in a sense, vote in our elections. (*Side note:* at the time of this writing — even in 2021 — certain places had already usurped the Constitution and the will of "we the people" and allowed non-citizens and illegal immigrants to vote in local elections.) The Constitution and the benefits of our government, although expressed as natural-born rights, are only legally and morally enforced by our government toward and for the legal citizens of this nation. If not, and they are to be given to all non-citizens too, then our obligation and duty would change and therefore be to enforce and enact our government, our laws, and our way of life on every person and every nation; there would be no individual nations or cultures, no sovereignty, but one global world order.

The House's job is to write, edit, and make the bills and laws that will be voted on and, if passed in the House, then sent to the Senate for further examination and voting. The House is also authorized to examine (investigate, scrutinize, look into) the works of the government. This is where the House is granted the sole power to impeach a sitting president. That is, the House is responsible for the filing of and for impeachment, the investigating of the proposed crime, looking into (examining) the evidence of both sides, calling witnesses — they must allow for both the prosecutor and defendant to give testimony if they so wish to and to call upon witnesses (part of due process) — and the preparing of all documents for the impeachment trial that will be presented and reviewed in the court. Remember, impeachment is the initiation of the process of investigation and court of an accusation; it is not conviction; an accusation is not a conviction.

Just like the Senate, there is, as of the writing of this book, yet no limit to how many terms a person can serve as a member of the House.

CHAPTER 19

The Judicial Branch

"Presidents come and go, but the Supreme Court goes on forever."[1]

William Howard Taft

In the United States of America, the judicial branch is the branch upon which the Supreme Court makes its nest.

Believe it or not, the Supreme Court was not originally meant to wield such power as it holds today. Members of the Supreme Court, as far as my understanding goes, did not even have a building of their own to meet in until about 1935. In fact, even the opinions of the Supreme Court justices are not law, nor are they intended to be carried out by lawmakers.

Most Supreme Court justices hold their position for life; however, this does not have to be, for Congress has the authority granted to it by the Constitution to impeach a member of the Supreme Court and of any lower federal court if that individual is not acting on "good behavior." The Constitution does make it somewhat vague, but no Supreme Court Justice is guaranteed that office for life, and Congress (those elected to serve the people) could, in a sense and in layman's terms, attempt to fire them.

This branch, the judicial branch, of our tree of Life, Liberty, and the pursuit of Happiness is headed by the Supreme Court, which is made up of nine justices appointed by a sitting president (the executive branch) and voted on and approved by the legislative branch; and the Supreme Court justices are not subject to term limits like the president.

The Supreme Court justices are the great birds who, usually, nest on this branch — the Supreme Court — for life. They are appointed by the president and are never called for reelection (since there was none) or reappointment. This is the branch upon which people sit who are not directly answerable to the people.

The judicial branch also includes the district courts and the circuit courts.

The role of the Supreme Court is to make judgments on whether an act, law, mandate, executive order, or any case chosen to be heard that is brought before them is permitted by the Constitution and thus lawful: constitutional or unconstitutional. They are expected, trusted, and sworn to keep political and all other bias aside and make their decision solely on the wording and meaning of what is clearly stated in the Constitution. Sometimes, like in the case of the phrase "separation of church and state" in the 1947 decision by the Court,[2] they fail in their duty by ignoring the context, history, truth, previous court decisions on the same or similar cases, understanding where a phrase actually came from, and their own human nature. Interestingly, for most of American history up until that time, even the Supreme Court upheld the teaching of religion and the presence of

> *Without "we the people" breaking through our apathy and ignorance, then the sap of judicial tyranny can easily creep in, cracks occur, and division distracts.*

prayer and the Bible in education as was the precedent from the time of the Founders.

Without the other branches holding to truth and virtue and without "we the people" breaking through our apathy and ignorance (lack of understanding, knowledge, and information), then the sap of judicial tyranny can easily creep in, cracks occur, and division distracts.

The Supreme Court is considered the highest court in the United States, and their decision on a case is often accepted and assumed to be final, though it can always be challenged; otherwise we might find ourselves under judicial tyranny without the right and ability to always challenge.

The supreme Law of the Land in the U.S. is the United States Constitution, not the Supreme Court, i.e., the judicial branch. Unsurprisingly, as time advances, more and more court decisions are made not on a constitutional basis but instead on previous court precedent (but not always, as we have mentioned), assuming there was always a firm constitutional basis. The Supreme Court's decisions on cases are often used as the precedent for future cases with similar arguments or topics in both the higher and lower

> ***Remove freedom, and you corrupt virtue; corrupt virtue, and you destroy faith; destroy faith, and you bury freedom.***

courts. With this authority and responsibility, it is vitally important that the Supreme Court hold to their vow and follow their sworn duty to uphold and follow the Constitution, because if not, then they could very well violate the Constitution and the people's rights and set a dangerous precedent to be followed in all courts, further fracturing the faith and belief in our Constitution and great Republic, resulting in further division and collapse, all from a lack of proper understanding and a lack of character.

Remove freedom, and you corrupt virtue; corrupt virtue, and you destroy faith; destroy faith, and you bury freedom.

The Supreme Court, on this branch, also is there to help explain the meaning of any confusing or ambiguous laws that might be passed and how they are supported or unsupported by the Constitution. They do not have the authority to rewrite, reword, change, add to, take away from, or in any way alter what was already written and passed as law.

All this, what each branch is and is authorized (or not authorized) to do, can easily be found in the Constitution of the United States of America.

CHAPTER 20

A Balanced Justice

"All power exercised over a nation...must be either delegated, or assumed... All delegated power is trust, and all assumed power is usurpation."[1]

Thomas Paine

America's Founders were brilliant individuals who greatly understood the need for a self-governed people, but also a small and limited government that is also able to protect the God-given, natural rights of all its legal citizens; or, as the founders repeatedly stated: unalienable, by the Creator, the Supreme Being, etc.

Woodrow Wilson once stated that "Liberty has never come from Government. Liberty has always come from the subjects of it. The history of liberty is a history of limitations of governmental power, not the increase of it."[2]

The founding of the United States government was brilliantly balanced and set up with the three branches as they were meant to be, and it exists to serve the people, not rule over them.

The Preamble to the Constitution says, "We the People of the United States, in Order to form a more perfect Union, establish Justice, insure domestic Tranquility, provide for the common defence, promote the general Welfare, and secure the Blessings of Liberty to ourselves and our Posterity, do ordain and establish this Constitution for the United States of America."[3]

The Constitution was written to ensure that we [the United States and its legal citizens] did not become like the governments of the world or be ruled by a totalitarian or tyrannical system of governance like the settlers fled from and fought to free themselves of. It was to prevent the kingship-type rule. It was to prevent any one single person or entity [group, branch, party] from having a monopoly of power and ruling through tyranny (oppression, suppression, cancel culture, silencing freedoms and voices of the people, stifling religion, erasing anything they deemed as misinformation, and putting the will, the welfare of the U.S. citizenry beneath any other); it was to prevent tyranny over us, we the people. It was established to keep the interests of the American people (the legal citizens) and the sovereign American nation first, not last.

The Founders understood better than any one of us today that when a government grows too big and one in which one person or party with a uniformed ideology, especially one that does not align with the founding American ideals and principles, is in control, tyranny would soon follow. I would add that it would soon follow, potentially, with good intentions and often in the guise of "the public good." With this would come suppression of voice, which is a lost freedom of speech. "If liberty means anything at all, it means the right to tell people what they do not want to hear."[4] When this type of government begins the campaign of, as George Orwell called it, the "thought police," then freedom will soon be under the thumb of a form of judicial tyranny. As Orwell rightly put it, "No one can get up much enthusiasm for a government that puts you in jail if you open your mouth."[5]

On the list of grievances for dissolving the bonds between the colonies and the British Empire (King George specifically) listed in the Declaration of Independence was reason number nine: "He has made judges dependent on his will alone for the tenure of their offices and the amount and payment of their salaries." The judges were ignoring the law of the land and were instead making rulings based on the will of King George — this could be akin to judges ignoring the United States Constitution and state constitutions and ignoring the interpretations of the law from the earliest formation of the Constitution but instead making rulings based on the ideological will of the political party they ascribe to.[6]

The states... were for the domestic policy of this nation, and the federal government was for the protection of our borders, natural rights, and foreign policy.

The Constitution is this country's (the United States of America) sacred document, and, along with the other founding documents (the Declaration of Independence, Bill of Rights, etc.), it exists to preside over our government and service officials, not the citizens — in other words, it limits the power of government, not "we the people." George Washington stated, "The power under the Constitution will always be in the people."[7]

America's Founders understood the need for a government, and one by which the people would be the true rulers, and only by their consent, and the consent of the Constitution, could the government derive any authority. The United States federal government was established to secure the natural rights of those legal citizens living under its jurisdiction, and it is unjust if it passes any law or does anything that goes against and does not support or defend the legal citizens natural rights.

Within the boundaries of this nation resided, at the time of its founding, thirteen individual colonies (also called states) by which one central authority was required to enact social compact laws that would be just and secure the union of our newly formed nation, as well as the financial stability during an unstable and chaotic time. The states, it was understood, were for the domestic policy of this nation, and the federal government was for the protection of our borders, natural rights, and foreign policy. "We hold these truths to be self-evident..." — that is, "not needing to be explained, obvious,"[8] and "evident without proof or reasoning."[9] In other words, it was common sense, but as Voltaire said, "Common sense is not so common."[10]

The Founders understood that if the government grew too big, too powerful, too abusive, too biased, and too partisan, then it would be up to the people (the legal citizens) to stand up to the judicial tyranny and ensure the government remembered its place as it was established: to serve the will of the people and stop any and all rules that violate the people's natural, unalienable, God-given, moral, and fundamental freedoms and rights, such as those to Life, Liberty, and the pursuit of Happiness.

When the Constitution is violated, when critters gnaw away at our roots, when perversion and wickedness seep into our tree, when judicial tyranny (tyranny in general) takes hold of and begins to choke our roots and chop away at our trunk (the Golden Triangle) and turns the fruit on our branches rotten, it is up to us, we the people, to restore the truth, structure, and balance.

The U.S. Constitution, the government, and our service leaders only derive their power from the people. And when the government and those put in charge break the law and violate the Constitution and their duty to protect and defend this land (our borders), the people (the legal citizens and their natural rights), and the Constitution of the United States (the supreme Law of the Land), and we the people do not hold them accountable, then there no longer truly exists the law, not as we know it and as it was created, that is.

This includes those who were elected to serve us and might hold a position of power that belongs to our chosen party, that we like, or that we may have voted for. If we turn a blind eye to someone holding our beliefs, whose name is on our party's ticket, who seeks an agenda we support, and do so while knowing they are violating their oath, the Constitution, and the God-given natural rights of the legal citizens, then we have willingly relinquished our power and our right as "we the people" to demand any form of perceived justice and abiding by the law to be upheld.

> ***As the limbs of a tree grow, sometimes straight and strong and sometimes crooked and rotten, with each passing year, so do the branches of balance with each passing generation.***

Samuel Adams said, "Neither the wisest constitution nor the wisest laws will secure the liberty and happiness of a people whose manners are universally corrupt. He therefore is the truest friend to the liberty of his country who tries most to promote its virtue and who … will not suffer a man to be chosen into any office of power and trust who is not a wise and virtuous man."[11]

Does that mean that everyone who holds office and serves the people is fully righteous, without blemish, and one hundred percent virtuous? No. Does that mean that the citizens are fully righteous, without blemish, and one hundred percent virtuous? No. But one place to begin to try to live with virtue is religion and morality. As George Washington stated, "Of all the dispositions and habits which lead to political prosperity, religion and morality are indispensable supports.... And let us with caution indulge the supposition that morality can be maintained without religion."[12]

We the people are authorized and, sometimes, obliged to stand up to and peacefully — not "mostly peaceful" but peacefully — assemble in protest against any law that is considered unjust or unconstitutional. The Law of the Land is to be followed (that is, the Constitution).

As the limbs of a tree grow, sometimes straight and strong and sometimes crooked and rotten, with each passing year, so do the branches of balance with each passing generation.

Will we understand that "We are all in the same boat in a stormy sea, and we owe each other a terrible loyalty"?[13]

Will we properly prune the branches upon which we balance and restore that balance when necessary, following the idea that, "We must reject the idea that every time a law's broken, society is guilty rather than the lawbreaker. [And that] It is time to restore the American precept that each individual is accountable for his actions..."[14]

Will we understand the importance of our heritage and founding?

As John Adams understood and wrote, "I always

consider the settlement of America with reverence and wonder, as the opening of a grand scene and design in Providence for the illumination of the ignorant and the emancipation of the slavish part of mankind all over the earth."[15]

Or will we be haunted by the negative "what if's" and its repeated phrase, "…if you can keep it…"?

CHAPTER 21

Intergenerational

"It is extremely important to our nation, in a political as well as religious view, that all possible authority and influence should be given to the Scriptures; for these furnish the best principles of civil liberty, and the most effectual support of Republican government."[1]

Noah Webster

One Friday afternoon, Miss Smith, a sixth-grade teacher at the local public middle school, stood in front of her class and joyfully assigned her students a weekend project. The kids all groaned; if only they could have made it just five more minutes, then the bell would have rung, and school would have been over for the weekend, and they would have been free from homework.

Miss Smith enthusiastically said, "I have a special assignment for you all this weekend. It will not involve your school books or any writing of homework."

At this, the class erupted with cheers.

Miss Smith, speaking loudly in order to make her voice heard over the excited cheering from this great news, shouted, "Class! Calm down! Quiet!"

The students quieted down, then Miss Smith said, "I didn't say there wouldn't be any homework."

The class went back to groaning.

Miss Smith smiled and then continued, "This will be a fun assignment. This weekend I want you to sell something. Use any bit of information and strategy that you've learned from my teaching, your textbooks, or the real world this year and try to sell something. You can sell whatever you want: pencils, lemonade, your time, anything. But you cannot sell to your family or friends. Then, I want you to bring whatever money you made to class with you on Monday and show the class. You will tell us how much you made, what you sold, and what you used from your learning to do so. Is this understood?"

"Yes, Miss Smith," said the class almost in unison.

"Okay then. Have a great weekend and good luck," said Miss Smith as the bell rang and the kids made a mad dash for the door.

Miss Smith smiled as the kids left, and then she said to herself, "I can't wait to see how well they do and what they've learned."

The weekend passed, and then it was Monday again. The morning bell rang, and the last of the kids came running into class and sat down in their assigned seats.

Miss Smith stood at the front of the room and asked, "Did everyone try to sell something this weekend?"

All the students said yes.

She then asked, "How many of you were able to sell something? Even just one item?"

Only four hands went up.

Miss Smith frowned a little with this. *Was my teaching not getting through to the kids*, she thought.

A moment passed, and then she called on the first student. Sally proudly walked to the front of the room, counted out thirty dollars in cash, and smiled big.

Miss Smith said, "That is very good, Sally. Well done. Now, what did you sell and how did you sell it?"

Sally replied, "I sold Girl Scout cookies. I tried to make an appeal to each person's civil spirit. By helping the Girl Scouts, they are empowering young girls to compete in the world with boys, which in turn benefits all for the greater good. Also, they are helping kids. And who doesn't want to help kids, right?"

"Very good, Sally," said Miss Smith. She continued saying, "You wisely used the pathos approach and appealed to them emotionally. You tugged at their heart, their pride, their self-righteousness, and their emotional sense of feeling like they did something really good without actually having to do something good. Because if they asked questions or researched, then they would have known it was a class project and the money stays with you. You may take your seat, Sally."

Sally sat down, and then Miss Smith called Jimmy to the front.

Jimmy skipped to the front of the class and immediately pulled out some cash and shouted, "I won! I won! I made more than Sally! I made forty-five dollars!"

Miss Smith smiled big and then said, "Calm down, Jimmy. Remember, we don't gloat. There are no winners, for we are all winners." She continued, "Now, tell us what you sold and how you made so much, please."

Jimmy said, "I sold magazines and newspapers to people. I appealed to their desire to always know and be right. I think you called it egocentrism, Miss Smith."

"Yes, in one lesson I did use that word," said Miss Smith, "but here I would say you used the logos approach."

"Well," said Jimmy, "I used that and sold magazines and newspapers to people I saw arguing and told them the magazines and newspapers would keep them up on current events and that since it was from the news, it meant it was always true."

"Very good, Jimmy," said Miss Smith. "You also played on their ignorance — a blind spot. It's not ethical, but it was effective."

Jimmy took his seat. Miss Smith noticed that Samantha was slinking lower and lower into her chair.

Miss Smith asked, "Samantha, wasn't your hand raised earlier? Would you like to share next, please?"

Samantha slowly walked to the front of the class,

turned to face everyone, and with a sad voice said, "I lost. I only made ten dollars."

Miss Smith said, "No. You did great, Samantha. Please tell us what you sold and how you sold it."

Samantha said, "Well, I thought I had the best idea. I stood next to Johnny and told people that I was the only person Johnny told about his plan for this assignment, so I was the only person who knew the truth, and that they should know the truth before accepting Johnny's offer, because the truth shall set them free."

Miss Smith interrupted, "Ah, you chose the ethos approach. You established your authority on the topic of what Johnny was doing. But what did you sell with that approach?"

Samantha answered, "I told them I would tell them the truth and save them money and from a bad decision, and that it would only cost ten dollars. But only one person chose to listen to the truth. He was very happy, and he even tried to encourage others to listen to what I had to offer, but they called him names and told him to shut up, that he was acting deplorably — they silenced him."

"Why?" asked Miss Smith.

Samantha replied, "They said I should be more like Johnny, generous and helpful to society, giving people things they think they want and can actually use, and that I shouldn't be so greedy."

Miss Smith could see that Samantha was very sad.

"I am sorry, Samantha," said Miss Smith. "You may take your seat."

While Samantha slumped her way back to her seat, Johnny raised up a shoebox, laughed, and shouted, "No one can beat me! Is it my turn, Miss Smith?"

"Yes. I am now curious why you think no one can beat you and what you actually did," said Miss Smith, hesitantly.

Johnny ran to the front of the room, opened the shoebox, and dumped out a big pile of cash on the teacher's desk.

Miss Smith immediately jumped up and shouted, "How in the world!?"

Johnny said, "I made more than five thousand dollars, Miss Smith. That's how I know I won."

Miss Smith, eyes wide and mouth agape, asked Johnny, "What in the world did you sell?"

Johnny smiled big again and answered, "I gave people free stuff. People seem to think they are entitled to free things. They believe they deserve it."

"How did you make any money by giving people

free stuff?" asked Miss Smith.

"I didn't," answered Johnny, "I made money by selling them toothbrushes and toothpaste."

"I am confused," said Miss Smith. She asked, "Why did you sell toothbrushes and toothpaste, and why would anyone buy a toothbrush and toothpaste from you? And how in the world did you sell more than five thousand dollars' worth of toothbrushes and toothpaste in one weekend?"

Johnny looked at her and said, "I found the busiest street corner I could find in downtown, and I set up a dip and chip stand. Then, I gave free food to everyone that walked by; so many said they deserved it, and almost everyone said I was a good boy for giving them stuff for free. Every person, though, said the exact same thing after eating it, 'Hey kid, this tastes like dog crap!' I said, 'It is dog crap. Do you want to buy a toothbrush and toothpaste? They're only 20 dollars. People really like toothbrushes."

"Johnny!" exclaimed Miss Smith, "How could you do something like that?"

Johnny said, "I used what I learned from our government teaching. I used the government's approach of giving the people something crappy for free and then making the people pay to get that crappy taste out of their mouth."[2]

CHAPTER 22

The Fruit Which We Permit

"A general Dissolution of Principles and Manners will more surely overthrow the Liberties of America than the whole Force of the Common Enemy. While the People are virtuous they cannot be subdued; but when once they lose their Virtue they will be ready to surrender their Liberties to the first external or internal Invader. How necessary then is it for those who are determind to transmit the Blessings of Liberty as a fair Inheritance to Posterity, to associate on publick Principles in Support of publick Virtue."[1]

Samuel Adams

Henry Stuber wrote, "A nation of well-informed men, who have been taught to know and prize the rights which God has given them, cannot be enslaved."[2]

Our government (the United States of America) was originally set up with a system of checks and balances to help guide us and secure our natural rights in a better, freer, and more prosperous world. That is what our founding documents were written for — to keep the reins on a smaller, less intrusive government that served the people (the legal citizens). As we all should know, there are three equal but separate branches [four if you include "We the People"] that make up the branches in our tree of Life, Liberty, and the pursuit of Happiness. Each branch is to have its own specific role in helping run the government and handling certain items or issues. This was to help ensure our small government was strong but fair, small but able to protect from invaders, and to keep the small government and those serving in it from abusing its power, hopefully avoiding any religious, political, individual, or judicial tyranny, and to protect the individual, God-given, unalienable rights and freedoms of the people and the states.

Thomas Jefferson once stated, "If we can but prevent the government from wasting the labours of the people, under the pretense of taking care of them, they must become happy."[3]

As we have all heard before, "Tell me and I forget. Teach me and I remember. Involve me and I learn." For generations we have told the upcoming generation about what we think America should be and the history, or lack thereof, that we knew; oftentimes this was done from one of two political points of view: a capitalistic, republican form of democracy with a Constitution (Law of the Land) and servants, so to speak, and a proud, idealistic, sacrificial, liberty-embracing past, or a socialistic, democratic form of government with a powerful majority and a shameful, inherently systemic (institutional) racist heritage. For generations we have removed much of the teaching of our American founding from the education system for various reasons, but each resulting in the amnesia of truth in American history. For generations we have not involved ourselves or the upcoming generation in religious or political discussions, resulting in the very damaging and destructive engrained phrase, "Don't talk about politics or religion." Without these, and without involving much-needed time and true history to be taught about America's founding, we are depriving the next generation of valuable information and life-changing truth and reducing their ability to converse outside of their bubble and safe-zone echo chambers. Generations have forgotten; generations no longer remember; generations aren't learning; generations no longer care.

Each generation in the United States of America is responsible for the preservation of the founding ideals, values, rights, and protections in the Constitution. As Rick Joyner rightly stated in his book *The Second American Revolution/Civil War*, "We can have the best form of government but still have bad government if we do not have good people in it."[4] Remember, as John Adams is quoted, "Our constitution was made only for a moral and religious people. It is wholly inadequate to the government of any other."[5] Both morality (what is this without some absolute) and virtue (how can this truly exist without a set morality) are necessary for a free society, and they are both foundations of the American Republic.

The very people that will lead this nation into the future are the ones we are teaching today with our own faith, belief, actions, character, and adherence to the ideals in God and our inspired founding documents...or lack thereof. As I said in my podcast (*From My Standpoint*), "Your character will be the chameleon with which your children and the next generation might very well emulate, because it is what you have chosen to allow to cultivate."[6] You reap what you sow, and they often sow what we reap, caught in a cycle like a generational curse. Children emulate parents and adults, and what we, as adults, teach the

> *How much are our freedom, life, liberty, and Constitution worth?*

children through education and with what we say and do will very likely be what is cultivated in the hearts and minds and attitudes of the next generation of leaders.

We the people have been given great power and authority, and as the old saying goes, "With great power comes great responsibility." Will parents be responsible with this authority in the upbringing of their children, or will they pass the baton to the state, to the government, to understand proper morality, ethics, and build good and proper discipline, respect, and character within their children, whether it is wicked or good or in line with the parent's belief or liking or not? Will we in these great United States of America wield this power responsibly and properly as declared in our founding documents, or will we drop the baton and trade our freedoms and liberty for a false promise of full security and the chance at temporary wealth? How much are our freedom, life, liberty, and Constitution worth?

As Samuel Adams said in his oration "On American Independence," "If ye love wealth better than liberty, the tranquillity of servitude than the animating contest of freedom — go from us in peace. We ask not for your counsels or arms. Crouch down and lick the hands that feed you. May your chains sit lightly upon you, and may posterity forget that ye were our countrymen!"[7]

I know some of this sounds spiritual, but it works

for the physical as well. "The devil knows that if he can shake a believer's faith in the Word of God, they will be easy prey and will fall. Likewise, the strategy of those intent on destroying our Republic usually begins by sowing doubt about the legitimacy of the Constitution. Because we are a constitutional republic, destroy the Constitution, and you have destroyed the Republic because it no longer has a legitimate legal standing to be a government."[8] Will you be the "douter" that extinguishes the beacon light guiding freedom-loving people everywhere?

President Harry Truman, in his 1946 speech, speaking about the end of World War II, once said, "If men and nations would but live by the precepts of the ancient prophets and the teachings of The Sermon on the Mount, problems that now seem so difficult would soon disappear... This is a supreme opportunity for the Church to continue to fulfill its mission on earth... Oh, for an Isaiah or a Saint Paul to reawaken this sick world to its moral responsibilities!"[9]

The more knowledge we the people obtain about our rights, our freedoms, our Constitution, our government, our country, and our heritage, the less we will be manipulated and tricked into handing the very tree of our Life, Liberty, and the pursuit of Happiness to the termites we foolishly allowed to enter. "My people are destroyed from a lack of knowledge";[10] a lack of knowledge is ignorance — destroyed because of ignorance.

Andrew Jackson, the seventh President of the United States of America, said, in regards to the U.S.A., "The Bible is the rock on which this Republic stands."[11]

John Witherspoon, one of the signers of the Declaration of Independence, president of the College of New Jersey, and a clergyman, stated, "The knowledge of God and his truths has from the beginning of the world been chiefly, if not entirely, confined to those parts of the earth where some degree of liberty and political justice were to be seen, and great were the difficulties with which they had to struggle from the imperfection of human society and the unjust decisions of usurped authority. There is not a single instance in history in which civil liberty was lost and religious liberty preserved entire. If therefore we yield up our temporal property, we at the same time deliver the conscience into bondage."[12]

Where liberty and political justice are, there is also the knowledge of God and his truths, as evident in the Bible. Without faith, there can be no virtue; without virtue, there can be no freedom; without freedom, there can be no faith.

In 1982, Congress passed *Public Law 97-280*, which authorized and requested the President [Ronald Reagan] to proclaim 1983 as the "Year of the Bible."

In this, they state that "…the Bible, the Word of God, has made a unique contribution in shaping the United States as a distinctive and blessed nation and people; Whereas deeply held religious convictions springing from the Holy Scriptures led to the early settlement of our nation… Biblical teachings inspired concepts of civil government that are contained in our Declaration of Independence and the Constitution of the United States."[13]

And speaking of the Republic, there has been much time wasted on ignorant debates over the recent decades as to America and its founding; the education system has evolved to teach that we are a democracy and that America's founders intended it to be that way — a pure democracy. This, however, is a fallacy. It is a lie taught to become ignorance.

But, since so many spread this false teaching, and since so many have believed it, I sometimes wonder if "we the people" have truly asked ourselves: Can a true democracy exist within the Golden Triangle of Freedom? Can a true democracy be properly balanced among the branches of the tree of Life, Liberty, and the pursuit of Happiness? Or, did it take a Republic?

As Benjamin Franklin is attributed with when asked what type of government the founders created, "A Republic, if you can keep it."

CHAPTER 23

Republic Or Democracy

"Republics decline into democracies and democracies degenerate into despotisms."[1]

Aristotle

What is a republic?

Arepublic is a representative form of government ruled by law, and the elected officials serve the will of the people — in this case, the Constitution is the supreme Law of the Land. In this type of government system, all the laws are and must be written laws; the lawful actions of the government (such as the branches we discussed in a previous chapter) can only arise through written authority that aligns with the standard that is the supreme Law of the Land (in America's case, that being the protection of unalienable, God-given, natural rights of the legal citizens). With this type of government, the laws not only must be written but they are required to be written in a manner that any citizen of average intelligence (at the time of its writing) may understand it; otherwise, the law is to be held "void for vagueness."

As James Madison stated in *The Federalist*, "The internal effects of a mutable policy are still more calamitous. It poisons the blessings of liberty itself. It will be of little avail to the people, that the laws are made by men of their own choice, if the laws be so voluminous that they cannot be read, or so incoherent that they cannot be understood: if they be repealed or revised before they are promulg[at]ed, or undergo such incessant changes, that no man who knows what the law is to-day, can guess what it will be to-morrow."[2]

A mutable government (that is, a government liable or prone to change or alteration, inconsistent) would be a detriment to liberty and the freedom and well-being of the people. That is, a government whose rule is by the majority only could constantly change the laws, even outside the constitutional boundaries, to suit the desires and needs of the party in power, its supporters, or even its own needs, regardless of the people, justice, or virtue.

What is a democracy?

A democracy is a type of government that is ruled by the majority; this majority can be determined to be many forms: majority of citizens, majority of people including foreigners and sojourners (legal or illegal), majority in power, majority of one party, majority with the loudest voice, majority with the severest threats, majority with the most money, etc. With this type of government, laws can be created and administered at whim based on the majority, and there is no standard by which the majority or laws must adhere to.

There are two types of democracies: direct democracy and representative democracy. A quick guide is that in a direct democracy there is a true majority rule because the citizens vote on all issues, and the majority vote will always win and be implemented, leaving the minority always at a disadvantage.

A representative democracy is one in which the citizens vote on representatives who will, or are supposed to, represent the citizens of their district — their needs and majority decisions — as they serve. This often should allow for debates to be heard and more voices to be heard, thus allowing even the minority to still have a strong voice. However, this type of democracy could easily turn into a type of direct democracy if the representatives do not represent the citizens of their district and instead join party affiliation demands or even their own desires outside of those they are supposed to represent.

Because of the unbalanced power of a majority in a democracy, this type of government has been said to have the great potential to lead to what is known as "mobocracy," which is rule according to the whims of majority public opinion. This would also be the case for the majority holding current positions of power; it does not have to mean the majority of citizens, just the majority of a political party or ideology currently holding, but not serving, in positions of power. Interestingly enough,

> *Values, ideals, principles, and the foundation of a constitution would mean little in a full democracy.*

this majority does not even need to be a true majority if the majority of the outlets by which the people received their education, information, or even their news, promulgate one idea, one cause, one person, one party, or one ideology through the drilling of repeated phrases, teachings, scripted content, or even suppression of ideas.

"This should be an obvious truth, but, sometimes, we just do not see the obvious... There are times we must trust, because we cannot know everything, but even in those times it would behoove us, as much as we can, to... 'trust, but verify.'" But we should always keep in mind that "What you learn from any institution or place of learning is typically in line with what those in charge of that place of education want you to know, not always what you should or need to know." Because, "Without due diligence and independent research, you only know and you can only parrot what you were told to know and what the teller wants you to parrot."[3]

Current culture could dictate a new course for this type of government and the nation in which this type of government is established. Meaning, whatever the founders fought for and intended means little because, again, there is no standard or supreme Law of the Land except the current chosen standard of the current chosen majority of the current popular opinion of the current culture in the current moment. Values, ideals, principles, and the foundation of a constitution would mean little in a full democracy.

A democracy also has the great potential to lead to judicial legislation — one of the branches usurping the other two and poisoning the tree of Life, Liberty, and the pursuit of Happiness. With judicial legislation would come what the Founders feared: judicial tyranny. Here, rulings from the bench (that is, rulings decided and given by the courts), such as the Supreme Court, or even the lower courts, would most often be ruled in conformity with the current idea of social policy, or political policy, or social justice, rather than policy as stated in the Constitution and any resemblance to true justice. Please, do not misunderstand me here: social policy, though good to consider and discuss, if considered the absolute and final basis for the creation and implementation of laws, would mean that national sovereignty and individual freedom, Life, Liberty, and the pursuit of Happiness would be ignored and dismissed, because social policy is often determined based on the current social norms, which, as we know, change with the generations. Thus, the Golden Triangle of Freedom, in this case, would be unable to stand, and it would collapse into tyranny and oppression.

Benjamin Franklin has often been quoted with this statement, which sums this up well, and I am sure we have all heard and memorized this by now: "Democracy is two wolves and a lamb voting on what to have for lunch. Liberty is a well-armed lamb contesting the vote."[4]

Thank you, Founding Fathers, for your wisdom to know that the Second Amendment is vital to a free citizenry.

In a republic, the government must and will understand and recognize the unalienable, God-given rights of individuals, of its citizens — of its legal citizens.

In a democracy, there are few, if any, unalienable rights, and most are only deemed so by the will of the "majority"; it is often considered permission granted to the people by the government rather than an unalienable, God-given right — permission, not freedom; enslavement, not liberty.

George Washington said to Congress, in his first inaugural address, "Since we ought to be no less persuaded that the propitious smiles of Heaven, can never be expected on a nation that disregards the eternal rules of order and right, which Heaven itself has ordained: And since the preservation of the sacred fire of liberty, and the destiny of the Republican model of Government, are justly considered as deeply, perhaps as finally staked, on the experiment entrusted to the hands of the American people."[5]

When ruled by the majority, the government will most often become only concerned and interested in the majority group's wants and needs, so long as it also serves the government's purpose — also described as "the public good" or "the majority good." This is where the laws — more specifically, the Law of the Land — seem to be ignored, twisted, and constantly changed. As the "majority's" needs and wants change, so do the laws in order to adapt to the current social and political climate. What was once permissible is now forbidden, what was once wrong is now right, what was once right is now wrong, what was once good is now evil, and what was once evil is now good. The "majority" rule, as we have already mentioned, is also known as "mob rule" or "mobocracy." This is often a result of a lack of any form of an absolute foundation of principles, values, and ideals.

Daniel Webster so accurately stated, "Hold on, my friends, to the Constitution and to the Republic for which it stands. Miracles do not cluster and what has happened once in 6,000 years, may not happen again. Hold on to the Constitution, for if the American Constitution should fail, there will be anarchy throughout the world."[6]

If we are not careful, we could very well bring to life the very thing Plato is said to have stated, that "Dictatorship naturally arises out of democracy."[7]

This is why America was founded as a Republic, with a small government with limited powers as declared by the Constitution. This is also why "we the people" must hold each person in power, elected to serve the people, to the same standards and laws that we ourselves must abide by, even if that means a politician in our own party, who holds similar values and beliefs to us, regardless of gender or race or ethnicity or wealth, does something unlawful of which we accuse another in the opposite party of doing. We must be willing to put our differences aside and not ascribe to the label of hypocrite and propose double standards, or else we will, unintentionally or not, assist in our fall into mobocracy and tyranny and greatly help in the ushering in of our demise.

> *Freedom requires virtue, and virtue requires faith, and faith requires freedom.*

"Our political situation is prodigiously changed since you left us. Instead of that noble love of liberty, and that republican government, which carried us triumphantly thro the dangers of the war, an Anglo-Monarchio-Aristocratic party has arisen. Their avowed object is to impose on us the substance, as they have already given us the form, of the British government. Nevertheless, the principal body of our citizens remain faithful to republican principles... We have against us the Executive Power, the Judiciary Power, all the officers of government, all who are seeking offices, all timid men who prefer the calm of despotism to the tempestuous sea of liberty..."[8]

Benjamin Franklin wrote to Samuel Cooper, "All Europe is on our side of the Question, as far as Applause and good Wishes can carry them. Those who live under arbitrary Power do never the less approve of Liberty, and wish for it."

Those who live under the power that is unrestrained, autocratic, without regard to law, power, and rule based on convenience, and tyrannical, seek liberty and freedom from such oppression.

"They almost despair of recovering it in Europe; they read the Translations of our separate Colony Constitutions with Rapture, and there are such Numbers every where who talk of Removing to America with their Families and Fortunes as soon as Peace and our Independence shall be established, that tis generally believed we shall have a prodigious Addition of Strength, Wealth and Arts, from the Emigrations of Europe and tis thought that to lessen or prevent such Emigrations, the Tyrannys established there must relax and allow more Liberty to their People."

Many around the world see the principles, values, and ideals of the American colonies, of our Founding Fathers, of our Declaration of Independence, and what would be declared in our Constitution soon after, and not only agree but have determined to, after the results of our War for Independence, should the American ideal win, seek out that "shining city upon a hill whose beacon light guides freedom-loving people everywhere."

"Hence 'Tis a Common Observation here that our Cause is the Cause of all Mankind; and that we are fighting for their Liberty in defending our own"

It was understood that the liberty and freedom Americans were seeking were that same liberty and freedom that so many around the world dream of, but that which their governments oppress and suppress.

"'Tis a glorious Task assign'd us by Providence; which has I trust given us Spirit and Virtue equal to it, and will at last crown it with Success."[9]

It was an honor for them to fight for independence, freedom, and liberty, as offered to them by God. Can we live with such honor?

Let us not be "timid men" who would "prefer the calm of despotism to the boisterous sea of liberty."

As Thomas Paine stated, "Those who expect to reap the blessings of freedom, must, like men, undergo the fatigues of supporting it."[10]

Freedom requires virtue, and virtue requires faith, and faith requires freedom.

Freedom existed in our Republic; freedom can still exist in America if you can keep it.

CHAPTER 24

America

"There can be no free society without law administered through an independent judiciary. If one man can be allowed to determine for himself what is law, every man can. That means first chaos, then tyranny."[1]

U.S. Supreme Court Justice Felix Frankfurter, United States v. United Mine Workers (1947)

As far as my research and understanding go, our Founding Fathers left the word "democracy" out of all the original and founding documents, and it was left out of the others: the Constitution, the Pledge of Allegiance, the Declaration of Independence, and the Constitutions of the States. However, they do repeatedly state that what they did establish was a Republic.

"The United States shall guarantee to every State in this Union a Republican Form of Government..."[2] Article 4 Section 4 of the U.S. Constitution.

In the *Federalist Papers: No. 39*, it states, "If we resort for a criterion to the different principles on which different forms of government are established, we may define a republic to be, or at least may bestow that name on, a government which derives all its powers directly or indirectly from the great body of the people [We The People], and is administered by persons holding their offices during pleasure [elected officials], for a limited period [term limits], or during good behavior. It is ESSENTIAL to such a government that it be derived from the great body of the society, not from an inconsiderable proportion [small group], or a favored class of it [identity politics]; otherwise a handful of tyrannical nobles, exercising their oppressions by a delegation of their powers, might aspire to the rank of republicans [which is: "favoring a republic," "or characteristics of a republic"], and claim for their government the honorable title of republic."[3]

Read the *Federalist Papers: No. 39*, second and third paragraphs.

Unfortunately, I cannot read minds, let alone a deceased person's mind. With this in mind, here is what is in my mind. Here is what I think.

It sounds like America was set up to be a Republic, but with one caveat: that a functioning, free, and prosperous land with fundamental, natural-born, God-given, unalienable rights, such as that of Life, Liberty, and the pursuit of Happiness for its legal citizens, would require a blending of a small portion, or element, of democracy. Not only that, but America has a rich and plentiful heritage of principles, values, and ideals established from and in the biblical teachings. America was sought out for freedom: the freedom to worship God, to read the Bible for oneself, and to live in liberty. Our founding was heavily influenced by the biblical teachings of the Christian religion. America was established to be a land of freedom from oppression, a land of private and public religious freedom, a land where men were granted freedom and liberty by "the Laws of Nature and of Nature's God," by "their Creator."

As James Madison stated in the *Federalist 10*, "... democracies have ever been spectacles of turbulence and contention; have ever been found incompatible with personal security or the rights of property; and have in general been as short in their lives as they have been violent in their deaths."[4]

Our thirty-second President, Franklin D. Roosevelt, understood the truth about our founding, our prosperity, and the blessings bestowed upon the United States of America when he said, "We cannot read the history of our rise and development as a nation without reckoning with the place the Bible has occupied in shaping the advances of the Republic. Where we have been the truest and most consistent in obeying its precepts, we have attained the greatest measure of contentment and prosperity."[5]

As I say in my book *Entrepreneur: Road Map For Success*, and I will change just a bit of it for the purposes here, "As leaders," each one of us is the leader for the next generation — their rise or decline rests on our ability to educate, train, mentor, and discipline with truth and wisdom — "we are to train those we are leading, so everyone understands the purpose and the vision of the [country and its core values and founding] so that they will be ready to take the reins when we... are gone. Without training the next generation [and training them correctly in truth and with wisdom and morality], we could become a relic, and we greatly

> *Let us finish the work that was begun... and do the work required to search out information and find that joy in true learning.*

increase the chances of the [country] faltering and eventually crumbling." It is our duty to understand the truth and to pass our information down to the next generation. "When the vision [original founding and its true intent and reason] is ignored, the purpose changes; when the purpose changes, the foundation laid and the sacrifices made become irrelevant; and when the foundation laid and the sacrifices made become irrelevant, the [country] will no longer exist as it was."[6]

Abraham Lincoln was on to something when he said, "Any nation that does not honor its heroes will not long endure."[7] The past will be forgotten, as will our heroes and their reasons for their sacrifices, if we do not do them honor in a more proper and deserved remembrance. As the saying goes, "There are two sides to every story," but there is only one truth.

And as it has been stated, "A great civilization," as the American civilization has been, "is not conquered from without until it has destroyed itself from within."[8] It reminds me of Dwight Eisenhower's: "History does not long entrust the care of freedom to the weak or timid."[9] This can be an eye-opening revelation, especially in the times this book was written. Will we be "the termites in the floor?"

John Wingate Thornton said in his book *The Pulpit of the American Revolution* what he believed from his research and understanding of what our sixth President and those before also believed: "The highest glory of the American Revolution was this: it connected in one indissoluble bond the principles of civil government with the principles of Christianity."[10]

This did not mean that America was to be a full-fledged Christian nation as England was ruled as a Catholic nation or as many Islamic nations are ruled by Islam today, ruling in the form of a theocracy, not allowing any form of religious freedom outside of the state-prescribed church; rather, it meant that America was heavily influenced and founded on the principles and precepts of Christianity.

So, as Abraham Lincoln is quoted, "Sir, my concern is not whether God is on our side; my greatest concern is to be on God's side, for God is always right"[11]

And not just that, but to save a more accurate history. Our Founding Fathers, and all those who fought alongside them, risked all that they had — their livelihood, their wealth, their goods, and even their lives — to establish the roots of this nation and grow the tree of Life, Liberty, and the pursuit of Happiness. We need their wisdom for the preservation of freedom. Albert Einstein is quoted, "Wisdom is not a product of schooling but of the lifelong attempt to acquire it."[12] As I have heard it attributed to William Crawford, the saying, "Being a student is easy. Learning requires actual work." Let us not remain students, forever repeating what those in charge of our standardized education tell us to repeat if we wish to be labeled by them as intelligent, but let us finish the work that was begun in those places of education and do the work required to search out further information, knocking on the door of truth, and find that joy in true learning.

It is going to take proper education, a desire for further knowledge, and, as Rick Joyner, I think, says it the best and with the most clarity, "...the same kind of resolve and willingness to sacrifice to save our country that it took to found it."[13]

"Now it is our turn to preserve what so many paid such a high price for so that this Republic is not lost on our watch."[14]

If you can keep it.

Bibliography

ACKNOWLEDGEMENT

1.   Green, Steve and Todd Hillard. The Bible in America: What We Believe About the Most Important Book in Our History. 2nd Ed. Oklahoma City, OK, Dust Jacket Press, 2017.

CHAPTER 1: New Wine In An Old Vessel

1.   National Archives. "Quotes | Eisenhower Presidential Library." Eisenhowerlibrary.gov, 2019, www.eisenhowerlibrary.gov/ eisenhowers/quotes.

CHAPTER 2: Introduction

1.   Green, Steve and Todd Hillard. The Bible in America: What We Believe About the Most Important Book in Our History. 2nd Ed. Oklahoma City, OK, Dust Jacket Press, 2017.

2.   Wazer, Caroline. "George Washington Said, "If Freedom of Speech Is Taken Away, Then Dumb and Silent We May Be Led"?" Snopes, Snopes.com, 4 Sept. 2024, www.snopes.com/fact-check/ washington-freedom-of-speech-quote/. Accessed 7 Sept. 2024.

3.   Mitchell, Travis. "Many Countries Favor Specific Religions, Officially or Unofficially." Pew Research Center's Religion & Public Life Project, 3 Oct. 2017, www.pewresearch. org/religion/2017/10/03/many-countries-favor-specific-religions-officially-or-unofficially/.

4.   Jones, Josh C. Making sense of America's newest Guild… Again. Broken Arrow, OK, FMS Books, 2022.

5.   "Winston Churchill Quotes." BrainyQuote.com. BrainyMedia Inc, 2024. 22 June 2024. https://www.brainyquote. com/quotes/winston_churchill_380864

6.   National Archives. "Quotes | Eisenhower Presidential

Library." Eisenhowerlibrary.gov, 2019, www.eisenhowerlibrary.gov/eisenhowers/quotes.

CHAPTER 3: In The Crosshairs

1. "Founding Fathers, Constitution Day Materials, Pocket Constitution Book, US Constitution, Bill of Rights." Constitutionfacts. com, 2019, www.constitutionfacts.com/us-founding-fathers/about-the-founding-fathers/.

2. National Archives. "Quotes | Eisenhower Presidential Library." Eisenhowerlibrary.gov, 2019, www.eisenhowerlibrary.gov/eisenhowers/quotes.

3. Azerrad, David. "What the Constitution Really Says about Race and Slavery." The Heritage Foundation, 28 Dec. 2015, www. heritage.org/the-constitution/commentary/what-the-constitution-really-says-about-race-and-slavery.

4. "Sun Tzu Quotes." BrainyQuote.com. BrainyMedia Inc, 2021. 10 December 2021. https://www.brainyquote.com/quotes/sun_tzu_383158

5. National Archives. "Quotes | Eisenhower Presidential Library." Eisenhowerlibrary.gov, 2019, www.eisenhowerlibrary.gov/eisenhowers/quotes.

6. National Archives. "Quotes | Eisenhower Presidential Library." Eisenhowerlibrary.gov, 2019, www.eisenhowerlibrary.gov/eisenhowers/quotes.

7. "A Quote from Those Who Remain." Goodreads.com, 2019, www.goodreads.com/quotes/8751435-hard-times-create-strong-men-strong-men-create-good-times.

8. "Martin Luther King, Jr. Quotes." BrainyQuote.com. BrainyMedia Inc, 2024. 22 June 2024. https://www.brainyquote.com/quotes/martin_luther_king_jr_101536

9. "Thomas Sowell Quotes." BrainyQuote.com. BrainyMedia

Inc, 2024. 22 June 2024. https://www.brainyquote.com/quotes/thomas_sowell_371253

CHAPTER 4: A Shadow Of The Past

1. Green, Steve and Todd Hillard. The Bible in America: What We Believe About the Most Important Book in Our History. 2nd Ed. Oklahoma City, OK, Dust Jacket Press, 2017.

2. Collins, Jim. "The Bible and American Presidents." Beyond Positive Thinking, 8 July 2018, beyondpositivethinking.org/the-bible-and-american-presidents/.

3. U.S. Department of Education. "An Overview of the U.S. Department of Education." Ed.gov, 14 May 2018, www2.ed.gov/about/overview/focus/what.html, http://www.ed.gov/about/overview/focus/what.html.

4. Christian History Magazine, Issue 50: Christianity and the American Revolution

5. Hall, V. (1976). Christian History of the American Revolution. Foundation for American Christian Education.

6. National Archives. "Quotes | Eisenhower Presidential Library." Eisenhowerlibrary.gov, 2019, www.eisenhowerlibrary.gov/eisenhowers/quotes.

7. "January 5, 1967: Inaugural Address (Public Ceremony)." Ronald Reagan, www.reaganlibrary.gov/archives/speech/january-5-1967-inaugural-address-public-ceremony.

8. National Archives. "Quotes | Eisenhower Presidential Library." Eisenhowerlibrary.gov, 2019, www.eisenhowerlibrary.gov/eisenhowers/quotes.

9. "Leo Tolstoy Quotes." BrainyQuote.com. BrainyMedia Inc, 2024. 27 June 2024. https://www.brainyquote.com/quotes/leo_tolstoy_122214

CHAPTER 5: A House Divided

1.   "The "House Divided" Speech, Ca. 1857–1858 | Gilder Lehrman Institute of American History." Www.gilderlehrman. org, www.gilderlehrman.org/history-resources/spotlight-primary-source/house-divided-speech-ca-1857-1858.

2.   Acemoglu, Daron, and James A Robinson. "10 Reasons Countries Fall Apart." Foreign Policy, Foreign Policy, 18 June 2012, foreignpolicy.com/2012/06/18/10-reasons-countries-fall-apart/.

3.   "Founders' Quotes." Bill of Rights Institute, billofrightsinstitute.org/founders-quotes.

4.   Acemoglu, Daron, and James A Robinson. "10 Reasons Countries Fall Apart." Foreign Policy, Foreign Policy, 18 June 2012, foreignpolicy.com/2012/06/18/10-reasons-countries-fall-apart/.

5.   "Geert Wilders Quotes." BrainyQuote.com. BrainyMedia Inc, 2024. 28 June 2024. https://www.brainyquote.com/quotes/geert_wilders_1091147

6.   Dorfman, Jeffrey. "20 Quotes on Liberty and Freedom in Honor of Independence Day." Forbes, www.forbes.com/sites/jeffreydorfman/2014/07/04/20-quotes-on-liberty-and-freedom-in-honor-of-independence-day/.

7.   "Founders' Quotes." Bill of Rights Institute, billofrightsinstitute.org/founders-quotes.

8.   "Founders' Quotes." Bill of Rights Institute, billofrightsinstitute.org/founders-quotes.

9.   "Founders' Quotes." Bill of Rights Institute, billofrightsinstitute.org/founders-quotes.

10.   Library, Billy Graham. "10 Quotes from Billy Graham on America." The Billy Graham Library, 28 July 2021, billygrahamlibrary. org/blog-10-quotes-from-billy-graham-on-america/. Accessed 22 June 2024.

11. From Thomas Jefferson to Henry Lee, 10 August 1824, University of Virginia Press, https://rotunda.upress.virginia.edu/founders/default.xqy?keys=FOEA-print-04-02-02-4451.

12. "A. K. Antony Quotes." BrainyQuote.com. BrainyMedia Inc, 2024. 22 June 2024. https://www.brainyquote.com/quotes/a_k_antony_509077

13. "Edi Rama Quotes." BrainyQuote.com. BrainyMedia Inc, 2024. 22 June 2024. https://www.brainyquote.com/quotes/edi_rama_627973

14. The Holy Bible, New International Version. Grand Rapids: Zondervan House, 1984. Print

    a. John 1:5

15. From Thomas Jefferson to Henry Lee, 10 August 1824, University of Virginia Press, https://rotunda.upress.virginia.edu/founders/default.xqy?keys=FOEA-print-04-02-02-4451.

16. Jones, Josh C. Destiny: Rich or Poor, Life or Death Choose Your Destiny. Broken Arrow, OK, FMS Books, 2024.

17. www.americanheritage.org. (n.d.). Historic & Contemporary Quotes - The Need for American Heritage Civic Education. https://americanheritage.org/wp-content/uploads/docs/Need_for_American_Heritage_Education_-_Quotes.pdf

18. www.americanheritage.org. (n.d.). Historic & Contemporary Quotes - The Need for American Heritage Civic Education. https://americanheritage.org/wp-content/uploads/docs/Need_for_American_Heritage_Education_-_Quotes.pdf

19. www.americanheritage.org. (n.d.). Historic & Contemporary Quotes - The Need for American Heritage Civic Education. https://americanheritage.org/wp-content/uploads/docs/Need_for_American_Heritage_Education_-_Quotes.pdf

CHAPTER 6: Amnestic History

1.   Green, Steve and Todd Hillard. The Bible in America: What We Believe About the Most Important Book in Our History. 2nd Ed. Oklahoma City, OK, Dust Jacket Press, 2017.

2.   Jones, Josh C. Making sense of America's newest Guild... Again: What I discovered in my search for answers. (pp. 13-14). FMS Books. Kindle Edition.

3.   "Eclipse." Answers in Genesis, answersingenesis.org/blogs/danny-faulkner/2023/11/10/frank-borman-and-live-broadcast-lunar-orbit-christmas-eve-1968/. Accessed 24 June 2024.

4.   "Apollo 8 Genesis Reading." Moon: NASA Science, moon.nasa.gov/resources/318/apollo-8-genesis-reading/.

5.   Parke, Caleb. "Moon Landing: Buzz Aldrin Took Holy Communion, Read This Bible Verse on Lunar Surface." Fox News, 18 July 2019, www.foxnews.com/science/moon-landing-bible-apollo-11-buzz-aldrin-communion. Accessed 28 June 2024.

6.   "David McCullough Quotes." BrainyQuote.com. BrainyMedia Inc, 2024. 24 June 2024. https://www.brainyquote.com/quotes/david_mccullough_115861

7.   Jones, Josh C. AMERICA Then and Now: a poem by Josh C. Jones. Broken Arrow, OK, FMS Books, 2023.

8.   The Holy Bible, New International Version. Grand Rapids: Zondervan House, 1984. Print

      a. 2 Kings

9.   The Holy Bible, New International Version. Grand Rapids: Zondervan House, 1984. Print

      a. Proverbs 17:15

10. "Juvenal." AZQuotes.com. Wind and Fly LTD, 2024. 22 June 2024. https://www.azquotes.com/quote/844672); fundamentally change a nation.

11. MSGR. CHARLES POPE. "The Eight Stages of the

Rise and Fall of Civilizations." ADW, 12 Oct. 2016, blog.adw. org/2016/10/eight-stages-rise-fall-civilizations/. Accessed 22 June 2024.

12. Jones, Josh C., host. "Focused or Blinded?" From My Standpoint, episode 002, Libsyn, 19 August 2020, https:// podcasts.apple.com/us/podcast/from-my-standpoint/ id1524833750?i=1000488561860

13. Jones, Josh C. Making sense of America's newest Guild… Again. Broken Arrow, OK, FMS Books, 2022.

14. "Confucius Quotes." BrainyQuote.com. BrainyMedia Inc, 2024. 24 June 2024. https://www.brainyquote.com/quotes/ confucius_134858

15. "Definition of THINK." Www.merriam-Webster. com, 23 June 2024, www.merriam-webster.com/dictionary/ think#:~:text=%3A%20to%20have%20in%20the%20mind. Accessed 24 June 2024.

16. THE LAST DAYS: A Documentary by Steve Spielberg (Transcript).

    a. https://www.dorjeshugden.com/letters/transcript-the-last-days.pdf

17. "Marcus Tullius Cicero Quotes." BrainyQuote.com. BrainyMedia Inc, 2024. 12 September 2024. https://www. brainyquote.com/quotes/marcus_tullius_cicero_139337

18. Jones, Josh C. AMERICA Then and Now: a poem by Josh C. Jones. Broken Arrow, OK, FMS Books, 2023.

19. "Samuel Butler Quotes." BrainyQuote.com. BrainyMedia Inc, 2022. 17 July 2021. https://www.brainyquote.com/quotes/ samuel_butler_105743

20. Jones, Josh C. AMERICA Then and Now: a poem by Josh C. Jones. Broken Arrow, OK, FMS Books, 2023.

21. The Holy Bible, New International Version. Grand Rapids:

Zondervan House, 1984. Print

    a. Jeremiah 17:9

22. "Scott Derrickson Quotes." BrainyQuote.com. BrainyMedia Inc, 2024. 24 June 2024. https://www.brainyquote.com/quotes/scott_derrickson_774687

23. Founding Father's Quotes - Patriot Bible University. www.patriotuniversity.org/students/prospective-students/articles/founding-fathers-quotes/. Accessed 24 June 2024.

CHAPTER 7: Why America? (the roots begin)

1. "A Quote by Tony Blair." Www.goodreads.com, www.goodreads.com/quotes/130546-a-simple-way-to-take-measure-of-a-country-is. Accessed 28 June 2024.

2. Mikkelson, Barbara. "Measure for Measure." Snopes, 18 Sept. 2006, www.snopes.com/fact-check/measure-for-measure-2/. Accessed 28 June 2024.

3. The Holy Bible, New International Version. Grand Rapids: Zondervan House, 1984. Print.

    a. John 15:18

4. "Worship." Merriam-Webster.com. Merriam-Webster, 2021. Web. 17 July 2021.

5. Benner, Jeff A. "Hebrew Word Definition: Worship: AHRC." Hebrew Word Definition: Worship | AHRC, https://www.ancient-hebrew.org/definition/worship.htm.

6. "Ronald Reagan." AZQuotes.com. Wind and Fly LTD, 2024. 28 June 2024. https://www.azquotes.com/quote/675466

7. "Dean Rusk." AZQuotes.com. Wind and Fly LTD, 2024. 28 June 2024. https://www.azquotes.com/quote/1338570

8. Eldredge, John. EPIC, The Story God Is Telling. Nashville,

Tennessee, Thomas Nelson, 2004.

9. Anderson, Marge. "Marge Anderson." Big Site of History – History of Civilization, 19 May 2008, https://bigsiteofhistory. com/the-period-of-persecution-judaism-and-christianity/.

10. Denova, Rebecca. "Pliny the Younger on Christianity." World History Encyclopedia, World History Encyclopedia, 6 Oct. 2021, https://www.worldhistory.org/article/1846/pliny-the-younger-on-christianity/.

11. Jefferson, Thomas. "Declaration of Independence." National Archives, The U.S. National Archives and Records Administration, 4 July 1776, www.archives.gov/founding-docs/declaration-transcript.

12. Jones, Josh C. AMERICA Then and Now: a poem by Josh C. Jones. Broken Arrow, OK, FMS Books, 2023.

13. "Thomas Jefferson Quotes." BrainyQuote.com. BrainyMedia Inc, 2022. 19 February 2022. https://www.brainyquote. com/quotes/thomas_jefferson_136362

14. The Founders' Bible, New American Standard Version. Newbury Park: Shiloh Road Publishers, 2012. Print.

15. "Elizabeth I and the Church of England." History Learning Site, 17 Mar. 2015, https://www.historylearningsite.co.uk/tudor-england/elizabeth-i-and-the-church-of-england/.

16. Jones, Josh C. From Blueprint to Reality: Hypothetical Foundations in Action

17. The Founders' Bible, New American Standard Version. Newbury Park: Shiloh Road Publishers, 2012. Print.

18. The Founders' Bible, New American Standard Version. Newbury Park: Shiloh Road Publishers, 2012. Print.

19. Jewish Virtual Library. "Excerpts from Mein Kampf." Jewishvirtuallibrary.org, 2019, www.jewishvirtuallibrary.org/excerpts-from-mein-kampf.

20. DWOOD. "Intellectual Freedom Quotes." About ALA, 1 Aug. 2017, www.ala.org/aboutala/intellectual-freedom-quotes.

CHAPTER 8: The Serpent's Head

1. "Historic Valley Forge." Www.ushistory.org, www.ushistory. org/valleyforge/washington/circular.html. Accessed 29 June 2024.

2. Dreisbach, Daniel. "The Bible and the American Founders." C.S. Lewis Institute, 1 Aug. 2018, www.cslewisinstitute. org/resources/the-bible-and-the-american-founders/.

3. Countryman, Jack and Dr. Richard G. Lee. God's Promises for the American Patriot. Nashville, Tennessee, Thomas Nelson, 2011.

4. The Holy Bible, New International Version. Grand Rapids: Zondervan House, 1984. Print.

   a. Matthew 7:7

5. Lee, Richard. The American Patriot's Bible, NKJV. Thomas Nelson Publishers, 7 May 2012.

6. Jones, Josh C., host. "The Great Wisdom of…#3 (FEAR)." From My Standpoint, episode 048, Libsyn, 3 March 2021, https:// fmstandpoint.libsyn.com/episode-048-the-great-wisdom-of3-fear

7. Countryman, Jack and Dr. Richard G. Lee. God's Promises for the American Patriot. Nashville, Tennessee, Thomas Nelson, 2011.

8. The Constitution of the United States with Index, and the Declaration of Independence. second ed., National Center for Constitutional Studies, 2019.

9. The Founders' Bible, New American Standard Version. Newbury Park: Shiloh Road Publishers, 2012. Print.

10. The Founders' Bible, New American Standard Version. Newbury Park: Shiloh Road Publishers, 2012. Print.

11. "Thomas Jefferson on Judicial Tyranny." Judicial Tyranny, http://www.tlchrist.info/j_tyranny.htm.

12. The Founders' Bible, New American Standard Version. Newbury Park: Shiloh Road Publishers, 2012. Print.

CHAPTER 9: Bitter Truth

1. Green, Steve and Todd Hillard. The Bible in America: What We Believe About the Most Important Book in Our History. 2nd Ed. Oklahoma City, OK, Dust Jacket Press, 2017.

2. Jones, Josh C. From Blueprint to Reality: Hypothetical Foundations in Action

3. "A Quote by Ronald Reagan." Goodreads, Goodreads, https://www.goodreads.com/quotes/13915-freedom-is-never-more-than-one-generation-away-from-extinction.

CHAPTER 10: Ideal Birth

1. Green, Steve and Todd Hillard. The Bible in America: What We Believe About the Most Important Book in Our History. 2nd Ed. Oklahoma City, OK, Dust Jacket Press, 2017.

2. "Declaration of Independence: A Transcription." National Archives and Records Administration, National Archives and Records Administration, https://www.archives.gov/founding-docs/declaration-transcript.

3. The Founders' Bible, New American Standard Version. Newbury Park: Shiloh Road Publishers, 2012. Print.

4. www.americanheritage.org. (n.d.). Historic & Contemporary Quotes - The Need for American Heritage Civic Education. https://americanheritage.org/wp-content/uploads/docs/Need_for_American_Heritage_Education_-_Quotes.pdf

5. www.americanheritage.org. (n.d.). Historic & Contemporary

Quotes - The Need for American Heritage Civic Education. https:// americanheritage.org/wp-content/uploads/docs/Need_for_ American_Heritage_Education_-_Quotes.pdf

6.   www.americanheritage.org. (n.d.). Historic & Contemporary Quotes - The Need for American Heritage Civic Education. https:// americanheritage.org/wp-content/uploads/docs/Need_for_ American_Heritage_Education_-_Quotes.pdf

7.   www.americanheritage.org. (n.d.). Historic & Contemporary Quotes - The Need for American Heritage Civic Education. https:// americanheritage.org/wp-content/uploads/docs/Need_for_ American_Heritage_Education_-_Quotes.pdf

CHAPTER 11: The Trunk Of Which We Support

1.   Green, Steve and Todd Hillard. The Bible in America: What We Believe About the Most Important Book in Our History. 2nd Ed. Oklahoma City, OK, Dust Jacket Press, 2017.

2.   Jones, Josh C. Destiny: Rich or Poor, Life or Death Choose Your Destiny. Broken Arrow, OK, FMS Books, 2024.

3.   Jones, Josh C. Destiny: Rich or Poor, Life or Death Choose Your Destiny. Broken Arrow, OK, FMS Books, 2024.

4.   Guinness, Os. A Free People's Suicide: sustainable freedom and the American future. Downers Grove, IL, InterVarsity Press, 2012.

5.   Jones, Josh C. AMERICA Then and Now: a poem by Josh C. Jones. Broken Arrow, OK, FMS Books, 2023.

6.   Jones, Josh C. AMERICA Then and Now: a poem by Josh C. Jones. Broken Arrow, OK, FMS Books, 2023.

7.   Jones, Josh C. AMERICA Then and Now: a poem by Josh C. Jones. Broken Arrow, OK, FMS Books, 2023.

8.   Guinness, Os. A Free People's Suicide: sustainable freedom

and the American future. Downers Grove, IL, InterVarsity Press, 2012.

9. "The Forgotten Triangle of Freedom? - News." First Liberty, 24 Apr. 2018, https://firstliberty.org/news/the-forgotten-triangle-of-freedom/.

10. Jones, Josh C. Destiny: Rich or Poor, Life or Death Choose Your Destiny. Broken Arrow, OK, FMS Books, 2024.

11. Jones, Josh C. Destiny: Rich or Poor, Life or Death Choose Your Destiny. Broken Arrow, OK, FMS Books, 2024.

12. The Constitution of the United States with Index, and the Declaration of Independence. second ed., National Center for Constitutional Studies, 2019.

13. The Holy Bible, New International Version. Grand Rapids: Zondervan House, 1984. Print.

    a. Hebrews 11:1

14. The Constitution of the United States with Index, and the Declaration of Independence. second ed., National Center for Constitutional Studies, 2019.

15. Jones, Josh C. Building Your Life Blueprint: Foundations for Lasting Success

16. The Constitution of the United States with Index, and the Declaration of Independence. second ed., National Center for Constitutional Studies, 2019.

17. The Constitution of the United States with Index, and the Declaration of Independence. second ed., National Center for Constitutional Studies, 2019.

18. Guinness, Os. A Free People's Suicide: sustainable freedom and the American future. Downers Grove, IL, InterVarsity Press, 2012.

19. "The Forgotten Triangle of Freedom? - News." First

Liberty, 24 Apr. 2018, https://firstliberty.org/news/the-forgotten-triangle-of-freedom/.

CHAPTER 12: Freedom Requires Virtue

1.   "Quotes on Liberty and Virtue." Www.liberty1.org, www.liberty1.org/virtue.htm.

2.   Founding Fathers on Freedom, Liberty and American Exceptionalism - in the Search of Liberty. insearchofliberty.com/founding-fathers-on-freedom-liberty-and-american-exceptionalism/.

3.   "Quotes on Liberty and Virtue." Www.liberty1.org, www.liberty1.org/virtue.htm.

4.   "Quotes on Liberty and Virtue." Www.liberty1.org, www.liberty1.org/virtue.htm.

5.   "Quotes on Liberty and Virtue." Www.liberty1.org, www.liberty1.org/virtue.htm.

6.   "Quotes on Liberty and Virtue." Www.liberty1.org, www.liberty1.org/virtue.htm.

7.   "Freedom." Merriam-Webster.com. Merriam-Webster, 2021. Web. 21 October, 2021.

8.   "C. S. Lewis Quotes." BrainyQuote.com. BrainyMedia Inc, 2024. 6 July 2024. https://www.brainyquote.com/quotes/c_s_lewis_136296

9.   "Quotes on Liberty and Virtue." Www.liberty1.org, www.liberty1.org/virtue.htm.

10. Jones, Josh C. Destiny: Rich or Poor, Life or Death Choose Your Destiny. Broken Arrow, OK, FMS Books, 2024.

11. "Quotes on Liberty and Virtue." Www.liberty1.org, www.liberty1.org/virtue.htm.

12. Tocqueville, Alexis De, and Henry Reeve. Democracy in America .London: Saunders and Otley, to 1840, 1835. Pdf.

    a.   https://tile.loc.gov/storage-services/public/gdcmassbookdig/democracy01tocq/democracy01tocq.pdf

13. Editors, History com. "Alexis de Tocqueville." HISTORY, 9 Nov. 2009, www.history.com/topics/european-history/alexis-de-tocqueville.

14. The Constitution of the United States with Index, and the Declaration of Independence. second ed., National Center for Constitutional Studies, 2019.

15. Guinness, Os. A Free People's Suicide: sustainable freedom and the American future. Downers Grove, IL, InterVarsity Press, 2012.

16. "Ignorance." Merriam-Webster.com. Merriam-Webster, 2021. Web. 21 October, 2021.

17. Joyner, Rick. The Second American Revolution/Civil War. Fort Mill, SC, MorningStar Publications, 2021.

18. Joyner, Rick. The Second American Revolution/Civil War. Fort Mill, SC, MorningStar Publications, 2021.

19. Barton, David. Separation of Church & State, What the Founders Meant. Aledo, Texas, Wallbuilders Press, 2007.

20. Barton, David. Separation of Church & State, What the Founders Meant. Aledo, Texas, Wallbuilders Press, 2007.

21. Jones, Josh C., host. "The Reality of Prayer." From My Standpoint, episode 024, Libsyn, 3 March 2021, https://podcasts.apple.com/us/podcast/from-my-standpoint/id1524833750?i=1000511409761

22. "Benjamin Franklin on His Religious Faith." AMERICAN HERITAGE, 8 Jan. 2022, https://www.americanheritage.com/benjamin-franklin-his-religious-faith.

23. Joyner, Rick. The Second American Revolution/Civil War. Fort Mill, SC, MorningStar Publications, 2021.

CHAPTER 13: Virtue Requires Faith

1. "Quotes on Liberty and Virtue." Www.liberty1.org, www.liberty1.org/virtue.htm.

2. "Quotes on Liberty and Virtue." Www.liberty1.org, www.liberty1.org/virtue.htm.

3. "The Spirit of the Laws (1748) | Constitution Center." National Constitution Center – Constitutioncenter.org, 2023, constitutioncenter.org/the-constitution/historic-document-library/detail/montesquieuthe-spirit-of-the-laws-1748.

4. Jones, Josh C., host. "The Great Wisdom of...#1" From My Standpoint, episode 018, Libsyn, 16 December 2020, https://podcasts.apple.com/us/podcast/from-my-standpoint/id1524833750?i=1000502559599

5. Countryman, Jack and Dr. Richard G. Lee. God's Promises for the American Patriot. Nashville, Tennessee, Thomas Nelson, 2011.

6. Hall, Mark David. Did America Have A Christian Founding? Separating modern myth from historical truth. Nashville, Tennessee, Nelson Books, 2019.

7. The Constitution of the United States with Index, and the Declaration of Independence. second ed., National Center for Constitutional Studies, 2019.

8. "Providence." Merriam-Webster.com. Merriam-Webster, 2021. Web. 20 November, 2021

9. Minna, Anthony J. "Why God Is in the Declaration but Not the Constitution." Journal of the American Revolution, 17 Apr. 2020, https://allthingsliberty.com/2016/02/why-god-is-in-the-declaration-but-not-the-constitution/.

10. "Consent of the Governed - Creating the Declaration of Independence - Creating the United States | Exhibitions - Library of Congress." Www.loc.gov, www.loc.gov/exhibits/creating-the-united-states/interactives/declaration-of-independence/consent/index.html.

CHAPTER 14: Faith Requires Freedom

1. "Quotes on Liberty and Virtue." Www.liberty1.org, www.liberty1.org/virtue.htm.

2. "Quotes on Liberty and Virtue." Www.liberty1.org, www.liberty1.org/virtue.htm.

3. "Freedom." Merriam-Webster.com. Merriam-Webster, 2021. Web. 21 October, 2021

4. "Quotes on Liberty and Virtue." Www.liberty1.org, www.liberty1.org/virtue.htm.

5. Jones, Josh C. Destiny: Rich or Poor, Life or Death Choose Your Destiny. Broken Arrow, OK, FMS Books, 2024.

6. The Founders' Bible, New American Standard Version. Newbury Park: Shiloh Road Publishers, 2012. Print.

7. Barton, David. Separation of Church & State, What the Founders Meant. Aledo, Texas, Wallbuilders Press, 2007.

8. Meacham, Jon. American Gospel, God the Founding Fathers, and the making of a nation. New York, N.Y. Random House Trade Paperbacks, 2007.

9. Meacham, Jon. American Gospel, God the Founding Fathers, and the making of a nation. New York, N.Y. Random House Trade Paperbacks, 2007.

10. Jones, Josh C. Destiny: Rich or Poor, Life or Death Choose Your Destiny. Broken Arrow, OK, FMS Books, 2024.

CHAPTER 15: The Watchman

1. "Ronald Reagan Quotes." BrainyQuote.com. BrainyMedia Inc, 2024. 7 July 2024. https://www.brainyquote.com/quotes/ronald_reagan_109937

2. Adapted from an old joke about how government works.

CHAPTER 16: The Branches Upon Which We Balance

1. Green, Steve and Todd Hillard. The Bible in America: What We Believe About the Most Important Book in Our History. 2nd Ed. Oklahoma City, OK, Dust Jacket Press, 2017.

2. Hamilton, Alexander, et al. The Federalist Papers. Signet Classics, an Imprint of New American Library, a Division of Penguin Group (USA), 2005.

3. Jones, Josh C. Making sense of America's newest Guild… Again. Broken Arrow, OK, FMS Books, 2022.

4. Ratcliffe, Susan, editor. Oxford Essential Quotations / Edited by Susan Ratcliffe. 5 ed., Oxford University Press, 2017.

5. U.S. Department of the Interior. "Basic Obligation of Public Service." Www.doi.gov, 1 July 2015, www.doi.gov/ethics/basic-obligations-of-public-service.

6. Reagan, Ronald. "Inaugural Address 1981." Ronald Reagan, 20 Jan. 1981, www.reaganlibrary.gov/archives/speech/inaugural-address-1981.

7. "Alexander Hamilton Quotes." BrainyQuote.com. BrainyMedia Inc, 2024. 7 July 2024. https://www.brainyquote.com/quotes/alexander_hamilton_383897

8. "Arnold J. Toynbee Quotes." BrainyQuote.com. BrainyMedia Inc, 2021. 18 December 2021. https://www.brainyquote.com/quotes/arnold_j_toynbee_165737

CHAPTER 17: The Executive Branch

1.   "Andrew Johnson Quotes." BrainyQuote.com. BrainyMedia Inc, 2024. 7 July 2024. https://www.brainyquote.com/quotes/andrew_johnson_169833

2.   The Constitution of the United States with Index, and the Declaration of Independence. second ed., National Center for Constitutional Studies, 2019.

3.   The Constitution of the United States with Index, and the Declaration of Independence. second ed., National Center for Constitutional Studies, 2019.

4.   The Constitution of the United States with Index, and the Declaration of Independence. second ed., National Center for Constitutional Studies, 2019.

CHAPTER 18: The Legislative Branch

1.   "Montesquieu Quotes." BrainyQuote.com. BrainyMedia Inc, 2024. 8 July 2024. https://www.brainyquote.com/quotes/montesquieu_355527

2.   The Constitution of the United States with Index, and the Declaration of Independence. second ed., National Center for Constitutional Studies, 2019.

3.   The Constitution of the United States with Index, and the Declaration of Independence. second ed., National Center for Constitutional Studies, 2019.

CHAPTER 19: The Judicial Branch

1.   "William Howard Taft Quotes." BrainyQuote.com. BrainyMedia Inc, 2024. 8 July 2024. https://www.brainyquote.com/quotes/william_howard_taft_383080

2.   Barton, David. Separation of Church & State, What the Founders Meant. Aledo, Texas, Wallbuilders Press, 2007.

CHAPTER 20: A Balanced Justice

1.   "Our Founding Fathers' Thoughts on the Supreme Court." Christian Science Monitor, 19 Apr. 2010, www.csmonitor.com/Business/The-Circle-Bastiat/2010/0419/Our-Founding-Fathers-thoughts-on-the-Supreme-Court.

2.   "Woodrow   Wilson   Quotes."   BrainyQuote.com. BrainyMedia Inc, 2024. 7 July 2024. https://www.brainyquote.com/quotes/woodrow_wilson_124948

3.   The Constitution of the United States with Index, and the Declaration of Independence. second ed., National Center for Constitutional Studies, 2019.

4.   "12 Essential George Orwell Quotes about Freedom." Www.penguin.co.uk,   2   Nov.   2018,   www.penguin.co.uk/articles/2018/11/12-essential-george-owell-quotes-about-freedom-liberty.

5.   "12 Essential George Orwell Quotes about Freedom." Www.penguin.co.uk,   2   Nov.   2018,   www.penguin.co.uk/articles/2018/11/12-essential-george-owell-quotes-about-freedom-liberty.

6.   Rome, Mailing Address: 112 East Park St, and NY 13440 Phone: 315-338-7730 Contact Us. "The Declaration of Independence: What Were They Thinking? - Fort Stanwix National Monument (U.S. National Park Service)." Www.nps.gov, 30 June 2021,   www.nps.gov/fost/blogs/the-declaration-of-independence-what-were-they-thinking.htm.

7.   The Constitution of the United States with Index, and the Declaration of Independence. second ed., National Center for Constitutional Studies, 2019.

8.   "Self-Evident." Google.com. Web. 16 November, 2021

9. "Self-Evident." Merriam-Webster.com. Merriam-Webster, 2021. Web. 16 November, 2021

10. "Voltaire Quotes." BrainyQuote.com. BrainyMedia Inc, 2022. 3 January 2022. https://www.brainyquote.com/quotes/voltaire_106180

11. "The Founders' Unchanging Principles of Liberty." National Center for Constitutional Studies, nccs.net/blogs/articles/the-founders-unchanging-principles-of-liberty-1.

12. "The Founders' Unchanging Principles of Liberty." National Center for Constitutional Studies, nccs.net/blogs/articles/the-founders-unchanging-principles-of-liberty-1.

13. Joyner, Rick. The Second American Revolution/Civil War. Fort Mill, SC, MorningStar Publications, 2021.

14. "Ronald Reagan Quotes." BrainyQuote.com. BrainyMedia Inc, 2022. 3 January 2022. https://www.brainyquote.com/quotes/ronald_reagan_147706

15. "The Founders' Unchanging Principles of Liberty." National Center for Constitutional Studies, nccs.net/blogs/articles/the-founders-unchanging-principles-of-liberty-1.

CHAPTER 21: Intergenerational

1. Green, Steve and Todd Hillard. The Bible in America: What We Believe About the Most Important Book in Our History. 2nd Ed. Oklahoma City, OK, Dust Jacket Press, 2017.

2. Adapted from an old joke about a boy named Johnny selling toothbrushes.

CHAPTER 22: The Fruit Which We Permit

1. "Samuel Adams Quotes from 1775 - 1780." Revolutionary War and Beyond, www.revolutionary-war-and-beyond.com/samuel-

adams-quotes-2.html.

2.   ameyers. "7 Things Benjamin Franklin Never Said | the Franklin Institute." Fi.edu, 5 Apr. 2016, fi.edu/en/science-and-education/benjamin-franklin/7-things-benjamin-franklin-never-said.

3.   "Wasting the Labours of the People (Quotation)." Monticello, www.monticello.org/research-education/thomas-jefferson-encyclopedia/wasting-labours-people-quotation/.

4.   Joyner, Rick. The Second American Revolution/Civil War. Fort Mill, SC, MorningStar Publications, 2021.

5.   Adams, John. "Founders Online: From John Adams to Massachusetts Militia, 11 October 1798." Archives.gov, 2019, founders.archives.gov/documents/Adams/99-02-02-3102.

6.   Jones, Josh C., host. "Stand Firm (A story of submission, repentance, redemption, victory, and death.)." From My Standpoint, episode 015, Libsyn, 18 November 2020, https://podcasts.apple.com/us/podcast/from-my-standpoint/id1524833750?i=1000499189451

7.   ajeyaseelan. "On American Independence." Collection at Bartleby.com, 10 Oct. 2022, www.bartleby.com/lit-hub/hc/america-i-1761-1837/on-american-independence/.

8.   Joyner, Rick. The Second American Revolution/Civil War. Fort Mill, SC, MorningStar Publications, 2021.

9.   Countryman, Jack and Dr. Richard G. Lee. God's Promises for the American Patriot. Nashville, Tennessee, Thomas Nelson, 2011.

10.   The Holy Bible, New International Version. Grand Rapids: Zondervan House, 1984. Print.

a. Hosea 4:6

11.   "Andrew Jackson Quotes." BrainyQuote.com. BrainyMedia Inc, 2022. 24 February 2022. https://www.brainyquote.com/quotes/andrew_jackson_378548

12. "1776: Witherspoon, Dominion of Providence over the Passions of Men (Sermon) | Online Library of Liberty." Oll. libertyfund.org, oll.libertyfund.org/pages/1776-witherspoon-dominion-of-providence-over-the-passions-of-men-sermon.

13. Legislative History-S.J.Res.165 Congressional Record, Vol. 128 (1982) https://www.govinfo.gov/content/pkg/STATUTE-96/pdf/STATUTE-96-Pg1211.pdf

CHAPTER 23: Republic Or Democracy

1. "Aristotle Quotes." BrainyQuote.com. BrainyMedia Inc, 2024. 10 July 2024. https://www.brainyquote.com/quotes/aristotle_136351

2. "James Madison on the Mischievous Effects of Mutable Government in the Federalist No. 62 (1788) | Online Library of Liberty." Oll.libertyfund.org, oll.libertyfund.org/quotes/james-madison-on-the-mischievous-effects-of-mutable-government-in-em-the-federalist-em-no-62-1788. Accessed 10 July 2024.

3. Jones, Josh C. Making sense of America's newest Guild… Again. Broken Arrow, OK, FMS Books, 2022.

4. "Benjamin Franklin Quote: 'Democracy Is Two Wolves and a Lamb Voting on What to Have for Lunch. Liberty Is a Well-Armed Lamb Contesting the Vote.'." Quotefancy, https://quotefancy.com/quote/771977/Benjamin-Franklin-Democracy-is-two-wolves-and-a-lamb-voting-on-what-to-have-for-lunch.

5. "George Washington to Congress, April 30, 1789, First Inaugural Address." Library of Congress, Washington, D.C. 20540 USA, www.loc.gov/resource/mgw2.025/?sp=28&st=text.

6. "A Quote by Daniel Webster." Www.goodreads.com, www.goodreads.com/quotes/114779-hold-on-my-friends-to-the-constitution-and-to-the. Accessed 10 July 2024.

7. "Plato Quotes." BrainyQuote.com. BrainyMedia Inc, 2024. 10 July 2024. https://www.brainyquote.com/quotes/plato_159574

8. "Jefferson Warns about the Rise of an "Anglo-Monarchio-Aristocratic Party" in America (1797) | Online Library of Liberty." Oll.libertyfund.org, oll.libertyfund.org/quotes/jefferson-warns-about-the-rise-of-an-anglo-monarchio-aristocratic-party-in-america-1797. Accessed 10 July 2024.

9. "Founders Online: From Benjamin Franklin to Samuel Cooper, 1 May 1777." Founders.archives.gov, founders.archives.gov/documents/Franklin/01-24-02-0004.

10. "Thomas Paine: American Crisis." Www.ushistory.org, www.ushistory.org/paine/crisis/c-04.htm#google_vignette. Accessed 10 July 2024.

CHAPTER 24: America

1. "Exploring the Rule of Law." Americanbar.org, 3 Mar. 2021, https://www.americanbar.org/groups/public_education/law-day/law-day-2021/planning-guide/exploring-the-rule-of-law/.

2. The Constitution of the United States with Index, and the Declaration of Independence. second ed., National Center for Constitutional Studies, 2019.

3. "Federalist Papers No. 39 (1776)." Bill of Rights Institute, https://billofrightsinstitute.org/primary-sources/federalist-no-39.

4. "Federalist Papers No. 10 (1787)." Bill of Rights Institute, https://billofrightsinstitute.org/primary-sources/federalist-no-10.

5. Countryman, Jack and Dr. Richard G. Lee. God's Promises for the American Patriot. Nashville, Tennessee, Thomas Nelson, 2011.

6. Jones, Josh C. Entrepreneur: Road Map For Success. Tulsa, OK, Bush Publishing and Associates, LLC, 2021.

7. "Abraham Lincoln Quotes." HistoryNet, www.historynet.com/abraham-lincoln-quotes/.

8. Durant, Will. "Story Of Civilization - Iii Caesar And Christ". U.S.A.: Simon And Schuster New York, 1966. Book.

9. Dwight D. Eisenhower Quotes." BrainyQuote.com. BrainyMedia Inc, 2024. 22 September 2024. https://www.brainyquote.com/quotes/dwight_d_eisenhower_124835

10. https://tile.loc.gov/storage-services/public/gdcmassbookdig/pulpitofamerican01thor/pulpitofamerican01thor.pdf

11. "Abraham Lincoln Quotes." HistoryNet, www.historynet.com/abraham-lincoln-quotes/.

12. "A Quote by Albert Einstein." Www.goodreads.com, www.goodreads.com/quotes/314550-wisdom-is-not-a-product-of-schooling-but-of-the.

13. Joyner, Rick. The Second American Revolution/Civil War. Fort Mill, SC, MorningStar Publications, 2021.

14. Joyner, Rick. The Second American Revolution/Civil War. Fort Mill, SC, MorningStar Publications, 2021.

About The Author

Josh C. Jones

Josh has a passion to help bring the truth, better understanding, hope, and entertainment to people through his writing and creativity. He hopes to change the perspective for a better understanding.

Josh likes to laugh, which means he has emotions. Emotions mean he is human. Being human, he has experienced the ups and downs, the joys and pains of this life, just like everyone else. Through all this, he has chosen to write what he has learned in the hopes of helping others and igniting that spark to learn more, achieve more, and understand more.

You can visit his website at the following address, www.JoshCJonesAuthor.com, where you can contact him, read more, hear more, and view his published work.

Also by Josh C. Jones

DESTINY: Rich or Poor, Life or Death, Choose Your Destiny

ENTREPRENEUR: Road Map For Success — Five Characteristics of the Successful and Respected

Making sense of America's newest Guild... Again: What I discovered in my search for answers.

AMERICA: Then and Now, a poem by Josh C. Jones (Award Winning Poem)

Special Note

Please remember that if you like a book or an author's work, the best thing you can do to help the message, story, or author is to tell others. You can also do this by leaving reviews and/or ratings on the online site where you purchased the material. By doing so, you help the book and/or author gain more exposure and reach more people. This is something that not all authors will express publicly, but all authors do hope the reader will graciously do, and we are appreciative and grateful for it.

Thank you.